本书系陕西师范大学中国语言文学一流学科建设成果

汉语量词的认知类型学研究

惠红军 著

中国社会科学出版社

图书在版编目（CIP）数据

汉语量词的认知类型学研究/惠红军著.—北京：中国社会科学出版社，2024.3
ISBN 978-7-5227-3017-2

Ⅰ.①汉… Ⅱ.①惠… Ⅲ.①汉语—数量词—研究 Ⅳ.①H146.2

中国国家版本馆 CIP 数据核字（2024）第 034236 号

出 版 人	赵剑英
责任编辑	杨　康
责任校对	王　潇
责任印制	戴　宽

出　　版	中国社会科学出版社
社　　址	北京鼓楼西大街甲 158 号
邮　　编	100720
网　　址	http://www.csspw.cn
发 行 部	010-84083685
门 市 部	010-84029450
经　　销	新华书店及其他书店
印　　刷	北京明恒达印务有限公司
装　　订	廊坊市广阳区广增装订厂
版　　次	2024 年 3 月第 1 版
印　　次	2024 年 3 月第 1 次印刷
开　　本	710×1000　1/16
印　　张	32.5
插　　页	2
字　　数	438 千字
定　　价	159.00 元

凡购买中国社会科学出版社图书，如有质量问题请与本社营销中心联系调换
电话：010-84083683
版权所有　侵权必究

目 录 | contents

绪 论 ·· 1

第一章　汉语量词的形象性研究 ······································ 23
　第一节　人类语言的形象化表意策略 ································ 23
　第二节　汉语的形象化表意策略 ······································ 31
　第三节　汉语量词表达的形象性 ······································ 53

第二章　汉语量词的概念结构研究 ··································· 81
　第一节　概念结构 ·· 81
　第二节　概念结构对量词的制约 ······································ 92

第三章　汉语量词的概念网络研究 ·································· 105
　第一节　概念网络 ··· 105
　第二节　汉语名量词的概念网络 ····································· 108
　第三节　汉语动量词的概念网络 ····································· 114
　第四节　汉语量词概念网络的解释力 ······························· 124

· 1 ·

第四章　汉语量词的认知结构研究 …… 136
- 第一节　认知结构 …… 136
- 第二节　汉语名量词的认知结构及其影响 …… 139
- 第三节　名量词用法扩展中的范畴共享机制及其影响 …… 166
- 第四节　汉语动量词的认知结构及其影响 …… 179
- 第五节　动量词用法扩展中的范畴共享机制及其影响 …… 205

第五章　汉语量词方言差异的认知类型学研究 …… 231
- 第一节　汉语量词搭配的方言差异 …… 231
- 第二节　汉语量词语法化的方言差异 …… 244
- 第三节　汉语量词语法化的认知类型学研究 …… 259

第六章　汉语量词有量构式的认知类型学研究 …… 282
- 第一节　汉语的有量构式 …… 282
- 第二节　汉语量词的一AA与一A一A构式 …… 284
- 第三节　汉语的数量分配构式 …… 294
- 第四节　数量名构式的认知类型学研究 …… 306
- 第五节　数量动构式的认知类型学研究 …… 324

第七章　汉语量词语义参数的认知类型学研究 …… 350
- 第一节　量词的传统分类 …… 350
- 第二节　量词的语义分类 …… 353
- 第三节　量词的语义参数 …… 359
- 第四节　汉语量词语义参数的认知类型学特征 …… 391

第八章　汉语量词构词的认知类型学研究 ·············· 398
第一节　量词重叠 ······························· 398
第二节　量词复合 ······························· 412
第三节　量词词缀化 ····························· 425
第四节　量词名词化 ····························· 447
第五节　量词"个"和个头词 ······················· 450
第六节　量词构词的认知类型特征 ·················· 466

参考文献 ·· 482

绪　　论

一　量词研究

（一）国内的量词研究

1. 汉语量词的研究

量词是汉语的语法特色之一。王力先生曾经明确指出，汉语里有一种特殊的名词，叫作单位词（或称量词）。单位词主要有两种：第一种是度量衡单位，如"尺""寸""升""斗""斤""两"等；第二种是天然单位词，如"个""只""枚""匹""颗""次""回"等。第一种是一般语言都具备的，第二种是东方语言所特有的，特别是汉藏语系语言所特有的。[①]天然单位词，也就是本书所研究的量词。量词在汉语语法系统的发生、发展过程中有着极其重要的地位。在现代汉语的有些语境中，如果没有量词，人们就感觉无法表达，或者说无法实现语义的准确表达。例如：

①平日的规矩是：粥随便喝，油条是一人一根，不准多拿。今天是小坡的生日，油条也随便吃，而且有四碟小菜。小坡不记得吃了几根油条，心里说：多咱把盘子吃光，多咱完事！可是，

[①] 王力：《汉语史稿（重排本）》，中华书局2004年版，第272页。

忽然想起来：还得给陈妈留两条呢，二喜也许要吃呢！（老舍《小坡的生日》）

②中午每人凭餐券可以到食堂免费挑两样菜，领一只皮蛋，一瓶啤酒。（刘震云《单位》）

③类似内地的赶集、庙会或骡马大市，但每年却只有一次。（冯苓植《雪驹》）

④"内部片"常断片，有时一场电影停两三趟。（严歌苓《穗子物语》）

在现代汉语中，对于"油条是一人一根"这样的说法，虽然可以不用"一人一根"而说成"油条大家都有"，但是数量信息无法表达。如果要表达数量信息，"一人一根"是极其简洁的表达，而且量词"根"所表达的语义类型已经无法省掉。再如"有四碟小菜"这样的表达，如果不用量词"碟"，菜的数量信息的表达则极不准确。

但是，在上古汉语时期，很多表达是不需要量词的。如：

⑤十五犬，十五羊，十五豚。（《甲骨文合集释文》29537）
⑥烝祭岁，文王骍牛一，武王骍牛一。（《尚书·洛诰》）

虽然甲骨文和金文中也有量词，但是远不及现代汉语中的量词丰富，而且语序也和现代汉语不同。如：

⑦马五十丙。（《甲骨文合集释文》11459）
⑧孚车卅两，孚牛三百五十五牛，羊卅八羊。（小盂鼎）

正因如此，汉语量词引起了研究者的极大兴趣。汉语学界最早对量词进行研究的是《马氏文通》一书。该书作者马建忠认为，"非表词而后者，必所数者可不言而喻。故凡物之公名有别称以记数者，如车乘、马匹之类，必先之。有有称，有无称，而连记者，则有者称之，无者第数之，然要皆后乎公名"①。马建忠还以《史记》《汉书》《荀子》等书中的例子来说明什么是别称。如："《史记·滑稽列传》：'于是齐威王乃益赍黄金千镒，白璧十双，车马百驷。'曰'镒'、曰'双'、曰'驷'，皆物之别称，所以记数也……记物品之别称者，莫如《史记·货殖列传》内两段，先后参差，足可取法：'故曰陆地牧马二百蹄，牛蹄角千，千足羊，泽中千足彘……安邑千树枣，燕秦千树栗……木千章，竹竿万个，其轺车百乘，牛车千两，木器髹者千枚。'"② 吕叔湘、王海棻在《马氏文通读本》中明确地解释说："'别称'即今所称'量词'。"③

  目前，对汉语量词的研究已经涉及诸多方面，如量词的起源与发展演变，量词与名词、量词与动词的搭配机制，量词的习得机制，量词的类型学特征，量词的修辞功能，等等。对汉语量词的研究，有些方面已经达成了共识，如量词的来源问题。王力（1957［2004］：279）指出，一般来说，单位词（量词）是由普通名词演变而成的，并且它们的语法意义就是由它们的本来意义引申来的。④ 这一点研究者已然认可，而且还有所补充，因为有些量词还是从动词演变而来的（刘世儒，1965：126）。但是，名词和动词是如何演变为量词的，其演变机制和过程依然众说纷纭。如游顺钊（1988）认为，临时量词的产生是源于语言上的记忆需要；合体量词（一般所说的"集体量词"）的出现，却是由于合体量词与所结合的名词结构的数量精确化的需要，这一精确化功能构成了区分合体量词、临时量词以及个体量词的语义标准。叶桂郴（2005）认为，不同的量词的产生机制不同，集合量词产生于记数的需要，并且产生时间最早；个体量词产生于表形的需要；动量

---

① 马建忠：《马氏文通》，商务印书馆1983年版，第122页。
② 马建忠：《马氏文通》，商务印书馆1983年版，第123页。
③ 吕叔湘、王海棻：《马氏文通读本》，上海教育出版社2001年版，第215页。
④ 王力：《汉语史稿（重排本）》，中华书局2004年版，第279页。

词产生于先秦，它是为了区别名量词而产生的。惠红军（2009[2011]：53，78—79，101—102，165）认为量词的产生涉及转喻和隐喻两种机制，转喻机制使量词的原形式与名词或动词建立称量关系；隐喻机制则把量词原形式中所蕴含的量映射为量词所修饰的名词或动词的量。

  量词是一种能对名词和动词进行计量的词类，这种看法在《马氏文通》中已经非常明确。随着研究的深入，研究者还进一步发现，汉语的量词还具有对名词和动词进行分类、称代、指示、个体化、有界化等多种语义和句法功能。因此，有研究认为，量词是汉语的多功能超级显赫范畴，用以表达量的形式手段的语法化程度高或句法功能强大，具有强能产性、使用强制性，以及较多样的句法分布；而从现代汉语的使用状况来看，量词的主要功能既不是计量也不是分类，而在于个体化（刘丹青，2012）。量词的个体化功能是学界比较认可的一种独特功能。对此较早关注的是日本学者，大河内康宪（1993）曾经指出，"一+量词"具有表示名词属性的功能，具有把类名词或总名词聚合成一个特定个体的功能。王静（2001）认为，时量、动量成分是分别从持续的时间和发生的次数两个方面对动词表达的概念实施"个别化"的。这可以说是用"个别化"来替换"个体化"，并用以解释动量词的个体化功能。张军（2005）指出，名量词的作用都是把非个体事物个体化，然后针对个体进行计数；这是量词产生的认知基础，也是量词表示数量意义的语言机制。惠红军（2006：69）采用有界和无界理论分析了汉语的名量词，认为名量词的作用就在于使其所修饰的名词在无界名词的指称序列中"有界化"，变成一个可数的个体，从而使其与其他同类对象相区别。惠红军（2009[2011]：227）认为，动量词同样存在着个体化的功能。这种个体化功能，一方面是通过动量词的原形式（主要是一些动词）的完结语义特征来实现的；另一方面，则是通过动量词的原形式（主要是名词）的语义角色来实现的。

汉语量词研究中意见分歧较大的是量词与名词、量词与动词的搭配问题。在汉语发展演变的过程中,量词与名词、量词与动词的搭配情况非常复杂。

以能够和名词"梯子"搭配的名量词为例。

⑨等到更阑,捎了一张梯子,直到潘家楼下。(《醒世恒言》卷一六)

⑩掇条梯子上墙打一看时,只见是华阴县尉在马上。(《水浒传》第2回)

⑪话说当时宋太公掇个梯子上墙头来看时……(《水浒传》第36回)

⑫擂台两侧还有两架木梯子。(《雍正剑侠图》第8回)

⑬它们架起了一座梯子,让年成从上面走过。(《人民日报》1995年)

⑭我的学校实际是一把"梯子",学得好的人,可以由初中升高中,甚至大学。(《人民日报》1996年)

⑮相信只有他才留给人一部上天的梯子。(《人民日报》1996年)

再以动量词"上"和动词的搭配情况为例。

⑯学者做工夫,当忘寝食做一上,使得些入处,自后方滋味接续。(《朱子语类》卷八)

⑰禅学后来学者摸索一上,无可摸索,自会转去。(《朱子语类》卷一二一)

⑱子在此多年,装束了却来,为子说一上佛法。(《五灯会元·芙蓉灵训禅师》)

⑲老僧三十年前至定山,被他热谩一上,不同小小。(《五灯

会元·定山神英禅师》)

⑳戴宗正饥又渴，一上把酒和豆腐都吃了。(《水浒传》第39回)

㉑"乖乖，你还会毒人哪！"我咋了一上舌头。(白先勇《孽子》)

以上两例可以使人窥见汉语史上量词与名词、量词与动词搭配的复杂情况。关于量词与名词、量词与动词搭配的内在规律，现有研究已给予了大量关注。如罗日新（1986）将名量词分为条状、块状和颗粒状三类，将名量搭配关系分为相似关系、相关关系和相连关系三种，并对名词与名量词之间形状与语义关系进行了系统分析。邵敬敏（1993）认为，不同的量词实质上是人们从不同的角度按不同的方式来观察事物的结果；名词与量词组合时，名词总是处于主导的制约地位，它的存在决定了对量词的选择；反之，量词也对名词起到反制约作用；而言语环境、说话人心理上的强调点、上下文的制约等因素都在起作用。樊中元（2003）研究了现代汉语中的一名多量现象，认为一名异义、一名异体、一名异形是制约名词对量词选择的主要因素。周芍（2006）则认为，名词与量词的组合不是所谓"约定俗成"的，而是在"语义一致性原则"的基础上进行的相互选择；名词在名量组合中起主导作用；影响名词与量词组合的因素很复杂，但始终围绕名词的意义从某个角度进行量的限定；一个词能够成为量词，通常是某个名词事物的突显特征，或者通过某种特定联想与事物建立"量"的联系。但如果将方言现象纳入进来，那么周芍（2006）所提倡的"语义一致性原则"的解释力似乎远远不够。

邵敬敏（1996）认为，并不是所有动词都可以跟动量词组合，只有含有动量内涵的动词才有资格跟动量词组合；动词与动量词之间的选择关系首先取决于动词内部的各个小类，也依赖于动量词本身的语义特征，还涉及动词的有关对象。方寅、张成福（2007）指出，现代汉语中能与动量词搭配的动词总是"有界动词"，从动作所占时间段是否重复的角度，能得出动词与动量词各次类之间的对应搭配规律；动词过程结构三要素（起点、终点、续断）的强度差异最终决定了其后能否带动量词。能带动量短语的动词一定是双限动词（有起点和终止点的"有界"动词），部分"有界动词"后无动量词，则是由信息缺省等机制的内在作用所造成的。周娟（2007）认为，动词和动量词的组合，既跟动词的语义特征（包括界性特征）密切相关，也跟动量词的表意功能有密切联系；从动态的角度看，句子和话语层面的句法和语用因素对动词和动量词的组配也产生了重大影响。

惠红军（2009 [2011]：242）认为，在汉语概念系统的发展过程中，量词已经形成了一个功能强大的单位网络，其网络成员分布在单位网络的不同位置。这些位置正是量词单位网络与名词、动词所属单位网络的节点。由于节点的复杂性，也引起了量词与名词、动词搭配的复杂性。这同时也说明，在量词习得的过程中，人们是遵循着一个整体习得的模式，按照概念网络与概念网络之间的节点来整体习得量词的，而不是列举式地、一个一个地去习得的。但是，个体式的习得有助于整体式的习得，因为认知主体的概念网络是建立在对足够多的同类的个体性的认知基础之上的。

从历时角度看，汉语量词的发展变化表现出的鲜明特点有三。

其一，量词和名词、量词和动词的搭配关系中蕴含着汉语的认知特征。上文的综述表明，这一点已有不少研究关注；但其中依然有很多重要问题需要进一步的研究，而这些问题也是本书的研究重点之一。

其二，量词句法结构的复杂化。这一点主要体现在两个方面：第一，数量名和数量动结构的演变，如"数+量+名"和"名+数+量"的演变关系，"动+数+量"和"数+量+动"的演变关系。就

"动+数+量"和"数+量+动"的演变关系而言,有观点认为,"动+数+量"是由"数+动"演变来的,这是受时间表达法的影响(太田辰夫,1958[2003]:153—154),同时还受唐以后借用动量词的迅猛发展的影响(张赪,2010:196—199);也有观点认为,"数+动"经由"动+数"这一中间环节而演变为"动+数+量"(唐钰明,1990)。还有观点认为,汉语动量表达的结构式历史上并未发生语序创新,实际是"动+数+量"和"数+量+动"这两种不同语序模式的替代过程,现代汉语的"动+数+量"是一种语序选择的结果(吴福祥,2012)。第二,指量结构。汉语的指量结构能标记关系从句(刘丹青,2001、2002b),也有研究者把指量结构标记的关系从句看作香港粤语的特点(Matthews & Yip,2001;转引自刘丹青,2005)。关于指量结构的句法位置,一种观点认为,在无准备的自然口语中,典型的"关内式"("那个喜欢我的人"这类结构)几乎不说,"关外式"("喜欢我的那个人"这类结构)几乎一统天下(唐正大,2007);另一种观点认为,指量结构在主语关系从句中为前置优势("那个遇见星探的女孩,长得很漂亮"这类结构),在宾语关系从句中为后置偏好("星探遇见的那个女孩,长得很漂亮"这类结构)(吴芙芸、盛亚南,2014)。

其三,量词分类功能的逐渐弱化,最典型的例子就是量词"个"的使用。现代汉语中,量词"个"作为一个名量词,能够和绝大部分名词结合,可以说已经失去了分类的功能;但是在更广泛的意义上说,"个"的分类意义更为宏观,能够和"个"结合的都是名词,这样就把名词同其他词类相区别,因而依然可以说是一种分类。除了量词"个","张""根""条""只""块"等也是量词分类功能减弱的典型例子。从共时角度看,量词"张""根""条""只""块"等在汉语各方言之间,以及汉语方言与普通话之间的明显差异也是分类功能的弱化。如,普通话中长条形物体往往用量词"根",但闽、粤、客家方言对长条形物体则不用"根"（Tai & Wang，1990），而有些方言则基本上是用量词"只"（万献初，2003；姜国平，2005；陈泽平、秋谷裕幸，2008；严宝刚，2009）。在历时发展的过程中，汉语量词除了计量、分类功能，还有其他功能，如用作词头、表示关系、指示词功能、替代功能、定语标记功能、冠词功能，等等。一般认为，这些功能在汉语南方方言中普遍存在（游汝杰，1982；赵日新，2001；刘丹青，2002a），但北方方言中量词的功能也存在类似情况，如关中方言的量词"咘"就发展出了指示词的用法。

2. 汉藏语系的量词研究

量词也是汉藏语系的语法特色之一。诚如孙宏开（2011）指出的那样，没有哪个语系的语言有汉藏语那么丰富的量词，量词在大部分汉藏语系语言里都有重要的语法作用。孙宏开（2014）指出，基本所有的汉藏语系语言都有量词，但发展不平衡；不同语言中量词的数量有多有少，功能有大有小；而少数语言的量词至今仍然处在萌芽状态；量词也是汉藏语系语言的一种共同创新，有许多值得揭示的特点，如词序的改变、反响型的发展和消失、单音节化、语法作用的增值，等等。

目前对汉藏语系量词的研究已经取得了丰富的成果，如李宇明（2000a）通过对拷贝型量词的分析研究，构拟了汉藏语系名量词产生和发展的过程。李锦芳（2005）所收录的32篇论文，对苗语、壮语、仡佬语、白语、拉祜语、纳西语、彝语、缅语、景颇语、藏语等多种语言的量词进行了深入细致的分析讨论。除此之外，黄成龙（2005）对羌语名量词的研究、蒋颖（2006）对汉藏语系名量词的研究、黄平（2012）对汉藏语系数量名结构的研究、惠红军（2018）对汉藏语系的数量名结构的研究，等等，都对汉藏语系的量词问题进行了有意义的探讨。一般认为，汉藏语系中的一些语言的量词和汉语的量词存在着类型上的相似（刘丹青，2002a；马学良，2003；蒋颖，2006）；但是也有研究认为，汉藏语系的类别词是后起现象，不是同源现象，因而汉藏语系语言的类别词的比较不可能是发生学上的比较研究，只能是类型学上的比较研究（洪波，2012）。

可以这样认为，以上诸多研究极大地促进了汉藏语系量词的研究，将汉语量词研究置于一种更为广阔的研究背景，为汉语量词的研究搭建了更为宏大的平台，也将极大地推进汉语量词的研究。

（二）国外的量词研究

早期的国外语言学界对汉语量词的认知各异。研究者在梳理了汉语知识体系后，把汉语量词归入名词、数词、助词、虚词等不同的词类系统。直到晚近时期，研究者才逐渐认识到汉语量词的独特性，对其进行了独立研究。在英国马礼逊（Robert Morrison）的《通用汉言之法》（1815）中，首次把量词列为一个单独的类别；德国罗存德（Wilhelm Lobscheid）的《汉语语法》（1864）则将量词命名为 classifiers；英国威妥玛的《语言自迩集》（1867）认为，量词最核心的作用是使它修饰的普通名词指称的事物可用于计算，并以 numeratives（量词）来指称这一词类（参见方环海、沈玲，2016）。也有研究者将量词当作名词的修饰语，认为量词可以跟在名词后面，作同位语（蒲立本，2006：65）。

目前的研究表明，国外语言学界一般认为汉语量词是分类词（Classifier）的一种。研究者认为，分类词是经验、想象、生态等在人类心智中的反映（Lakoff, 1983）；但其功能并非仅限于分类，因为所有的数词分类词在表达数量时，都出现在照应词或指示词的位置（Allan, 1977）；分类词是中心名词的同位语，是所有者的附着物，表明中心名词所属的对象的类别（Croft, 2000：31）。

桥本万太郎（1985：85—86）认为，在亚洲大陆的语言中，类别词应该是与语言类型特征关系最为密切的词汇；所谓类别词，在普通语言学书里通常指表示数量的"本"和"杯"这样的单位。如日语的

satsu（本）：

　　is（一） satsu（本） no（的） hon（书）（一本书）

如英语的 cup 和 glass：

　　a cup of coffee（一杯咖啡）
　　a glass of water（一杯水）

　　桥本万太郎指出，在讨论亚洲语言时做这番说明往往会使人误解事实的本质，因为这里的"satsu"（本）或"cup"（杯）在日语或英语里，无论是在句法学上还是在形态学上，和表示数量单位的词都毫无区别。假如一定要归类，它们在这些语言里都属于"数量词"，而这类数量词在任何语言里都有。

　　首先分清类别词和数量词的本质差异的是苏联的汉语学者。龙果夫曾以同音同形的数量词和类别词"把"来指出它们之间的不同，"三把盐"中的"把"是数量词，这个数量词自身可以加修饰语，如"三满把盐"；而"三把刀"中的"把"是类别词，因此不能说"三大把刀子"（参见桥本万太郎，1985：88）。

　　从更广的范围看，分类词是人类语言的一种普遍现象。Allan（1977）指出，许多谱系上不相关和地理上不相连接的语言的分类词之间都存在着显著的相似性。Jackendoff（1983：77）指出，分类词是范畴化在语言中的反映；范畴化是认知的一个本质方面，决定着一个具体事物是否某一具体类别。Lakoff（1986）指出，类别词对于理解我们是如何思考、如何活动至关重要，因而对理解人类之所以成为人类也极为重要。Allan（1977）、Aikhenvald（2000）还对分类词的语义参数进行了初步的研究。

　　虽然在有些语言中，分类词的唯一功能就是对名词进行分类，如波斯语；实际上，分类词的功能并非仅限于分类，因为所有的数词分类词语言在表达数量时，分类词都出现在照应词或指示词的位置（Allan，1977）；而有些语言的分类词则可以同时出现在名词短语和动词短语中，如塔拉斯坎语（Tarascan）的分类词（Friedrich，1970）。因此，Allan（1977）认为塔拉斯坎语既属于名词分类词语言，也属于动词分类词语言。按照 Allan（1977）的观点，我们也可以说汉语既属于名词分类词语言，也属于动词分类词语言。

事实上，以哪些对象作为分类词或量词，这一点在不同的语言中有非常明显的差别，这也正是认知类型特征的反映。国外语言学界对汉语量词的研究为汉语量词的研究提供了更为广阔的背景，也为汉语量词研究提供了重要的参考；但其中有些观点还需要进一步思考。如桥本万太郎（1985：90）认为，亚洲大陆的语言有类别词的原因，多数是为了给这些单音节语言的名词以某种补充，从而使那些同音而不带丰富形态特征的不同词类以一定的"赘言性"。而且这样观点早在1928年就由乔治·桑姆索在《日语历史语法》中指出了，"在汉语中，类别词起着区别同音词的重要的辅助作用"。国内学者对"区别同音词"这样的观点似乎少有共识。又如 Sun（2006：48）把"跳几次舞"中的"次"标为"time"（场合/次、回），但把"唱一首歌"中的"首"标为"CL"（classifier，分类词）；国内学者一般认为这里的"次"和"首"都是量词，前者为动量词，后者为名量词。

二 认知类型学研究

（一）认知类型学是一种交叉研究

认知类型学是认知语言学和语言类型学的交叉学科。Croft（2001）已经开始了语言类型学和认知语言学的交叉研究，并将词类和句法角色与构式结合起来进行研究。Kemmer（2003）中更明确地提出了认知类型学（Cognitive Typology）这一术语。认知语言学研究的是词汇和语法形式如何表达语义内容,其方法侧重于把语言学分析与那些独立有效的认知能力和过程联系起来(Langacker,1987;Tamly,2000);语言类型学也研究语言形式和意义之间的关系,但是侧重于通过对世界上的语言的大量抽样,调查跨语言变化的范围和限制(Greenberg,1978;Comrie,1981)。把这两种方法结合进行语言研究的学科就是认知类型学。Kemmer(2003)中所提出的认知类型学的主要观点是:第一、类型学中经常使用的方法,是通过一系列基本上明显不同的事件类型来显示人类敏感性。这些事件类型并非纯粹感知的,因为它们并非直接基于感知信息。更准确地说,这些事件类型是一些概念类别,被用来集合和组织概念信息,以便格式化的操作和交际。第二、概念空间能够限制语法系统的可能类型,而这些语法类型能够适应表达事件的基本类型。第三、认知类型学的方法是去观察跨语言间不断发生的语言表达式,尤其是语法表达式;也就是说,要观察语言是如何系统地通过形式的差别来表达意义的不同,或者是不能通过形式的差别来表达意义的不同。由此我们能够发现一些语言的模式,人类语言能够通过这些特殊的表达式去表达不同的事件或状态。

Kemmer(2003)认为,许多语言能够通过不同的语法手段来系统地区别两种相似的意义,那么语法手段的这种不同是有认知意义的。这种不同的跨语言分布越广泛,就越说明该语言所关注的这类差别是一种普遍倾向。相反,如果某种语言经常将两种意义归入一种表达形式,那么这种倾向也是有认知类型意义的,即它意味着这些意义在认知上是密切相关的。

张黎(2010a)认为,认知类型学就是以语言中的认知结构为研究对象的科学。认知类型学不同于语言类型学,语言类型学主要是以句法形态、句法手段、句法特征为研究对象,是以追求人类语言的形态共性为目标的科学;认知类型学严格地说应称为言语认知类型学,是以不同语言的认知结构（或称经验结构）和常识结构为研究对象的。由于不同语言的经验结构各有不同，因此，认知类型学是以不同语言的认知结构的不同为着眼点的。张黎（2012）认为，在语言的对象世界和语言的真实世界之间有一个中介世界，这个中介世界就是语言的认知世界。语言的认知世界说到底是一种经验结构，而且这种经验结构会因语言的不同而不同。此外，认知结构是有不同层次、不同类别的。语言中的认知结构既包括感觉、知觉、表象这样的传统心理学所研究的内容，同时也包括语言中所涵盖的经验结构和常识结构。对语言中所涵盖的经验结构和常识结构的逻辑整理和科学的研究，也是言语认知类型学的重要内容；而一般所强调的经验语法或常识语法则是指一种广义的认知类型学。

事实上，类型学中不断呈现的不同类型图式已经反映出人类对敏感性事件的认知差异，即使面对同一事件和事物，不同的语言也可能会做出不同的认知，进而表现为不同的语言结构类型；当然，不同的语言也可能会做出相同的认知，进而表现为相同的语言结构类型。如，汉语说"我昨天买了一本书"，英语则说"I bought a book yesterday"；汉语在数词"一"和名词"书"之间有一个量词"本"，英语则没有"本"这样的量词，也没有使用数词"一"，而是使用了冠词 a。这是二者的不同。相同之处在于，二者都清晰地表达了"书"的数量。又如 Greenberg（1972）认为，关于数词（Quantifier，Q）、分类词（Classifier，Cl）、名词（Enumerated Noun，N）三者所组成的数词分类词结构（Numeral Classifiers Construction）只有四种可能结构，即 Q - Cl - N；N - Q - Cl；Cl - Q - N；N - Cl - Q；而 Cl - N - Q 和 Q - N - Cl 则是不可能的结构。

语言中所有的结构类型的构件实际是一个个相对孤立或独立的认知对象，它们之间的结构关系或类型关系都是在认知的作用下产生的；也就是说，如果认知关系不同，表现在结构关系或类型关系上也会不同。关于这种现象，古汉语中出现的"谓之"和"之谓"两种结构可以作为一个典型。如：

①善人富谓之赏，淫人富谓之殃。(《左传·襄公二十八年》)
②使能之谓明，听信之谓圣。(《管子·四时》)

何乐士（2004：38—39）认为，从句法结构上看，"A 谓之 B"是双宾语句，其中的"之"是代词，作宾语；"B 之谓 A"是与较大的语言单位联系在一起的主谓句，其中的"之"是连词。从两种结构式的作用来看，"A 谓之 B"是对 A 的命名或归类，"B 之谓 A"是对 A 的解释或举例。从两种结构式的特点和意义上看，"谓之"句常用以表示社会上共同的、约定俗成的认识或称谓；"之谓"句常用以强调说话者个人的见解，有较强的主观色彩和倾向性，这是"谓之"和"之谓"两种句式之间很重要的区别。就"B 之谓 A"句出现的时代特征来看，它是在春秋战国百家争鸣的时代背景下，为了适应各家宣传并论证自己观点的需要而发展起来的一种新的语法格式。它在现已出土并得到识别的甲骨文、金文中没有出现过，也不见于《诗经》；但在春秋末期战国时代先秦诸子的著作中出现较多，特别是在议论文体较多的《韩非子》《荀子》《庄子》等著作中出现的频率更高，《左传》《礼记》里进行说理的场合也常援用；而在《尔雅》《方言》《广雅》等字书中则只能看到"谓之"句，几乎一个"之谓"句都没有。

又如：

③叔向曰："三人同罪，施生戮死，可也。"(《左传·昭公十四年》)
④仲尼曰："臧文仲其不仁者三，不知者三。"(《左传·文公二年》)

名词所指称的事物与这一事物的数量可以构成一种数量结构，但是在这种数量结构中，名词和数量词之间的关系实际上是相对孤立或独立的认知对象；当二者之间的认知关系发生变化时，二者之间的结构关系或类型关系就会发生变化。因此，"三人"和"不知者三"实际上代表了两种不同的结构关系或类型关系。

由此可见，对语言类型的研究必须结合对语言的认知研究；而对语言的认知研究也不可能是空穴来风，它必须有确定的研究对象，而类型学的观察对象也非常适合语言的认知研究。正是在这个意义上，我们才能够清楚地意识到认知类型学的研究范式和研究价值。

（二）汉语量词的认知类型学研究

汉语量词的认知研究是近年来的一个研究热点。仅以中国知网（CNKI）中收录的有关量词的认知研究方面的成果来看，[①] 自 2000 年以来，共有 254 篇论文（包括硕博学位论文、会议论文、期刊论文）从不同的角度对量词进行了认知研究。这些研究基本可以分为两类，一类着力于汉语量词的认知研究；另一类着力于通过汉语量词和其他语言量词的对比研究来探究不同语言的量词在认知上的共性和差异。

在有关汉语量词的认知研究中，有的研究致力于汉语量词和名词、量词和动词搭配的认知研究。石毓智（2001）通过探讨表物体形状量词背后的认知根据，认为物体维数的多少不是问题的关键，各维数之间的比例才是形状量词系统设立的认知根据；同时，物质性是形状量词的第二位认知基础。因此，客观现象的数量特征对自然语言的语法具有深刻影响。邵勤（2005）从"动态过程"入手，分析了人对"动

---

① 我们的检索方法是以"篇名"为检索项，输入"量词"；并在此基础上，以"篇名"为检索项，输入"认知"，得到 183 篇论文。然后以"篇名"为检索项，输入"认知"；并在此基础上，以"篇名"为检索项，输入"量词"，同样得到 183 篇论文。检索日期为 2016 年 8 月 17 日。2019 年 3 月 24 日，我们用同样的方法进行了检索，得到的文献数量为 196 篇，较 2016 年的检索增加了 13 篇。2022 年 11 月 14 日，我们用同样的方法进行了检索，得到的文献数量为 254 篇，较 2019 年的检索增加了 58 篇。

态过程"进行认知时所具有的认知图式,进而分析可能作为认知"动态过程"时所需的"动量标记";文章认为,动量词是"动量标记"出现在语言中的最终形式,它执行计量"动量"的语义功能,同时体现"动量特征",反映了对动态过程中所含"动量"的认知。周芍(2006)认为,影响名量词选择的认知因素有三个方面,包括认知原型、意象图示和人脑对于现实世界的认知加工。李艳(2006)研究认为,名词一步步转化为名量词的过程,遵循了隐喻机制由具体的认知域投射到抽象的认知域的过程,即由表示人、事物或处所的名词这种具体的概念转化为帮助理解"某个名词单位"这样一个较抽象的概念。动词到名量词的转化过程中,主要是转喻机制在起作用,这一转化的实质是动词所指称的"动作"对名量词所指称的"计量单位"实现了指代。刘晨红(2008)认为,临时名量词与名词的匹配与认知机制有关。这主要表现在两个方面:一个方面,是名词和临时名量词间的匹配主要是同一关系的建立,这种同一关系主要见于语义特征和功能两方面;另一个方面,是隐喻和转喻的认知模式在发挥作用。

对汉语量词的认知研究有一些是侧重于量词的非常规搭配,也就是一些创新用法。[①] 如冯碧瑛(2009),文章从体验哲学的视角对中国当代1000篇散文名篇中147个量词的非常规搭配现象进行了研究,发现在量词的非常规搭配中,数词基本是"一",占了95.76%;量词形成非常规搭配的可能性是层级性的,其搭配度顺序为"外形特征类>专定类>容器类>摹量类"。有的侧重于量词发展的个案研究,如彭慧(2012)具体研究了量词"轮",发现"轮"是唐五代时期一个新兴量词。"轮"本为表义较实的名词"车轮",在汉民族形象性、直观性思

[①] 量词用法的扩大倾向可以看作对原有用法的一种合理突破,而缩小倾向则是对原有用法的一种扬弃。因此,对现代汉语中一些量词的突破性用法应该看作语言的创新。这种创新是否会被社会接受,则是语言使用中的合力问题,并不是一两个语言文字工作者凭个人的语感能够轻易预言的。(请参见惠红军《汉语量词研究》,西南交通大学出版社2011年版,第17页。)

维特点的影响下，加之联想、类比推理等特定认知心理的作用，"轮"发展成为一个兼具两种不同表意特征的名量词；其称量范围日渐扩展，并最终实现了由实到虚、由具体到抽象的迁移。吴文婷（2012）认为，"枚"在汉语里是古今通用的量词，产生于汉代，兴盛于魏晋南北朝时期，在近代汉语中呈现出一种萎缩的趋势。虽然在现代汉语中，量词"枚"的使用范围也比较狭窄，但是近年来其使用范围又有逐渐扩大的趋势；其语法化与复活的原因是量词"枚"和名词选择的认知理据、语言结构的内部调整和网络媒体的发展。

　　量词并非汉语独有，而是存在于诸多的语言中，因而进行汉语量词和其他语言量词的比较研究，探究其认知上的共性和差异很有必要。这方面较多的是汉语和英语之间的比较，如王芳（2014），毛智慧、许鸿敏（2014），李占启（2015）等；也有汉语和日语、维吾尔语、泰语、法语、朝鲜语等之间的比较，如宗守云（2012），吕春燕（2013），如鲜古丽（2014），李丽美（2017），李翼（2018），张美兰（2018）等。王芳（2014）对英汉两种语言量词结构中的隐喻现象进行了探讨，文章认为，英、汉两种语言的量词和名词的隐喻搭配体现了认知主体对认知对象的观察视角，反映了认知主体对计量名词所代表的范畴的理解和认识，认识突显和相似性是名量隐喻性搭配形成的重要条件。如，a bag of flour（一袋面粉）是常规的表量结构；但在 a bag of wind（一袋风）中，bag 就是隐喻性量词，突显了用袋子装风的效果——漏风，具有讽刺意味。毛智慧、许鸿敏（2014）聚焦于汉、英表量结构中身体名量词与其所修饰的名词之间的关系本质，根据身体名量词与其所修饰的名词之间的关系，归纳出四大类身体名量词：摹状类、焦点突显类、容器图式类和丈量类，并在此基础上得出其相应的映射类型：外形特征的映射、整体—部分图式的映射、容器图式的映射、距离的映射。其中前三者为汉、英所共有，距离的映射为汉语所独有。李占启（2015）分析认为，英语"a pair of + N"结构中的"pair"在句中是名词充当量词，在翻译成汉语时，应依据其后面不同的名词而选择不同的量词与其对应；这反映了不同民族对客观世界和生活经验的不同认知方式，以及语义引申的民族性。宗守云（2012：231）研究认为，汉语量词"条"和日语量词"本"的范畴化原则是一致的，都存在着原型成员，都涉及了范畴的不同程度的扩展，都通过促动因素影响了范畴的发展；但二者在对名词性成分选择的细节上呈现出千差万别、纷繁复杂的情形，而这些细节的东西是不可预测的。吕春燕（2013）从认知语义学的角度对汉语和日语的同形个体量词"个""個"的用法进行了归纳分析，发现两者都用于描述独立存在或认知为"独立存在"的物体，对该物体的形状没有统一要求。由于高频使用和类推机制，汉语量词"个"的意义已经高度泛化；较之日语的量词"個"，汉语的"个"所描述的类别更多，使用的范围更广。如鲜古丽（2014）借助认知语言学的原型理论、隐喻和转喻理论，对比研究了汉语和维吾尔语的量词及量词所反映的民族思维与认知方式。如汉语的"根"和维吾尔语的 tal（其本义是指柳树、葡萄藤）都是个体量词，其来源虽有相似之处，但搭配的范围有所不同；维吾尔语的 tal 能够修饰种子、子弹、纽扣、钻石、蚊子等事物，而这些事物在汉语普通话中是不能够和量词"根"搭配的。李丽美（2017：46）研究发现，泰国学生学习汉语名量词时经常发生"遗漏偏误"，也就是在数量名结构中遗漏了名量词成分或在汉语句子中该出现的名量词却没有出现。文章认为，其原因在于泰语口语中为了节约时间和减少词量，在表达事物数量时，数词后面可以省略量词。张美兰（2018）研究发现，汉语和朝鲜语量词"张"都可用于薄而扁平的平面事物，但因不同的语言、地缘环境的影响，"张"的范畴化程度存在差异。汉语使用者根据事物具有的主要显著功能性特征来选择量词，而朝鲜语使用者则较偏向根据事物的外在形状特征来判断事物属性。

应该说，对汉语量词进行认知研究的成果还是比较喜人的；但是

汉语量词的认知类型学研究

客观地说，有些观点还有待商榷。如袁静（2019）分析了量词"枚"对其所修饰的名词的范畴化现象，认为这类名词普遍具有"小而细长"的家族相似性，其范畴的扩张是通过隐喻的认知方式来完成的；但是有些并不具备"小而细长"特征的事物也可以用"枚"称量，如"美女""帅哥""吃货"等。这是因为"枚"的"小而细长"的语义特征给人一种可爱、亲切的感觉，而"美女""帅哥""吃货"这三个词的表达效果也是一种亲切、温馨的活泼感，这时两种概念就有了相似性；在隐喻的作用下，这种内在因素就顺理成章地用量词"枚"来称量这些词，这是心理上的认知经验发挥作用的必然结果。

同时，在汉语量词使用的各个领域，我们总是能够发现很多难以解释的现象，如有些量词的用法已经消亡，有些量词又会出现一些创新用法，而汉语方言区在量词使用上更是差异鲜明。这正说明，汉语量词的认知研究中还有很多课题需要研究者去攻克。

上文已经提到，认知类型学是一种能够深度解释语言现象的研究视角，但从这一视角对汉语展开的研究成果还极其少见，目前能够见到的只有个别学者的研究成果。张黎（2007）对汉语的"把"字句进行了认知类型学解释，认为汉语通过"把"字句的解析性陈述了一个事象界变，而这种表达解析性的事象界变的句式在英语、日语、俄语这样的语言中是没有的。汉语的"把"字句正是汉语认知类型学特征在句式上的表征之一。因为句式是语言认知表达的基本定式，不同的语言有不同的句式；而不同的句式也反映着因语言不同而形成的认知表达框架的类型学上的不同。张黎（2008）对汉语补语的分类及其认知类型学价值进行了研究，认为汉语的位移模式有六个，即上、下、进、出、回、过，这则是人类共有的言语认知所表达的位移模式。张黎（2010a）对汉语"了"的语法意义进行了认知类型学解释，认为汉语是以动作过程和动作结果之间的"界变"为轴心的、重视"变"与"非变"的语言；这一点同以动作过程为轴心的英语和日语是有所不同的。张黎（2010b）讨论汉语"了"的结果性含义，对汉语动相性结果进行了分类，同时描写了汉语的"动作—结果"的语义内涵及其句法呈现形式，并据此从对照语言学的角度讨论了汉语的"动作—结果"的认知类型学特征。张黎（2012）指出，从言语的认知类型来说，汉语把变化作为一个基本类型而构筑其句式系统；变化句式群是汉语特有的句式系统，反映了汉语独特的认知类型学特征。因为汉语的"把"字句、重动句是英语和日语所没有的句式，而使成句和被动句的语义内涵也与英语或日语有所不同。

汉语量词一般认为是汉语语法系统的重要特征，汉语量词的产生和发展能够反映出汉语使用者独特的认知方式；虽然汉藏语系的很多语言中都有量词，但这并不影响汉语量词在整个人类语言中的独特地位。从这个意义上说，汉语量词具有非常重要的认知类型特征，也是对汉语进行认知类型学研究的最佳切入点之一。但遗憾的是，从认知类型学的视角来研究汉语量词的成果目前还没有看到。

从目前国内外的研究来看，对汉语量词的研究要么囿于汉语的独特性，因而没有真正认识到汉语量词独特性的价值；要么受制于以其他语言为研究对象提出的某种理论的影响，将汉语量词的独特性混同于人类语言分类词的某些普遍特征，因而没有真正认识到汉语量词的认知类型学价值。但是，如果我们能够运用认知类型学的研究视角和方法，将汉语置于人类语言这种更广阔的研究背景，将会更深层次地认识汉语量词乃至汉语的独特性，将会给汉语研究做出新的贡献。

三 两点说明

（一）关于语料来源的说明

本书的语料主要源于北京大学中国语言学研究中心语料库检索系统（以下简称 CCL 语料库）、北京语言大学 BCC 语料库（以下简称 BCC 语料库）、陕西师范大学历史文化学院汉籍全文检索系统（第二版)、北京爱如生数字化技术研究中心爱如生典海数字平台。为了保证语料的准确性，我们通过网络开放检索对比，语料库、数据库的跨库对比，检验了本书所用语料的可靠性。同时，我们通过部分纸本书籍对比的方式对部分语料进行了可靠性验证。这样的多角度对比能够保证语料的准确性。

有部分语料来自作者平时所阅读的文学作品，有部分语料转引自一些研究成果，还有部分语料来自网络搜索平台的开放检索。对于这些语料，我们都会注明具体出处，或检索的网址及检索日期。

(二) 关于繁简字的说明

本书整体使用简体字，但是由于涉及汉语的历时演变，为了使有关演变的论述更为清晰，因此本书也会酌情使用一些繁体字。如在第一章第三节中解释"只"的量词用法的产生及演变过程时，我们采用了"只（隻)"的方式。同时，在引用《说文解字》的有些内容时也使用了繁体字，而所引的《说文解字》则以段注本为准。如："隻，鸟一枚也。从又持隹，持一隹曰隻，持二隹曰雙。"因为"隹"就是"鸟"的意思，所以这时用繁体字就更方便解释。又如第五章第三节在"个"的用法演变过程中涉及"箇""個""个"三个字形，这时对个别关键字及例句使用繁体字就会使论述更加清晰。

第一章 汉语量词的形象性研究

第一节 人类语言的形象化表意策略

一 人类语言的形象化表意共性

语言作为文化的表征,深层次蕴含着文化中最隐秘的特征。据估计,目前世界上有五六千种语言,可见人类的语言是多么丰富多样,而人类语言的多样性正是人类文化多样性的具体表现。受外部世界多样性的根本制约,人类语言都具有形象化的表达手段,而且不同的语言都有自己独特的表达手段。这是人类语言的认知共性。如汉语说"倾盆大雨",英语则说"it is raining cats and dogs"(直译为"天上在下猫和狗")。汉语说"体壮如牛",英文则说"as fit as butcher's dogs"(直译为"像肉店的狗一样健壮")或者"as strong as a horse"(直译为"像马一样强壮")。可见汉语和英语都能够使用具体的形象来表达大雨和强壮,只不过由于文化背景不同,所使用的具体形象有所不同。王德春(1992)已经指出,文化的差异会导致用词、用语的差异,如汉语的"红茶"一词,在英语中是 black tea(直译为"黑茶"),在俄语中是 чёрный чай(直译为"黑茶");汉语的"粗活"

一词，在英语中是 dirty work（直译为"脏活"），在俄语中是 чёрная работа（直译为"黑活"）。

在汉语的不同方言之间，也往往会出现用词、用语的差异，如对"月亮"的拟人称呼，汉语方言中的说法有"月娘""月妈妈""月奶""月姥姥""月姑""月光婆""月爹""月爷""月公""月光佛""月亮菩萨"等不同称谓；①"西红柿"在汉语方言中有"西红柿""西洋柿""西番柿""番茄""番薯茄""洋海茄""海茄瓜""酸茄""洋辣椒""洋辣姜""毛辣角""金桔""西红薯""海笋儿""毛秀才""状元红""五子登科"等。②可见，不同的语言或方言都会采用不同的形象化手段。

王力先生已经指出，语言具有民族的特点，而思维则具有人类的共性。唯其具有民族特点，所以各个具体的语言形式和结构是不同的；唯其具有人类共性，所以通过语言的翻译，不同的民族可以互相交流思想。③这种思想在《荀子·正名》中就已经明确阐释了。《荀子·正名》说："然则何缘而以同异？曰：缘天官。凡同类同情者，其天官之意物也同，故比方之疑似而通。是所以共其约名以相期也。"意思是说，人是由于感知器官的同异而引起认知的同异。人类既然同类，又具有同样的感觉，人们通过五官接触万物所抽象出的特征自然也无不同，以物比物，特征相似的也都相通。于是相约形成共同的概念，人类的概念就可以对应。④《荀子·正名》又说："散名之加于万物者，则从诸夏之成俗；曲期远方异俗之乡，则因之而为通。"意思是说，万物都加上了名称，这是依照汉族（诸夏）的习惯；那些偏僻的远方以及风俗不同的地方，就可以依照这些共同约定的名称来交流

---

① 曹志耘：《汉语方言地图集·词汇卷》，商务印书馆2008年版，第3页。
② 曹志耘：《汉语方言地图集·词汇卷》，商务印书馆2008年版，第22页。
③ 王力：《中国语言学史》，中华书局2013年版，第5页。
④ 王力：《中国语言学史》，中华书局2013年版，第5页。

思想了。① 可见，对人类能够相互交流的认知是古已有之的。

二　形象化表达中的隐喻和转喻

人类语言的形象化表意策略受制于认知方式，受制于人们对身边事物之间关系的理解和表达方式。这一点可以从有关隐喻（Metaphor）和转喻（Metonymy）的研究中窥豹一斑。隐喻（Metaphor）研究在语言学领域的巨大价值是 George Lakoff 和 Mark Johnsen 在 1980 年出版的著作《我们赖以生存的隐喻》（*Metaphors We Live by*）一书中发掘出来的。Lakoff & Johnson（1980 [2003]：22）认为，一种文化中最基本的价值，与这种文化中最基本的概念的隐喻性表达是一致的。他们还指出，隐喻是一种神经现象（Neural Phenomenon）；人们当作隐喻映射所指称的东西在神经映射上似乎是一种真实的存在。这些隐喻组成了神经机制，在人们的抽象思维中必然地、自然而然地影响着人们的感知。原初隐喻（Primary Metaphor）会自发、自动地浮现出来，而人们甚至意识不到它们的浮现（1980 [2003]：256）。

隐喻是跨概念域的系统映射（Lakoff，1993：203）。也就是说，隐喻是用一种概念域的事物或现象去系统地表达另一个概念域的事物或现象。因此，隐喻这样的认知方式在汉语中并不陌生，也就是说，汉语中原创性的隐喻表达并不罕见；相反，这种原创性的隐喻表达在汉语中极其常见，其具体表现就是中国古代早已提及的"《诗经》六义"中的"比"和"兴"。《周礼·春官宗伯》："教六诗，曰风，曰赋，曰比，曰兴，曰雅，曰颂。"晋挚虞《文章流别论》说："赋者，敷陈之

---

① 王力：《中国语言学史》，中华书局 2013 年版，第 5—6 页。这里需要说明的是，王力先生对这段话的断句是："散名之加于万物者，则从诸夏之成俗。曲期，远方异俗之乡则因之而为通。"并把原文中的"曲期"解释为"委曲地找出他们对应的名称来"。我们认为这个解释还不够清楚。据王先谦《荀子集解》："郝懿行曰：'曲期谓曲折期会之地，犹言委巷也。此与远方异俗相俪。'杨注断曲期上属，似未安。先谦案：'郝云曲期二字下属，是也；而解为委巷，非也。'"其实郝懿行的说法是正确的，因此我们这里的断句是："散名之加于万物者，则从诸夏之成俗；曲期远方异俗之乡，则因之而为通。"

称也。比者，喻类之言也。兴者，有感之辞也。"(《艺文类聚》卷五十六）如《诗经·周南·关雎》："关关雎鸠，在河之洲。窈窕淑女，君子好逑。"虽然一般认为这是起兴的手法，但实际上也是一种"比"的手法，是一种典型的隐喻认知和表达，这一隐喻认知是"夫妻关系是一种阴阳和谐"；而后世民谚中的"夫妻本是同命鸟"这种隐喻表达的原初隐喻就源于《诗经》中的这一隐喻认知。我们能够清楚地看到，在汉语所营造的文化语境中，对夫妻关系的隐喻认知和表达往往都离不开那些和谐生活的动物或植物。如：

①孔雀东南飞，五里一徘徊……东西植松柏，左右种梧桐。枝枝相覆盖，叶叶相交通。中有双飞鸟，自名为鸳鸯。[（南朝陈）徐陵《玉台新咏》卷一]

②在天愿作比翼鸟，在地愿为连理枝。[（唐）白居易《长恨歌》]

③再看那飞的衣服碎片，变成两般花蝴蝶。传说是二人精灵所化，红者为梁山伯，黑者为祝英台。(《喻世明言》卷二八)

④吾国诗歌中，最喜欢用以象征爱情的花，莫如夜合、并蒂莲之类。（钟敬文《花的故事》）

这是中国式的隐喻认知和表达，或者说是汉语式的隐喻认知和表达。在其他国家，对于夫妻关系或恋爱关系的隐喻则不同。Lakoff（2007：51）指出，英语中有许多有关恋爱关系的表达，都能够证明恋爱就像一种旅行。

⑤It's been a long bumpy road. （崎岖不平的路）
⑥We are at the crossroads in the relationship. （十字路口）
⑦The marriage is on the rocks. （触礁）
⑧It is off the track. （轨道）

第一章 汉语量词的形象性研究

因此，Lakoff（2007：51）认为，英语世界对恋爱或夫妻关系的隐喻式表达是"恋爱（Love）是旅程（Journey），恋人（Lovers）是旅行者（Travelers），恋爱关系（Love Relationship）是交通工具（Vehicle）"。

然而，随着文化交流的加强，汉语除了用动植物类原初隐喻来表达有关恋爱和婚姻关系之外，已经开始使用诸如英语式的隐喻来表达恋爱和婚姻关系。我们能够在CCL语料库中检索到如下用例，如：

⑨当贾美娜生下儿子后对他实在忍无可忍，结果婚姻触礁，两人分居。(《读者（合订本）》)

⑩我们自身的婚姻状况如何？现在亮的是"绿灯""黄灯"，还是"红灯"？(姚淦铭《老子智慧与现代式离婚》)

⑪在漫长的生命周期、婚姻旅途中，会出现各种病兆。(《报刊精选》1994年)

和隐喻一样，转喻也是一种非常重要的认知方式。Lakoff & Turner（1989）认为，转喻是在一个认知域中的概念映现（Conceptual Mapping），这一映现包括的"替代"（Stand-for）关系主要是指称。[1] Lakoff & Johnson（1980 [2003]：36）认为，隐喻和转喻是不同类型的过程。隐喻主要是以另一种事物来构想一种事物，它的主要功能是理解；而转喻主要是指称功能，也就是说，它允许我们使用一种实体去代表另一种实体。但转喻不仅是一种指称策略，它也在提供一种理解的方式。比如在部分代替整体（the Part for the Whole）的转喻中，实际上一个整体（Whole）中有很多部分（Part）都能够代表整体；但是我们选择哪个部分来代表整体决定于我们聚焦于整体的哪个部分。比

---

[1] Lakoff & Turner, *More than Cool Reason: A Field Guide to Poetic Metaphor*, 1989. 转引自张辉、孙明智《概念转喻的本质、分类和认知运作机制》，《外语与外语教学》2005年第3期。

如在一个项目中，当我们需要聪明能干的人才时，我们会说我们需要好的头脑（Good Heads），这时好的头脑（Good Heads）就指称聪明能干的人才（Intelligent People）。关键点在于，我们并不是选择头脑（Head）去代表整个的人（Person），而是选择人的独有的特征（Particular Characteristic），即智力（Intelligence），去代表整个的人（Person）。

沈家煊（1999）认为，转喻虽然是不可预测的，却是有理可据的（Motivated），是解释得通的。他还同时提出了一个转喻的认知模型：一是在某个语境中，为了某种目的，需要用概念 A 指称一个目标概念 B；二是概念 A 指代 B，A 和 B 必须同在一个"认知框架"内；三是在同一认知框架内，A 和 B 密切相关，由于 A 的激活，B（一般只有 B）会被附带激活；四是 A 要附带激活 B，A 在认知上的"显著度"必须高于 B；五是转喻是 A 和 B 在某一认知框架内相关联的模型，这种关联可叫作从 A 到 B 的函数关系。

因此，转喻这样的认知方式在汉语中也并不陌生，也就是说，汉语中也早就存在着原创性的转喻表达。在从古至今的汉语文献中，以转喻的方式来表达和理解事物的情况都极其普遍。如：

⑫名不正，则言不顺……刑罚不中，则民无所措手足。（《论语·子路》）

"手足"是人行动、做事的重要身体器官，"措手足"就是放置手脚，"无所措手足"就是手脚不知道放在哪里。《论语》中以"措手足"转喻了人的所有动作，以"民无所措手足"这一事件来转喻"老百姓不知道如何做事"这一事件。因此形成了一种事件转喻，反映了对人的行为举止认知的深化，即人的行为举止并非纯粹的肢体行为，而是在根本上要受"名"的制约。又如：

第一章 汉语量词的形象性研究

⑬子曰:"道千乘之国,敬事而信,节用而爱人,使民以时。"(《论语·学而》)

"乘"是兵车,"千乘"就是一千辆兵车。据《左传·隐公元年》"命子封帅车二百乘以伐京"杜预注:"古者兵车一乘,甲士三人,步卒七十二人。"又据《汉书·刑法志》:"戎马四千匹,兵车千乘,此诸侯之大者也,是谓千乘之国。"可见,兵车的多少和国势的强弱密切相关。因此,在这种高相关性的基础上,"千乘"就以兵车数量之多转喻军事力量之强,进而转喻国家势力之强;"千乘之国"就成为强国、大国的转喻表达。又如:

⑭孔子对曰:"举直错诸枉,则民服;举枉错诸直,则民不服。"(《论语·为政》)

何晏集解引包咸曰:"错,置也。举正直之人用之,废置邪枉之人,则民服其上。"可见这里的"直"是指称正直之人,"枉"是指称邪枉之人。也就是说,在人类社会的伦理价值标准中,正直之人为"直",邪枉之人为"枉"。而在本义上,"直"是正直、不弯曲,"枉"是衺曲、弯曲;可见"直"和"枉"是一组反义词,分别反映事物的不同特征。在语言形式上,"直""枉"作为"正直之人"和"邪枉之人"这类偏正结构中的限定成分,同样具有限定成分的特殊功用。正是在这种密切相关性的基础上,"直"和"枉"这样的特征分别转喻了具有这些特征的正直之人和邪枉之人,是一种典型的特征转喻。再如:

⑮新人虽言好,未若故人姝。颜色类相似,手爪不相如。(《玉台新咏·古诗八首·上山采蘼芜》)

对新人和旧人的比较,《上山采蘼芜》中选择的是"颜色"和

"手爪"。在这首诗中,"颜色"就是"面容",这里用"颜色"转喻了"姿色"。因为对于相貌来说,一般认为"面容"是最突显的特征。"手爪"就是"手",这里用"手爪"转喻了"手艺"。原因在于,一方面,对于女性的"技艺"而言,一般认为"手"是最重要的;另一方面,在认知层面来说,"手"比"技艺"具有更高的显著度。可见用以转喻的事物都是在整个事物中最具认知显著度,与所转喻的事物之间具有高度密切的相关性。

对于转喻认知和转喻表达,古人习惯用"喻"这一术语来表示。如:

⑯它山之石,可以为错。(《诗经·小雅·鹤鸣》)

郑玄笺曰:"它山喻异国。"孔颖达疏曰:"它山远国之石,取而得之,可以为错物之用。""它山"即其他的山、别的山。郑玄之所以认为"它山喻异国",正是因为"它山"在"异国"之中,是"异国"的一部分;而孔颖达的"它山远国之石"也进一步明确了郑玄的看法。可见,"它山"能够转喻"异国",正是典型的部分转喻整体。因此,"它山喻异国"中的"喻"是一个能够指称原创转喻的术语。又如:

⑰妇有长舌,维厉之阶。(《诗经·大雅·瞻卬》)

郑玄笺云:"长舌喻多言。"这里的"长舌"是一个典型的转喻,舌头是说话时要用到的身体器官,用长舌头来表示话语多,这是很典型的基于工具的相关性而发生的转喻。郑玄认为"长舌喻多言",这正说明,"喻"是一个能够指称原创转喻的术语。

转喻不仅在古代汉语中是一种常见的认知方式,在现代汉语中也是如此。现代汉语中的"屁股决定脑袋"就是一种非常形象的转喻表达。其中"屁股"联系着所处的"位子",因而能够转喻"地位",即人所处的社会地位;"脑袋"转喻"意识",即人所持有的社会价值观。类似的转喻式表达还有,以"打破铁饭碗"转喻"打破终身制的工作",这里"铁饭碗"就转喻了"终身制的工作"。而在现代汉语中,以"吃饭"转喻"生活"这样的转喻认知更是不胜枚举,如"吃香的,喝辣的"转喻"生活很好";"吃得开"转喻某人在某个方面的状态很好;"吃不了兜着走"则转喻某人在某个方面遇到了自己所制造的麻烦。

上文的论述能够说明,隐喻和转喻普遍存在于人类语言,并和现实生活中的诸多具体形象紧密关联。但是,如果具体到某种语言,隐喻和转喻则都是相对独特的。那么,对于汉语量词的认知类型学研究来说,既需要关注人类共同的认知策略和认知机制,又需要关注那些汉语式的隐喻和转喻,则是再自然不过的事情了。

第二节 汉语的形象化表意策略

每种语言都有自己独特的形象化表达手段,汉语也不例外。汉语的形象化表意策略有着自己独特的文化体现,这种独特的文化体现不仅表现在隐喻系统和转喻系统上,也突出地表现在汉语量词使用中的形象性上。为了更清晰而深刻地阐述汉语量词使用的形象性,我们这里需要对汉语的形象化表意策略进行详细的分析。汉语的形象化表意策略突出地表现以下几个方面:汉字表意的形象化、汉语词汇表意的形象化、汉语时空概念表达的形象化,以及汉语句法结构的形象化。

一 汉字的形象化表意策略

不同的文化传统,创造不同的文字形式(周有光,1997:2)。汉字是汉语的一种形象表达,它和古苏美尔人的楔形文字、古埃及的圣书字、美洲的玛雅文字都是象形文字。汉字的祖先是甲骨文,而甲骨文已经是成熟的文字（周有光，1997：6）。从现有的甲骨文单字看，早期汉字的象形成分较多（范毓周，1986：22）。而且，这种象形成分具有多样性，因为在表达某种概念的时候，甲骨文中往往会出现几个不同的字形，而这几个不同的字形则代表着真实世界的不同而又密切相关的形象。

以"擒""首""雷""腋"几个汉字的发展演变为例。"擒"的本字为"禽"，"扌"是后加的，"禽"和"擒"是古今字关系。据徐中舒（1989：1531—1532），"禽"在甲骨文中有以下八种写法。

徐中舒（1989：1532）认为，"（禽）象长柄有网以覆鸟兽之狩猎工具，为𢍁字亦即毕字初文。卜辞用为禽获之禽……禽本动词，后名所获为禽，遂为名词，后于禽字增手旁作擒以表其初义"。虽然"禽"字的各种不同写法具有明显的共同特征，但差异也同样鲜明，即字符的上半部分和下半部分或有交叉，或无交叉。这种差异既可能是由工具本身的形体差异所致，也可能是造字者在对真实世界中的同一对象描画时的不同关注所致，而这正是汉字表意形象化策略的最直观的体现。

据于省吾（1996：1010—1011），甲骨文中"首"字的写法有以下十一种。

"首"的本义是"头"。据段玉裁《说文解字注》："首……象人头之侧面也，左向前，右向后。"按段玉裁的意思，"首"是"人的头"。但据许慎《说文解字·首部》："首，古文𦣻也。"又《𦣻部》："𦣻，头也。"又《頁部》："頭，首也。"可以推知，许慎并未明确"首"是指"人的头"还是指"动物的头"。同时，我们还可以通过《说文解字》的释义体例进行对比。因为《说文解字》中如果要对"人"和"动物"进行区别,那么这种区别会比较鲜明。如《说文解字·口部》:"口,人所以言食也";"喙,口也";"咮,鸟口也";"啄,鸟食也";"咳,小儿笑也";"吠,犬鸣也";"哮,豕惊声也";"喈,鸟鸣声也";"嚶,鸟鸣也";"唬,虎声也";"呦,鹿鸣声也"。据此我们认为,甲骨文中的"首"字在字形上的复杂表现,正说明了在造字之初,"首"字的不同字形正是因为取象于不同动物的头所致,而并非特指人头。这一点还可以从汉语词义的发展上进一步得到印证。因为从甲骨文时期到许慎所生活的时代,一直到现代汉语,"首"字都可以通指人和其他动物的"头",如"首饰"的"首"就指的是"人的头";而"圆明园十二生肖兽首"中的"首"则表示"动物的头"。

据于省吾(1996:1172)"雷"在甲骨文中有三种不同字形。

"雷"的本义是"云层放电时发出的响声"。《说文解字·雨部》:"靐,阴阳薄动生物者也。从雨,畾象回转形。""靐"就是"雷"。段玉裁《说文解字注》:"阴阳迫动,即谓雷也。迫动下文所谓回转也,所以回生万物者也。许书有畾无畾。凡积三则为众。众则盛,盛则必回转。二月阳盛,雷发声;故以畾象其回转之形,非三田也。"应该说,许慎和段玉裁对"雷"字中的"田"做出了"回转形"(雷声在天上隆隆滚动)这样的解释还是很有道理的。实际上,这里的"田"正是代表了雷声。据徐中枢(1989:1241):"(雷)从 𠃊,𠃊 即电。"对于闪电,古人的认知似乎并无明显差异,因为甲骨文中不同的"雷"字中代表闪电的符号 𠃊 差别很小。但对于那种从天而降的巨大声响的认识就没那么一致了,因为巨大的声响本身是一个模糊的概念,因此甲骨文在字形上分别采用了"圈""点""田"三种不同的形状来表示,这正表明人们对这种模糊的巨大声响的认知差异。对形象和声音的不同认知还有另一种原因，闪电的形状是可见的，而雷声则不是可见的；而人们对可见事物的描摹的一致性总是高于对非可见事物的描摹的一致性。① 因此在甲骨文中，对闪电的文字表达差异很小，而对雷声的文字表达差异较大。这正是汉字形象化表意的生动表现。

"腋"的本字是"亦"，"亦"和"腋"是一对古今字。《说文解字·亦部》："亦，人之臂亦也。从大，象两亦之形。"徐灏《说文解字注笺》："隶变作'亦'，即古'腋'字，从大，左右作点，指事。"后来这一意义的"亦"加了一个"月"旁来和"人云亦云"的"亦"相区别，而且声符也发生了变化，用"夜"作为声符。据于省吾（1996：233—236），"亦"在甲骨文中有四种不同字形。

从字形上看，甲骨文中对"腋"这一身体部位的指示，所使用的标志有"一个点、两个点、三个点、四个点"。这同样反映了造字之初人们对形象的不同关注，反映了汉字造字过程中的形象化策略。

在上古汉语时期，人们对汉字表意的形象化就已经有了清楚的认识。如《左传·宣公十二年》："丙辰，楚重至于邲，遂次于衡雍。潘党曰：'君盍筑武军，而收晋尸以为京观？臣闻克敌，必示子孙，以无忘武功。'楚子曰：'非尔所知也。夫文，止戈为武。'"楚子这里是指楚庄王。在楚庄王看来，只有停止干戈才能够得上武；这是他对"武"字从字形上进行的形象化解释。因为"武"的甲骨文字形是戈，金文中的字形是戈，都是有两个构字部件，一个是止（止），一个是戈（戈）；

---

① 心理学研究表明，当视觉信息和听觉信息同时呈现时，视觉信息可能先行加工，并影响到随后有关视听信息关系的加工。（请参见陈晓宇、高雅婷、蒋重清等《视觉与听觉情绪信息关系判断中的交互作用》，《心理科学》2016 年第 4 期。）在汉字视觉识别过程中，字形不仅参与而且在到达心理词典之前被激活，但字音没有到达心理词典之前就被激活。（请参见金志成、李广平《在汉字视觉识别中字形和字音作用的实验研究》，《心理科学》1995 年第 3 期。）

第一章 汉语量词的形象性研究

所以楚庄王才说"止戈为武"。而俞樾在《儿笘录》中认为,"武""舞"古同字,"止"是"趾",代表脚趾,而"戈"则表示执干戚而舞。① 《左传·宣公十五年》:"潞子婴儿之夫人,晋景公之姊也,酆舒为政而杀之,又伤潞子之目。晋侯将伐之。诸大夫皆曰:'不可。酆舒有三儁才,不如待后之人。'伯宗曰:'必伐之……天反时为灾,地反物为妖,民反德为乱;乱则妖灾生;故文反正为乏。尽在狄矣。'晋侯从之。"但林义光不同意"反正为乏",他认为"此宗伯论酆舒之言,乃设辞取譬,非造字本意";认为应该是"反足为乏",因为"乏,不足也"。"正"字在古时有写作&的,与"足"相混。② 由此可见,对"武""乏"的解释,虽观点不同,但是这些解释总是从起文字所联系的具体形象出发的,反映出汉字具有通过形象来表意这样的特征。

虽然汉字形体已经发生了很大的变化,但现代汉字系统中依然能够很容易观察到汉字作为象形字的意味和特征,如"日""月""人""口""刀""山""水""马""牛""羊"等早期象形字中依然能够看到其象形特征。指事字、会意字等也具有极强的可解释性;如"刃""本""末""休""间""旦"中的指示和会意特征就是建立在象形字的基础之上的,因而具有很强的形象性,这种来自真实世界的形象性正是会意字可解释性的现实基础。据陈世辉、汤余惠(1988:20—21),《甲骨文编》中所见的当时的基本词汇中,用于表示宗教性质、政事、生产、生活、动物、植物、人体、自然界等的,共有140余字;这些字都是看图识字性的文字,都是用事物的形象直接记录语言的,而且这些字大多仍然是现代汉语的基本词汇。现代汉字中占据绝大多数的形声字与真实世界的关系也都是形象的,可解释的。据目前的研究,可识别的甲骨文中,象形字、指事字、会意字约占57%,形声字约占27%,其他字约占16%;到《说文解字》时,形声字已占到80%

---

① 俞樾:《儿笘录》,转引自王力《中国语言学史》,中华书局2013年版,第3页。
② 林义光:《文源》,转引自王力《中国语言学史》,中华书局2013年版,第3页。

多。现代汉字的形声字则有90%以上（苏培成，1994：76）。形声字中都有能够直接和真实世界的形象联系起来表意符号，如"木""女""车""辶""彳""艹""目""门""忄""氵""亻""纟"等，它们都直接联系着真实世界中的特定对象，而这些符号在造字之初也都是象形的。因而当代汉字系统在本质上依然是象形的，依然秉承着汉语形象化的表意策略。

唐兰（1949［2001］：2）曾指出："中国的文字是特殊的，在一切进化的民族都用拼音文字的时期，她却独自应用一种本来含有义符的注音文字。"汉字是表意符号的混合，在汉字系统中，每一个汉字都使用一个符号去表达一个精确的意思（Shi，2003：前言）。虽然在汉字演变过程中，甲骨文的那种象形意味在逐渐消失，并且从隶书开始，汉字基本摆脱了具有象形意味的图画特征，转变为以线条为主的书写特征；但是汉字表意的形象化策略并未改变。这种表意策略也影响了汉语词义的引申，使汉语的词义引申总是沿着从具体到抽象的轨迹，绝无例外。

事实上，我们现在还无法推知汉语为什么会选择汉字作为自己的文字形式；但是我们可以确定，汉字在造字之初确实是采用了形象化的表意策略。这一点许慎在《说文解字·叙》中曾有过形象的描述："古者庖牺氏之王天下也，仰则观象于天，俯则观法于地，视鸟兽之文与地之宜，近取诸身，远取诸物，于是始作《易》、八卦，以垂宪象。"也就是说，汉字的产生正是植根于对天文、地理、鸟兽、人类自身以及周围事物的观察和描摹，是对真实世界的一种直观而形象的表达。虽然我们都知道汉字并非庖牺氏一人独创，但汉字在创制过程中对真实世界的形象化表达则是确定无疑的。

二 汉语词汇的形象化表意策略

汉语的词汇在意义的表达上采用了形象化的表意策略。这一点在

第一章 汉语量词的形象性研究

上古汉语时期就有鲜明的表现。如：

①关关雎鸠，在河之洲。(《诗经·周南·关雎》)
②呦呦鹿鸣，食野之苹。(《诗经·小雅·鹿鸣》)
③人且偃然寝于巨室，而我噭噭然随而哭之。(《庄子·至乐》)
④季彻局局然笑曰。(《庄子·天地》)
⑤子贡卑陬失色，顼顼然不自得。(《庄子·天地》)
⑥昔者庄周梦为胡蝶，栩栩然胡蝶也。(《庄子·齐物论》)
⑦有饿者蒙袂辑屦，贸贸然来。(《礼记·檀弓下》)

王力（1957〔2004〕：318）认为，这里的"关关""呦呦""噭噭然""局局然""顼顼然""栩栩然""贸贸然"等，它们都是汉语中最形象化的成分，分别使用了拟声法和绘景法；其中"噭噭""局局"是拟声，"顼顼""栩栩""贸贸"是绘景；而且在起初的时候，这类词是不用"然"字作为词尾的，如"关关""呦呦"。现代汉语中也有类似的词语，如"红彤彤""绿油油""黑漆漆""白花花""蓝幽幽""胖乎乎""油腻腻""干巴巴"等，这类词语都是对事物性质或状态的一种形象化描绘。

汉语词汇的形象化表意策略在表达抽象概念时运用得很广泛。汉语中有很多抽象的概念，对于这些抽象概念的表达，汉语往往采用将几个能够指称具体事物的名词组合起来的方法，进而通过具体名词之间的关系来形象化地表现那些抽象的概念。如"阴阳"一词，由于中国地处北半球，山之北或水之南较少见到阳光，故谓之"阴"；山之南或水之北则常年能够见到阳光，故谓之"阳"。所以"阴"（陰）、"阳"（陽）二字的偏旁都是"阝"，"阝"就是"阜"。据《说文解字·阜部》："阜，大陆，山无石者。""陰，闇也。水之南，山之北也。从阜会声。""陽，高明也。闇之反也，从阜易声。"可见，"阴"（陰）和"阳"（陽）在汉语中是非常形象而具体的概念，同时又具有互相

· 37 ·

对立的意义。因此，汉语将这两个极为常见而又非常形象具体的概念组合起来，用以表示宇宙间普遍存在的两大对立面。正如《周易·系辞上》所说："阴阳不测之谓神。"而在当代陕西关中方言中则有"太阳爷"和"阴凉婆"之说，前者指太阳光能够直接照射的地方，后者则指太阳光不能直接照射的阴凉之处。在这里，阴阳的对立更是和男女性别对立紧密联合，体现出二者的形象化和具体化。又如"矛盾"一词。"矛"和"盾"本是中国古代用于攻守的两种兵器，汉语将这两个词组合在一起，形象地隐喻了事物发展过程中一组相互对立或排斥的关系。又如"江山"一词，"江"和"山"的本义是指自然界中的两类景物；然而它们的组合却表示"国家"这样的概念，而且往往带有浓郁的情感色彩。这一类词语还有很多，如"骨肉""手足""喉舌""口舌""心腹""耳目""爪牙""鹰犬""江湖""山水""风月""左右""上下""笔墨""丹青""高山流水""风花雪月""阳春白雪"……这些词语一般并非仅仅是字面意思，而是往往另有所指；并且这种所指虽然都与这些词语字面的具体指称密切相关，却是一些较抽象的概念。

汉语词汇表意形象化的另一个典型表现是，汉语往往通过与"吃"相关的动作来表达日常生活中那些抽象而重要的概念。汉文化对于"吃"的重视程度已经完全渗透在汉语中，渗透在饮食文化中，随处可见；并且从古到今，脉络清晰。从《尚书·洪范》中的"八政：一曰食，二曰货，三曰祀，四曰司空，五曰司徒，六曰司寇，七曰宾，八曰师"，到《左传·庄公十年》中的"肉食者谋之，又何间焉"，到《礼记·礼运》中的"饮食男女，人之大欲存焉"，到《孟子·告子上》中的"食色，性也"，到《汉书·郦食其传》中的"民以食为天"，一直到今天的"饭碗""糊口""混饭""吃醋""吃红牌""吃黄牌""吃干饭""吃饱了撑的""吃不了兜着走""打破铁饭碗""吃香的，喝辣的""嫁汉嫁汉，穿衣吃饭"……其中原因非常直观，因为

"吃"是生命延续中必不可少的环节，其重要性不言而喻；所以，对于生活中的很多抽象而重要的概念，汉语选择了用与"吃"有关的词语来表现。如用"饭碗"来隐喻"工作"，用"吃干饭"表示光吃饭不干活，用"嫁汉嫁汉，穿衣吃饭"来表达对婚姻本质的一种认识，用"打破铁饭碗"来隐喻"打破终身制的工作关系"。凡此种种，不一而足。这些表达不但十分妥帖，而且极为形象，也极易被人理解，充分反映了汉语词汇的形象化表意策略。

汉语词汇表意的形象化策略还表现为使用表达具体事物或动作的词汇来形象化地表达抽象的哲理或社会秩序、社会关系。这种情况在《论语》中就已经非常普遍。如"逝者如斯夫，不舍昼夜"（《论语·子罕》），是用河水的昼夜奔流来隐喻时光流逝的永不停息，以及时间的一维性。"岁寒，然后知松柏之后凋也"（《论语·子罕》），是用松柏的四季常青来隐喻君子品质的始终如一。"八佾舞于庭，是可忍，孰不可忍"（《论语·八佾》），是用不合礼制的娱乐活动来转喻社会秩序的混乱。"君子不器"（《论语·为政》），则是用对"器"的看法来阐述对君子的见解，君子要博学多才，不要局限于某一方面的才能。"知者乐水，仁者乐山；知者动，仁者静"（《论语·雍也》），则是用水、山的物质特性，动、静的物理特性来形象化地表达智者和仁者的性格特征及其伦理价值取向的不同之处。由于《论语》在中国文化中的独特地位，其哲学思想在影响中国文化的同时，这种形象化表达策略也潜移默化地影响着汉语的表达，流播甚远。

三 汉语时空表达的形象化表意策略

汉语对时空观念的表达同样具有鲜明的形象化策略。在时间观念的表达上，汉语具有极强的形象性；因为汉语中与时间有关的基本词汇，大都能够与自然界的某种事物、形象或事件联系起来。如《尔雅·释天》："载，岁也。夏曰岁，商曰祀，周曰年，唐虞曰载。"

"载""岁""祀""年"都是今天所说的"一年一度"的"年"的意思，但是这些不同称谓都能够和具体的事物联系起来，因而使时间观念显得极为形象。夏朝称"年"为"岁"，晋郭璞《尔雅》注认为："夏曰岁，取岁星行一次。"《汉语大词典》"岁星"条："（岁星）即木星。古人认识到木星约十二年运行一周天，其轨道与黄道相近，因将周天分为十二分，称十二次。木星每年行经一次，即以其所在星次来纪年，故称岁星。"夏用岁星来纪年，故以"岁"称"年"。商朝称"年"为"祀"，郭璞《尔雅》注曰："商曰祀，取四时一终。"宋邢昺疏曰："商曰祀，取四时一终。则以祀者嗣也，取其兴来继往之义。孙炎曰：'取四时祭祀一讫。'《商书》曰：'惟元祀十有二月乙丑，伊尹嗣于先王。'是也。"邢昺疏所引的《商书》中的"元祀"就是"元年"。可见，商称"年"为"祀"，是因为每年都有一次祭祀活动，两次祭祀活动的间隔时间则为一年；这个"年"的时间概念是和祭祀活动这一事件相关联的。周朝称"年"为"年"。郭璞《尔雅》注曰："周曰年，取禾一熟。"邢昺疏曰："周曰年者，取禾一熟也。案《说文》云：'年，谷熟也。从禾千声。《春秋》曰："大有年。"'然则年者禾熟之名。每岁一熟，故以为岁名。"因而，周朝的"年"的观念是和谷物成熟这一事件相关联的。唐虞时期称"年"为"载"，郭璞《尔雅》注："唐虞曰载，取物终更始。"邢昺疏曰："唐虞曰载。载，始也；取物终更始。"即唐虞时期的"年"是以万物复苏为标志，因为一年之内，冬为终，万物萧索；春为始，万物复苏。因而，汉语中的"年"这一时间观念，始终都联系着自然界或人类社会中那些周期性出现的具体事物或事件，表现出鲜明的形象性。

除"年"这一时间观念外，"月"的时间观念和"月亮"的运行相关，"日"的时间观念和"太阳"运行相关，二者也都表现出鲜明的形象性。如《尚书·洪范》："一曰岁，二曰月，三曰日。"唐孔颖达疏："二曰月，从朔至晦大月三十日，小月二十九日，所以纪一月也。三曰日,从夜半以至明日夜半,周十二辰为一日,所以纪一日也。"也就是说计时单位"月""日"是根据月亮和太阳的运行而来的。《诗经·唐风·葛生》:"夏之日,冬之夜,百岁之后,归于其居。"这里的"日"指的是有太阳的时间,"夜"则指的是没有太阳的时间,二者都是以太阳为参照来形象地表达时间观念的。

  对时间观念的形象表达不仅表现在计时单位上,也表现在节气和历法上。中国古代历法将一年划分为二十四个节气,其名称依次为立春、雨水、惊蛰、春分、清明、谷雨、立夏、小满、芒种、夏至、小暑、大暑、立秋、处暑、白露、秋分、寒露、霜降、立冬、小雪、大雪、冬至、小寒、大寒。据《史记·太史公自序》:"夫阴阳四时、八位、十二度、二十四节各有教令。"可见,二十四节气在汉代已经是基本常识。据清赵翼《陔余丛考·二十四节气名》:"二十四节气名,其全见于《淮南子·天文篇》及《汉书·律历志》。三代以上,《尧典》但有二分二至,其余多不经见,惟《汲冢周书·时训解》,始有二十四节名。其序云:'周公辨二十四气之应,以顺天时,作《时训解》。'则其名盖定于周公。"二十四节气表明气候的规律性变化,在农业生产上有重要的意义,其命名并非周公一人为之,而是出自众人。有关研究指出,从甲骨文、古籍文献入手,结合有关考古材料,可以考定二十四节气大致萌芽于夏商时期,在战国时期已基本形成,并于秦汉之时趋向完善并定型。[①]虽然它们并非同时被人认识到,但是人们已经认识到每个节气都与某种自然现象或事物密切相关,如雨水、谷雨、惊蛰、小雪、大雪等;这使得抽象的节气获得了形象的表达,而这种形象化的表达在后世的农谚中也有着众多直接而鲜明的表现,如"雨水前后,植树插柳";"清明麻谷雨花,立夏点豆种芝麻";"谷雨前后,点瓜种豆";"小暑种芝麻,头顶一盆花";"小雪地不封,大雪还能耕";等

---

① 沈志忠:《二十四节气形成年代考》,《东南文化》2001 年第 1 期。

等。这些农谚都是借助具体可感的事件或事物来对节气的特征进行表达，从而使节气的概念显得极其形象。

对时间观念的形象表达还表现在汉民族的传统节日和其他风俗中。汉民族的传统节日，如除夕、春节、元宵节、清明节、端午节、中秋节等都与一个特定的日期相关。在特定的节俗时期，则有着具体、明确，但又明显不同的标志性事件或事物，如除夕的守岁，春节的拜年，元宵节的灯笼，清明节的扫墓，端午节的粽子，中秋节的月饼，等等。在陕西关中农村，除夕的风俗中还有一项是"请先人"。"先人"即"祖先"，"请先人"即"请祖先"，就是在大年三十的下午或傍晚，人们到已经过世的父母、祖父母、曾祖父母等"先人"的坟墓前祭祀，之后于家中摆设他们的灵位，焚香祭祀，和"先人"共度春节。虽然这些风俗并非同时形成，但其共性特征非常鲜明，即它们都有着特定的日期、特定的事物、特定的事件，因而对这些节日的表达是具体而形象的。

汉语对空间概念的表达也同样秉持形象化策略，在表达空间概念时总是能够和某种具体的事物联系起来。以"东""西""南""北"四个方向为例。"东"即"东方"。据许慎《说文解字·东部》："东，动也。从木。官溥说：'从日在木中。'"可见"东"就是"太阳升起的方向"，能够和"太阳"这一具体事物联系起来。"西"的本义是"鸟在巢上"。据《说文解字·西部》："西，鸟在巢上也，象形。日在西方而鸟西，故因以为东西之西。"段玉裁《说文解字注》认为："古本无东西之西，寄托与鸟在巢上之西字为之。"《说文解字·西部》"西"字条还说道："棲，西或从木妻。"即"棲"是"西"的或体，专用于表示"鸟在巢上"之义。而段玉裁《说文解字注》则认为这个"棲"字是"盖从木妻声也。从妻为声，盖制此篆之时已分别西为东西，棲为鸟在巢，而其音则近妻矣"。也就是说，"东""西""南""北"的"西"其本义是"鸟在巢上"，即到了晚上鸟儿归巢之义，因而被借用作表示方位的"西",而表示"鸟儿归巢栖息"的"西"后来则写成了"棲"字。因此可以认为,方向"西"的表达也具有鲜明的形象性,即"太阳落下之处"。"南"和"北"也与太阳有关。据《说文解字·宋部》:"南,草木至南方有枝任也。从宋羊聲。"段玉裁《说文解字注》:"此亦脱误。当云:'南,任也。'与'东,动也'一例。下乃云草木至南方有枝任也,发明从宋意。《汉·律历志》曰:'大阳者,南方。南,任也。阳气任养物,于时为夏。'"这说明,"南"指阳光充足之时及阳光充足之处。据《说文解字·北部》:"北,乖也。"段玉裁《说文解字注》:"此于其形得其义也。军奔曰北,其引伸之义也,谓背而走也。韦昭注《国语》曰:'北者,古之背字。'又引伸之为北方。《尚书大传》《白虎通》《汉·律历志》皆言'北方,伏方也';阳气在下,万物伏藏。亦乖之义也。"这说明"北"是指背光之时、背光之处,即阳光不足之时及阳光不足之处。由于中国地处北半球,在同一时间、同一处所的南方总是阳光充足,其北方总是阳光不足。因而"南"和"北"的形象性亦是极为鲜明的。很明显,"东""西""南""北"四个方向的确定都因与"太阳"紧密相关而表现出鲜明的形象性。

汉语的时间空间概念又往往结合在一起,形成一个整体的时空概念。在这种整体时空概念的表达中,我们也能够看到汉语形象化的表达策略。"宇宙"一词便是一个典型。据《说文解字·宀部》:"宇,屋边也。"段玉裁《说文解字注》:"陆德明曰:'屋四垂为宇。'……宇者,言其边,故引申之义又为大。《文子》及《三仓》云:'上下四方谓之宇,古往今来谓之宙。'"其中的"宙",据《说文解字·宀部》:"宙,舟舆所极覆也。从宀由声。"即"宙"的意思是车船从一个地方到另一个地方后又返回来。但是段玉裁认为,"宙"的本义并不在此。段玉裁《说文解字注》:"《淮南·览冥训》:'燕雀以为凤皇不能与争于宇宙之间。'高注:'宇,屋檐也。宙,栋梁也。'引《易》:

'上栋下宇。'然则宙之本义为栋，一演之为舟舆所极覆，再演之为往古来今。则从宀，为天地矣。"根据段玉裁的说法，"宙"的本义是栋，即房屋的正梁，并由这一语义引申出舟舆所极覆之义，进而又引申出表示古往今来这一表示时间的意义。因此可以肯定，"宇"和"宙"这一对概念都联系着具体的事物，并由此发展为一个时空结合的整体概念。《庄子·庚桑楚》中也有对"宇宙"这一时空整体概念的形象表达："有实而无乎处者，宇也。有长而无本剽者，宙也。"也就是说，庄子认为，"宇宙"在空间上无边无际，在时间上无始无终。

实际上，把时空两个概念作为一个整体并同具体的事物联系起来的这种观念在专门的辞书中也能够看到，如《尔雅》中就有把时空概念结合起来解释的典型例子。《尔雅·释天》："穹苍，苍天也。春为苍天，夏为昊天，秋为旻天，冬为上天。四时。春为青阳，夏为朱明，秋为白藏，冬为玄英。四气和谓之玉烛。春为发生，夏为长赢，秋为收成，冬为安宁。四时和为通正，谓之景风。"春、夏、秋、冬四时的变化一定伴随着自然界景物的变化，正如郭璞、邢昺在注疏《尔雅》时所说的那样，春天万物萌发，因此是"苍天"；夏天天气炎热，因此是"昊天"；秋天天时肃杀，万物可瞽，因此是"旻天"；冬天万物闭藏，唯天为上，因此是"上天"。可见《尔雅》对春、夏、秋、冬概念的解释是联系气候和自然景物的特点来描述的，既有时间的特殊性，又有空间的特殊性，因而具有时空结合而呈现出的鲜明形象性。

由于时间的一维性，因此人们不可能在同一时间同时存在于两个不同的空间，也不可能在同一时间同时呈现两个不同的空间。对于这一点，明清时期的章回小说中就有一种极其生动的表达，即"花开两朵，各表一枝"。这种表达方式是通过真实世界中的两朵不同的花朵，将发生在同一时间、不同空间的不同事件巧妙地隐喻出来。而这种隐喻式的呈现正是形象表达了在同一时间，认知主体只能存在于一个空间，也只能呈现一个空间。实际上，对时空关系的这一特征的观察在先秦时期的文献中已有典型的表现,如《荀子·劝学》中的"目不能两视而明,耳不能两听而聪"。

从另一个角度看,对同一空间结构从不同的时间去感知,人们所得到的空间认知亦会有所不同。正如苏轼《题西林壁》中写到的那样:"横看成岭侧成峰,远近高低各不同。不识庐山真面目,只缘身在此山中。"这里的"岭"和"峰",我们可以将其视为在不同时间点的不同视角对同一空间结构进行观察所得到的结果,因而是"横看成岭侧成峰";而"远近高低各不同"也可以看成在不同的时间点的不同视角对同一空间结构的不同观察结果。如果不能够认识到时空关系的这种特殊性,那么将难以发现空间结构的诸多不同,也就只能"不识庐山真面目"了。实际上,无论人们是将眼前的山看成"峰",还是看成"岭",山的空间结构依然故我,并没有发生改变或逆转。而之所以"横看成岭侧成峰",正是由对同一空间结构在不同时间点的不同视角进行观察所致,抽象地说,是时间的一维性制约了对空间的多维性的观察。因此,多维空间结构中的认知主体只能依据时间的一维性来先关注空间结构中的一个维度或一个部分,然后才能逐渐完成对该空间结构中的其他维度或部分的观察或表述,并形成对同一空间结构的不同描述,或完成对一个空间结构的完整描述。

可以说,汉语时空表达的形象化策略实际上是空间结构在时间结构中呈现时所形成的特点,是时间结构和空间结构在认知过程中的突显反映,也是时间结构和空间结构的交融特征在认知过程中的突显反映。虽然汉语社团中的不同个体对某一时间、空间或时空交融概念的认知结果并不完全相同,但形象化表达是汉语中的一种共同策略。

四 汉语句法结构的形象化表意策略

汉语的句法结构具有形象化的特征,反映出形象化的表意策略。这一方面表现在汉语句法结构的时间顺序原则上,另一方面表现在汉语句法单位的意象组合特点上。

（一）汉语句法结构的时间顺序原则

时间顺序原则（the Principle of Temporal Sequence，PTS）是戴浩一（1988）所发现的汉语的一种句法结构特征。戴浩一（1988）将时间顺序原则表述为，两个句法单位的相对次序决定于它们所表示的概念领域里的状态的时间顺序；并认为这条原则可以用汉语词序中的一些现象独立论证。当两个汉语句子由时间连接词联结起来时，第一个句子中事件发生的时间总是在第二个句子之前。例如：

①小猴子在马背上跳。
②小猴子跳在马背上。

戴浩一（1988）认为，"小猴子在马背上跳"是"小猴子"先"在马背上"，然后再"在马背上跳"；"在马背上"发生的时间早，所以先说；"跳"发生的时间"晚"，所以后说。而"小猴子跳在马背上"则相反，"跳"的动作在先，所以先说；"在马背上"是"跳"的结果，是后发生的，所以后说。戴浩一（1988）同时认为，这类句子在翻译成英语时，句子之间的衔接则不必遵循时间顺序原则。同样，汉语中两个谓语联接，也要遵循PTS。如：

③我吃过饭再打电话给你。
I will call you after finishing the dinner.
④你给了我钱才能走。
You can leave until you give me the money.

对于汉语句法结构中的这种时间顺序原则，我们认为还应该有更多的思考。因为有研究指出，英语中其实也存在着时间的象似顺序（Iconic Sequencing）。如：

⑤He opened the bottle and poured himself a glass of wine.

（他打开瓶子给自己倒了一杯酒。）

＊He poured himself a glass of wine and opened the bottle.

（＊他给自己倒了一杯酒打开了瓶子。）

⑥He jumped onto his horse and rode out into the sunset.

（他跳上马背，骑出去融入夕阳之中。）

＊He rode out into the sunset and jumped onto his horse.

（＊他骑马出去融入夕阳之中，跳上马背。）

例⑤⑥的两对句子中的第一个句子，其顺序都符合事件的自然时间顺序；但第二个句子至少说起来都很奇怪，因为它们与事件的自然顺序不相符合。虽然就句法规则本身而言，第二个句子都没有问题；然而，这两个句子还是不可接受，因为小句排列的顺序违反了象似顺序原则。①

因为我们都处于时间空间所组成的世界，而且始终处于时间和空间都在不断发生变化的世界；同时，时间和空间也具有不同的结构特征，时间具有一维性，空间具有多维性。对于时间的一维性特征，孔子已经做了形象的表达："逝者如斯夫，不舍昼夜。"（《论语·子罕》）从过去到现在，从现在到将来，时间变化的这种一维性令人无限感慨。因为虽然人们可以回顾历史，反思过去，但在事实上人们是无法回到过去的。对于空间的多维性，苏轼的《题西林壁》中就有极为形象的表达："横看成岭侧成峰，远近高低各不同。不识庐山真面目，只缘身在此山中。"虽然戴浩一（1988）指出了汉语的句法结构具有时间顺序原则，但是在语言结构中，人们可以把先发生的事情后说，或者把后发生的事情先说；因此事件发生的时间顺序在语言结构中发生了变化。

---

① ［德］弗里德里希·温格瑞尔、汉斯－尤格·施密特：《认知语言学导论》，彭利贞、许国萍、赵薇译，复旦大学出版社2009年版，第342—343页。

比如因果关系的时间顺序是先有原因，后有结果；按照时间顺序原则，应该先说原因，再说结果。但是我们经常能看到因果关系倒置的情况。如：

⑦走路你走大路，不要走小路；大路上的人儿多，拿话解忧愁。（山西民歌《走西口》）

⑧觉民添上后面一句话，因为他听见了觉新和张太太在外面谈话的声音。（巴金《家》）

具体而言，例句⑦之所以要"走大路"而"不要走小路"的原因，是"大路上的人儿多"，可以"拿话解忧愁"。在民歌中，表示结果的话先说，而表示原因的话语则是后说出来的。这里并没有依照事件发生的时间顺序，而是依照主观性时间制约。例句⑧也是如此。所谓主观性时间制约，就是认知主体在认知过程中首先关注到的，或是认为有必要先说的，而不考虑事件发生的逻辑顺序或客观的时间顺序。因此，主观性时间顺序在语言结构中是会呈现出一种和客观性时间一维性相悖的现象，时间的实际序列会发生逆转。现代汉语口语中类似的表达方式很多，如：

⑨宋思明只好抱起老婆的肩膀柔声问："怎么了你？"（六六《蜗居》）

⑩干这么些年了，怎么了我们？（《郭德纲相声集》）

条件和结果也有时间的先后顺序，是先有条件，然后才有结果；但是也能够发现结果和条件倒置的语句，这也是受主观性时间的制约。我们能够在CCL语料库见到以下用例。

⑪他不一定能收到我的电话，如果他关掉手机的话。（卫慧《上海宝贝》）

⑫前者至少不应当比后者更差，如果不会更好的话。（李银河《女性主义》）

由于语言具有主观性，人们在语言的使用上也有一定的主观性；因此，主观性时间顺序会在一定程度上改变客观的时间顺序，使汉语句法结构中出现特殊的句法结构，一般称作倒装句式。这种倒装句式在古代汉语中就已经存在了。如：

⑬子曰："甚矣，吾衰也！久矣，吾不复梦见周公！"（《论语·述而》）

⑭吾谁欺？（《论语·子罕》）

惠红军（2008a）认为，古代汉语中谓语前置、宾语前置这两种非基本语序实际是汉语的两种语用语序，反映了古代汉语中某些特殊的语用需要。这里的语用语序、语用需要反映的就是这种主观性时间顺序。

（二）汉语句法单位的意象组合

实际上，汉语的形象化表意策略也表现在汉语句法单位的意象组合上。在这个方面，汉语研究中也有意合语法之说。张黎（1997a）认为，语法是意义之法，是语义范畴间组合搭配的制约之法，是制约组词成句的语义范畴间的选择规则系统。张黎（1997b）认为，意合语法是以语义范畴的确立，以及各层级语义范畴间的相互选择制约、相互组合搭配的规则系统为研究对象的。

本书这里所说的意象组合并不等同于意合语法，而是说在汉语句法结构的框架内，词类成员能够凭借其词汇意义之间的关系而构造一幅图景，从而表达某种语义；而这些词汇意义之间的关系实际上就是其在现实中的具体存在。这主要表现在能够表达事物、动作、特征、状态等的名词、动词、形容词等词类上，也能够在多种句法结构层面得到印证。比如在词的结构层面,汉语的很多双音节词都是通过其构词语素所蕴含的意义而组合为一个更为复杂的意义,而这些词汇意义之间的关系实际上就是一种现实存在。如"山水""阴阳""矛盾""骨肉""兄弟""夫妻""手足""唇齿""春秋""动静""拉扯""击打""死活""吃喝""香甜""高大"等,都是通过其中的构词语素所能够表达的意象而组合成一个复合的意象,从而表达一个比单个语素的语义更为复杂的语义。

在短语结构层面也是如此。如"男男女女",这个短语的语义是男女混杂的一群人。这样的语义就是由众多"男""女"组合成一个群体,其中的"男男""女女"能够表达男女数量的多,即"一群人",这是由重叠词的意象组合表达出来的;而"混杂"这样的语义则是由"男""女"这样两个不同的事物组合表达出来的。又如"说说笑笑"的意思是连说带笑、又说又笑,或说着玩儿之类;但是"说说"和"笑笑"都没表达"玩儿"这样的意思,"说着玩儿"这样的意思是"说说"和"笑笑"重叠之后所组成的复杂结构才具有的。汉语中有很多诸如"男男女女""说说笑笑"这样的短语,如"婆婆妈妈""枝枝叶叶""山山水水""风风雨雨""祖祖辈辈""家家户户""世世代代""斑斑点点""吃吃喝喝""打打闹闹""扭扭捏捏""磨磨蹭蹭""兜兜转转""跌跌撞撞""飘飘摇摇""上上下下""断断续续""蹦蹦跳跳""老老少少""高高大大""高高低低""多多少少""大大小小""端端正正""白白胖胖""密密麻麻""漂漂亮亮""精精神神""沸沸扬扬""纷纷扬扬"这样独特的短语结构。这类短语都具有复合语义,而这种复合语义则是由它们的构成成分的意象组合而成。

在句子结构层面也是如此。汉语中有很多仅由多个能够指称事物的名词就能够形成的句法结构。如古代汉语中的判断句:

⑮君子之德,风;小人之德,草。(《论语·颜渊》)

第一章 汉语量词的形象性研究

⑯夫鲁，齐晋之唇。(《左传·哀公八年》)

⑰秦，虎狼之国。(《史记·屈原贾生列传》)

又如现代汉语中的名词谓语句：

⑱今天星期一。

⑲晴天一身灰，雨天一身泥。

这种句法结构中的意合现象在诗歌和对联中的体现也极为鲜明。诗歌中的情况如唐元稹的《赠别二首》其一：

娉娉袅袅十三余，豆蔻梢头二月初。
春风十里扬州路，卷上珠帘总不如。

其中的第二句"豆蔻梢头二月初"和第三句"春风十里扬州路"都是名词的意象组合；这种意象组合的基础则是事物在现实生活中的时空关系。又如元代马致远的《天净沙·秋思》：

枯藤老树昏鸦，
小桥流水人家，
古道西风瘦马。
夕阳西下，
断肠人在天涯。

该曲的前三句共有九个名词，"枯藤""老树""昏鸦""小桥""流水""人家""古道""西风""瘦马"，这九个名词分别指称九种事物；但指称这九种事物的九个名词在句法结构中并无其他连接手段，而是通过其在现实生活中的时空共现关系而共现于句法结构，从而组合成一幅意境深远的图画。

对联中的意象组合也非常典型。如杭州西湖花神庙的对联"翠翠红红处处莺莺燕燕；风风雨雨年年暮暮朝朝"，这副对联的上下联都是一些名词，这些名词所指称的事物也在时空结构中具有某种共现关系。基于这样的共现关系，人们能够把这些不同的事物组合成一个图景，从而感受到花神庙的独特性。这样的语义表达正是借助了汉语意合的句法特征，从而通过绝妙的话语结构来形象地表达语义。自古以来的很多对联也都是如此，如"云水风度，松柏气节""五车诗胆，八斗才雄""松竹梅岁寒三友，桃李杏春风一家""铁石梅花气概，山川香草风流""云影波光天上下，松涛竹韵水中央""风云三尺剑，花鸟一床书""东壁图书，西园翰墨；南华秋水，北苑春山""一窗佳景王维画，四壁青山杜甫诗"。

可以说，汉语的形象表达实际上是时空结构在认知过程中的突显反映。这一点在上古时期的文献中就有鲜明的表现。如《周易·系辞下》："古者包牺氏之王天下也，仰则观象于天，俯则观法于地，观鸟兽之文与地之宜，近取诸身，远取诸物，于是始作八卦，以通神明之德，以类万物之情。"《周易》中的看法明确表达了时空结构对先秦时期人们的认知系统的深远影响，这样的看法也被广泛接受，因而也在先秦的传世典籍中被广泛转引，如汉班固《汉书·艺文志》："《易》曰：'宓戏氏仰观象于天，俯观法于地，观鸟兽之文与地之宜，近取诸身，远取诸物；于是始作八卦，以通神明之德，以类万物之情。'"许慎《说文解字·叙》："古者庖牺氏之王天下也，仰则观象于天，俯则观法于地，视鸟兽之文与地之宜，近取诸身，远取诸物，于是始作《易》、八卦，以垂宪象。"孔安国《尚书·序》："古者伏牺氏之王天下也，始画八卦，造书契，以代结绳之政，由是文籍生焉。"

这种深植于认知结构中的时空结构在不同的语言中具有不同的表达或表现方式。在汉语社团中，虽然形象化是汉语的一种共同的表达策略，但是不同的个体对于同一时空结构的认知结果并不一定相同。

就像买鞋子一样，对某一顾客而言，同一号码的鞋子对其总会有一些不同，或是款式，或是颜色，或是试穿时的感觉，因而顾客在买鞋子时，总是东挑西选，甚至试了很多双鞋子，依然很难挑选到一双自己满意的鞋子。另一种可能，则是在一开始的时候，就能够挑选到一双满意的鞋子。虽然如此，在一定的区域范围依然会有一种款式或几种款式的鞋子成为流行时尚，这反映出多数人还是会有基本相同的选择。①

"语言的差别取决于其形式，而形式与民族精神禀赋，与那种在创造或改造之际渗入它之中的精神力量关系极为密切。"② 这实际上已经明确了语言的差别与文化的差别之间的密切关系。作为文化的体现，汉语的形象化表意策略正是中华民族灿烂文化的一种生动体现。这种表意策略在汉字创制、汉语词汇形成、汉语的时空概念表达、汉语的句法结构上都有着鲜明的体现，而汉字创制时期的形象化表意策略已经逐渐积淀为一种民族无意识，成为汉语表意的基本策略。

第三节　汉语量词表达的形象性

一　转喻和隐喻在量词产生中的作用

汉语形象化的表意策略对汉语的影响是广泛而深远的，因此，汉语中诸多语法现象都可以从汉语形象化表意策略的视角去寻找其形成和演变的认知动因，这样的研究视角应该会给汉语研究以及汉语的国际传播带来更多有益的启示。就汉语的本体研究来说，以这样的视角来研究汉语量词也许会有一些不同的发现。

---

① 在一定程度上讲，这种流行也可以看成一种集体无意识的某种表现。
② ［德］威廉·冯·洪堡特：《论人类语言结构的差异及其对人类精神发展的影响》，姚小平译，商务印书馆1997年版，第64页。

事实上，已经有成果从隐喻和转喻的视角来研究汉语的量词。曾传禄（2006）认为，人类通过转喻的认知方式产生了量词，通过隐喻的认知方式使量词的语义泛化。如在"事物—形状"这一认知框架中，就是用物体形状的显著特征来指代整个物体，这个物体的形状特征在认知上的显著度高于整个物体。例如"线""肥皂""裤子"最显著的形状是"细长"，于是用描写"细长"这一形状的词"条"来指代"线""肥皂""裤子"，所以对这些事物计量就形成了"数词 + 条 + 线／肥皂／裤子"。隐喻在量词语义的泛化过程中起了重要的作用。因为人们借甲类事物的量词来计量或表达乙类事物或丙类事物时，是以事物之间相似性联想作为心理基础的，这种相似性联想就是量词隐喻义产生的认知理据。如量词"股"的本义是用于计量细长成缕的东西，但"股"也可以用于力量、劲头等抽象事物。这是因为人胸中的"力量、豪气"要释放出来，由下到上呈细长如缕的形状，它与"线绳""烟气"的特点是吻合的。

实际上，转喻和隐喻都涉及联想，转喻主要涉及相关性联想，隐喻主要涉及相似性联想；而任何联想关系都具有鲜明的民族特征。也就是说，不同的语言完全可能采用不同的联想关系，来表达本民族在具体的时空结构中所获得的各种认知；因而在语言结构层面上，其转喻和隐喻表达也是不同的。如王逢鑫（2001：246—247）认为，汉语中表情感的量词主要用"股"和"阵"；而英语中也有相应的情感表达，但所使用的并非"股"和"阵"，而是诸如"storm"（暴风雨）、"flood"（洪水）、"wave"（波浪）、"thunder"（雷声）、"burst"（爆炸）这类词语。

  A storm of anger　　一阵怒火

  A strom of applause/cheering　一阵暴风雨般的掌声/欢呼

  A flood of anger/indignation/sadness　一阵怒气/怒火/难过

第一章 汉语量词的形象性研究

A wave of anger/enthusiasm 一股怒火/一股热情

A thunder of applause 一阵雷鸣般的掌声

A burst of laughter 一阵哄笑

"storm"(暴风雨)、"flood"(洪水)、"wave"(波浪)、"thunder"(雷声)、"burst"(爆炸),这些词语在英语中的功能类似于"a cup of tea"(一杯茶)中的 cup(茶杯),因此也类似于汉语的量词。英语以类似汉语量词的方式来表达某些名词的数量特征,显然和汉语有相似之处。但也有不同的看法。王文斌(2007:61—62)认为,"flood"一词在英语中表示"洪水"之意,在其量词化的使用中,往往表示某事或某物"量大"并且"来势凶猛"之意,如"a flood of boast"意为"一阵夸耀"。相比之下,英语的"a flood of boast"所传达的生动性和形象性是汉语的"一阵夸耀"所无可比拟的。"storm"的词义是"暴风雨",在其量词化的使用中,往往表示某事或某物突然爆发,量大并且声音响亮;"a storm of anger"意为"一阵怒火",因此,英语的"a storm of anger"所传达的生动性和形象性是汉语的"一阵怒火"所无可比拟的。"hail"其词义是"冰雹",在其量词化的使用中,往往表示某事或某物很伤人,一般用来描述不受人欢迎的事或物,如"a hail of curse"意为"一阵咒骂",但比汉语要生动形象。因此,英语中的有些量词性隐喻的确非常生动形象,表意也十分到位,这在有些方面恐怕是汉语所不及的。

前文我们已经提到,人类的语言都有形象化表意的特征,只不过不同的语言采用的形式不同,表达的方式不同。因此,Lakoff & Johnson(1980 [2003]:7)指出,人类一般的认知方式是借助一个具体的概念来表达和理解一个相对抽象的概念,这就是所谓的"概念隐喻"。其实,英文的"a storm of anger"在翻译为汉语的"一阵怒火"时,已经采用了不同的隐喻方式。英文是通过量词化的名词"storm"(暴风雨）来隐喻"anger"（生气）所带来的可怕后果，汉语则是以"怒火"一词来隐喻"生气"的可怕后果；因为"火"的隐喻意义丰富，所以汉语的"怒火"与英文的"storm"（暴风雨）均成功地传递了"生气"（anger）的可怕后果，可谓异曲同工之妙。再如英文的"a flood of boast"在翻译为"一阵夸耀"时，也同样是不同文化中的隐喻的转化，英语通过"flood"（洪水）来隐喻"boast"（夸耀）给人所带来的巨大冲击和影响，可谓生动形象；但是汉语所采用的"夸耀"一词也同样具有生动的隐喻。据《说文解字·大部》："夸，奢也。从大于声。"又《说文解字·大部》："大，天大，地大，人亦大。故大象人形。"又据《说文解字·火部》："燿，照也。从火翟声。""燿"后写作"耀"，义符从"火"变成了"光"。而《说文解字·火部》："光，明也。从火在儿上，光明意也。"[1] 可见，汉语的"夸耀"一词也是以"大"和"火"这样的特征来隐喻事物给人带来的巨大影响。英文的"a flood of boast"和汉语的"一阵夸耀"二者均有各自的形象性。因此，Lakoff（2007：250）指出，中国的概念系统不同于美国的概念系统，这可以从有关政治、日常生活、科学、数学等方面的隐喻鲜明地表现出来。只有本国人才能真正地研究他们自己的生活、他们自己所处的社会和文化，外来的理论只能提供一种工具；但是使用这种从国外引进的理论必须进行一定的改造后才能适合本国人自己。

惠红军（2009 [2011]）从转喻和隐喻的角度对汉语名量词和动量词用法的产生过程进行了研究。惠红军（2009 [2011]：104—105）认为，促使名量词从原词类范畴非范畴化为量词的认知机制是转喻和隐喻。其中，转喻机制使名量词的原形式（名词或动词）的指称对象发生了变化，指称了一种"量"的概念形式。就转喻机制而言，名量词

---

[1] 此处所引《说文解字》的内容为段注本，文字与大徐本稍有不同。大徐本《说文解字·火部》："光，明也。从火在人上，光明意也。"段注本《说文解字·儿部》："儿，古文奇字人也。"因此，在"光"字的说解上，段注本和大徐本其实是一致的。

用法的产生涉及三种类型的转喻：实体转喻、形状转喻、结构转喻。隐喻机制则使名量词原形式中所蕴含的"量"范畴隐喻了它修饰的名词所蕴含的"量"范畴。就隐喻机制而言，名量词用法的产生主要是用时间量和空间量来隐喻物体量。值得注意的是，转喻机制与隐喻机制作用的发挥都是在一种重构的认知场景中完成的，这种重构的认知场景正是认知主体通过语言中介所表现出来的客观世界。这种客观世界是通过语言所表现的世界，由于经过了认知改造，所以具有鲜明的主观性。因此，在重构的认知场景中，最关键的因素是认知的目的性，目的性干涉是转喻机制和隐喻机制发生的原动力。

惠红军（2009［2011］：168）认为，促使动量词从原词类范畴非范畴化为动量词的机制也是转喻和隐喻。其中，转喻机制使动量词的原形式（名词或动词）的指称对象发生了变化，从指称一种实体，转喻指称一种"量"的概念形式。分析显示，动量词用法的产生只涉及实体转喻。隐喻机制使动量词原形式中所蕴含的"量"范畴，隐喻了它作为动量词所修饰的动作的"量"范畴。这种蕴含的"量"范畴有两种相似的表现：动作的完结性语义特征和名词的完形认知特征。在认知系统中，完形与完结都表示一个完整的认知，都属于隐喻认知模式。在动量词用法的产生过程中，转喻机制与隐喻机制的作用都是在一种重构的认知场景中完成的。同名量词一样，在重构的认知场景中，最关键的因素是认知的目的性；这一目的性干涉是转喻机制和隐喻机制发生的原动力。

我们以名量词为例来说明。作为量词原形式的某个"名词"，一般是表达一个完整的个体。这一完整的个体是一个复合概念，其中包含着数、量、物等多种特征。但是由于认知场景中的目的性干涉，这一复合概念中的"量"的特征获得了突显度，使"名词"由指称具体对象转喻指称抽象对象，即"物体量"；并同步触发隐喻，以这种量隐喻表达另一种量。我们以名词"只"和"堵"的名量词用法的产生过程为例来具体说明。

"只"（隻）的本义依《说文解字》的说法是"一隻鸟"。《说文解字·佳部》："隻，鸟一枚也。从又持佳，持一佳曰隻，持二佳曰雙。"段玉裁《说文解字注》："造字之意，'隻'与'雙'皆谓在手者，既乃泛谓耳。"在这里，"隻"是一个复合概念，其中有"数、量、物"三个概念特征。"数、量、物"这三个概念在上古汉语时期就已经存在，因为在甲骨文中就已经有了数词、度量衡词、名词这些词类。我们认为，当时的人们在计量有些事物时可能需要一些独特而新颖的标准，这也许就是量词产生的认知需求；而这种需求也进一步引发了语言创新，赋予了语言中的一些既有成分以新的用法。具体表现为，在重构的认知场景中，由于目的性的干涉，其中的"量"获得了突显，从而触发了转喻机制，使"隻"由指称具体对象转喻指称抽象对象，即"量"。又由于这一特征是与事物同在一个重构的认知场景中，因而"隻"与名词具有高认知相关性。

"堵"的本义是"墙"。《说文解字·土部》："堵，垣也。五版为堵。"段玉裁《说文解字注》："一堵之墙，长丈，高丈。"向熹（1986：86）认为，"堵"是古代筑墙的单位。虽然这三家对于"堵"的理解有一些微殊，但是他们的理解基础一致，都认为"堵"的指称对象是一个有一定体积的建筑实体。因此，我们认为"堵"的本义就是"墙"。作为一个物体，"堵"也是一个复合概念，中间包含了"数、量、物"三种特征。和"只"（隻）一样，由于认知场景中的目的性干涉，这一复合概念中的"量"特征获得了突显度，从而触发转喻机制，使"堵"由指称具体对象转喻指称抽象对象，即"量"。但是"堵"与"隻"还有不同之处，"隻"可以说是一个个体化指称，而"堵"既可以是一个类名，也可以是一个个体名称。"堵"从类名到个体名称的转换完全依赖于认知场景。就对象而言，它总是一种共性与个性的统一，即类与类成员在属性上是一致的，类或类名侧重共性的特征，类成员

第一章 汉语量词的形象性研究

则是共性特征的个性化表现。当类名用于个体时，这个类名就要过滤掉它所指称的其他个体的个体性特征。[①] 张辉、祝良（1999）认为，从说话人的角度讲，在语言编码时，可以通过语言体现，把路径的某一部分作为注意窗，而没有通过语言体现出来的部分则作为注意脱漏；从听话人的角度讲，不管哪一部分路径作为注意窗，路径总是完整地储存在大脑里，如果有需要，脱漏的部分是可以还原出来的。那么，"堵"作为名量词，正是由于名词"堵"在表达的过程中，脱漏了一部分个性特征，而转喻指称一种更为概括的共性指称，即指称复合概念中的"量"特征。也就是说，"堵"所存在的认知场景中，由于目的性干涉，"堵"的"量"特征获得的突显度，成为突显对象。同时，由于这一特征与事物同在一个重构的认知场景中，因而"堵"与名词具有高认知相关性。

由于名量词所要表达的是它们所称量名词的"物体量"，而物品实体一般都具有长、宽、高三维特征，也必然会占有一定的空间，所以空间的形状也是一种量的表现，我们可以称之为"空间量"。名量词对"物体量"的表达要涉及基于相似性的隐喻机制。在有"名词"对象的认知场景中，涉及一个认知场景重构的过程。在重构过程中，由于目的性的干涉，处于认知场景中的名词发生指称转喻。与转喻同时发生的，是名词原指称"对象"与该名词转喻指称"对象"两个范畴之间的隐喻，即原指称对象所蕴含的"空间量"范畴隐喻了转喻对象所蕴含的"物体量"范畴。虽然同是"量"范畴，但是由于二者是量范畴的不同次范畴，因此也是一种隐喻。这种同一范畴的不同次范畴之间的隐喻也同样会引发词类的非范畴化，使物品实体型名词非范畴化

[①] 这一点在动词方面的表现也同样明显。动词所指称的动作也是相当空泛的，但是当这个动词用于指称现实中的具体动作时，它就会因为指称了那个具体的动作，而过滤掉该词所可能指称的其他同类动作的个性化特征。但是，这并不否定作为类名的动词，与作为某一具体动作的指称的动词在认知上的同一性，或者说是高相关性。

为物品实体型名量词。以"只"（隻）为例：

①王独不闻玉椟只雉，出于昆山。(《史记·龟策列传》)

"只"（隻）存在的认知场景中，"只"（隻）实际表达的是一个复合概念：手中所抓的一只鸟。① 在这一复合概念中，由于目的性的干涉，其中的"量"获得了突显度，从而触发转喻机制，使"只"（隻）由指称具体对象转喻指称抽象对象——"量"范畴；于是"只"（隻）发生了指称转喻。与指称转喻同时发生的是指称所蕴含的量的转移。在转喻发生之前，"只"（隻）这一复合概念中蕴含的"量"特征是一种空间的三维形状；由于这种三维形状特征在客观上也表达了一定的"空间量"，因而与"量"范畴存在着相关性。此外，"空间量"也是一种"量"的次范畴，与"物体量"这一"量"的次范畴也存在着相似性。以此为基础，"量"范畴的不同次范畴之间发生了概念隐喻，"空间量"隐喻了"物体量"。在转喻和隐喻的共同作用下，名词"只"（隻）非范畴化为名量词"只"（隻）。这种非范畴化在本质上是对某种具体形象的一种新的范畴化，也是一种语言创新。再以"堵"为例：

②之子于垣，百堵皆作。(《诗经·小雅·鸿雁》)

对于这里的"堵"，王力（2000：158）解释为，"名量词。墙五版为一堵"。向熹（1986：86）解释为，"古代筑墙单位。堵的长度诸

---

① 裘锡圭先生认为，从造字的本义来说，"隻"应该是表示抓获了一只鸟。也就是说，在殷商时代的文字里，"隻"所表示的词是"获"。后来又用"隻"来表示与"雙"相对的"隻"，另造从"犬"从"蒦"的"獲"字表示"获"。"隻"既是"獲"的初文，又是当单个讲的"隻"的本字，但以"隻"表"只"是"隻"的"獲"义使用了很久以后才发生的事情，因此应该是一种形借字，即只借取字形，不管所借字的音、义。（裘锡圭：《文字学概要》，商务印书馆1988年版，第124—125页。）可为一说，本书此处依从段注。

第一章 汉语量词的形象性研究

说不一，多以长高各一丈为一堵"。可见，"堵"与"墙"之间的关系是极其密切的。而许慎的说法最有启发性，"堵，垣也。五版为堵"。因此可以说，"堵"指称的对象实际上是"墙"的一类特殊个体，是一个有一定体积的建筑实体，它本身就蕴含了一定的"空间量"。由于重构的认知场景中的目的性干涉，"堵"发生了指称转喻。与此同时，"堵"所蕴含的"空间量"也隐喻了它本身所蕴含的"物体量"，两者之间也是同一范畴的次范畴之间的隐喻。这样就完成了从名词"堵"向名量词"堵"的非范畴化的隐喻映射过程。在转喻和隐喻的共同作用下，名词"堵"非范畴化为名量词"堵"。同"只"（隻）一样，这种非范畴化在本质上是对某种具体形象的一种新的范畴化，也是一种语言创新。

我们再以动量词"下"为例说明转喻和隐喻在动量词产生过程中的作用。《说文解字·上部》："下，底也。"段玉裁《说文解字注》："有物在一之下也。"据刘世儒（1965：261—262），"下"作动量词萌芽于汉代中叶，但真正形成动量范畴是在南北朝时期，是由方位词"下"引申出来的。由于"打击"动作都是从上而下进行的，而且都进行得比较快，所以"下"常用来称量"打击"义的动作，表示短时矩；并由此发展，逐渐演变为专表短时矩的动量词，而且不再受动词是否有"向下"义的限制。应该说刘世儒的观察是准确的，"下"的动量词用法应该是产生于汉代，因为刘世儒（1965：261）所举的"下"在汉代中叶的萌芽用法实际上是可以重新分析的。如：

③莽立载行视，亲举筑三下。（《汉书·王莽传下》）

虽然"举筑三下"中的"下"在语义上可以是动词性的，其线性句法结构表现为"数词+动词"，但是这并不能排除它有重新分析的可能性。由于在东汉直到南北朝时期，名量词的"名词+数词+量词"这一数量表达形式仍然占据着重要的地位，而"数词+量词+名词"

结构取代"名词+数词+量词"是在唐五代至北宋的四五百年时间内完成的。因此,这种既有的数量表达格式,对汉语的动量表达式产生了明显的类推作用。于是"举筑三下"就发生了重新分析,如图1-1所示。

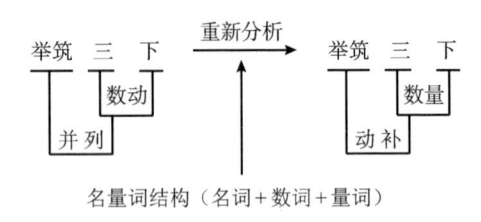

图1-1 "举筑三下"的重新分析

之所以能够重新分析,是因为我们认为"下"的动量词的产生并非与方位词"下"相关,而是与动词"下"的动作义"攻克、征服"相关。动词"下"的"攻克、征服"义在汉代已经产生。如:

④广陵人召平于是为陈王徇广陵,未能下。(《史记·项羽本纪》)

"攻克、征服"就意味着动作的完成,因此它可以使认知主体对动作产生"有界化",使不同时间段发生的同一动作具有某种个体性,使它们成为相对意义上的不同动作,从而使"下"实现对动量的表达。

这里应该补充说明的是,动词也是一种共性与个性的统一,即类与类成员在属性上是一致的,类或类名侧重动作的共性特征,类成员则是动作在共性特征基础上的个性化表现。当类名用于某一具体动作时,这个类名就要过滤掉它所指称的其他个体动作的个体性特征。也就是说,当一个动词用于指称现实中的具体动作时,它就会因为指称了那个具体的动作而过滤掉该动词所可能指称的其他同类动作的个性化特征。但是,这并不否定作为类名的动词,与作为某一具体动作的指称的动词在认知上的同一性,或者说是高相关性。

由于完结语义的特殊性,一些动词能够对其他动词所指称的同质化动作进行"有界化",从而使这些具有完结义的动词产生动量词的用法。但是,其中还有一个重要的问题没有说明,就是这样的动量词到底表达了怎样的"量",又是如何表达这些"量"的。

"量"是人们认识世界、把握世界和表述世界的重要范畴,它包括物量、空间量、时间量、动作量、级次量、语势等六个次范畴(李宇明,2000b:30)。但范畴不是对事物的任意切分,而是基于大脑范畴化的能力。所有事物的认知范畴都是以概念上突显的原型定位的,原型对范畴的形成起着重要作用,而相邻范畴又是相互重叠、相互渗透的(梁丽,2007:16)。在语言层面,由于语言在共时层面和历时层面都具有模糊性(伍铁平,1999:14);所以对于"量"范畴而言,它虽然是一种客观存在,但对它的表达是主观的和模糊的。因此,动量词所表达的"量"是一种模糊量,是对动作所持续的时间和完成次数的模糊表达。

动量词对"动作量"的表达涉及隐喻机制。动量词之所以能够表达动作的"量"的概念,其根本原因在于隐喻。在一个重构的认知场景,即"V_1+数+V_2"中,V_1和V_2两个动词所指称的动作具有不同的认知突显度。其中的"V_2"由于具有完结的语义特征而获得一种标记功能,用来标记动作的完结,并由于目的性的干涉而获得了突显度。这一认知过程表现在句法层面就是重新分析。在重新分析的过程中,"V_2"发了指称的转喻,由指称动作转喻指称抽象的动量。与转喻同时发生的,是两个"动作"概念之间的隐喻,即"V_2"所蕴含的"完结"语义特征隐喻了"V_1"动作的"完结",从而使"V_1"在时间维度上具有了明显的界限,完成了对不同时段发生的同质化动作的切分。一次切分表明一个相对完整的动作的完成,也意味着"V_1"在时间维度上的终止;同时,多次切分则意味着同质化动作在时间维度上的不断重复,也就是"量"的增加。

在动作范畴内部,动作实体型量词因为在动词原形式上具有完结的语义特征，因而实际上是动作范畴中的一种特殊次范畴。其他很多动词则没有这样的语义特征。因此，当这类有完结语义的动词被用于表达动量时，它实际上是在动作范畴与量范畴之间形成了一种隐喻。正因为这样，这种不同范畴之间的隐喻又进一步引发了词类范畴的非范畴化。有研究指出，在认知方法层面，非范畴化是一种思维创新的方式；在认知操作上，非范畴化是用转喻的方式扩展名词原有的意义，以范畴隐喻实现范畴身份的改变（刘正光，2006：62）。正是在这个意义上，我们认为，从动作范畴到"量"范畴的变化过程就是一个典型的非范畴化过程，而从动词非范畴化为动量词也是这一非范畴化认知在语言中的表现。在本质上说，这种非范畴化是对某种具体动作的一种新的范畴化，是一种语言创新。如：

⑤太傅汝南陈蕃举去光禄勋，还到临颖巨陵亭，从者击亭卒数下。（《风俗通义·穷通》）

动词"下"有"攻克、征服"义，因而具有认知上的"完结"语义特征。这种语义特征实质上蕴含着动作在时间维度上的变化，即时间上的持续和停止。这样，当动词"下"从动作范畴转喻量范畴时，它所蕴含的时间量也就隐喻了与它同处一个认知场景中的"V_1"的时间量。在重构的认知场景中，"下"是突显对象。在重新分析过程中，动词"下"发生了指称转喻，由指称动作转喻指称动量；是由动作实体转喻指称抽象的动量，因此也是一种实体转喻。与转喻同时发生的是"下"和"击"两个动作概念之间的隐喻，即"下"所蕴含的"完结"语义特征，隐喻了"击"的动作的"完结"，从而使"击"在时间维度上具有了明显的界限，完成了对不同时段发生的"击"这一动作的切分。一次切分表明一个相对完整的动作的完成，这就意味着"击"在时间维度上多次完成，即"击"的"量"的增加。"下"非范畴化为动量词的过程，也是"下"的用法创新的过程，这种语言创新

第一章 汉语量词的形象性研究

是语言发展演变过程中的一种重要动力。

应该说，动量词表达"量"的隐喻映射方式，是一种模糊映射；因为它只涉及对动量的表达方式，并没有表达动量的具体数量。在句法层面，动量的具体数量是通过"V_1 + 数 + V_2"中的数词来表达的。

二　量词使用的形象性

人类语言表达的一个重要特征就是形象性，汉语也不例外。就汉语量词而言，它在产生、发展和使用的过程中一直都贯穿着形象性的特征。就汉语量词使用中的形象性来说，研究者主要关注的是其中的一些超常搭配现象。如赵静贞（1983）认为，数量词"一丝"的虚用，其作用不在于计量，而在于形容，起修饰作用。王素梅（1996）认为，汉语中的量词具有一种形象性，这种形象性是连接量词和名词的桥梁。张瑞（2014）认为，理据性量词的非理据性用法是一种借助量词的可感性，来表达抽象事物的语言表达方式，能够增强语言的感情色彩，使语言更加生动形象。邹小婧（2015）认为，量词和名词的超常搭配处于潜性语言和显性语言的动态运动，使用了正偏离的形式，获得了"陌生化"的表达效果；量词和名词超常搭配本身的语义特征和语用效果会经受时间的检验，有的只是昙花一现，有的逐渐成为约定俗成的表达，逐渐向显性语言过渡发展。

事实上，汉语量词使用中的形象性并非仅限于研究者重点关注的超常搭配，而是贯穿于量词发展演变的始终。下文我们将尝试从量词发展的不同历时阶段进行具体阐释。

（一）量词产生阶段的形象性

汉语量词在产生之初就颇具形象性。这种形象性主要表现为每一种量词和名词的搭配都是唯一的。因为它采用的是拷贝名词的形式，即用来修饰名词的量词与被修饰的名词在词汇形式上完全相同；而这样的名词都是指称具体事物的，因而具有鲜明的形象性。如殷墟

卜辞中就有:①

　　⑥羌百羌。
　　⑦人十有十人。

西周金文中也有:②

　　⑧玉十玉。
　　⑨孚人万三千八十一人,孚马□匹,孚车卅两,孚牛三百五十五牛,羊卅八羊。
　　⑩隻馘百卅七馘。(小盂鼎)

诸如"羌""人""玉""田""牛""羊""馘"这类量词,管燮初(1981:179)称其为临时量词,桥本万太郎称其为反响型量词(引自胡竹安、余志鸿,1981),李宇明(2000a)称其为拷贝型量词。我们这里称其为同形量词,即用来修饰名词的量词与被修饰的名词在词汇形式上完全相同。

李宇明(2000a)指出,有些语言中萌生了发展个体量词的需要,但个体量词又不发达,因此最方便的办法是拷贝名词而制造出大量的个体量词,从而较快地解决个体量词缺乏的问题。因此,拷贝量词的出现是从名词到量词语法化的第一步,标志着名量词词类开始建立。蒋颖(2006)认为,反响型量词是个体量词的一个小类,是个体量词大量产生时期承上启下的产物;是否强制性使用个体量词,是判断名量词发达与否的主要依据,也就是说,个体量词具有句法强制性是名

---

① 这里有关殷墟卜辞的语料转引自王力《汉语史稿(重排本)》,中华书局2004年版,第274—275页。

② 这里有关西周金文的前两条语料来自王力《汉语史稿(重排本)》,中华书局2004年版,第274—275页;《小盂鼎》的语料转引自管燮初《西周金文语法研究》,商务印书馆1981年版,第179页。

第一章 汉语量词的形象性研究

量词发达的充分必要条件。

汉语量词的发展演变过程表明，同形量词阶段是量词发展演变的初级阶段，其实质是用一个实体来表达另一个实体的"量"，也可以说是实体表达阶段，反映出量词产生阶段的形象性。这种用法产生正是由于当时人们的认知特点的影响，也就是前文已经提到的《周易·系辞下》中的"近取诸身，远取诸物"这种认知特点的影响。

（二）量词发展过程中的形象性

在汉语量词发展的过程中，量词用法的形象性并没有消退，而是依然鲜明。虽然早期出现的量词在数量上非常有限，但这些量词基本能够和具体的事物或具体的动作联系起来，因而表现出鲜明的形象性。以西周金文时期为例，据管燮初（1981：179—180）的统计，西周金文中出现的量词（只有名量词，没有动量词）有32个。这些名量词中，有些同时具有名词用法，如"人""夫""镈""铃""朋""邦""家""秭""卣""钧""里""畮""田""䟆""羊""牛""邑""旅""殳""两"等；有些同时具有动词用法，如"匹""乘""束"等。这些有量词用法的名词，都能够指称具体有形的事物；有量词用法的动词，其动作也是具体的、可见的。因而，这一时期的量词都具有鲜明的形象性。

以"匹"为例。据《说文解字·匸部》："匹，四丈也。从匸八。八揲一匹，八亦声。"段玉裁《说文解字注》："《杂记》曰：'纳币一束，束五两，两五寻。'郑曰：'纳币谓昏礼纳征也。十个为束，贵成数；两两合其卷，是谓五两。八尺曰寻。五两，两五寻，则每卷二丈也；合之则四十尺。今谓之匹，犹匹偶之云与。'《周礼》：'凡嫁子、娶妻，入币纯帛无过五两。'郑曰：'五两，十端也。每端二丈。'按：二丈为一端。二端为两；每两为一匹，长四丈；五两则五匹为一束也。凡古言束帛者，皆此制。凡言匹敌、匹耦者，皆于二端成两取意。凡言匹夫、匹妇者，于一两成匹取意。两而成匹，判合之理也；虽其半

· 67 ·

亦得云匹也。马称匹者，亦以一牝一牡离之而云匹；犹人言匹夫也。按：字之本义有难定者。如《杂记》注：'今谓之匹，犹匹偶之云与，'是以匹偶为本义，而帛二两为引申之义也。与许说迥异。"就"匹"的本义来说，无论是许慎的"四丈"之义，还是段注所分析认为的"匹偶"之义，都具有一定的形象性。两说的不同之处在于，"四丈"是事物形状的形象性，是静态的；"匹偶"则是动作的形象性，是动态的。就"乘"和"束"来说，它们的动作性则更为清楚，其形象性也就自不待言了。

两汉时期，据黄盛璋（1961）的统计，出现的名量词有52个，如"人""口""头""家""匹""两""个""双""只""条""支""张""封""篇""章""艘""剂""案""片""块""把""指""所""发""问""枚""饼""乘""具""领""袭""物""重""区""通""树""纸""群""贯""束""两""皮""章""烟""缝""系""絜""被""增""币""比""茎"。但是，由于所用语料的限制，黄盛璋（1961）的统计数据显然偏少。据李宗澈（2004）的统计，《史记》中有个体名量词47个，集体名量词20个，容器量词10个，因此，仅《史记》中出现的名量词就有77个。这些名量词中，大部分都来自名词，而这些名词也都能够指称具体的事物，因而具有鲜明的形象性，如"口""级""人""足""头""只""蹄""车""卮""盂"等。又据李建平（2010：1）的统计，先秦两汉时期所见名量词有338个，其中自然单位量词有181个，借用单位词有69个，度量衡单位词有88个；动量词有20个，其中专用动量词有15个，借用动量词有5个。就其所讨论的个体单位量词而言，它们的本义或目前所能见到的最早的义项都是指称具体的事物，因而都具有鲜明的形象性。如"枚""个""驷""丙""艘""头""足""蹄""皮""峰""处""区""领""衣""被""牒""简""札""首""级""条""本""树""木""茎""枝""颗""丸""人""口""节"

第一章 汉语量词的形象性研究

"骨""牛""羊"等,它们都能够指称现实世界中具体可视的物体,其形象性非常鲜明。如"枚"的本义是树干。《说文解字·木部》:"枚,榦也。""榦"就是树干。《广雅·释诂三》:"榦,本也。"王念孙《广雅疏证》:"茎、榦皆枝之本也。""丸"的本义是小而圆的物体。《说文解字·丸部》:"丸,圆,侧倾而转者。"又《广韵·桓韵》:"丸,弹丸。""节"的本义就是竹节。据《说文解字·竹部》:"节,竹约也。""竹约"就是竹节。就其所讨论的专用动量词而言,这些动量词也都是一些可视的具体动作,如"通""遍""度""过""反""匝""周""伐""下""发""壮""合"等,都指向具体的行为动作。如"通"是到达、通到之义。《说文解字·辵部》:"通,达也。""遍"是周遍、无所不到之义。《韩非子·内储说上》:"令下未遍而火已救矣。"① "壮"是中医针灸中的专用动词。据《字汇补·士部》:"壮,陆佃云:'医用艾灸,一灼谓之一壮。'"而"合"的本义是闭合、合拢。《说文解字·亼部》:"合,亼口也。"段玉裁《说文解字注》:"此以其形释其义也。三口相同是为合,十口相传是为古,引伸为凡会合之称。""合"用于量词主要称量两军交战的情况。

魏晋南北朝时期,据刘世儒(1965)的统计,这一时期的名量词有188个,动量词有21个。其中那些身份确定无疑的量词,其形象性都是鲜明的。如:

⑪男夫一人给田二十亩,课莳余,种桑五十树,枣三株,榆三根。(《魏书·食货志》)

⑫中庭一树梅,寒多叶未开。(苏子卿《梅花落》)

---

① 据《韩非子·内储说上》:"鲁人烧积泽,天北风,火南倚。恐烧国,哀公惧,自将众趣救火;左右无人,尽逐兽而火不救;乃召问仲尼。仲尼曰:'夫逐兽者乐而无罚,救火者苦而无赏;此火之所以无救也。'哀公曰:'善。'仲尼曰:'事急不及以赏。救火者尽赏之,则国不足以赏于人。请徒行罚。'哀公曰:'善。'于是仲尼乃下令曰:'不救火者比降北之罪,逐兽者比入禁之罪。'令下未遍而火已救矣。"

刘世儒（1965：158—159）认为，"树"作量词的词汇意义是可以一望便知的，在汉代这是通行的量词；"树""株""根"三种量词同时并用，这就是过渡时期的特有现象，未必另有分工的讲究。在刘世儒（1965）所统计的典型量词中，都能够发现这种鲜明的形象性。

需要注意的是，刘世儒（1965）还对有些量词的身份提出了怀疑，如名量词"事"在发展中也曾经走向量词的边缘，但始终没有发展成正规的量词。

⑬省刑罚七十余事。(《汉书·元帝纪》)

刘世儒（1965：158）认为，像这样的用例，与其说它是量词，毋宁说它还是表总括的名词同位语。事实上，这类形象性不鲜明的量词，很容易在量词的发展中被淘汰。如：

⑭随风本胜千酿酒，散馥还如一硕人。(傅绎《博山香炉赋》)

唐五代时期也有一些新产生的量词，这些量词也都有鲜明的形象性。据赵中方（1991），唐五代时期的新生个体量词主要有"尾""眼""椽""楹""棵""丝""线""毫""泓""汪""顶""派""截""穗""轮""贴""帧""样""色""盏""炬""炷""瓣""服""叶"等。我们这里摘引了赵中方（1991）的部分用例。

⑮长安兴唐寺，有牡丹一棵。(《酉阳杂俎·正倒晕牡丹》)
⑯有鱼数百尾，方来会石下。(柳宗元《游黄溪记》)①

---

① 赵中方（1991）在该条例句后加了按语："柳注：'楚越之人数鱼不以头。'据此，'尾'乃是当时南方称法。"我们认为，当时北方的秦晋一带当是用"头"来数鱼的，如唐李贺的诗《江南弄》中就是"鲈鱼千头酒百斛，酒中倒卧南山绿"。而柳宗元是山西人，既长期在唐长安生活和工作，又因左迁永州、柳州而在南方生活十多年，对当时南北方的方言差异当有较多的感受。因此柳宗元的注"楚越之人数鱼不以头"，实际上正反映了当时南北方言在称量"鱼"的量词上的差异。

第一章 汉语量词的形象性研究

以上举量词中的"棵""尾"为例。"棵"在赵中方（1991）的统计中认为当是"科"，其依据是《广雅·释诂三》中的"科，本也"，草木一本称一科。"本"就是草木的根，因此"棵"（科）的形象性就很清晰了，而且也是现代汉语中称量植物的常见量词。"尾"作为动物身体的一部分，其形象性是非常鲜明的，因此也能够作为称量其他动物的量词，古今皆可见到。如：

⑰遂召黑龙二尾，挟舟而行。(《警世通言》卷四十)
⑱不是曾经看见过一尾赤练蛇横在路的中央么？（靳以《萤》）

宋元以后所产生的一些量词也具有鲜明的形象性。据袁仁智（2005），"笔"是宋元时期新产生的量词，如：

⑲我只道姻缘薄消除一笔勾。(《元曲选·逞风流王焕百花亭》)
⑳画了几笔水墨，写了几首绝句。(《警世通言》卷二十六)

作为一种书写工具，"笔"的形象性是非常突出的；而且在当代汉语国际传播的过程中，毛笔更是中国传统文化的一种象征。因此，无论是作为动量词，还是作为名量词，"笔"都因为其工具性的特征而具有鲜明的形象性。据惠红军（2006：113—114），以工具凭借称量的名量词、以处所称量的名量词都是开放性的，但是这种开放性是以时代的进步和社会的变化为前提的。随着时代的进步，人类改造自然的能力也在不断地提高，工具也在不断地改进、变化，这就为这类名量词的产生奠定了现实基础。"箸""旋""锹""帕子""棒""箭""勾子""葫芦"等工具凭借类名词，以及"寨""鉴""堂""湖"等处所类名词，在《元曲选》及以前时期还没有量词用法，而到了《水浒传》时期都产生了量词用法。如：

㉑王婆便安排些酒食请他，下了一箸面与那妇人吃了。(《水

浒传》第 24 回）

㉒讨了一旋酒，请郓哥吃。(《水浒传》第 25 回)

㉓似塑就一堂神道。(《水浒传》第 8 回)

㉔何曾见这一湖好水。(《水浒传》第 94 回)

在现代汉语中，量词的数量到底有多少，这个问题恐怕不好回答。《现代汉语八百词（增订本）》附录"名词、量词配合表"列举了 137 个名量词。何杰（2001）"附录一"中收录名量词 206 个。郭先珍（1987）的正文部分讨论的名量词、动量词共 170 个，其后的附录中所收录的名量词、动量词共 290 个，两项合计 460 个。刘子平（2013）所收录量词达 1080 多个（多音多义词分别计算），基本囊括了古代汉语和现代汉语中常见和习用的专用量词、兼用量词，以及特点突出、公认度较高的借用量词。在这些量词中，我们依然能够感受到汉语量词鲜明的形象性。具体而言，名量词中诸如"块""团""片""条""缕""簇""群""层""弯""泓""座""堵""轮""杯""碗""筐""帘""锅""门""捆""抱""把""束"这些能够表达形状、形态、事物、动作等的名量词，由于它们本身就指称了现实世界中那些具体的形状、形态，或是指称具体的事物和动作，因而都具有鲜明的形象性。如：

㉕咂几块酸梅糕，或呷一碗八宝荷叶粥。（老舍《四世同堂》）

㉖安徽滁州市南谯区城郊乡的"滁州客车饭店"，三四片嚼不烂的牛杂碎、一小把青菜、一缕粉条要收费 10 元。(《人民日报》2000 年)

㉗她倚窗而立，望着窗外的一轮明月发怔。（琼瑶《雁儿在林梢》）

动量词中诸如"拳""脚""棍""棒""刀""口""眼"这类借

第一章 汉语量词的形象性研究

用工具而来的动量词,因为这些工具本身的形象性,因而在表达动量时,这些工具的形象性也有效地实现了动量表达的形象性。如:

㉘圆真跟着发出三拳,踢出两脚,都被袋中真气反弹出来,张无忌在袋中却是浑然不觉。(金庸《倚天屠龙记》)

㉙小喜抡转棍子狠狠地又在二妞背上打了两棍。(赵树理《李家庄的变迁》)

(三) 量词使用中的形象性

量词的使用虽然带有一定的规约性,但在现实生活中,量词的规约性往往会随着生活的丰富多彩而与量词的形象性扭结在一起。

这里,我们以在 CCL 语料库检索到的能够修饰限制中国传统美食"油条"的一组量词来具体分析名量词使用中的形象性。

㉚舅舅只好买上十根油条塞进他提着的网兜里。(刘醒龙《凤凰琴》)

㉛张英才看见学生们大口大口地吃着分到手的半月油条,心里有些不好受。(刘醒龙《凤凰琴》)

㉜在外面摊子上为翦伯赞夫妇买回一盘油条。(罗永常《至死不悔的翦伯赞》)

㉝买了一漱口盂豆浆,两套烧饼油条。(白先勇《孽子》)

㉞早晨都不吃早饭,都是到汪永富的炉子前面来买一副大饼油条。(陆文夫《人之窝》)

㉟第一顿早餐,丈母娘便买回一大摞油条。(《人民日报》2000 年)

㊱正在这个当口,银环挤近跟前:"小姑娘,卖给我两个油条!"(李英儒《野火春风斗古城》)

一般情况下，和"油条"搭配使用的量词是"根"，即"一根油条""两根油条""几根油条"等；但是，语境变化几乎是无法穷尽的，因此能够和"油条"搭配的量词也具有很多可能性。如"半爿油条"，即"半片油条"，这是由于"油条"因食用或切割而变短之后的形状特征所影响，因此也可以说"半根油条"，都是在突出油条的形体特征。又如"一盘油条"，这则是由于盛放"油条"的器物"盘子"所影响。"两套烧饼油条"和"一副大饼油条"，则是由于有些地方在早餐时，往往把"烧饼"或"大饼"与"油条"组合食用，因而使用了"套"和"副"这种集合量词。"一大撂油条"则是关注到所购买的"油条"在盘子中的那种高高堆积的状态。虽然也可以使用器物量词"盘"，但是仅仅只有一个量词"盘"是不能够表达出买油条的人对于吃油条的那种急切而渴望的态度的；因而，这里使用了形态量词"撂"，而且还有一个形容词"大"来加强这种形态特征。这样，买油条的人对油条的渴望之情，便通过所购买的油条的数量得到了充分的展现。至于"两个油条"，这则是以通用量词"个"替代了"油条"的常用量词，反映的是买油条者随意的态度，以及口语交际的语体特征。因为银环是一个党的地下交通员，她更关注的是周围的环境，而不是所购买的油条。

动量词的使用中也不乏这种形象性。我们这里以CCL语料中能够和"打电话"进行组合的动量词为例来分析动量词使用中的形象性。

㊲苏小姐怕她讲出昨天打三次电话的事来，忙勾了她腰，抚慰她道："瞧你这孩子，讲句笑话，就要认真。"（钱锺书《围城》）

㊳在北京动心脏手术的老郭一直惦着村里的鹅场建设，一天最多时往村里打四遍电话。（新华社2001年6月新闻报道）

㊴过去，一般人逢事打一回电话非到邮局不可，就是"公用电话"也是有数的几部，而且分布不均。（《人民日报》1995年）

㊵那时,他觉得他可以打一通电话,打给去世的父亲。(朱天文《巫言》)

㊶干部到村里办事要镇里派车,五六辆车都不够用,没有车就不去或者打一打电话。(新华社 2001 年 6 月新闻报道)

㊷通过一根电话线就可以实现图像传输。拨一下电话,在通话的同时还可以看到对方的容貌和工作现场,这种简单方便的 ODS 综合办公调度系统,现已由北京科招机电生物新技术发展有限公司研制成功。(《人民日报》1994 年)

在 CCL 语料库中检索到的能够和"打电话"组合的动量词主要有"次""遍""回""通""下",还有动词重叠式"打一打"。但是,每一个动量词所传递的形象性是不同的。"打三次电话""打四遍电话"重点都在打电话次数上,而且这个次数还很重要。"打一回电话"和"打一通电话"的重点都在打电话的过程上,"打一回"重在说明过程之长,"打一通"重在内容之多。"打一打电话"和"拨一下电话"的重点则都在打电话动作的随意性上,而且"打一打电话"还能够反映出对打电话这件事的一种随便应付的态度。可见,使用的动量词不同,所传递的"打电话"的形象性差别是很鲜明的。

同时,能够和"打电话"组合的还有名量词,这些名量词的使用也能够不同程度地表达"打电话"的形象性。

㊸那时乘客坐在家中打一个电话,就可以得到需要的长途客票。(《报刊精选》1994 年)

㊹他心里笃定了,等候楼文龙给承办员打一只电话。(周而复《上海的早晨》)

㊺乔治·W. 珀金斯仅靠打一串电话可"在二十分钟内赚上 2 千万美元"。(《读者(合订本)》)

"打一个电话""打一只电话"都使用的个体量词,其表达的重点在于打电话这一事件本身,不涉及动作的数量。而"打一串电话"中使用的是集合量词"串",这个名量词的使用,既能够形象地表达出所拨打的电话的数量之多,也能够表达出所打的电话在内容上的相关性;这则是使用"次""遍""通"等动量词难以实现。可见,名量词的使用也能够形象地反映动作的不同特征。

量词使用中的形象性并非仅在现代汉语中存在。在汉语量词的产生以及发展过程中,这种形象性特征一直保持得非常突出。《史记》和《红楼梦》中都有极其典型的用例。

㊻通邑大都,酤一岁千酿,醯酱千瓨,酱千甔,屠牛羊彘千皮,贩谷粜千钟,薪槁千车,船长千丈,木千章,竹竿万个,其轺车百乘,牛车千两,木器髹者千枚,铜器千钧,素木铁器若卮茜千石,马蹄躈千,牛千足,羊彘千只,僮手指千,筋角丹沙千斤,其帛絮细布千钧,文采千匹,榻布皮革千石,漆千斗,糵麹盐豉千答,鲐鲊千斤,鲰千石,鲍千钧,枣栗千石者三之,狐鼦裘千皮,羔羊裘千石,旃席千具,佗果菜千钟。(《史记·货殖列传》)

㊼见贾政同司员登记物件,一人报说:"赤金首饰共一百二十三件,珠宝俱全。珍珠十三挂,淡金盘二件,金碗二对,金抢碗二个,金匙四十把,银大碗八十个,银盘二十个,三镶金象牙筯二把,镀金执壶四把,镀金折盂三对,茶托二件,银碟七十六件,银酒杯三十六个。黑狐皮十八张,青狐六张,貂皮三十六张,黄狐三十张,猞猁狲皮十二张,麻叶皮三张,洋灰皮六十张,灰狐腿皮四十张,酱色羊皮二十张,猢狸皮二张,黄狐腿二把,小白狐皮二十块,洋呢三十度,毕叽二十三度,姑绒十二度,香鼠筒子十件,豆鼠皮四方,天鹅绒一卷,梅鹿皮一方,云狐筒子二件,

第一章 汉语量词的形象性研究

貉崽皮一卷,鸭皮七把,灰鼠一百六十张,獾子皮八张,虎皮六张,海豹三张,海龙十六张,灰色羊四十把,黑色羊皮六十三张,元狐帽沿十副,倭刀帽沿十二副,貂帽沿二副,小狐皮十六张,江貉皮二张,獭子皮二张,猫皮三十五张,倭股十二度,绸缎一百三十卷,纱绫一百八一卷,羽线绉三十二卷,氆氇三十卷,妆蟒缎八卷,葛布三捆,各色布三捆,各色皮衣一百三十二件,棉夹单纱绢衣三百四十件。玉玩三十二件,带头九副,铜锡等物五百余件,钟表十八件,朝珠九挂,各色妆蟒三十四件,上用蟒缎迎手靠背三分,官妆衣裙八套,脂玉圈带一条,黄缎十二卷。潮银五千二百两,赤金五十两,钱七千吊。"(《红楼梦》第105回)

《史记》和《红楼梦》中,不同的事物使用不同的名量词,形象地表达了这些事物的不同特征。这些典型用例,充分显示了汉语量词在使用中的形象性。

(四) 量词使用的形象性的不同解读

对量词使用的形象性往往会有不同解读。比如,把量词的形象性理解为一种变异搭配。杨爱姣、玲子(1999)认为,一个名词可以有若干个量词供其选择,从而形成量词选择群;一个量词也有若干名词与之搭配,形成名词组合群,两者形成双向选择组合网络。名词和量词的超常搭配是打破网络互联规则,或将不同网络"错乱"相配,或将未上网者与上网者"强行"组合,形成奇异的互联世界。郭锐(2004:49)指出,语言在不断变化,随时会产生一些新用法和新词,如果新用法和新词使用较普遍、可接受性较强、较稳定,那么这种新用法就可以作为词的功能考察的依据;否则不能作为考察依据。周春林(2008:179)认为,这种现象是一种随机性的量词活用,其开始只是修辞化、艺术化地对名词的零度语法特征的临时偏离,但是随着一些词语的习惯性共现及使用频率的增加,其修辞性、临时性的活用特征开始淡化,最终成为一个专职量词。

但是对量词的形象性还有不同的看法,如王素梅(1996)认为,量词的形象性虽然有它的普遍性,但在方言里,用形象性就解释不通了。如:福州话里就把"一个人"说成"一只人",把"一个包子"说成"一粒包子"。实际上,福州话的"一只人"和"一粒包子"属于两个层面的问题,"一只人"是量词的标记化的反映,"一粒包子"中的"粒"其实就是一种形象化的表达。

因此,量词使用的形象性会因量词的不同而表现出某种历时差异和共时差异。惠红军(2011a)认为,汉语量词超常搭配是量词发展演变中的一种正常现象,这也是语言演变的动力所在。在这些超常搭配的背后,蕴含着一些普遍的规律,诸如个体独特体验的认知反映、会话暗示、复合概念的主观性分化、汉语历时变化在现代汉语中的残留,等等。可以这样认为,汉语量词的超常搭配实际上都是说话人发现了所用量词和所要表达的名词之间特有的隐喻关系或联想关系,因此才将二者以数量结构的形式表现出来。在这个意义上说,量词的超常搭配都是一种新颖的联想,可以看作原初隐喻,或者是一种隐喻创新。有些隐喻创新还同时表现为一种通感。如:

㊽我喜欢在夜晚喝茶,觉得只有在夜晚的宁静中才能独享那一缕清香,才会被茶的香味所感染。(回归线《一缕清香》)

㊾夏天最后一缕声音,它留下点尾巴,没有任何表情,不知与谁说。(露西《夏天最后一缕声音》)

李勇(2013)认为,"清香""声音"是嗅觉和听觉能够感受到的抽象无形的东西。用"缕"这个形容具体细长事物的量词修饰"清香"和"声音",使人仿佛感受到茶香的不绝如缕和夏末的微凉寂寞,这就是量词通感(也叫移觉)的修辞格。它将两种不同的感觉互相转化,使本来抽象的形象具体可感。

有些量词运用中的创新表达则取决于言语行为主体独特的个性体验。如：

(50)自从发觉了他那“头”或者说那“匹”妻子的短处后，他懊丧得至于信了宗教以求一些精神的安慰。(老舍《赵子曰》)

(51)各个草棚院街门外的土场上，这里一簇人，那里又一簇人，都端着饭碗，说社里发生的事情。(柳青《创业史》)

这两例超常搭配的认知动因在于，一般情况下，人们并不将“人”看作物品或动物；但是在特殊情况下，人们却能够发现“人”与物品或动物的相似之处，于是就把人与物品或动物联想在一起，进而用修饰物品或动物的量词来称量人自身。如用“头”和“匹”作为“妻子”的量词的原因在于，赵子曰先生由于发现他那小脚妻子的短处之后内心失望至极，于是希望妻子早日死去，以便能够与新式女子恋爱结婚；但这种愿望又无法实现，因此便对妻子生出无限的恨意，把妻子不当人看待。而用“簇”来修饰“人”则是由于柳青独特的关中农村生活体验。因为在关中农村，一般是用量词“堆”“簇”来修饰人群的，而较少用量词“群”。其原因在于成群的人与成堆或簇拥在一起的物品具有相似的认知显著性。又如：

(52)我们每个人的自尊都是那么一层细薄精巧的膜，需要时时刻刻细心的呵护，一个眼神，一尾笑纹，就足以将它戳个粉碎。(王宏图《风华正茂》)①

(53)给愁纹满脸的死者添上几尾笑纹。(《读者（合订本)》)

“尾”之所以能够修饰“笑纹”，是因为眼角的“笑纹”形状与鱼

① 王宏图：《风华正茂》，上海文艺出版社2009年版，第37页。

尾相似；而这种相似性又必须是对鱼尾有特殊认知的说话人才能联想到的，从来没有见过"鱼尾"的人无法创造出这样的超常搭配。也就是说，由于说话人独特的经历赋予他以特有的认知参数，使他捕捉到了不同概念之间独特的联想联系，并通过现有的语言材料进行表达，于是就形成了言语行为中的创新搭配；而要理解这种创新搭配，就必须尽量去理解说话人所重构的认知场景。

可见，受到汉语形象化表意策略的制约，量词的产生、发展、演变、使用过程中一直都有鲜明的形象性，从而形成了汉语量词表达的形象性特征。因此，汉语量词表达的形象性可以看作汉语表达的一种个性特征。

第二章 汉语量词的概念结构研究

第一节 概念结构

一 概念是语言认知研究的重要环节

人们在使用语言进行交际时必然关涉极其复杂的概念系统,即使日常生活的简单会话也是如此。比如当我们看到一种从来没见过的植物时可能会问"这是什么花""这是什么树""这是什么草"等诸如此类的问题。我们之所以会这样提问,是因为我们已经将真实世界中的事物归于植物以及动物等不同的概念范畴,并且还给不同的概念范畴设定了一定的范畴特征。但是一般不会问"这是什么动物"这样的问题。如果真的有人这样来问,我们一般都会认为这个问话人的概念系统已经紊乱。

也就是说,当我们通过语言来呈现我们所看到的真实世界时,必须通过概念系统的作用。我们首先要通过概念系统来判断所看到的是植物而不是动物,接着需要通过概念系统来判断所看到的是这一类植物而不是那一类植物。在整个判断过程中,我们不仅需要知道一个一个的概念,而且需要知道这些概念的范畴特征以及概念与概念之间的关系,这样我们才能够判断所看到的是什么,为什么是这个而不是那个。正是在这个意义上,我们认为,对概念的认知不但涉及对世界的范畴化认知，也涉及如何将这种认知成果系统地展现在语言世界中。因此，概念研究是语言认知研究中极其重要的环节。

概念的形成源于感觉，关于这一点，我国的古代哲人已经进行了明确而充分的阐释。《荀子·正名》中说："然则何缘而以同异？曰：缘天官。凡同类同情者，其天官之意物也同。故比方之疑似而通，是所以共其约名以相期也。形体、色理以目异，声音清浊、调竽、奇声以耳异，甘、苦、咸、淡、辛、酸、奇味以口异，香、臭、芬、郁、腥、臊、洒、酸、奇臭以鼻异，疾、痒、沧、热、滑、铍、轻、重以形体异，说、故、喜、怒、哀、乐、爱、恶、欲以心异。心有征知；征知，则缘耳而知声可也，缘目而知形可也。然而征知必将待天官之当簿其类，然后可也。五官簿之而不知，心征知而无说，则人莫不然谓之不知。此所缘而以同异也。"《荀子》中的这段话生动而明晰地阐释了人的各种感知器官以及人的感知系统在人的认知系统中的作用。有关研究能够证明，我们正是通过自己的感觉器官在不断地和外界进行交流，从而获得自己的认知能力，构建自己的知识体系。肖崇好、黄希庭（1998）研究发现，由于汉字的二维性影响了学前儿童的汉字书写，因此没有书法经验的学前儿童对独体字和合体字的感知各有其特点。在独体字的感知中，构成该字的不同笔画所起的作用是不一样的：横、竖、撇、捺这四种笔画在二维汉字成形中作用更大些，在这四种笔画内，长的横、竖、撇、捺比短的横、竖、撇、捺作用更大些。李卉等（2012）研究表明，婴幼儿使用媒体对其词汇、数学、语言等认知发展具有促进作用。十八个月及年龄更大的婴儿能从电视等媒体中获得最大的语言收益，两岁及以上的儿童收看教育类电视能够学到通过媒体呈现的语法，到青少年时期也能够将具体的学习转化为更加普遍性的语言，同时表现出较强的叙述能力。贺文、危辉（2010）研究表明，每个孩子共同经历的认知发展过程足以证明，人的知识体系是以概念为核心的。

第二章 汉语量词的概念结构研究

事实上，语言中存在着无数的概念，而对这些概念及其结构的研究则是语言的认知研究中极其重要而关键的环节。一般认为，概念是指说话人对外部世界的认知，或指（按行为定义的）在语言中反映出来的外部世界客观上可验证的事态。① 概念是思维的基本形式之一，反映客观事物一般的、本质的特征。人类在认识过程中，把所感觉到的事物的共同特点抽取出来，并加以概括，就形成对该事物的概念。② 比如人们从白马、白石、白雪等事物里抽出它们的共同特点，就得出"白"的概念。这一点古人也有清晰的认知。如《公孙龙子·白马论》："白者不定所白，忘之而可也。白马者，言定所白也。定所白者，非白也。"因此，有研究指出，概念是我们头脑中形成的对客观事物的想法和信念，是头脑中对客观事物的知识系统，包括人类概念系统中概念的组织方式等。它是人类认识世界的结果，是人类进行理性思维和推理的基础。词汇表达概念，因此词汇可以看作等同于概念；但是并不是所有的概念都有词汇来表达，我们常常有很多想法在语言中找不到任何用来表达的词汇。③

对于概念的认知还应该注意到另一个方面。正如《老子》第二章所言："天下皆知美之为美，斯恶已；皆知善之为善，斯不善已。故有无相生，难易相成，长短相形，高下相倾，音声相和，前后相随。"《老子》的意思是说，天下之人全都知道美的东西美，这是因为人们能够分辨出丑；天下之人全都知道好的事物好，这是因为人们能够分辨出坏。因此有无、难易、长短、高低、音声、前后，都是相互依存的一组概念。也就是说，任何概念实际上都有一个或多个与之相对或相关的概念。因此我们认为，概念实际是一种相互依赖的思维形式，它

---

① ［英］戴维·克里斯特尔：《现代语言学词典》，沈家煊译，商务印书馆2000年版，第175页。
② 中国社会科学院语言研究所词典编辑室：《现代汉语词典》（第7版），商务印书馆2016年版，第419页。
③ 李福印：《认知语言学概论》，北京大学出版社2008年版，第77页。

来自人类认知世界的过程。当我们能够分辨白色的时候，是因为我们也能够区分黄色、黑色、红色、绿色等不同的颜色；当我们能够区分植物和动物的时候，是因为植物和动物的概念来自人们对现实世界中不同种类的事物的划分。现实世界的概念总是以其对立面为存在依据的，比如我们也可以把植物和动物都归入生物，这是因为我们知道还存在石头、铁块、风雨等非生物。概念作为一种相互依存的思维形式，它总是蕴含着某种与之共存的另一个概念。概念正是以这种相互依存的形式存在于人类的认知系统。

作为人类知识的组成部分，概念也会随着人类认知外部世界的能力而不断发展变化。在认知发展的过程中，人不断地获取新概念，不断寻找、确定概念之间的各种关系。如《说文解字·鱼部》："鱻，海大鱼也。从鱼畺声。《春秋传》曰：'取其鱻鲵。'"段玉裁《说文解字注》："此海中鱼最大者，字亦作鲸。"又《说文解字·鱼部》："鲸，鱻或从京。"段玉裁《说文解字注》："古京音如姜。"可见古人认为鲸是一种鱼，因此上古汉语中就有"鲸鱼"一词。如《文子·上仁》："《老子》曰：'鲸鱼失水，则制于蝼蚁。'"随着人类对自然界探索和研究的深入，人们发现鲸鱼其实不是鱼，而是一种哺乳动物。如《现代汉语词典》（第7版）对鲸的解释是"哺乳动物，种类很多，生活在海洋中，胎生，外形像鱼，体长可达30多米，是现在世界上最大的一类动物，头大、眼小，没有耳朵，前肢形成鳍，后肢完全退化，尾巴变成尾鳍，鼻孔在头的上部，用肺呼吸。俗称鲸鱼"。虽然古今对鲸鱼的基本分类发生了变化，但依然有古今一致的认知，即鲸鱼和普通鱼类都生活在水中，都有鱼鳍。

由此可见，因为概念所反映的外部世界随时随地都在发生着变化，而某一概念所对应的外部世界的对象都有其独特性，所以当反映外部真实世界的概念进入语言世界时，必然有其独特的具体化，从而使概念总是处于某种变化，甚至可以说从来就没有一个绝对不变的概念。

二 概念结构的研究

关于概念结构，Jackendoff（1983：6—19）认为，它是存在于语言信息和心理信息（视觉、听觉、味觉、动觉等）之间的两种信息共存的层次；它必须有强大的表达能力，以便有效处理被语言感知到的所有事物以及所有的表达形式。因此还需要设定一套概念合适性规则（Conceptual Well-formedness Rules），就语义理论和概念结构的关系而言，概念结构是比语义结构更高的一个层面，语义结构则是一种简化的概念结构。程琪龙（1996）认为，目前的研究水平和成果还很难证明 Jackendoff（1983）假设的全部内容；可望而又可即的近期目标应该是建立一个能和句法、语音等语言子系统连接的概念系统（包括概念结构），使概念系统能作为事实推理的输出和输入，并进一步探索概念结构和常识的关系。与此同时，概念结构也应考虑它和其他认知系统，尤其是和视觉系统连接的可行性。

Jackendoff（1990：8—17）进一步指出，概念结构受概念格式化规则和推理规则的制约，它与句法结构、观念、行动等相互影响；概念结构与音韵结构、句法结构共同构成语法组织中的三个自主结构，由对应规则（Correspondence Rules）将它们联结成一个整体。戴浩一（2002）认为，Jackendoff 一系列著作中的概念结构和句法结构都是各自独立自主的系统，互不影响；而形式结构与概念结构之间的投射也是任意的，不会受到文化及经验的影响。然而，汉语的实例证明，"概念结构"会深入影响"句法结构"。因为"概念结构"会受到文化经验的影响，因而"句法结构"也会受到文化经验的影响。

程琪龙（1995）认为，基本概念结构有两个：时空关系概念结构和指向关系概念结构。同时，基本概念结构有三个条件：一是它解释的是概念及其结构的异同，而不是表层句法结构的异同；二是它是有普遍意义的，不存在有具体语言倾向的概念结构；三是它可以延伸到具体概念结构，并最终体现成句法结构。

Talmy（2000）认为，语法子系统是整个语言的基础概念结构系统，语法形式表征的是抽象的概念结构；单个语法概念构成了概念范畴，这些范畴组合成更大的概念结构系统，即图式系统（Schematic System）（转引自马云霞，2013）。Talmy（2000）同时认为，概念结构并不是一个静态的系统，而是通过不同的认知过程"构建"（Structuring）而成的；语言中普遍存在一个概念为另一个概念充当参照点（Reference Point）或定位体（Anchor）的系统；需要定位的概念是焦点，提供定位的概念则是背景（转引自李福印，2015）。

李福印（2008：77—79）认为，概念结构就是我们在头脑中存在的对客观事物的相对稳固的知识体系；如果说概念结构是从抽象层面讨论的，那么语义结构就属于具体层面，即语言表达层面；语义结构是概念结构的语言形式。

可见，目前对概念结构的认知还存在不同的看法。但比较一致的观点是，概念结构在语言研究中具有重要的作用和价值。我们认为，概念结构应该从两个方面来理解。

一个方面是概念要素，即构成一个概念所可能包含的要素。这些构成要素可以分为两类，一类属于真实世界，并对应真实世界的某种存在；另一类属于语言世界，是对真实世界的某种存在的主观性认知，因而无法在真实世界中找到对应物，也因此使语言表现出诸多的个性特征。如"人"这一概念中，动物类的特征构成来自真实世界的概念要素，如人体的头、耳、鼻、口、眼、手、足、心、肺、胃、肠、牙齿、肤色、毛发等，这在不同的语言中都能够找到相应的语言形式。价值伦理类特征、语音形式等则构成语言世界的概念要素，而且这种语言世界的概念要素还表现出诸多的个性差异；如汉语的"仁爱"虽然可以翻译为英文，却对应着 mercy、kindheartedness、lovingkindness、rende 等不同的英文词语，并且其中的 mercy、kindheartedness、lovingkindness 也可以看成英文中的自有概念，而 rende 实际上就是汉语"仁德"一词的音译。所以这几个英文词语在语音形式上明显不同。还要注意的是，真实世界和语言世界的概念要素都不是同时产生的，而是一个历时的过程，它们都是随着认知的发展而不断构建出来的，并加入某一概念。因此有些概念要素只存在于语言世界，无法在真实世界找到相应的存在，如语言中的语序、词类、语法范畴、语法手段等概念要素。可以这样认为，所有的概念要素都存在于语言世界，但不一定存在于真实世界；也就是说，从真实世界到语言世界增加了一些概念要素。

另一个方面是概念关系，即概念要素之间、概念与概念之间在真实世界和语言世界中的各种关系。比如概念之间的关系在不同语言中的表现不同，因此世界上的语言在语序上就存在 SVO、SOV、OSV、OVS、VOS、VSO 等六种不同语序，形容词和名词也存在着 AN 和 NA 两种不同的语序，不同语言在表达事物和动作的时间性特征的手段也差异鲜明。不过，概念之间的这些关系应该是可以穷尽的。如汉语中，"猫""吃""鱼"是三个不同的概念，它们可能形成的结构有"猫吃""鱼吃""猫吃鱼""鱼吃猫"，还可以增加一些概念而形成"猫在吃""鱼在吃""猫在吃鱼""鱼被猫吃了""大鱼吃小鱼"等，而这些结构可能的扩展结构则会更多，甚至无法穷尽；但是这些语言表达在语序结构上基本可以归为 SV 或 SVO。也就是说，虽然真实世界和语言世界中概念与概念之间的实际关系无法穷尽，但是其组合的结构类型在一种语言或在整个人类语言中应该是可以穷尽的。

概念结构中的概念要素和概念关系基本对应于语言研究的两个层面：语义层面和句法层面。从这个角度说，概念结构是连接语义结构和句法结构的枢纽环节，因而在语言认知研究中具有极其重要的地位。具体到汉语量词的研究来说，汉语量词的语义结构和语义参数都是概念要素方面的研究，量词的概念网络、有量构式则是有关概念关系的研究，而量词的方言差异、构词等既涉及概念要素方面的研究，也涉及概念关系方面的研究。

三 概念结构的文化制约

对于真实世界的同类现象，不同的语言会存在不同的概念化结果，形成不同的概念要素和概念关系。这种概念化的不同也能够通过语言中的词语借用窥其一斑。因为对于一种语言中那些具有文化特征的词语来说，另一种语言中往往缺少对应的概念；所以在找不到最佳匹配的词语时，对于外语中的文化特征词语，人们往往采用音译的方式借入。因而，借词最能体现文化之间的不同，也最能够体现出不同语言的概念结构之间的差异。如汉语的"风水""阴阳""功夫""道"等词语，在英语中的借词形式分别是"feng shui""yin and yang""kung fu""Tao"。很显然，这些借词都采用的是音译的方式。而且"风水"一词既可以作名词，也可以作动词，如"feng shui a room"，即"看风水"。

但是，这种音译借入的情况也会发生分化。因为随着认知的发展，人们会采用母语的概念对一些最初使用音译方式借入的概念进行完全的母语化改造。如汉语近代以来的一些音译词，如"葛朗玛"（Grammar）、"英拜儿"（Empire）、"水门汀"（Cement）、"麦克风"（Microphone）、"德律风"（Telephone）、"赛因斯"（Science）、"德莫克拉西"（Democracy）等，最后都采用了意译的方式而完全汉语化为"语法"（Grammar）、"帝国"（Empire）、"水泥"（Cement）、"话筒"（Microphone）、"电话"（Telephone）、"科学"（Science）、"民主"（Democracy）等。[①] 除此之外，不同语言对其他语言中的人名、地名等

---

① 对于这些词的来源依然有一些不同的看法。如"科学"一词，马西尼认为是来自日语的原语汉字借词，高名凯、王力等则认为是日语的原语借词。"民主"一词，马西尼认为是汉语的仿译词，而王立达和高名凯等人则认为是来自日语的原语借词。"水泥"一词，马西尼认为是汉语新词，虽然与日语借词"混凝土"并存，但它现在是表示"cement"最为常用的词。（[意]马西尼：《现代汉语词汇的形成——十九世纪汉语外来词研究》，黄河清译，汉语大词典出版社1997年版，第225、230—231、241页）

第二章 汉语量词的概念结构研究

专有名词一般也都是采用音译的方式,其原因都是这类词语中所隐藏的概念在母语文化中找不到恰当的对应概念。如英文中的姓氏 Carpenter、Kissinger,汉语就音译为"卡朋特"和"基辛格",而没有意译为"木匠"和"接吻的人";对汉语中的姓氏"钱"和"马",英语则音译为"Qian"和"Ma",而没有意译为"Money"和"Horse"。

可见,不同的语言具有不同的概念结构。因此有观点认为,中国的概念系统不同于美国的概念系统,这在政治、日常生活、数学、科技、社会、文化等不同领域所呈现出的隐喻现象中都能够反映出来(Lakoff,2007:250)。解释存在于读者的文化之中(Walker,2010);同时,文化规范行为,为我们提供认知特定世界里的事件和事物的方法;就个人而言,这意味着文化是个人的行为,该行为在特定情境中被自己和他人理解(Walker & Noda,2010)。在这个意义上说,概念结构必然受到文化的影响,也必然由于解释者和接受者的个体性而表现出个体性。这一点其实在宋人的诗词作品中就已经有鲜明而形象的表达与解释。如宋代诗人苏轼的《题西林壁》一诗中写道:"横看成岭侧成峰,远近高低各不同。不识庐山真面目,只缘身在此山中。"根据这首诗的意境,我们可以说"岭"就是"峰","峰"就是"岭"。这是因为虽然观察的角度不同,观察点的远近高低也不相同,但不管从哪个角度所观察的对象都是相同的,都是庐山。我们也可以说"岭"不是"峰","峰"也不是"岭";这是因为虽然都是庐山,但是由于观察角度不同,观察点的远近高低也不相同,因而实际看到的庐山景象并不相同。同时,虽然庐山是一个专名,但是庐山的景点非常之多,如仙人洞、石门洞、三叠泉、五老峰、白鹿书院、东林寺等传统景点,以及一般容易忽略的动植物资源;因而庐山拥有着不同的地理风貌和人文景观,实际上是一个复杂的整体,不可能一眼望穿,而只能够是"横看成岭侧成峰,远近高低各不同"。这正是认知独特性的形象反映。关于认知的这种独特性,洪堡特也曾有一个非常形象的比喻:"脸型的独特性取决于所有部位的总和，同时也取决于每一个人的眼光。正因为这样，同一张脸才对每一个人都显得不一样。"① 而洪堡特的这一认识也和中国的"情人眼里出西施"有着异曲同工之妙。

上述观点似乎表明，真实世界在每个人眼中都不一样，人并不能真正认知真实的世界。在某种程度上讲，确实如此。Jackendoff（1983：23—26）利用对四个不同图形（图2-1、图2-2、图2-3、图2-4）的认知过程来说明真实世界（the Real World）和投射世界（the Projected World）之间的不同。② 对图2-1而言，其中的四个点虽然没有用线条连接，但是人们会自然地将它们看成一个用四条相等的线段连接起来的图形；如果有数学知识，则可以认为是正方形。对图2-2而言，如果人们关注其中的白色部分，该图像就可以看成一只花瓶；如果关注其中的黑色部分，该图像则可以看成面对面的两张人脸。图2-3的图形和图2-2有些相似，如果人们关注左边的突出部分，该图就可以看成一只鸭子；如果关注右边的突出部分，该图则可以看成一只兔子。图2-4中，对于本来长短相等的两根线段，由于在它们的两端分别加上了方向相反的箭头，这两根原本相等的线段看起来却并不等长。因此，Jackendoff（1983：26）认为，人并不能感知真实世界的本来面目。

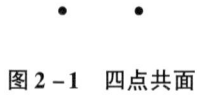

图2-1 四点共面　　　　　　图2-2 黑白异图

---

① ［德］威廉·冯·洪堡特：《论人类语言结构的差异及其对人类精神发展的影响》，姚小平译，商务印书馆1999年版，第59页。

② Jackendoff（1983）中，图2-1、图2-2、图2-3、图2-4只有图号，没有图题，这里的图题是本书根据各图的内容而拟定的。

第二章 汉语量词的概念结构研究

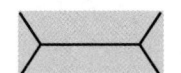

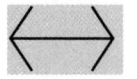

图 2-3　左右异图　　　　　图 2-4　箭头假象

很显然，因为概念构建的世界中加入了主体的认知因素，所以它和真实世界并不完全相同，有时甚至完全相反。在这个意义上讲，人并不能感知真实世界的本来面目。Jackendoff（1983）所谓的投射世界大体相当于我们这里所说的语言和认知共同构建的世界，即概念构建的世界，我们称为语言世界。虽然语言世界和真实世界有一定的不同，但是二者毕竟同源，就像"岭"和"峰"的关系一样，因此二者都具有确定性，是可以感知的和认知的；但也像"岭"和"峰"一样，由于观察视角的限制而不能看到其他视角的景象，所以它们只能呈现整体的部分特征，无法完全呈现整体的所有特征，因而"岭"和"峰"的概念也表现出复杂性。就概念结构来说，某种文化的所有认知主体都可能把主体性投射到它身上，但事实上我们无法获得某种文化的所有认知主体的认知结果；因而概念结构总是表现出一定的复杂性和某种局限性。如果我们想从语篇中获得有关概念结构的信息，那么我们也无法从自发的语篇中获得有关意义的充足信息（Matthewson，2004），而只能通过归纳或演绎的方法，从不同的语篇中来获取某种文化的认知共性，进而获得与之相关的概念结构。同时，因为概念结构中不断有新颖而动态的结构呈现（Fauconnier，2005），所以只有考察语言中因文化的不同而呈现出的独有特点，才能够对该语言的概念结构做出准确的描述，并对该语言的语法规律做出具有广泛适应性的解释。在概念结构的形成过程中，文化特征不但影响了概念结构的最初形式，也会给语言使用者的概念结构中不断加入新的要素，从而形成新的概念结构。因此，语言的语义和句法都无法摆脱概念结构的基本限制，无法摆脱文化及历史演变的"约定俗成"的基本限制。

上面的讨论还明确了这样的看法，文化对概念结构的制约在本质上是一致的，具体表现却千差万别。概念结构所受到的文化制约也会随着文化的发展演变而变化，并最终会对语言产生深层次的影响。正如沈家煊（1994）所说的那样，对句法的分析不能脱离语义；而对语义的描写又必须参照开放的、无限度的知识系统。我们认为，这个知识系统的核心正是概念结构。从这个意义上说，对概念结构的研究也是汉语量词乃至汉语的认知研究中一个极有价值的领域。

第二节 概念结构对量词的制约

一 概念结构对量词语义搭配的制约

概念结构对语义的制约非常明显，汉语的量词也无法例外。就汉语量词而言，汉语不同方言之间存在着地域文化的差异，因此不同的方言区在量词使用上也存在着明显的方言差异。量词的方言差异主要表现在两个方面。

一方面表现为同一量词在不同方言中能够修饰的名词具有明显差异，如名量词"张""条""根""只""块""把""本""部""支""头"等在汉语各方言区修饰的对象都有非常大的差异。以名量词"张"为例：[①]

> 一张腿（山西汾西），一张厝（房子）（福建仙游、莆田），一张车（湖南长沙），一张汽车（浙江金华岩下），一张山（江西宜春），一张拖拉机（江西高安老屋周家），一张汽车、一张拖拉

[①] 许宝华、[日]宫田一郎：《汉语方言大词典》，中华书局1999年版，第2953—2954页。

第二章 汉语量词的概念结构研究

机（云南玉溪）。

以名量词"根"为例：①

一根被子（山西太谷）、一根腿（山西太原、榆次、太谷）、一根裤子、三根蛇、一根牛、两根羊、三根树子、几根葱（四川成都）、一根毛巾、一根猪（四川仁寿）、这根人、你的这根朋友、一根问题、两根手、一根眼睛、三根脚（云南蒙自）、那根人、一根船、一根鱼（云南建水）、一根麦子、一根珍珠（山西太原）、一根絮（棉絮）、一根睏簟（睡席）（安徽绩溪）。

另一方面表现为普通话和方言在通用个体量词选择上的差异。虽然普通话中公认的通用量词是"个"，然而"个"却并非所有方言区的通用量词。如湖北通城方言、湘方言、福州方言、吴语、客赣方言等的通用量词是"只"（参见万献初，2003；姜国平，2005；邓开初，2008；陈泽平、秋谷裕幸，2008；严宝刚，2009；温美姬，2014），山西多数方言计量人或物可以用一个通用量词"块"（乔全生，2000：135），河南焦作方言（司罗红、李肖肖，2016）、陕西洋县方言的通用量词也是"块"，陕西蒲城方言的通用量词则是"咻"。

概念结构对量词搭配的语义制约，也能够在不同语言功能相似的词语中鲜明地表现出来。如汉语和英语在计量动物群体时所使用的量词（或称分类词，而英文中的这类词一般都归入名词，这一点下文还要讨论）就存在鲜明差异：

一群羚羊：a herd of antelopes　　一群蚂蚁：an army of ants
一群蜜蜂：a swarm of bees　　　　一群小马：a rag of colts

---

① 许宝华、[日]宫田一郎：《汉语方言大词典》，中华书局1999年版，第4600页。

上举各例中，汉语仅用"群"来修饰限制"羚羊""蚂蚁""蜜蜂""小马"等所组成的群，英语则分别使用 herd、army、swarm、rag 四个词语来分别修饰限制 antelope、ant、bee、colt 所组成"群"。这说明，在汉语和英语中，对真实世界中这四种动物的群体关系有着不同的认知；而基于这种认知所形成的概念结构，也进一步影响和制约了语义之间的搭配。汉语中，据《说文解字·羊部》："群，辈也。"段玉裁《说文解字注》曰："引申为凡类聚之称。"可见，汉语中类聚在一起的事物都可以称为"群"，即汉语的"群"可以指称人的群体，也可以指称动物的群体。因此，汉语里真实世界中的不同动物群体的概念对应着语言世界中的同一个概念"群"。英语中，真实世界中不同动物群体的概念对应着语言世界中的不同的概念，虽然英语中的 group（群）可以用于 people（人），也可以用于 thing（物体、动物）；但动物的群往往是用"herd""army""swarm""rag"等不同的概念来表达，而且人们也注意到它们之间用法上的差异，如 herd 一般用于同一种类并一同活动的兽群、牧群，也用于易于受支配的民众；swarm 一般用于昆虫的一大群，尤指蜂群，有时也用于迅速移动的人群。[①]

汉语和英语中也有与"群"的用法相反的情况，即英语中是一个概念，而在汉语中则是几个不同的概念。如：

a piece of paper 一张纸　　a piece of bread 一块面包

a piece of string 一根绳子　a piece of broken glass 一片碎玻璃

a piece of text 一段文章　　a piece of the action 一份收益

a piece of advice 一点建议　a single piece of jewelry 一件首饰

从概念要素的角度看，客观世界的"群""条""块""片"等，

[①] 英国培生教育出版亚洲有限公司：《朗文当代高级英语辞典》（英英·英汉双解），外语教学与研究出版社 2009 年版，第 1066、2338 页。

在汉语中是从名词非范畴化为量词的，并用来修饰限制名词的数量；而类似概念要素在英语中则是作为可数名词来修饰限制名词的量。从术语的角度看，汉语量词这一术语已经被《现代汉语词典》（第7版）和《汉语大词典》这类大型专业工具书收录；而 classifier（分类词）这一术语，一些大型的专业英语词典则并未收录，如《朗文当代高级英语辞典》（英英·英汉双解）（第四版）。进一步看，量词、分类词、名词虽然是三个内涵并不相同的概念，然而它们在语义上却具有相同的限制功能，即都能够用来限制事物的数量；而个中原因则在于它们在概念要素上具有相同之处，即它们在概念表达上的邻近性和相似性。

但是这种概念表达上的邻近性和相似性，与它们在不同语言之间的差异性是共存的。以英语和汉语为例。英语中那些具有修饰限制名词数量的词都是名词，而且这些名词中有些还具有动词的功能；如 herd、group、piece 等。汉语中限制名词数量的名量词，从来源上来讲也是名词和动词两类；但汉语中的有些名量词还能够进一步的演变，如"流""级""类""等"等量词非范畴化为"流""级""类""等"等区别词（惠红军，2009［2011］：213—215）；"十分""一下""一把"等数量结构则非范畴化为"十分""一下""一把"等副词（惠红军，2009［2011］：215—220，2010a，2010b）。

二 概念结构对量词句法表现的制约

概念结构不但制约着语义的理解及其搭配，而且也制约着句法结构，包括句法成分出现的可能性。我们继续以上文所谈到的量词以及数量结构为例来进行分析。由于概念结构的制约，不同语言中能够出现在数量结构中的句法成分也会因此而不同。如在汉语的数量结构中，如果要表示数量"一"，那么使用的语言单位是数词"一"；而在同样的数量结构中，英语则可以使用数词"one"，也可以使用冠词"a""an"。汉语的数量结构中，可以出现助词"的"，但"的"的出现与否有一定条件；如助词"的"一般不能出现在"一群羚羊"中，但可以出现在"成群的羚羊""一群一群的鸭子"中，也可以出现在"一屋子的人""一篮子的板栗""一身的病""满眼的泪水"等结构中。同时，汉语数量结构中的"的"在这些结构中的地位并不相同，如"成群的羚羊"中的"的"一般不能省去，而"一群一群的鸭子""一屋子的人""一篮子的板栗""一身的病""满眼的泪水"中的"的"可以省去，成为"一群一群鸭子""一屋子人""一篮子板栗""一身病""满眼泪水"。汉语的数量结构中不能出现任何介词，但英语数量结构中则必须出现介词"of"。再进一步说，汉语的结构助词"的"不能单独成句，而英语的"of"则可以单独成句。如英文电影《黑衣人Ⅲ》中，特工J穿越时空后在电梯中和一个陌生男人有这样一段对话：

　　特工J：Boss man, what's today?
　　陌生男：Tuesday.
　　特工J：The date?
　　陌生男：Fifteen.
　　特工J：Of?
　　陌生男：July.

　　概念结构对句法结构的制约还表现为对同一语义成分的不同句法功能的限制。我们这里以汉语的定语、状语、补语三种句法成分的有序变换为例来进行分析。现代汉语中，有些句法成分在词汇形式上完全一致，却能够出现在不同的句法位置，充当定语、状语、补语等。如：

　　①明晃晃的手电筒光束射得中国医生睁不开眼。（新华社2004年新闻稿）
　　②只见头顶上明晃晃飞来一把斧头。（马峰、西戎《吕梁英

第二章 汉语量词的概念结构研究

雄传》)

③负伤的左臂肿得明晃晃的。(刘秉荣《红军长征中的三位断臂将军》)

其中,"明晃晃"能够出现在不同的句法位置,分别充当定语、状语、补语,其原因在于它既是事物的一种特征,如"明晃晃的手电筒光";也可能是伴随动作的某种状态,如"明晃晃飞来";也可能是动作产生的某种结果,"肿得明晃晃的"。因而"明晃晃"能够在句法结构中有序变换,充当定语、状语、补语等不同句法成分。这种情况在近代汉语时期就能看到,如:

④那梢公便去艎板底下摸出那把明晃晃板刀来。(《水浒传》第 36 回)

⑤两个人引着四五个打鱼的,都手里明晃晃拿着刀枪走来。(《水浒传》第 19 回)

⑥原来那里面被火器照得明晃晃的,如白日一般。(《西游记》第 52 回)

汉语名量词和动量词的句法功能的多样化也能够反映出概念结构对语言单位的限制性。如名量词和动量词在句法结构中的位置灵活,能分布于句子的任何位置,充当主语、谓语、宾语、定语、状语、补语等不同的句法成分。名量词充当定语、主语、宾语、谓语、状语、补语等不同句法成分的情况,如:

⑦鲁君与之一乘车。(《史记·孔子世家》)

⑧此六双者,可得而囊载也。(《史记·楚世家》)

⑨六年,伐宋,获五百乘。(《史记·楚世家》)

⑩竹竿万个,其轺车百乘,牛车千两,木器髹者千枚。(《史

记·货殖列传》)

⑪一片片绞起闸板，放出战船来。(《水浒传》第 83 回)

⑫义是一柄利刀，凡事到面前，便割成两片。(《朱子语类》卷 58)

动量词充当补语、状语、主语、谓语、宾语、定语等不同句法成分的情况，如：

⑬施恩来了大牢里三次。(《水浒传》第 30 回)

⑭四度经营，方成一变。(《朱子语类》卷 75)

⑮今次群贼必不敢再来。(《水浒传》第 55 回)

⑯这边脸上又一下，登时小丫头子两腮紫胀起来。(《红楼梦》第 44 回)

⑰今年是第三番了。(《水浒传》第 74 回)

⑱紫鹃笑道："这一回的劲大，姑娘来放罢。"(《红楼梦》第 70 回)

但是必须注意的是，名量词和动量词在充当主语、谓语、宾语、定语、状语、补语等不同的句法成分时具有非常明显的限制性，这就是它们必须和数词同时出现，或者隐含着数词"一"。① 这说明，量词在句法结构中的出现，必然意味着该句法结构蕴含着数的概念，而这又进一步说明汉语的量词在概念结构中和数词是一种共生的概念。这也能够反映出，汉语任何一个句法位置上的句法成分都蕴含着量范畴，因此可在这个角度把汉语定义为量词型语言。②

---

① 如"匹马只轮无返者"。(《公羊传·僖公三十年》) 其中的"匹马只轮"实际是一种省略结构，主要是省略数词"一"，从而形成一种"量+名"结构。
② 汉语量词的这种句法表现也为我们研究汉语量词的语义参数提供了信息。详见第七章"汉语量词语义参数的认知类型学研究"。

第二章 汉语量词的概念结构研究

汉语时间性量词短语的语义双指现象也能够反映出概念结构对语言单位充当句法成分的限制。汉语中的"下了一场大雨""发了一顿脾气""请一年假"这类结构中，量词在语义上同时指向动词和名词，形成了一种语义双指结构。惠红军（2012）对这种语义双指现象进行了分析，认为"一场""一阵""一年"这类量词短语都能够表达时间，是一种时间性量词短语；而时间性量词短语的语义向前可以指向动词，向后可以指向名词。这类时间性量词短语之所以会出现语义双指，主要原因在于其称量对象"下大雨""发脾气""请假"等都是"事件"；而事件或事件范畴（Event Category）是一种特殊的认知对象，它涉及动作、事物在时间上的持续互动，因此既有动词性的一面，又有名词性的一面。其中的动词都具有持续性，名词都具有明显的变化性。时间的延续是事物变化、存续，以及事件和动作发生、延续的基本特征。时间性量词短语、延续性动词、变化性名词都具有共同的语义特征［+延续］。因此，在"下了一场大雨"这类结构中，由于［+延续］语义特征的存在，时间性量词短语向前可以指向动词，向后可以指向名词，同时称量动作和事物延续的时间长度，从而形成语义双指的现象；而非时间性数量短语则不会形成这样的语义双指结构。

概念结构不仅制约着句法结构如何呈现，也同样制约着句法结构的可能形式。以数词、量词（分类词）和名词三者所形成的句法结构为例，从组合的角度看，数词、量词和名词会有六种可能的语序结构。

Ⅰ数词+量词+名词　　Ⅱ名词+数词+量词
Ⅲ量词+数词+名词　　Ⅳ名词+量词+数词
Ⅴ量词+名词+数词　　Ⅵ数词+名词+量词

Greenberg（1972）认为，只有前四种结构是可能的数词分类词结构（Numeral Classifiers Construction）；Greenberg（1975）认为，语序Ⅰ和语序Ⅱ相对于语序Ⅲ和语序Ⅳ更常用，语言也允许在语序Ⅰ和语序Ⅱ之间的有序转化。数词分类词即本书所讨论的量词。实际上，量词与数词、名词的可能语序类型多于Greenberg（1975）所预测的四种，因为我们能够在壮语、布依语、莫话、甲姆话、毛南语、苗语等语言中发现语序Ⅴ"量词＋名词＋数词"。

壮语（张元生，1993）：

  kaːi⁵ fei² saːu deu¹   kaːi⁵ kaːu¹ deu¹

  块　肥皂　一   块　糕　一

  一块肥皂   一块糕

布依语（吴启禄，1992：114，117）：

  tu² mu¹ diau¹   baɯ¹ sa¹ diau¹

  只　猪　一   张　纸　一

  一头猪   一张纸

莫话（马学良，2003：743）：

  tə² ma⁴ ʔdeu¹

  只　马　一

  一匹马

甲姆话（马学良，2003：745）：

  ka¹ ni¹ ʔdeu¹

  条　河　一

  一条河

毛南语（张景霓，2005）：

  paːk⁷ mit⁸ dɛu²   dat⁸ ʔwon³ dɛu²

  把　刀　一   个　碗　一

  一把刀   一个碗

第二章 汉语量词的概念结构研究

苗语(罗安源，2005：80)：

a^{44}ntu^{54}wu^{35}a^{44}na^{42}mæ^{22}qwen^{44}a^{44}！

那条河 一 那 么 宽 啊

那一条河那么宽啊！

虽然"量词+名词+数词"结构中的数词都是"一"，但这可能是这种语序形成的一个重要因素。语序Ⅵ"数词+名词+量词"我们目前还没有看到。数词、量词、名词的语序结构呈现这种分布的原因，我们认为是由于距离象似动因的制约，而距离象似动因则受制于概念关系的制约。在已经发现的五种语序结构中，Ⅰ、Ⅱ、Ⅲ、Ⅳ四种语序都可以看成数量结构和名词的语序，即数词和量词首先组成数量结构，然后这个数量结构或者位于名词前，或者位于名词后，从而形成不同的数量结构；不同的是其中数词和量词的语序变化，即或者是"数词+量词"，或者是"量词+数词"。但Ⅴ、Ⅵ两种语序则不同，数词和量词分别置于名词的两边，二者在句法结构上的距离明显加大，概念关系明显疏远。数词、量词、名词的可能语序结构与实际观察到的语序结构的差异能够说明，这类结构中的数词和量词之间的概念关系更为密切，二者的句法距离应该最短，因而在句法结构中它们总是作为一个整体来移动。如果要使数词和量词的概念关系变得疏远，使二者的句法距离加长，那么这样的结构一定有一些特殊的原因，因而Ⅴ、Ⅵ是两种较为少见的语序，而实际上语序Ⅵ目前还尚未见到。①

概念之间可能的组合形式是多样化的，因而数词、量词、名词的语序也是多样化的。但是有些组合方式常见，有些组合方式不常见，这能够反映出不同语言中量词和数词、名词的概念关系的远近变化。这种远近变化则体现为语言层面的距离象似原则。这种基于概念关系

---

① 对这个问题我们在第六章第四节"数量名构式的认知类型学研究"还有更为详尽的论述。

的距离象似原则也会影响量词作为句法成分的排列顺序，进而影响到量词在多层定语或多层状语中的排列顺序。

现代汉语中，定语位置上能够出现多个语义不同的定语。如：

⑲国家队里的一位有三十多年教学经验的优秀女篮球教练。

据黄伯荣、廖序东（1991［2007］：66），现代汉语多层定语的顺序从左向右依次是表示领属关系的词语，表示时间、处所的词语，量词短语或指示代词，动词性词语和主谓短语，形容词性词语，表示质料、属性或范围的名词、动词。李彬（1996）认为，上举例句中多层定语的顺序是正确的。诚然，上举例句符合现代汉语的基本句法规范，但也可有以下的表达。

⑳ 一位有三十多年教学经验的优秀国家队教练。

事实上，多层定语中的数量短语和表领属关系的定语在语序上并非只有一种语序。如：

㉑ 真正二十年营口原封，买不到，我和<u>一位</u>满洲国的大官匀来的。（老舍《火车集》）
㉒ 1971年，美国<u>一位</u>乡村教士拒绝发给两个男人婚姻许可证。（王小波《东宫·西宫》）

这些例句能够说明，数量短语和表示领属语义的词语在语序上相对自由，数量短语并非只能在领属性名词之后，具体的语序需要根据说话人所营造的语境来确定。也就是说，在所修饰名词的概念结构中，如果说话人认为，多层定语中表领属义的词语比数量短语具有更重要的地位，那么表领属义的词语就更接近名词；如果说话人认为，多层定语中的数量短语比表领属义的词语具有更重要的地位，那么数量结

第二章 汉语量词的概念结构研究

构就更接近名词。同样的原因，多层定语中的数量结构和动宾短语类定语的语序也并非只有一种。如：

㉓ 领导"大革命"的<u>一位</u>首长，把胡秉宸召到了钓鱼台。（张洁《无字》）

㉔ 管事的<u>一位</u>中年妇女腕子上带的一双袖套。（高行健《一个人的圣经》）

㉕ 与我同来的<u>一位</u>从事平面设计的艺术家说……（冯骥才《草原深处的剪花娘子》）

㉖ 芦田高子，是我们在金泽会到的<u>一位</u>写短歌的女诗人。（冰心《忆日本的女作家们》）

现代汉语也有多层状语的情况。在关于多层状语语序的相关研究中，一般都关注的是由多个副词所组成的状语，如赵元任（1979：346—351）、袁毓林（2004：42—81）等；对于动量词在多层状语中的位置少有论及。不过，赵元任（1979：347）明确指出，几个副词的次序也不是固定的，常常受直接成分（IC）的影响。这一点在动量词能够出现的多层状语中确实如此。我们此处主要分析多层状语中动量短语和否定副词之间的语序关系。如：

㉗ 他这个亲弟弟竟<u>一次</u>也没有去医院看她。（孙力、余小惠《都市风流》）

㉘ 我没有<u>一次</u>邀请他来我那儿玩。（丁玲《莎菲女士的日记》）

根据我们对所引例句的语境的分析，多层状语中动量词短语和否定副词的语序主要取决于，在语境中是要强调动作的量，还是要强调动作是否发生。上文已经指出，概念之间的关系越密切，它们之间的句法距离就越近；反之就越远。因此，当语境需要强调动作的量的时候，动量词就距离动词近；当语境需要强调动作是否发生时，否定词就距离动词近。这一基本制约规律也能够解释汉语史上一些动量短语的语序。如：

㉙ 孔亮见了是武松，慌忙滚鞍下马，便拜道："壮士无恙！"武松连忙答礼，扶起问道："闻知足下弟兄们占住白虎山聚义，<u>几次要来拜望</u>，一者不得下山，二乃路途不顺，以此难得相见。今日何事到此？"（《水浒传》第 57 回）

武松和孔亮在第五十七回之前就已认识，本书所引例句的背景是孔亮被呼延灼战败，又路遇武松，武松希望告诉孔亮的是自己早就想去白虎山拜望孔亮。可见，拜望的次数就只是一个虚数，而希望去拜望孔亮才是交际的关键信息。因此数量短语"几次"就距离"拜望"远，而"要来"这样的情态状语就距离"拜望"近。而实际上，《水浒传》中的"拜望"一词更多是表示人际关系的亲近，很少使用动量短语来修饰；这也能够从侧面印证"几次要来拜望"中的"几次"在交际价值上要低于"要来"。类似的用例如：

㉚ 晁盖道："都头官身，不敢久留。若再到敝村公干，千万来走一遭。"雷横道："却得再来拜望，不须保正分付。请保正免送。"晁盖道："却罢，也送到庄门口。"（《水浒传》第 14 回）

上面的分析能够说明，在分析量词句法表现的过程中，在进行一般的句法结构分析的同时，如果能够从概念结构的角度进行分析，那么将会对量词在句法结构中的一些复杂表现做出更深层次的解释。

第三章　汉语量词的概念网络研究

第一节　概念网络

语言世界中充满着各种概念。这些概念与概念之间，以及各个概念的概念要素之间在真实世界和语言世界中都形成了各种各样的关系，我们把这些关系称作概念关系。概念关系是一种错综复杂的关系，就像人际关系网络一样；概念关系就是通过这样的网络关系来呈现的。正是在这个意义上，我们把概念之间的关系称作概念网络关系，简称概念网络。

应该说，对于汉语的概念网络的研究是由于信息技术的需求而逐渐展开的。概念网络这一说法在医疗信息、控制论、数据开发等领域提出得比较早，如 Pearson et al.（1970）、Gladun（1973）、Markle（1977）。在语言学领域，我国对概念网络的研究在 20 世纪 80 年代就已经起步。申小龙（1983）认为，语义信息不是孤立的，它以一个有规律的一层一层的概念网络储存在我们记忆中；它的类聚意义同组合意义密切相关。齐振海（1986）认为，思维结构就是人凭借外部活动逐步建立起来，并不断完善着的基本的概念框架、概念网络；它反映了主体能动地反映客体的一种符合性能力，是主体改造客体的某种规则；思维结构是实践结构的内化，是客体结构的反映，并以主体的知识结构为基础。刘植惠（1989）在探讨超文本数据库的相关问题时指出，对用户来说，概念之间的关系异常重要；建库时，虽然按已知的关系组织概念网络，但这种关系并非固定不变，用户可以打开它，按自己的意愿重组所需的概念网络，或增添新的内容。林杏光（1999：266—268）认为，概念层次网络（HNC）能抓住汉语以词义组合方式来实现形态变化的特点，绕过词性等表层现象，直接进入语义层面，通过概念关联来进行句法分析。吕晶晶、唐树华（2012）指出，概念网络是一种词项语法理论的语言观，它把所有语言现象都归于概念网络中基于默认承接和扩散激活的范畴化关系，这对不规则动词变化、多义、隐喻和转喻区分等具有很好的解释力。在概念网络中，默认承接和扩散激活是两个关键的过程。以词为单位的节点通过范畴化关系链接，节点之间概念距离的远近导致相应节点被目标词激活的程度相异，下层节点从上层节点继承特征；当有冲突时，则跨越上层特征被直接激活。概念网络用概念距离来解释激活点的选择，即离激活点概念距离近的链接更易被激活。吕晶晶、唐树华（2012）还认为，关于目标结构的细节事实和它的距离要近于该目标结构与上层图式的距离。概念网络理论认为，意义之间的联系没有是或非的标准，只有程度的差异，概念距离的远近构成一个连续体。

也有学者对有关的数量结构的概念网络进行了研究。程琪龙（2004）认为，虽然"踢一脚"和"一杯茶"二者的语法结构不同，但是它们的概念结构的外部连接关系相似。

数＋量＋（外形＋质地＋……）实物
数＋量/工具＋（方式＋频率＋结果……）动作

程琪龙（2004）认为，如果不看括号里的概念内容，并去掉实物和动作之间的差异，那么两者的连接关系是相同的。这种相同关系无法用转喻来表述，却能在关系网络中抽象出来。在语符关系网络中，

第三章 汉语量词的概念网络研究

它们都是用没有中心词的短语来激活整个短语结构的概念内容,它们和相应的概念内容之间有比较大的连通权值。概念连通权值的存在,同样可以解释以下两组例子。

打他一拳／打他一回。
我有好几拳打在他头上／我有好几回打在他头上。
给他一拳／＊给他一回。

程琪龙(2004)指出,前两组的动量词和动词都出现,自然可以激活动作概念框架。第三组"拳"和"给"之间的连通权值高(或搭配值高),所以动作概念框架仍然可以激活;但是,"回"和"给"之间的连通权值不高,"回"可以和许多动作连通,因此处理时无法确切延伸激活,所以"给他一回"不妥。① 但是,程琪龙(2004)所说的"回"和"给"的连通权值不高的看法似有不妥。事实上,概念之间的连通权值高低的问题比较复杂。因为动量短语是表示动量的,只要能够和动作相关联,这样的连通就是能够被延伸激活。所以我们能够见到以下的例句。

①那就按你说的办,咱争他一回,只是争不到了,你可别埋怨我没本领。(周大新《湖光山色》)
②就再低一回头,再去求他一回。(周大新《湖光山色》)

而且如果指代词指代了动作,动量短语和指代词的连通也能够被延伸激活。如:

③洛河涨水,哪一回不淹死人?(贾平凹《人极》)

---

① 此句在程琪龙(2004)中的原文是"'回'和'打'之间的连通权值不高"。程文似有错误,当为"'回'和'给'之间的连通权值不高"。

④约有一个半小时，沈大娘回来了。这次，可没有那带盒子炮的护兵押汽车送来。（张恨水《啼笑因缘》）

⑤你这一趟，赚多少钱？（孙力、余小惠《都市风流》）

这里的"哪一回""这次""这一趟"中虽然没有和某个动词或动词短语直接连通，但能够根据语境知道，动量词"回"连通的是"涨水"，"次"连通的是"回来"，而"趟"连通的则是"做生意"，因而动量短语和指代词的连通也能够被延伸激活。

可以这样认为，概念网络是概念之间的关系所呈现的一种结构特征；而概念关系则是概念要素之间、概念与概念之间在真实世界和语言世界中的各种关系。《诗经》中的赋比兴、《离骚》中的香草美人之喻、中国古代诗文中的各种意象，实际上都是不同的概念之间所形成的概念网络关系；而量词的概念网络既是量词与其他词类概念之间所形成的概念网络关系，也是相关的句法关系赖以产生的认知基础。因此，要更好地解释汉语量词与名词、量词与动词之间的句法关系，就需要在概念层面找到一个突破口；而概念网络正是这样的突破口。

第二节　汉语名量词的概念网络

一　汉语名词的概念网络结构

概念网络中的概念之间是如何实现激活或者实现连通的，已有研究尝试进行解释。吕晶晶、唐树华（2012）认为，概念网络用概念距离来解释激活点的选择，即距离激活点概念近的链接更容易被激活；同时，目标结构的细节事实和它的距离要近于该目标结构与上层图式的距离。人们判断"金丝雀会飞"所花的时间之所以要比判断"金丝雀会唱歌"花的时间长，是因为"会唱歌"是关于金丝雀的事实，这

第三章 汉语量词的概念网络研究

是距离激活点概念较近的链接；而"会飞"是从上层概念"鸟"继承而来的特征，而这是距离激活点概念较远的链接。

也就是说，在概念网络中的各个概念之间存在层层隶属关系；隶属层次少而直接的概念与概念之间的联想或连通会相对容易，而隶属层次较多且间接的概念与概念之间的联想或连通则相对困难。为了对这样的基本认知有一个更清晰的印象和说明，我们选取了一些与食物相关的名词的概念来进行图示。这些名词的概念网络结构如图 3－1 所示。

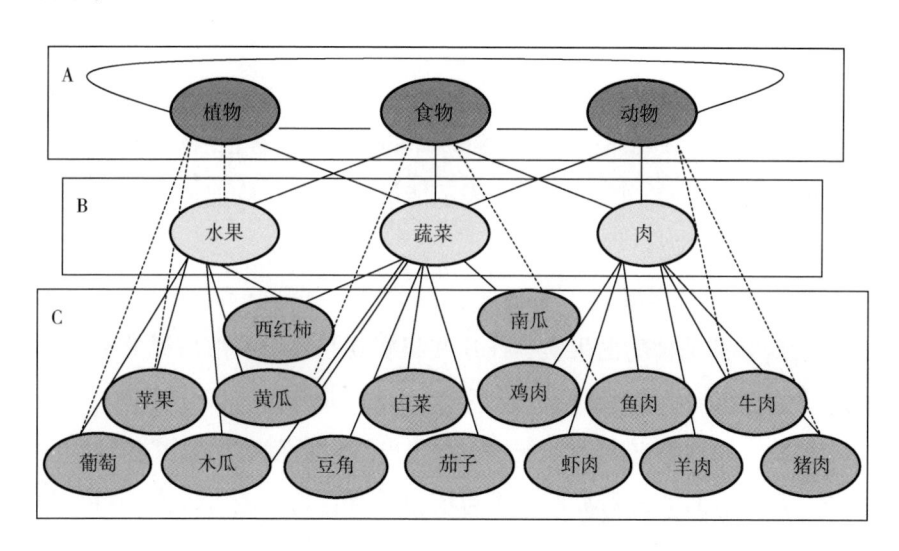

图 3－1　名词的概念网络结构

图 3－1 中，相关的各种概念位于三个不同的层次。

"植物""食物""动物"是上位范畴层次，即 A 区。

"水果""蔬菜""肉"是基本范畴层次，即 B 区。

而"葡萄""白菜""鸡肉"等则是下位范畴层次，即 C 区。

这里的上位范畴层次是高级层次，基本层次范畴是中级层次，下位范畴层次是低级层次。上位范畴层次和基本范畴层次、基本范畴层次和下位范畴层次之间的联想或连通最为直接或便利，也可以说，基本范畴层次和上位范畴层次、下位范畴层次之间的联想或连通都很直接或便利，但上位范畴层次和下位范畴层次之间的联想或连通不够直接或便利。同时，虽然我们说 A 区的"植物""动物""食物"是上位范畴，但它们依然可能是另一些概念的基本层次范畴或下位范畴，如它们可能是"物体"或"物质"的下位范畴，也可能是"生物"这一概念的基本层次范畴。如此类推，某一名词概念总会出现在另一名词概念之下或之上的层次。因此对所有概念而言，我们似乎找不到一个绝对的上位范畴概念，这更显示出概念网络系统的复杂性。

概念范畴的这三个层次之间可以产生种种广泛的联系，从而反映出概念和概念的联想路径是复杂而多样的。据图 3-1，我们可以进行如下的联想或连通，图中的实线表示能够直接联想或连通，虚线表示间接的联想或连通：

植物包括了苹果树、葡萄藤、白菜、茄子等，苹果、葡萄、黄瓜、南瓜等都是植物的果实，而这些果实就是我们一般所说的水果或蔬菜。

植物、动物都可以是食物，植物（当然包括蔬菜）是某些动物的食物，而所有的动物则都最终成为植物的营养物，也可以说是植物的食物。

有些蔬菜，如西红柿、黄瓜、木瓜，既是蔬菜，也是水果；而南瓜既是一种蔬菜，还是一种药材。

鸡肉、虾肉、鱼肉是肉类中的白肉，而牛肉、猪肉、羊肉则属于红肉。

动物和葡萄联系起来的路径要远远大于水果和葡萄联系起来的路径。

植物和葡萄、苹果联系的路径是间接的（图中的虚线），而水果和葡萄、苹果的联系路径是直接的（图中的实线）。

动物和牛肉、猪肉联系的路径是间接的（图中的虚线），而肉和牛肉、猪肉的联系路径是直接的（图中的实线）。

....

类似的关系还可以列举出很多。而图3-1只是整个汉语概念网络结构的冰山一角，是极小极小的一部分。这里我们之所以用名词概念之间的关系来说明，是为了给分析名量词和名词之间的概念网络结构进行铺垫。下文我们还将给出动词的概念网络，以便给分析动量词和动词之间的概念网络进行铺垫。

二 汉语名量词的概念网络结构

汉语名量词的概念网络结构是汉语概念网络结构中的一种子网络结构，或者说是汉语概念网络中的一个内嵌结构，因而其中所涉及的概念关系更为具体，概念网络结构也更为复杂。说它是一种子网络结构，是因为它是整个汉语概念网络结构的一部分。说它是一种内嵌结构，是因为这一概念网络主要反映的是名词、名量词和数词之间的语义关系，因而所涉问题更为具体，网络结构也更为复杂。在具体的概念网络结构上，我们在图3-1所模拟的名词的概念网络中增加了量词和数词这两种概念成分，从而形成了图3-2。在图示的设计上，我们也希望图3-2能够尽量把名量词的概念网络的复杂性呈现出来。

在图3-2中，为了线条的清晰性，我们省略了图3-1中表示名词概念联系的实线条和虚线条。同时，我们在图3-2中增加了两类概念成分：名量词和数词。其中名量词有"种""个""把""棵""碗""层"六个，数词只有一个"三"，而这个"三"只是作为一个数词的代表。在概念网络层次上，这六个名量词可以分为两个范畴层次。

"种""个"属于上位范畴层次，即A区。

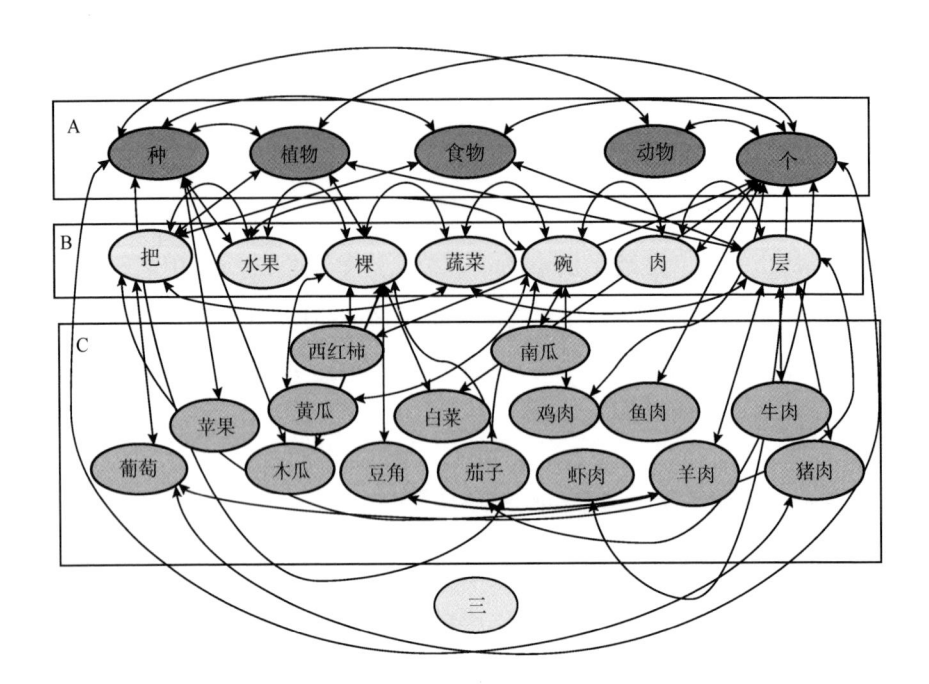

图 3-2 名词、名量词以及数词的概念网络结构

"把""棵""碗""层"属于基本范畴层次,即 B 区。

数词"三"是事物的数量特征,是事物量的积累的一种表现,因而它和每一个量词、每一个名词都存在可能的概念关系。

"种""个""把""棵""碗""层"六个名量词之所以被分成上位范畴层次和基本范畴层次,而没有下位范畴层次,原因在于名量词中并不存在仅仅与某个具体名词搭配,而不能和其他具体名词搭配的名量词,因此我们认为名量词中没有属于下位范畴层次的范畴成员。

在图 3-2 中,由于"种""个"是属于上位范畴层次的名量词,所以这两个量词可以和其中的所有名词构成量名搭配。如"三种植物""三种食物""三种动物""三种水果""三种苹果""三种茄子""三种猪肉"……又如"三个植物""三个食物""三个动物""三个葡萄""三个茄子""三个鱼肉"……我们能够见到这样的量名搭配,如:

第三章 汉语量词的概念网络研究

①根据制度,这种苹果要彻底销毁。(蔡威林《新来的海关检查员》)

②我要把自己变成一个动物,四肢着地飞快往前。(张炜《你在高原》)

③这三种茄子不要购买,不要再忽视了,快分享给家人吧。①

④养一个植物。②

⑤他不用去为了争一个食物。(百家讲坛:叶舒宪《人类学与文化寻根》)

由于"把""棵""碗""层"是属于基本范畴层次的量词,所以它们都可以和基本范畴层次,以及下位范畴层次的名词构成搭配。如"三把葡萄""三把羊肉""三把蔬菜""三把水果""三棵水果""三颗黄瓜""三颗西红柿""三碗蔬菜""三碗黄瓜""三碗茄子""三碗南瓜""三碗鸡肉""三层肉""三层蔬菜""三层羊肉""三层牛肉"……虽然它们能够和上位范畴层次的名词进行搭配,但是这些搭配会受到一定的限制,如"五层植物""第一层食物"等。在这些结构中,"三棵植物""三碗食物""三层植物""三层食物"是接受度较高的结构,"三把动物""三碗动物""三层动物"则是接受度较低的搭配。我们在实际的语料中能够发现这类的用例。如:

⑥每天坚持吃葡萄一把。③

⑦老人的脚前放着一只藤筐,里面放着几把蔬菜、一些土豆,还有几个硕大的新鲜的蘑菇。(艾玛《在金角湾谈起故乡》)

---

① 语料来源:https://haokan.baidu.com/v? pd=wisenatural&vid=15883833308366175760,检索日期:2019 年 11 月 1 日。

② 语料来源:http://dict.youdao.com/w/养一个植物/,检索日期:2019 年 11 月 1 日。

③ https://mp.weixin.qq.com/s?_biz=MzA3NTgxNDgyONQ=&mid=2247486105&idx=2&sn=02c5db2ed16cd0087e20242d926b24e1&chksm=9f6b884ba81c015d8e9a439de5d885ca1ed6e8ffd-868e4ae4284add7dc516c395480468a3f9e&scene=27。检索日期:2023 年 4 月 7 日。

⑧这要等待一种感情慢慢陈旧下来,就像坐等一棵植物从生成到衰老,它的整个过程。(张炜《你在高原》)

⑨有人进来,在桌上放下了一碗食物。(三毛《滚滚红尘》)

⑩各层植物依次排列生长,各居一定的高度,能够充分利用空间光照。(《报刊精选》1994年)

⑪《中国居民平衡膳食宝塔(2016)》第一层食物是什么?[①]

图 3-2 只是图示了汉语名词、名量词和数词搭配的基本原理。在实际的言语行为中,由于语境的具体性和复杂性,名词、名量词和数词的句法组合中也可能会增加代词、形容词等不同的句法成分,使数量名这样的句法组合能够表达出更丰富的语义,因而也使数量名句法组合的情况显得更加复杂。这种情况在句法结构上表现为包含名量词的多层定语现象。惠红军(2009[2011]:113—115)中所讨论的名量词的松散结构正是这种情况的具体表现。如:

⑫车背只有一小块极厚的玻璃砖。(老舍《老张的哲学》)

⑬一乘张着白布篷的滑竿,带着雨迹,一闪一闪地渐渐走近了。(罗广斌《红岩》)

⑭他悲伤地告别了舞台,顿足叹息一朵刚刚破萼尚未盛开的民族艺术之花,在寒风中凋零了。(《人民日报》1995年)

第三节 汉语动量词的概念网络

一 汉语动词的概念网络结构

目前,很少见到与动词的概念网络相关的研究成果。我们这里尝

[①] 语料来源:https://zhidao.baidu.com/question/588886045684701005.html,检索日期:2019年11月1日。

第三章 汉语量词的概念网络研究

试以上文讨论汉语名词的概念网络的方法来讨论汉语动词的概念网络。图3-3就是我们模拟的动词的概念网络结构图。

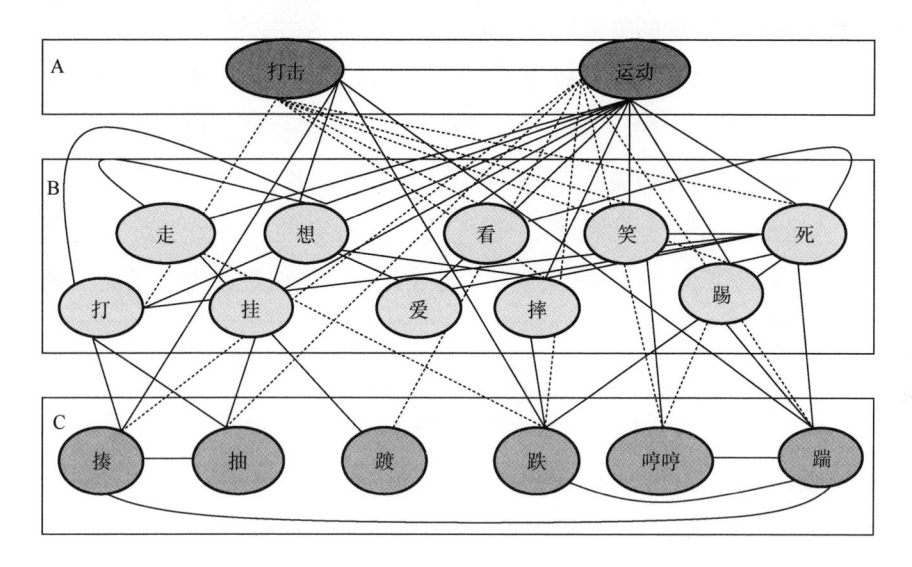

图3-3 动词的概念网络结构

图3-3中，我们选择了"打击""运动""走""想""看""笑""死""打""挂""爱""摔""踢""揍""抽""踱""跌""踹""哼哼"这些动词来作为观察样本。我们把这些挑选出来的动词按照概念范畴分为三个层次。

"打击""运动"属于上位范畴层次，即A区。

"走""想""看""笑""死""打""挂""爱""摔""踢"属于基本范畴层次，即B区。

"揍""抽""踱""跌""踹""哼哼"属于下位范畴层次，即C区。

就像名词的概念网络结构一样，动词的概念网络结构也表现出范畴层次的不确定性。虽然说A区的"打击""运动"是属于上位范畴层次的概念，但它们依然可能是另一些概念的基本层次范畴或下位范畴。如它们可能是"活动"的下位范畴，因而也可能与"还击""静

· 115 ·

止"一样同处于基本层次范畴。所以,某一动词概念总会出现在另一动词概念之下或之上的层次上,很难找到一个绝对的上位范畴概念。这显示出动作概念网络系统的复杂性。

根据概念网络中各个概念关系之间可能的联想或连通,动词概念范畴的三个层次之间也可以产生种种广泛的联系,从而反映出动词和动词概念之间的复杂关系。我们尝试进行以下联想。

"运动"属于上位范畴,它可以包括所有的动作。"走""想""看""笑"等 B 区的动作属于基本范畴层次,因而它们和"运动"的概念联系更为直接;"揍""抽""踱""哼哼"等 C 区的动作属于下位范畴层次,因而和"运动"的联系则不那么直接。

"打击"可以包括"打""摔""踢",也可以包括"笑""看"这样的动作,还可以包括一些更为具体的动作,如"揍""抽""踹",而"打击"的结果则可能是"死",也可能是"跌倒"等。①

A 区的"打击"和"运动"之间也可产生概念上的联想,如拳击运动中的各种打击动作。

B 区的各种动作之间也会产生广泛的联系,比如"死"可以作为"打""笑""看""摔"等动作的结果。如:

①一炮发出去,就打死他们一大片。(李文澄《努尔哈赤》)

---

① 我们检索了 CCL 语料库和网络,检索到如下用例:
(1) 诗人也敢在他们头上动土,用正义的笑作为强大的武器,打击他们。(《读书》)
(2) 早上跟女朋友一起上班走在路上,女朋友突然看了我一眼,然后说,你好丑啊。不知道这话是什么意思? 好打击。(语料来源:https://zhidao.baidu.com/question/200178742939838565.html。检索日期:2023 年 4 月 7 日。)
(3) 还在月子里的刘桂英经受不住这沉重的打击,身子晃了晃,跌倒在地上昏了过去。(蔡康《花烛泪诉人间情》)
例(1)和(2)中,"打击"这一动作分别是通过"笑"和"看"来实现的;例(3)中,"跌倒"这一结果则是由于"打击"的结果。这些用例说明,由于语境具有无限丰富性的特征,因而动词之间的概念关系非常复杂,远远超出了我们的预估能力。因此,索绪尔才说:"言语活动的整体是没法认识的。"(参见 [瑞士] 费尔迪南·德·索绪尔《普通语言学教程》,高名凯译,岑麒祥、叶蜚声校注,商务印书馆1980 年版,第 42 页。)

第三章 汉语量词的概念网络研究

②我要笑死了,我活不了啦。(王小波《黑铁时代》)

③杨书记自然是根据"不能把活人看死",也"不能把死人看活"的原则,对王秋赦在"文化大革命"初期搞"三忠于"讲用时的"鹦鹉学舌",予以谅解。(古华《芙蓉镇》)

④这么多人打零工,有几个摔死了,淹死了?(艾米《山楂树之恋》)

B区的"打"如果是指"打人",则会直接和C区的"抽""揍""踹"等联系起来;而C区的各具体动作之间也可以产生概念关联,"揍"可以理解为"抽",也可以理解为"踹"或其他动作,"踹"的结果可能是"哼哼",也可能是"跌"。我们能够在自然语篇中找到"打""抽""揍""踹"等动作在概念网络中的联想或连通关系的具体表现。如:

⑤几个士兵上来把我爷爷踢翻,抡起绑在木棍上的特制大鞋底,扑扑哧哧一阵乱揍。打得我爷爷先是咬牙切齿,后是叫爹叫娘。(莫言《红高粱家族》)

⑥任副官踢了王文义一脚,说:"看你劈腿拉胯,好象骒马撒尿,揍你都揍不上个劲。"(莫言《红高粱家族》)

而且在概念网络中,"打""揍"等也可能还会有其他的联想或连通,从而反映出动词在概念网络中的复杂表现。如:

⑦郭祥赶忙改口说:"不过,月亮太圆了我也不喜欢。那年打松林店,月亮真圆,敌人的火力又稠,打了好几个冲锋,都没有打上去,当时我抬起头看看它,真想一枪把它揍下来!"(魏巍《东方》)

这里的"打松林店""打了好几个冲锋"中的"打"是攻打的意

思,而"真想一枪把它揍下来"中的"揍"则是射击的意思。很显然,这里的"打"和"揍"与"打得我爷爷先是咬牙切齿"和"揍你都揍不上个劲"中指的"打"与"揍"在词形上相同,具体指称却并不相同。

通过图3-3中所列举的动词在概念网络中的具体表现来看,不同的动词之间在概念网络中具有广泛而复杂的联想或连通关系。这种现象能够说明,动作作为一种概念,它们在概念网络中的分布是极其广泛的,它们之间的概念关系也是极其复杂的。动词之间在概念网络中的复杂关系也使动量的表达需求出现在不同的概念层次,并使动量词的用法表现出复杂性;这正是概念网络对动量词和动词之间搭配关系的制约。

二 汉语动量词的概念网络结构

汉语动量词的概念网络结构是汉语概念网络结构中的一种子网络结构,也是汉语概念网络结构中的一个内嵌结构,因而其中所涉及的概念关系更为具体,概念网络结构也更为复杂。说它是一种子网络结构,是因为它也是整个汉语概念网络结构的一部分。说它是一种内嵌结构,是因为这一概念网络主要反映的是动词、动量词和数词之间的语义关系,因而所涉问题更为具体,网络结构也更为复杂。在具体的概念网络结构上,我们在图3-3所模拟的动词的概念网络结构中增加了动量词和数词这两种概念成分,从而形成了图3-4。在图示的设计上,我们也希望图3-4能够尽量把动量词的概念网络结构的复杂性呈现出来。

图3-4模拟了动词、动量词、数词所构成的概念网络结构。为了线条的清晰性,我们省去了图3-3中表示动词概念之间的关系连线。图3-4中新增加了两类成分,一类成分是动量词,所增加的动量词有一般所说的专用动量词"遍""次""阵",还有一般所说的借用动量

词"拳""巴掌""步""跤""声""脚"。具体而言,这些动量词在概念网络中可以分为两个层次:"遍""次""阵"等专用动量词由于能够和各类动词产生联想关系,因而位于基本范畴层次,即 B 区;"拳""巴掌""步""跤""声""脚"等借用动量词仅能够和部分动作产生联想关系,因而位于下位范畴层次,即 C 区。增加的另一类成分是数词。数词是动作的数量特征,是动作量积累的一种表现,因而它和每一个量词、每一个动词都有概念关系。这里我们也只选取了数词"三"作为数词的代表。

在图 3-4 所模拟的动量词的概念网络中,动词、动量词、数词能够形成很多不同的组合。

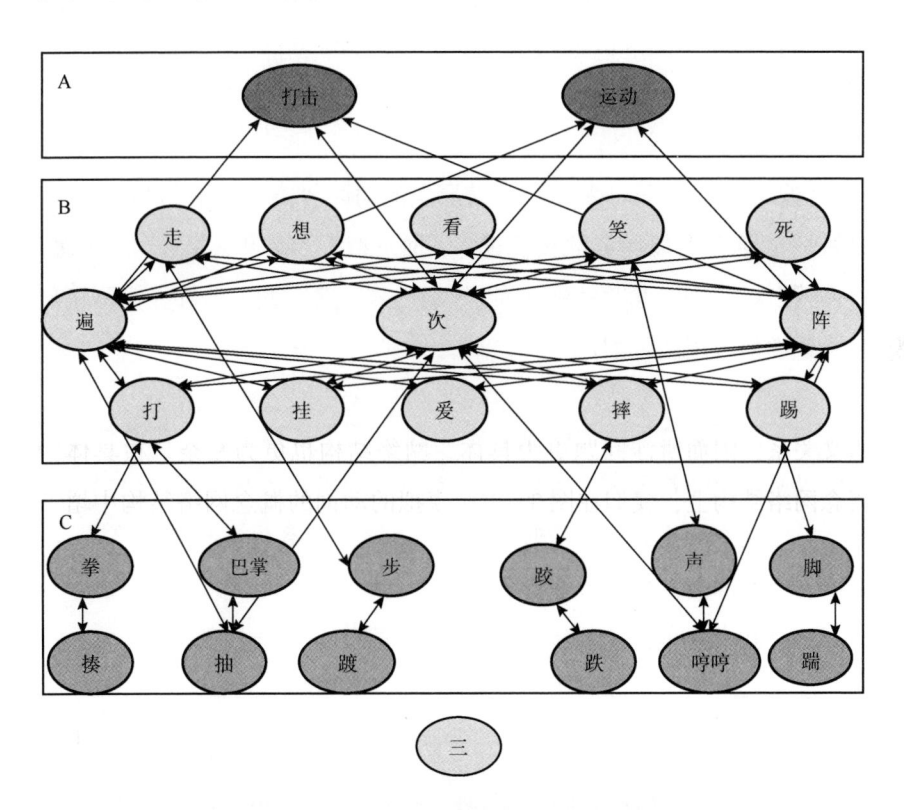

图 3-4 动词、动量词以及数词的概念网络结构

汉语量词的认知类型学研究

因为专用动量词"遍""次""阵"位于概念的基本层次范畴，具有广泛的联想能力，因而它们可以和概念网络中的各个层次的动词进行组合，从而形成各种可接受的动量表达结构。

"遍""次""阵"和上位范畴层次的动词"打击""运动"可以组成"打击三遍""运动三遍""打击三次""运动三次""打击三阵""运动三阵"等；

"遍""次""阵"和基本层次范畴中的动词"走""想""看""笑""死""打""挂""爱""摔""踢"可以组成"走三遍""想三遍""看三遍""笑三遍""死三遍""打三遍""挂三遍""爱三遍""摔三遍""踢三遍""走三次""想三次""看三次""笑三次""死三次""打三次""挂三次""爱三次""摔三次""踢三次""走三阵""想三阵""看三阵""笑三阵""死三阵""打三阵""挂三阵""爱三阵""摔三阵""踢三阵"等；

"遍""次""阵"和下位范畴层次的动词"揍""抽""踱""跌""哼哼""蹿"可以构成"揍三遍""抽三遍""哼哼三遍""抽三次""哼哼三次""抽三阵""踱三阵""蹿三阵"等。我们能够在实际语料中发现类似的用法，如：

⑧眼前这不幸的事虽然不是直接发生在她身上，却是她有生以来承受的最大的一次打击。(路遥《黄叶在秋风中飘落》)
⑨有个典故，说一遍遍打击一个人，直到他没有信心。①
⑩每周三次运动就能积累健身效果，如何长期坚持?②
⑪全网揍揍最多的狗，阿拉斯加拉斯，一天揍三遍。③

---

① 语料来源：https://zhidao.baidu.com/question/133817982.html，检索日期：2019年11月3日。
② 语料来源：https://baijiahao.baidu.com/s?id=1619813619220038699&wfr=spider&for=pc，检索日期：2019年11月6日。
③ 语料来源：https://tieba.baidu.com/p/5319043420，检索日期：2023年4月7日。

第三章 汉语量词的概念网络研究

⑫英法联军三次攻打大沽口炮台。(《人民日报》1993 年)

⑬我的车早上启动会出现三次哼哼才启动着是怎回事。①

⑭小姑拿马鞭在瓮里乱抽一阵,水就汹涌喷出,溢流不止。②

⑮还有那冯异将军的马……不该照准了那群不要脸的东西去乱踢一阵。(吴伯箫《马》)

借用动量词"拳""巴掌""步""跤""声""脚"位于下位范畴层次,它们不能与上位范畴层次的动词组合,只能分别和基本层次范畴以及下位范畴中的相关动词组合。它们和位于基本范畴层次的动词构成的组合有"打三拳""打三巴掌""走三步""摔三跤""笑三声""踢三脚"等,它们和下位范畴层次的动词构成的组合有"揍三拳""抽三巴掌""踱三步""跌三跤""哼哼三声""踹三脚"等。我们也能够在实际语料中找到类似用例。

⑯昨天试了一下,打了三拳,第一拳打出 220 公斤拳重。③

⑰应该对准他的脸猛揍一拳。(莫言《丰乳肥臀》)

⑱我从来没想过一头肉身沉重的大牛,竟然可以直立行走,不是走三步五步,也不是走十步八步,而是绕着打谷场走了整整一圈。(莫言《生死疲劳》)

⑲她默默地踱了两三步。(巴金《春》)

⑳接生婆走到近前时不知为何跌了一跤。(余华《世事如烟》)

㉑只有当我和珠子欢笑起来或者打恼了哭起来,她们才淡淡地笑几声或者淡淡地骂我们几句。(莫言《石磨》)

---

① 语料来源:https://zhidao.baidu.com/question/1754982582116937828.html,检索日期:2019 年 11 月 6 日。

② 语料来源:https://easylearn.baidu.com/edu-page/tiangong/questiondetail?id=1735106200215101681&fr=search,检索日期:2023 年 4 月 7 日。

③ 语料来源:https://zhidao.baidu.com/question/328613826585155245.html,检索日期:2019 年 11 月 6 日。

㉒她哼哼两声，大概是那种属于正面人物的冷笑。(严歌苓《人寰》)

㉓他真想像从前那样踢她、踹她几脚。(张洁《无字》)

在动量词和动词、数词所构成的语言单位中，有些单位的可接受度高，如"揍三遍""抽三遍""哼哼三次""抽三次"等；而有些单位的可接受度则较低，如"抽三阵""踱三阵""踹三阵"等。可接受度高的认知原因在于概念之间的联想效度高，而可接受度低的原因则在于概念之间的联想效度低。

图3-4展示了汉语动词、动量词和数词搭配的基本原理。在实际的言语行为中，由于语境的具体性和复杂性，动词、动量词和数词的句法组合中也可能会增加代词、形容词等不同的句法成分，从而使具体的动量结构能够表达更为丰富的语义，也使数量动的句法组合显得更为复杂，在句法结构上则表现为包含动量词的多层状语和多层补语现象。惠红军（2009［2011］：173—183）曾讨论的动量词的松散结构正是这种情况的具体表现。我们这里的新发现是，如果在状语的位置上，动量词和"也""不""没"等副词同现，那么它一般出现在"也""不""没"等副词之前。这说明在概念结构上，数量结构并没有"也""不""没"与动词的关系密切。如：

㉔他按期存，<u>一回</u>也不脱空。(老舍《鼓书艺人》)

㉕对方果然耐心可嘉地听着，<u>一次</u>也不打断他。(梁晓声《钳工王》)

㉖我有枪，可是<u>一下</u>也没有打过哩。(刘流《烈火金刚》)

㉗你哥哥虽然<u>一遍</u>也没说过，可我也知他对我是一片痴情。(金庸《神雕侠侣》)

实际上，具体情况还需要进一步细分。对否定标记而言，如果否定标记的辖域包括了数量短语，那么，否定标记就在数量短语之前，距离动词较远。如：

㉘但小掘的话已经放了过来，要他小心一些，不要一脚踩到汪塘里。(王旭烽《茶人三部曲》)

㉙她就是不该一眼就看清了水里的那个自己。(古华《芙蓉镇》)

㉚这份奏疏尽管不能一下子参倒马士英，至少也会引起皇帝的重视，有所警醒。(刘斯奋《白门柳》)

如果否定标记的辖域不包括数量短语，那么，否定标记就会在数量短语之后，并紧靠动词。如：

㉛她站在孤女桥上，几次都没有跳下去。(古华《芙蓉镇》)
㉜她一生十七年里，一次都没有去过上海。(余华《此文献给少女杨柳》)
㉝我想一两次不去，也没有什么关系的。(张恨水《欢喜冤家》)
㉞哪一次不听哪一次就要生气。(赵树理《三里湾》)

如果在补语的位置上，动量词和"了""过""上"、受事等句法成分同现时，那么它一般出现在"了""过""上"之后。这说明在概念结构上，数量结构和动词的关系并没有"了""过""上"等动态助词与动词的关系密切。如：

㉟她写给叔健的信，写了六七回，撕了六七回。(苏雪林《棘心》)

㊱庄稼大部分都刚锄过二遍。(路遥《人生》)
㊲十八担谷不过多跑上两遭，那能差多少？(赵树理《三里湾》)

但如果有受事出现，动量词有可能出现在受事之前，也可能出现在受事之后；这在某种程度上说明，在概念结构上，数量结构和动词的关系与受事和动词的关系处于相同层次。如：

㊳龙进了正堂，向神主朝贺，叩了<u>三下头</u>，也摆了<u>几下尾</u>。（罗念生《龙灯》）

㊴我真不该到场里去找<u>你这一趟</u>呀！（赵树理《三里湾》）

动量词在多层状语以及复杂补语上的表现能够说明，在动词、动量词、数词以及否定词、动态助词、受事等组成的概念网络中，数词和动量词二者始终处于紧密的概念关联，但是这样的数量结构在动词的概念网络中并不总是最靠近动词，而是具有复杂的表现。这种复杂表现的深层原因正在于动词、动量词、数词以及否定词、动态助词、受事等在概念网络中的复杂关系。

第四节　汉语量词概念网络的解释力

汉语的形象化表达策略对汉语的整个语法系统都具有非常隐秘而强大的影响。从上古汉语到现代汉语，这种形象化的表达策略都非常鲜明，这一点我们上文已有详细讨论。但是，形象化表达是以概念联想作为认知基础的，而概念联想则是以概念网络作为认知基础的。因此可以说，概念网络是概念联想的物质基础，它为概念联想提供了认知路径，使不同的概念之间能够通过概念网络相互联系起来；而这些相互联系的概念网络则为语言表达提供了基本素材和基本路径，并最终表现为书面的或口语的言语作品。

我们分析了名词的概念网络，并以此为基础分析了名量词的概念网络，发现汉语名量词基本可以归入上位范畴层次和基本范畴层次。我们还分析了动词的概念网络，并以此为基础分析了动量词的概念网络，发现汉语动量词基本可以归入基本范畴层次和下位范畴层次。很显然，名量词和动量词在范畴层次上差异鲜明，这种差异影响着名量词和动量词在句法结构中的具体功能。

一 名量词概念网络的解释力

名量词概念网络层次的特征说明，名量词在概念结构中的位置存在差异，其语言结合能力也有所不同。对于名量搭配中的这些差异的形成原因，我们尝试利用名量词的概念网络层次进行解释。如：

①有人给乔松开绑，那解放了的乔的手臂就从衣襟上摘下那杆钢笔死死攥住。(铁凝《闰七月》)

②过了半天，澄清了，只见泥里露出几条细藕来。(鲁迅《鸭的喜剧》)

樊中元（2003：64—65）认为，这些搭配都是一种错误选择，"钢笔"该用"支""根""管"却用了"杆"，"藕"该用"根"却用了"条"。这种错误选择的原因在于，在对同形量词选择时，既要看到其相同的一面，还要看到其不同的一面；不然，就会产生名词对量词的选择错误问题。

其实这里的"那杆钢笔""几条细藕"都是合格的搭配，或者说是符合概念网络结构的搭配。从认知的角度讲，"钢笔"是一个复合概念，其中的"笔尖""笔杆""笔帽"以及它们所构成的整个"钢笔"都会在不同的认知场景中呈现出不同的突显特征。用量词"支"是从钢笔的整体突显特征着眼的，用量词"杆"是从钢笔的部分结构的突显特征着眼的。同样，"藕"也是一个复合概念。《现代汉语词典》（第7版）对"藕"的解释是"莲的地下茎，长形，肥大有节，白色，中间有许多管状的孔，折断后有丝。可以吃。也叫莲藕"。而汉语方言中的"藕"大体和"莲"同义，如方言中的"藕根"（藕）、"藕棍"（藕）、"藕花"

(莲花)、"藕莲花"(莲花)、"藕叶儿"(莲叶)"等(《汉语方言大词典》第7386页)。而且"藕"和"莲"之间的关系很可能只是关注点的不同而已,二者的名称从古至今一直都可以亦此亦彼。如:

③种藕法:春初掘藕根节头,著鱼池泥中种之,当年即有莲花。(《齐民要术》卷六)

④新秋折藕花,应对吴语娇。[(唐)孟郊《送李翱习之》]

⑤苏州进藕,其最上者名伤荷藕。或云荷名,或云叶甘为虫所伤,或云故伤其叶以长其根。(《太平御览》卷九七五《果部(十二)·藕》)

⑥水芙蓉则上结莲子,下产莲藕。(古华《芙蓉镇》)

因此,在概念系统中,"藕"有根、茎、叶、花;它的根也可以叫"藕",而且又有孔、有节,可以切成不同的形状供人食用。"藕"的这些特征会在不同的认知场景中激发不同的联想,因此,除了说"一根藕"外,还可以说"一块藕""一节藕""一截藕""一条藕""一支藕""一枝藕"。如:

⑦他在黑板上画了一根藕,还画了一朵荷花。(叶公觉《"元帅"唱昆曲》)

⑧他让人送来一节藕,还附了一张小条。(谌容《梦中的河》)

⑨金滔带头夹了一大块藕,放在自己面前的碟子里吃起来。(谌容《梦中的河》)

⑩他此刻眼中的荷花,早已化为具有经济价值的一截一截的大白藕了。(谌容《梦中的河》)

⑪两个鸡蛋一条藕,想吃韭菜里面有。[1]

---

[1] 语料来源:http://zhidao.baidu.com/link?url=tlLLPmsvW2fqOgDj3s93jyxMYJy-6dCCaFLBO2Nft5tvjmlBz4EQ66pcu7WgHUV3pFEpu2mgnx16k6siP_7Oo3cf8rRgjgSPHr8ikCsS6Z3,检索日期:2016年9月12日。

⑫做一支藕，供给荷花营养，自己必须有充分的养分。（王春树《我愿做一支藕》）①

⑬"一枝藕"做出富民"三道菜"……"一枝藕"经济成为该镇较具市场竞争力的优势产业之一。②

如果从名量词概念网络的角度来看，那么"支""根""管""条"这类量词所属的概念网络，与"钢笔""藕"等名词所属的概念网络之间都具有联想关系。只要具备适当的认知场景，并受到认知主体特有的背景知识的触发，"钢笔"可以用"支""杆""管"来称量，也可以用"根"来称量；"藕"可以用"根""条"来称量，也可以用"支""管"等来称量。正是因为概念网络之间的复杂的联想关系，我们才能用概念网络来解释以下的类似用例。

⑭您完全不必担心为这个家伙找不到安置的地方，只需一根钢笔大小的位置即可将其装下。③

⑮"这管钢笔拿去当掉算了，"我捡起那管金套子宝蓝笔杆的派克五十一说道，"当出几个钱，咱们去吃吴抄手"。（白先勇《孽子》）

⑯就如同是一管藕，外表水灵光洁，内心却早已千疮百孔。④

⑰组织方规定这枝"藕王"以 2 万元为底价起拍，每次加价 2000 元。⑤

---

① 王春树：《我愿做一支藕》，《人民教育》1989 年第 10 期。
② 张洪文：《"一支藕"做出富民"三道菜"》，《农家致富》2004 年第 18 期。
③ 语料来源：http://www.china-writing.com.cn/Z_Show.aspx?type=3026，检索日期：2023 年 4 月 7 日。
④ 转引自惠红军《汉语名量词的概念网络层次》，《贵州民族大学学报》（哲学社会科学版）2013 年第 1 期。
⑤ 语料来源：http://www.agronet.com.cn/news/detail_191397_0.aspx，检索日期：2016 年 9 月 8 日。

事实上，汉语名词与名量词的不同搭配表现，也正是由名量词概念网络的复杂性所致。具体来说，不同的言语社团或个人可能对同一事物会有不同的认知突显，因而在量词的选择上会有差异，从而使量词在使用上表现出某种社会性差异。在汉语概念系统历时演变的过程中，名量词已经形成一个功能复杂的概念网络，其词汇成员分布在概念网络的不同层次。这些位置正是量词概念网络与名词概念网络的交汇点。由于交汇点分布的复杂性，才引起了量词与名词搭配的复杂性。可以说，由于概念之间的联想路径不同，名词与名量词可以形成各种各样的联想关系，这在很大程度上导致了汉语量词在用法上的差异。

上文的分析说明，汉语名量词的概念表现出鲜明的网络性和层次性，其中网络性是其横向特征，层次性是其纵向特征；同时，这种概念网络结构与词汇结构的特征也表现出高度的一致性。需要说明的是，由于人类的范畴化是不断变化的认知过程的反映，因此，名量词各成员所形成的复杂的概念网络结构也在不断发生变化，而这种变化不但悄悄地影响着名量词与名词的搭配，而且也悄悄地影响着汉语名量词成员的历时替换。

二 动量词概念网络的解释力

无论是在汉语的历时发展过程中，还是在现代汉语的共时层面中，动词和动量词的搭配都呈现出比较复杂的状态，一般研究中所归纳的一些限制性条件，很容易找出反例。如方寅、张成福（2007）认为，动量词不能与有起点但无终点的前限结构的Vb类动词搭配，而Vb类动词数量很少，典型的有"认识""认得""知道""晓得""熟悉""了解""当心"。这类动词所表示的动作的量既没办法通过动作所占据时间的长短来计量，也没办法通过动作发生的次数来计量，显然不能和动量词搭配使用，所以"*认识一次/认得一回/知道一天/晓得一晓得/熟悉一阵子/了解一周/当心两眼"等都是不合格的搭配。

但是，检索 CCL 语料库和网络语料，我们可以发现下面的用例。

⑱谢非彻夜不眠，每隔一小时就打电话了解一次灾情。(《报刊精选》1994 年)

网络上也可看到下面的用例：

⑲看来要熟悉好一阵子了。①

在 BCC 语料库中我们也能见到以下用例。

⑳好在熟悉一阵后，找到了感觉，接连投了几个漂亮的全垒打。

方寅、张成福（2007）同时认为，动量词不能与有续段和终点，但没有起点的后限结构的 Vd 类动词搭配，所以"＊变化一遍/增加一下/产生一次/灭亡一回/实现一遭"等说法不能成立。但是，检索 CCL 语料库，我们可以发现下面的用例。

㉑如果气温超过 30℃，八天就可产生一次。(《中国儿童百科全书》)

㉒一见钟情，只会产生一次，除了你，我可以说目中无人。(岑凯伦《蜜糖儿》)

㉓当然我是增加一下兴趣。[周汝昌《〈红楼梦〉的艺术个性》（上）]

㉔让你先带一带行政这条线，也好增加一下职业竞争力。(李

---

① 语料来源：http：//tieba.baidu.com/p/3928188152，检索日期：2016 年 9 月 8 日。

可《杜拉拉升职记》）

㉕放放风筝也好活动活动筋骨，增加一下过年的喜气劲儿。（新华社2003年2月新闻报道）

㉖能不能在这个节目当中增加一下对于观众的服务性？（网络语料）

方寅、张成福（2007）还认为，虽然动作发生必然和时间发生联系，但还是说不清"他一转身就跑"的"转身"一类瞬间动作到底用了多长时间。因此"毕业两小时/牺牲两次/眨眼一天/拔腿五分钟"这一类说法自然也同样不能接受。但是，在BCC语料库中我们可以看到以下的说法。

㉗为了两次牺牲，你该得到报偿。

在网络上也可以看到类似的说法。

㉘登封19岁青年为救全家两次牺牲自己。①
㉙美国有一士兵说过，最大的遗憾是不能为祖国牺牲两次，那个士兵叫什么名字？②

语料库和网络中的言语现象表明，语言材料的意义及其在语境中的表现是非常复杂的；而这种复杂性的根源则在于概念网络。以BCC语料库中的"两次牺牲"为例，当"牺牲"的语义是"为正义的事业而舍弃生命"时，它很难发生两次，因为人的生命只有一次；但是，当"牺牲"从"为正义的事业而舍弃生命"这一意义再进一

---

① 语料来源：http://news.cntv.cn/society/20120306/113627_1.shtml，检索日期：2016年9月8日。
② 语料来源：http://zhidao.baidu.com/question/96352997.html，检索日期：2016年9月8日。

第三章 汉语量词的概念网络研究

步引申为"为某种事情而舍弃某种利益"时,"牺牲"这一动作就可以多次发生。

田鑫(2014:123)认为,动量词"趟"可以计量与其本义"走"有关的"走"等腿足类动词,这说明"趟"的"走"的意义在现代汉语中并没有完全消失;而"趟"更常用于计量"来"等物体动态类动词和"接"等交际类动词,这些动词与"走"这一意义的联系已经不太明显,因此,可以说"趟"在现代汉语中仍处于意义虚化阶段。

我们在 CCL 语料库中随机抽取了 200 条含有"一趟"的例句,其中"一趟"修饰谓词的有 166 例,涉及谓词(动词、形容词)39 个。具体分布见表 3-1。

表 3-1 CCL 语料库中动量词"一趟"搭配的谓词随机调查情况

序号	"一趟"所修饰的动词	用例
1	去(下去)	32
2	跑	25
3	走(走路)	19
4	回(回去、回家、回来)	19
5	来	16
6	到	6
7	出(出差、出去、出门、出国)	4
8	玩	3
9	找	3
10	搬	3
11	逛	3
12	背	2

续表

序号	"一趟"所修饰的动词	用例
13	辛苦	2
14	上(上园子、上大街)	2
15	进城	2
16	取	2
17	跟	1
18	忙	1
19	访问	1
20	巡查	1
21	绕	1
22	开	1
23	拉	1
24	拜访	1
25	慢步	1
26	买	1
27	奔	1
28	旅行	1
29	看	1
30	赶车	1
31	运	1
32	行驶	1
33	来回	1
34	来去	1

第三章 汉语量词的概念网络研究

续表

序号	"一趟"所修饰的动词	用例
35	旅游	1
36	救	1
37	装	1
38	转	1
39	送	1
合计	—	166

同时,我们在 BCC 语料库中随机抽取了 200 条含有"一趟"的例句,其中"一趟"修饰动词的有 187 例,涉及动词 21 个。具体分布见表 3-2。

表 3-2 BCC 语料库中动量词"一趟"搭配的谓词随机调查情况

序号	"一趟"所修饰的动词	用例
1	去	70
2	走	32
3	来	28
4	跑	15
5	回(回去、回来、回到、回家)	9
6	出去	6
7	玩	5
8	下(下楼、下来、下去)	4
9	看	3
10	进城	3

续表

序号	"一趟"所修饰的动词	用例
11	溜(溜达)	2
12	找	1
13	提水	1
14	坐	1
15	采访	1
16	蹲	1
17	算	1
18	跟	1
19	滚	1
20	游	1
21	冲	1
合计	—	187

语料库中有关"一趟"的这些实际用例能够说明，动量词"趟"实际上能够修饰的谓词非常复杂。同时，在语料库中，"一趟"也有修饰名词的情况。这更能够说明"趟"语义和句法功能的复杂性。如：

㉚人生在世，就像一趟行驶的列车。

㉛一趟广州就花了他八百元钱。

㉜一趟洛杉矶之行，给孙建德一个深刻的印象……

㉝跟一趟中短途的国内游报价差不多

㉞赶大早才能搭上唯一一趟长途汽车

㉟斜对面有一家旅店一趟平房

㊱一趟一趟新打的草甸子，在他脚下延伸，延伸……

语料库有关动量词"趟"的这种复杂表现，正是动量词概念网络复杂化的具体表现。因此可以说，由于观察语料的限制性，以及解释方法的局限性，一般所说的动量词和动词在搭配中所存在的规律往往容易找到反证；但是如果着眼于概念网络的视角，这将会给动量词和动词的搭配规律做出更深层次的解释。如惠红军（2012）认为，时间性量词"场""阵"虽然能够语义双指，但在"输掉一场战斗""毁掉一场比赛""引发一阵骚乱"中，"输掉""毁掉""引发"等是瞬间完成的动作，不具备时间的延续性特征，所以它们不能和表示时间持续的动量词"场""阵"搭配；动量词"场""阵"只能修饰"战斗""比赛""骚乱"这类事件名词，因为事件名词具备时间的延续性特征。换句话说，"输掉一场战斗""毁掉一场比赛""引发一阵骚乱"也是合理的搭配，但是与"下了一场大雨""响起了一阵鞭炮声"这类语义双指结构并不相同。由此可见，只要概念和概念之间能够在概念网络中有结合的可能性，那么在语言中就能够发现受其影响的语言结构；反之，如果概念和概念之间难以在概念网络中结合在一起，那么在语言中就很难发现受其影响的语言结构。

如果进一步深入讨论概念网络结构中的名词与名量词，动词与动量词之间的复杂关系，我们还会发现，无论是名词和名量词的搭配，还是动词和动量词的搭配，它们都在深层次受到认知结构以及范畴共享机制的普遍影响。这将是我们在第四章要重点讨论的问题。

第四章 汉语量词的认知结构研究

第一节 认知结构

对认知结构的研究是认知语言学的重要课题。认知结构的形成和发展离不开语言和交际,可以说,认知结构是认识活动赖以进行的一种心理结构,也是交际主体在掌握知识、认识客观世界和主观世界、改造客观世界和主观世界的过程中,在自己头脑中所形成的知识经验系统。

对认知结构的研究较早出现在民族认知结构的研究上,目前所能够看到的较早研究成果是 DeFries et al. (1974)。该研究通过对具有日本或欧洲血统的美国人所进行的 15 项认知测试,研究了民族认知结构的同一性,发现了这两个族群所具有的四个相似的认知因素:空间可视化(Spatial Visualization)、动词的非谓语形式(Verbal)、感知速度和准确性(Perceptual Speed and Accuracy)、视觉记忆(Visual Memory)。Fenker (1975) 也较早涉及认知结构的研究,认为认知地图是学生或教师的一种假想的认知结构,它描述了学生或教师对某一主题领域中概念的认知组织;将这些认知地图与最优组织或形式结构进行比较,可以作为评估学生对材料理解程度的基础。国内较早介引有关认知结构研究的是邵瑞珍(1978),该文介绍了美国学者杰罗姆·S. 布鲁纳的课程论研究,其中涉及认知结构:"信息的任何组织,如果因把信息嵌进一个人业已组成的认知结构之中而减少了材料的极度复杂性,那就会使那类材料比较易于检索……一般说来,按照一个人自己的兴趣和认知结构组织起来的材料就是最有希望在记忆中'自由出入'的材料,那就是说,它们多半是遵循着与一个人自己的智慧航向相联系的路线安置妥帖的材料。"此后,约翰·麦克纳马拉(1981)、张必隐(1981)、方经民(1999)等对认知结构都有所涉及。约翰·麦克纳马拉(1981)并不认为儿童开始学语言时就有一整套认知结构,而是基本的认知结构和发展应该先于相应的语言学结构的发展。张必隐(1981)认为,教材特点与学生的认知特点之间具有密切的关系;因一种教材结构并非对所有的学生都适合,故不同的教材结构适合不同认知类型的学生。方经民(1999)则指出,人们对空间世界的认知必然诉诸语言加以表达,语言空间就是人们运用某种特定语言的结构形式表达出来的认知空间。

现有研究表明,认知结构是有不同层次、不同类别的。语言中的认知结构既包括感觉、知觉、表象这样的传统心理学所研究的内容,同时也包括语言中所涵盖的经验结构和常识结构(张黎,2012)。人的认知结构的形成是一个不断发展的过程,所形成的是一个具有鲜明特征的系统,在运用中具有各自典型的模式,具有鲜明的动态性、过程性、系统性和模式性特征(曹志希、何玲梅,2002:277—377)。从功能的角度看,语言的认知结构具有工具性特征;在这种工具得到运用时,无疑显示出其鲜明的过程性特征;从交际过程的语境角度看,其具有创新性特征;在信息输入时,显示其相关性特征;从信息输出的角度看,语言认知结构是一种推理模式,因而也有明显的模式性特征(曹志希、陈友良,2005)。

人的认知结构非常普遍地存在于我们的日常生活中,但又往往被我们习焉不察,甚至熟视无睹,就好像隐喻的存在一样。我们日常赖以思考和行动的概念系统，在本质上说是隐喻的。如"心结""心扉""心房""心路""心机""心眼""心弦""心声""心地""走进心田""心花怒放""心事重重"等，都是在以隐喻的方式来形象化地认知人的内心世界。这表明，认知结构和隐喻认知有着密切的关系，因此，我们可以说，认知结构有时候就表现为一种隐喻结构。

一种认知结构也总是对应或蕴含着众多的认知事件。这一点，现有的研究也能够提供一定的证明。如 Croft（1991）对动词的认知结构进行了研究，提出了动词的驱动连锁模式（Causal Chain Model）假设。这一假设认为，在动作各参与体之间存在着一条用于能量传递的因果关系链，这种因果关系链可分为三个环节：使动（Cause）—启动（Become）—惯动（State）。使动意味着动作能量传递，启动表明能量被吸收并发生动作，惯动则意味着动作后的惯性状态（参见张权，2001）。可见，动词的认知结构中蕴含着能量传递、能量吸收、能量释放这三种相继发生的认知事件。以这样的观点来分析汉语的动词，我们能够清楚地发现，汉语有些动词可以认为具有能量传递、能量吸收、能量释放这样的认知结构。如汉语的动词"吃"，在"吃饭"这一动作中，"吃"首先进行的是一种能量的传递，即把食物摄入体内；其次是能量的吸收，即消化食物，吸收食物的能量；最后是能量释放，即吃饭后体能的增加。"吃"的这种能量传递方式也能够有更生动的隐喻表达方式，如"吃了枪药""吃了定心丸""吃干饭""吃亏"等都能够隐喻表达人的某种状态，这就是利用对"吃"的这种能量传递的认知而产生的生动表达。又如动词"走"，在"走路"这一动作中，"走"首先进行的是一种能量的传递，即把能量传递到腿部；其次是能量的吸收，即腿部获得能量，进行运动；最后是能量释放，即人实现位移。"走后门""走路子"等则是利用对"走"的这种能量传递方式的隐喻认知。再如"请"这样的动词，它同样涉及能量的传递。"请"的发生首先进行的是一种能量的传递，即把某种请求的内容传递给被邀请的人；

其次是能量的吸收,即被邀请的人分析、接受邀请的内容;最后是能量释放,即被邀请人理解并接受邀请人发出的邀请。而"请托""请神容易送神难"等正是利用"请"的这种能量传递方式的一种隐喻表达。

可见,认知结构也是一种推理方式,是一种构建意义的方式。因此,我们可以把认知结构看成语义结构的源头。认知结构不仅能够连通外在的客观世界和内在的主观世界,而且能够将人的认知成果以某种规律性的方式呈现出来,使人们理解认知成果,亦可使人们推知认知成果之所由来。就汉语量词研究而言,量词的认知结构是量词的语义结构的源头,它构建了量词的意义,反映了量词和其他词类之间的语义关系。通过分析汉语量词的认知结构,我们能够解释汉语量词发展演变的动因和现状,也能够推知汉语量词的用法发展及其演变的可能结果。

第二节　汉语名量词的认知结构及其影响

一　汉语名量词的形象性和标记性

汉语的名量词主要是一种对事物进行计量的手段或方式,并不涉及事物的具体数量,事物的具体数量主要是由和量词同现的数词来表达的。刘丹青(2002a)认为,汉语说"一本书"和"三本书",英语说"a/one book"和"three books",汉语用量词,英语未用,汉语不比英语多任何数量信息;数量信息纯由数词传达,虽然数词在句法上(但不是语义上)必须靠量词的同现才能入句,但量词可以不跟数词组合(这本书/吃个苹果)就可入句。在粤语中,有些文本统计显示,个体量词82%的用例不跟数词同现(Erbaugh, 2002)。郭锐(2004:201)也认为,汉语的量词本身不包含数量意义,只有与数词结合后才表示数量意义。

惠红军（2009 [2011]：222—223）认为，汉语量词是一种量范畴标记，具有量范畴标记功能。如"一位学者""三棵树""五只船"等，其中的量词并不能对事物数量进行准确表达，但能够表明所要计量的事物是一个独立的个体；而能够确切表达数量的是数词"一""三""五"等。但有些量词蕴含着数量成分，并进而影响数词的实际数量，如"一双鞋""一对灯笼"中的"双"和"对"就蕴含着数量"二"，表明前面的数词"一"并非对独立的个体事物进行计量，而是对两个同类事物的组合进行计量。因而对"一双鞋"来说，从事物组合的角度看，其数量是"一"；从独立个体的角度看，则是"两只鞋"，其数量是"二"。对"一对灯笼"来说，从事物组合的角度看，其数量是"一"；从独立个体的角度看，则是"两只灯笼"，其数量为"二"。再如"一副扑克牌"，虽然其中的数词是"一"，但是如果从独立个体的角度看，则是"五十四张扑克牌"。对有些量词来说，它们虽然能够表达数量，但其具体数量又不确定，即使再加上与其搭配的数词也不能准确表达数量。如"一群牛"和"三堆草料"中，"群"和"堆"的数量就难以确定；而如果没有"群"和"堆"，单单依靠数词"一"和"三"，则更无法准确地表达"牛"和"草料"的数量。而"一群老头去赶集，集上碰到一堆梨，分三个少两个，分两个多三个，问有几个老头几个梨"和"一群老头去赶集，看见一堆梨，一个人吃三个多三个，一个人吃四个少四个，问几个老头几个梨"中，"群"和"堆"的数量虽然能够通过计算来确定，但确定出来的数量并不一样；进而，与它们组合的数词即使一样，但所表达的数量却并不一样。而"一套餐具"中，所包含的具体数量则又不能通过计算来获得，而是因人们的消费习惯而有所变化。因此我们认为，汉语名量词作为量范畴的一种标记，它既是表达计量的手段或方式，也能够以特殊的形式来表达或确定事物的数量。

在汉语有文献可考的历史中，名量词的数量越来越多，功能越来

第四章 汉语量词的认知结构研究

越复杂。这些被用作名量词的语言单位之所以会有名量词的用法,在很大程度上是由于它们的形象性。① 因此,很多研究者认为,汉语名量词具有形象性的特征(赵静贞,1983;郭先珍,1987;张爱兰,1998;何杰,2001;刘佐艳,2004)。如果从汉语历时发展演变的角度考察,我们将会发现,名量词的形象性与名量词的来源有着密切的关系。高名凯(1948［1986］:172)指出,名量词一部分来自具有名词功能的词,另一部分来自具有动词功能的词。② 王力(1957［2004］:272)指出,名量词都是由普通名词演变而来的,并且它们的语法意义就是由它们的本来意义引申而来的。还有研究指出,能够用作名量词的不仅有名词,而且还有动词。那些能够用作名量词的名词都具有三维空间结构,没有三维空间结构的名词不可能成为名量词;能够用作名量词的动词也都具有三维空间结构,不过动词的三维空间结构表现为动作的形象性(主要是动作的可视性),没有形象性的动词也不可能成为名量词(参见惠红军2009［2011］:16—17)。

虽然名量词的形象性源自名词和动词的三维空间结构,然而随着汉语的发展演变,许多名量词的形象限制已经逐渐消失,甚至完全褪尽;它们已经摆脱了因自身的形象性而要求所修饰的名词也具有同样的形象性的制约,并进一步语法化为一种纯粹的量范畴标记。

量范畴是一种有关事物和动作的数量的语义范畴。量范畴的表达方式是丰富多样的,既可以使用数词,也可以使用量词,还可以使用

---

① 人类语言都具有形象化的特征,这是人类语言的认知共性,汉语也不例外。不过汉语的形象化有自己独特的文化体现,如汉字表意的形象化、汉语词汇表意的形象化、汉语时空概念表达的形象化、汉语句法结构的形象化,等等。这一点我们已有详细论证,请参见第一章第二节。

② 高名凯(1948［1986］:160)认为,"一本书""一管笔"中的"本""管"这种虚词最好称为数位词,因为它们的作用在于辅助说明事物的单位或单位的特点;同时又因为"一条狗"这类表达中的"条"是把"狗"归纳于"条"的范围,表明其为"条"类的事物;因此这类数位词又被细分为范词。可见高名凯(1948［1986］)是把名量词称作数位词,又细分为数位词中的范词。我们这里统一称为名量词。

名词、动词、形容词、副词。① 但是在汉语中，人们在表达事物数量的时候已经很难不使用量词了。如现代汉语中的"我买了三本书"，其中的量词"本"已经无法避免，必须使用，因而不能说"我买了三书"。虽然"本"在这里并没有提供数量信息，但它是表达事物数量范畴时必须出现的句法成分。因此，我们说量词已经成为一种量范畴的标记。

随着汉语的发展演变，许多名量词都已经摆脱了形象性制约，并语法化为一种纯粹的语法标记，成为一种计量的范畴标记。本书这里通过名量词"条""张""块""只""根"的历时发展演变来具体说明，汉语量词的历时演变中蕴含着一种范畴共享机制，这种范畴共享机制使汉语量词呈现出"F(量词) = {[实体结构][范畴标记]}"这样的认知结构特征，并在根本上影响着汉语量词的用法和演变方向。

二 汉语名量词的用法扩展和认知结构

（一）名量词"条"的用法扩展和认知结构

"条"的本义是"枝条"。《说文解字·木部》："条，小枝也。"据黄盛璋（1961），"条"的名量词用法最晚在两汉时期就已经产生。如：

①纮一条，属两端于武。（《周礼·夏官司马·弁师》郑玄注）

到了魏晋南北朝时期，能够和名量词"条"搭配的名词就已经比较复杂了。因此，刘世儒（1965：101—104）认为，"条"作为量词早已不以称量"树枝"为限了，可以称量的事物有"杨柳"、"桑叶"、"花蕊"、"绳子"、"玉佩"、"道路"、"裙"、"襁"、"袈裟"、"诏

---

① 这一点我们已有具体的论述，请参见惠红军《量范畴的类型学研究：以贵州境内的语言为对象》，科学出版社 2015 年版。

第四章 汉语量词的认知结构研究

书"、"法"（法律条文）、"文"（文章）、"制"（制度）、"事"（事情）、"死罪""注"（注释）、"义例"、"计"（计谋）等。我们摘引了刘世儒（1965）的部分例句。

②谨上襂三十五条，以助踊跃之心。（《西京杂记》卷一）

③郁问其五经义例十余条，遵明所答数条而已。（《魏书·李孝伯传》）

④蔷薇花开百重叶，杨柳拂地数千条。[（北周）王褒《燕歌行》]

⑤屡见有人得两三卷，五六条事，谓理尽纸，便入山修用，动积岁月，愈久皆迷。[（梁）陶弘景《登真隐诀序》]

在名量词"条"早期所能够搭配的名词中，黄盛璋（1961）所列举的"纮"（古代冠冕上的带子）和刘世儒（1965）所列举的"襂"（赠送给人的衣物），似乎和"树枝"并无语义上的关联，而只是在某种情况下才会存在形象上的相似。关于"条"称量事情的用法，刘世儒（1965：102）认为是魏晋南北朝时期最虚化的用法，其原因在于古人把"事"写成"条文"。虽然刘世儒（1965）引用了《广雅·释诂》的"条，书也"，认为"条"称量"条文"是由于"条"有"书写"之义；但刘世儒（1965）中的引例和分析能够表明，"条"的量词用法依然是和"枝条"有密切联系的。因为在两汉时期，书写汉字的所用之物乃是"竹简""棉帛"或"丝帛"之类，其中又以"竹简"为常；而"竹简"与"枝条"在形象上相似。① 因此我们可以推测，"条"

---

① 据《后汉书·蔡伦传》："自古书契多编以竹简，其用缣帛者谓之为纸。缣贵而简重，并不便于人，伦乃造意，用树肤、麻头及敝布、鱼网以为纸。元兴元年奏上之。帝善其能，自是莫不从用焉，故天下咸称'蔡侯纸'。"又据许慎《说文解字·糸部》："纸，絮一苫也。"段玉裁注："苫各本讹苦，今正。"又服虔《通俗文》："方絮曰纸。"这说明，两汉时期书写的主要材料还是竹片、木片，即竹简和木简。

称量事情的用法，乃是由于记录"行事""诏书""条文"等的"竹简""木简"之类在形象上和"枝条"相似。同时，在"条"的早期用例中就有"杨柳拂地数千条"之类的用例；因此，"条"的称量杨柳的量词用法当与其"枝条"的本义有关。而"木条"与"枝条"在形状上的相似，由此触发概念联想，使"枝条"的"条"也能够指称与之形状相似的事物，如"木条""竹条"之类，从而形成范畴共享，使"条"的称量对象由"枝条"发展到"木条""竹条"之类。①

在魏晋以后，名量词"条"的称量对象中又增加了一类事物"蛇"，如：

⑥雪峰见一条蛇，以杖撩起。(《祖堂集》卷十)

基于形状相似的概念联想实质上也是一种范畴共享。在此基础上，由于范畴共享的影响，"条"的称量对象进一步由"蛇"扩展到称量其他动物和动物的器官，如"蚯蚓""蜈蚣""牛""龙""狗""虎""野鸡""毛驴""兽角""尾巴""牛腿""鹿腿""豹腿"等；也扩展到了"人""人体器官"以及和人相关的一些事物，如"大汉""家伙""身子""人命""胳膊""臂膀""腿""喉咙""嗓子""声音""心""心肠""心愿"等。当然称量"腿""兽角""尾巴""胳膊"等也可能是由形状相似而联想到的，因为它们的形象与"枝条"的形状大致相似。

在现代汉语方言中，我们可以发现"条"的一些看似特殊的搭配，如（参见《汉语方言大词典》第2823—2824页）：

一条桥（浙江温州、湖南双峰）

---

① "枝条"一词，最晚在东汉时期就已成词。《楚辞·招隐士》："林木茷骫。"王逸注："枝条盘纡。"

第四章 汉语量词的认知结构研究

一条山歌（广西宜山）

嗰条友仔（那个小家伙）、一条问题、一条帐（广东广州）

一条故事、一条事儿（广东汕头）

一条代志（一件事情）、一条案（一件案件）、一条拖拉机（福建永春）

一条猪（河南洛阳）

一条驴、一条骡子（山西离石）

三条牛（贵州大方）

一条马（福建浦城石陂）

一条床（江苏南京）

一条帐子（浙江湖州双林）

一条树（广东梅县）

这些看似特殊的量名搭配，都能够和汉语史上曾出现过的情况联系起来，都是受范畴共享的影响。如"一条树"的说法与"条"称量"杨柳"的用法同出一源，"一条猪""一条驴""一条骡子""三条牛""一条马""嗰条友仔"之类的用法也与汉语史中"条"称量"蚯蚓""蜈蚣""牛""龙""狗""大汉"等同出一源，"一条问题""一条山歌""一条故事""一条代志"等与汉语史中"条"称量"诏书""注"等同出一源。

下面是我们从 CCL 语料库中摘录的量词"条"在不同时期的修饰对象。

先秦两汉：道路、行事、刑、衣物、诏书。

魏晋六朝：法（法律条文）、话语、花蕊、桑叶、行事、杨柳

隋唐五代：被褥、道路、拐杖、棍棒、脊梁骨、荆杖、河流、黑气、话语、火焰、脑骨、蜡烛、气体、蛇、事件、丝线、丝绦、绳索、藤蔓、锡杖、衣物、云彩、织物、制度、竹篾。

宋元：扁担、布衲、布裙、残月、椽、大街、道路、房梁、缝隙、封皮、擀面杖、拐杖、棍棒、裹肚、汗巾、好汉、话语、花蕊、计谋、袈裟、蜡烛、肋骨、梁柱、棉被、绵、脉络、木头、怒气、佩带、朴刀、瀑布、气体、枪棒、琴弦、蚯蚓、人命、事件、丝线、丝绦、蛇、绳索、手巾、伤痕、藤条、铁、铁链、屋檩、腰带、紫气杖、拄杖、纸、制度、竹编、竹篾、竹竿。

明清：凹槽、白光（光线）、板桥、办法、棒、布带、布裙、布匹、布片、扁担、鞭子、辫子、被子、被单（床单）、被窝（被子）、板凳、臂膀、蚕、彩虹、肠子、船篙、草荐（草席）、长城、长廊、长桥、长堤、城、船、蠢汉、大汉、故典（典故）、肚兜、肚带、道路、大街、凳子、对子（对联）、方法、房梁、缝隙、规例（条文）、规律、规则、弓弦、港口、沟涧、沟渠、钢鞭、狗、狗熊、胳膊、骨头、火线（火药捻子）、火焰、火腿、火车、河流、河畔、汗巾、海浪、湖泊、胡同、花翎（羽毛）、黑影、画谜、花蕊、横线、喉咙、豪杰、好汉、汉子、计谋、家法、家伙、戒律、解释、缰绳、疾雷锤（流星锤）、酒帘子、锦被、金子、筋、箭、街市、几案、绢巾、军刀、峻岭、裤子、口袋、瞌睡虫、苦海、理由、令箭、领巾、蜡烛、龙、鹿腿、命案（案件）、门闩、门帘、门路、面杖、抹布、毛毯、毛毡、毛驴、棉被、木板、猛虎、牛、弄里（巷子）、霓虹、闹市、墙头、皮鞭、破席、破席子、屏障、瀑布、枪、枪棒、桥、琴、旗帜、曲蟮（蚯蚓）、鳅、软梯、绒毯、褥子、肉、人命、绳索、伤口、山脉、山岭、手巾、丝绦、丝带、山涧、山岭、水裩儿、石窦（石穴）、锁链、三节棍、身影、身子、伤痕、帚把、树枝、树叶、兽角、蛇、舌头、死尸、头绪、条约、铁挺、铁索、铁锁、铁叉、铁链、田埂、藤条、土岗、塘岸、腿带、腿（牛腿、豹腿）、檀木斧把、嗓子、声音、土垣（土墙）、帷幔、蜈蚣、尾巴、心、心肠、心事、心愿、

第四章 汉语量词的认知结构研究

絮被、巷子、袖子、小桥、小溪、线、蜥蜴、蟋蟀、性命、闲汉、冤魂、鼋鼍、圆木、腰带、药线（火药捻子）、衣襟、烟、鱼、野鸡、毡子、章程、账目、帐篷、招文袋、政策、纸、竹鞭、竹竿、竹签、竹梯、竹子、舟船、桌腿、桌子、皱纹、字条、旨意（命令）。

由摘录的这些词语能够看出，量词"条"所搭配的对象已经基本脱离了形状的制约，而"条"也成为一种计量方式的标记。正因如此，"条"的那些难以从形状联想的角度来解释的称量对象，就能够从范畴共享的角度来解释了。如：

⑦赵某旧有一条愿心，许剃一僧在上刹。(《水浒传》第4回)
⑧东北有一条城，万历二十五年置。(《明史·地理志三》)
⑨长竹竿揭起一条很长的旗，一个汗流浃背的胖大汉用两手托着。(鲁迅《朝花夕拾·五猖会》)

据此表明，名量词"条"称量对象的扩展规律是基于图4-1这样的范畴共享。

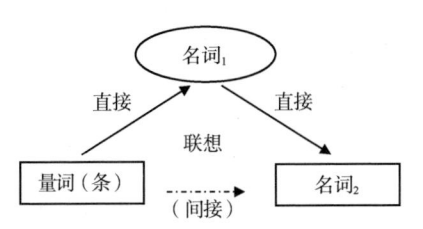

图4-1 名量词"条"的范畴共享

图4-1表明，"条"称量对象的扩大是一种基于概念联想的范畴共享。也就是说，如果名词$_1$和名词$_2$在概念上具有某种共同特征，如二者具有同样的形状，或具有同样的结构特征，或者同属一个类型，或者具有类似的功能，或者是整体和部分的关系，等等，那么当一个名

量词能够称量名词$_1$的时候，它就可以称量名词$_2$。事实上，由于范畴边际的模糊性，很多事物都可以同时属于两个甚至两个以上的范畴，或者不同范畴的事物却具有某种共同特征。在此情况之下，当某一范畴的某个成员能够被一个量词修饰后，该量词就可以修饰与该成员具有某种联系的其他事物，从而造成量词的使用范围在不同词语间的扩大，进而造成该量词的使用在不同范畴间的扩大。

根据"条"作为量词的发展线索，我们将"条"的认知结构分析如下：

$$F(条) = \{[实体结构][标记]\}$$

我们用大写字母"F"表示认知结构，用"[ ]"表示认知结构中的元素，用"{ }"表示认知结构中各元素的关系。这一认知结构表明，"条"作为量词首先是从事物这一实体结构特征开始，随着这一用法的不断使用，它也由实体结构展开更多的联想，最终使实体结构作为一种形状的约束逐渐消失，并语法化为一种量范畴标记。也就是说，在量词"条"的称量对象逐渐脱离形状限制而不断扩大的过程中，"条"也逐渐由实体结构语法化为一种量范畴标记。这样的看法，能够帮助我们解释一些颇为复杂的现象。

Tai & Wang（1990）指出，长条形是量词"条"的认知基础，但是许多指称长条形状的名词不能选择"条"作为量词。"条"从用于三维物体扩展到用于一维物体和二维物体，而"根"并没有这样；对长条形事物而言，其突显特征更倾向于"条"，而不是"根"。也就是说，"条"突显了长条形物体的一维形状，而"根"则对长条形状的三维形状尤为敏感；在搭配对象上，"条"也不能被"根"替换。但是我们发现，Tai & Wang（1990）中所提到的限制性存在很多例外。因为在很多情况下"条"和"根"是能够称量同一事物的，如在CCL语料库中可以检索到"一条扁担/一根扁担""一条树枝/一根树枝""一条路/一根路""一条线/一根线""一条洞/一根洞"等并行的用

第四章 汉语量词的认知结构研究

例。如果通过中文搜索引擎在线进行开放性检索，我们还能够检索到"一根油条/一条油条""一根毛巾/一条毛巾""一根围巾/一条围巾""一根头发/一条头发""一根黄瓜/一条黄瓜"等"根""条"同时修饰同一名词的情况。虽然这种情况可能不会出现在同一方言区，但能够说明，现代汉语中的"条"和"根"所受的形象性限制并没有 Tai & Wang（1990）中所认为的那样严格。

（二）名量词"张"的用法扩展和认知结构

"张"的本义是"拉开弓弦"。《说文解字·弓部》："张，敹弓弦也。从弓，长声。"段玉裁《说文解字注》："张、弛本谓弓施弦、解弦。引申为凡作辍之称。"据王力（1957［2004］：274），"张"的量词用法在先秦时期已经出现。如：

⑩子产以幄幕九张行。（《左传·昭公十三年》）

王力（1957［2004］：278）认为，平面的东西可以叫作"张"。"张"字本来是"张弓"的意思，所以弓弩也可以用"张"；琴称"张"和弓称"张"有关系，因为琴弦和弓弦有相同之处；而"纸"称"张"又继承了"幄幕九张"的"张"，因为"纸"的功用是在它的平面的。显然，王力先生认为，"张"所称量的名词具有概念上的相关性和形象上的相似性，正是在这个基础上，"张"的称量对象才不断扩大。

我们大规模梳理了 CCL 语料库中名量词"张"从先秦到明清时期的称量对象后发现，量词"张"所修饰的很多事物都有一个"平面"部分。这种平面可能是客观存在的，如"布""纸""牛皮""板凳"等；也可能是主观抽象出来的，如"弓""渔网""梯子"等。而有些事物则是因为它们所凭借的物体能够被"张"来称量，所以该事物也可以用"张"来称量。如"画""字""借据"等是写在纸上的，

"纸"能够用"张"称量，因此附着在纸张上的事物也可以用"张"来称量。还有一些事物则是由于和它们同属某一范畴的事物能够被"张"来称量，所以它们也能够用"张"来称量。如"弓""弩"可以用"张"来修饰，于是和"弓""弩"同属武器范畴的"刀""剑""斧"等也都可以用"张"来修饰。

在现代汉语方言中，我们还能够发现"张"有许多比较特殊的用法。如（参见《汉语方言大词典》第2953—2954页）：

一张门（湖南长沙）
两张树叶（广东广州）
一张信（广东开平赤坎）
一张社论（福建厦门）

这些名量搭配看似特殊，其实都可以用"张开"之义引申而来的"平面"或"平面的扩张"进行较好的解释。因为"门""树叶"都可以在某个角度上有一个较大的"平面"，这和"张"称量的名词在概念上具有相关性，在形象上具有相似性，所以量词"张"能够和这样的名词搭配。同样的原因，"信""社论"虽然没有一个平面，但是它们往往是写在纸上的，而"纸"可以用"张"来修饰，也具有概念上的相关性，因此"信""社论"也可以用"张"来修饰。

但确实有一些特殊的情况，如"风灯"似乎很难找到一个"平面"，不过这种用法的出现已经到了晚清时期。如：

⑪上面点了一张风灯。（《续济公传》第224回）

现代汉语方言中也能见到类似的特殊用法。如（参见《汉语方言大辞典》第2953—2954页）：

一张腿（山西汾西）

第四章 汉语量词的认知结构研究

一张厝（房子）（福建仙游、莆田）

一张车（湖南长沙）

一张汽车（浙江金华岩下）

一张山（江西宜春）

一张拖拉机（江西高安老屋周家）

一张汽车、一张拖拉机（云南玉溪）

我们很难用"平面的扩张"来解释量词"张"和"腿""厝""车""山"这类名词的搭配。可能的解释是，在"张"的称量对象中有一些和"腿""厝""车""山"在概念上相关。如"腿"和"嘴""面孔"都是身体的一部分，"厝（房子）"包括"门"这样的组成部分，"车"和"弓""弩"同属机械装置，因而通过范畴共享，这些名词都可以用"张"来称量。也就是说，在范畴共享的作用下，量词"张"所称量的对象已经不受形状的限制，它已经语法化为一种量范畴标记。

Tai & Chao（1994）指出，"张""幅""面""片"都可以指称有一个"平面"的物体。其中，"张"用于二维的平面物体，如"皮"和"纸"；或者有一个"平面"，并且和人体有非常密切互动的三维物体，如"桌子"和"椅子"。"幅"用于二维平面的薄的物体，物体表面一般有图画、设计或图案，如"被面"和"画"。"面"用于有一个平面的二维或三维物体，其功用在于其前面或表面的功能，如"镜子"和"鼓"。"片"用于小而薄并且作为某整体的一部分的二维物体，如"一片面包"；或者是二维陆地的扩展，如"草原"和"海面"。Tai & Chao（1994）还认为，"柜子"不能用"张"。但是事实并非如此，如在 CCL 语料库中，"柜子"用"张"称量的用例从近代汉语到现代汉语中都能够发现：

⑫父亲在日曾做了一张大柜。（《西游记》第 84 回）

⑬侧边一张木柜，架着一架天平。七横八竖的，乱排着几张椅机板凳。(《野叟曝言》第 14 回)

⑭门口没有任何标志，走进去，倒是有几张柜台。(《人民日报》1994 年)

⑮屋子里有一张床、一张柜、一张桌。(古龙《多情剑客无情剑》第 41 回)

"片"的修饰对象也不仅限于二维物体。

⑯在一片坟堆前。(《当代世界文学名著鉴赏词典》)

⑰山顶上是一片晶莹的冰雪世界。(《中国儿童百科全书》)

⑱在茫茫的草原尽头，影影绰绰呈现出一片片积雪覆盖的山峦。(《人民日报》1996 年)

"被面"不仅可以用名量词"幅"修饰，也可以用"条""块""床"来修饰。

⑲收礼金四万多元，毛毯三百多条，绸缎被面二百五十多条。(《人民日报》1994 年)

⑳为了保护它，剪掉了一块红被面子！(吴强《红日》)

㉑他打开皮夹子，将一床丝质被面抖开于床铺上。(《作家文摘》1993 年)

因此，现代汉语方言中量词"张"的那些特殊用法，应该是名量词"张"语法化为量范畴标记之后的用法，即"张"作为量词已经摆脱了形状的制约，其功能已经语法化，成为一种量范畴标记。

下面是我们从 CCL 语料库中摘录的量词"张"在不同时期的修饰对象。

第四章 汉语量词的认知结构研究

先秦两汉：幄幕、屏风。

魏晋六朝：弓、无弦琴。

隋唐五代：弓、琴、丝毯、纸、锦被、锦衾。

宋元：弓、弹弓、弩、琴、机（机器）、牛皮、纸、绣被、虎皮、口、免帖、咨示（告示）、冤状、词状（诉状）、眠床、椅子、交椅、桌子、帐子、匙。

明清：弓、弩、弹弓、琴、琵琶、犁、锯、宝剑、铜斧、刀、月牙铲、网、引魂幡、斧头、铁锹、机子、刨子、纸、图、图画、纸牌、通关牒文、降表、降书、礼单、军令状、状子、执照、笺约、符、榜文、批文、文凭、字、符箓、度牒、柬帖、简帖、帖、帖子、呈子、冤状、封条、文书、邸报、票、当票、红票、期票、船票、汇票、钞票、履历、字据、名片、婚据、婚书（结婚证）、报纸、草稿、菜单、清单、信纸、告示、条子、契据、小照（照片）、借据、药方、座位、床、土炕、砖炕、竹榻、床铺、茶几、桌子、椅子、凳子、柜子、梯子、苇席、被褥、口、嘴、阔脸、脸膛、鹿皮、豹皮、狗皮、熊皮、面皮、脸面、面孔、布油单、大油罩、卵袋、渔网、帐子、膏药、油饼、大饼、竹篝灯、五彩琉璃（灯）、风灯。

语料库中的材料表明，名量词"张"称量对象的扩大是基于图 4-2 这样的范畴共享。

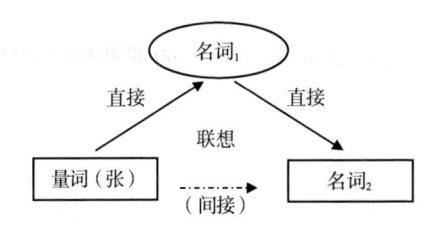

图 4-2　名量词"张"的范畴共享

图4-2表明,"张"称量对象用法的扩大是一种基于概念联想的范畴共享。也就是说,如果名词$_1$和名词$_2$在概念上具有某种共同特征,那么能够称量名词$_1$的量词"张"也能够称量名词$_2$。根据"张"作量词的发展线索,我们将"张"的认知结构分析如下:

$$F(张) = \{[实体结构][标记]\}$$

"张"的认知结构反映出,"张"作为量词是从实体结构开始的,并由于范畴共享的影响而逐渐扩展用法,进而语法化为汉语量范畴的一个语法标记。

(三) 名量词"块"的用法扩展和认知结构

"块"的本义是"土块"。《说文解字·土部》:"块,俗由字。"又《说文解字·土部》:"由,墣也。"段玉裁《说文解字注》:"由之形略方。""块"的量词用法始于西汉时期,最早是称量与土壤相关的事物。如刘世儒(1965:119)中发现了以下两例:

㉒犹为一块土下雨也。(《说苑》卷六)
㉓戮力破魏,岂得徒劳无一块壤。(《三国志·吴志·鲁肃传》注引《吴书》)

虽然"土地"给人的感觉是只能看到它的表面,似乎只是一个平面;但是"土地"在汉语使用者的概念体系中并非一个平面,而是一个具有无限厚度的立体结构。正如《荀子·劝学》所说:"故不登高山,不知天之高也;不临深溪,不知地之厚也。"这种观念反映了汉语使用者对土地的立体化认知。因此可以说,"块"的称量对象在早期也是具有三维立体特征的对象。

为了系统考察"块"称量对象的历时演变,我们大规模检索了CCL语料库。检索发现,汉魏六朝时期,"块"的称量对象主要和"土地"相关。隋唐五代时期,"块"的称量对象已经有所扩大,出现了

"骨""肉""白石""紫金丸""元气"等新对象；其中的"骨""肉""白石""紫金丸"等还有具体的形象可言，"元气"却无法看到，只能是一种感觉。① 如：

㉔结成一块紫金丸，变化飞腾天地久。（吕岩《敲爻歌》，《全唐诗》卷八五九）

㉕冻芋强抽萌，一块元气闭。（刘师服诗，韩愈《石鼎联句》，《全唐诗》卷七九一）

到了宋元时期，"块"的称量对象中已增加了"树叶""布匹""纸张"这类以二维平面为形状特征的事物。如：

㉖打捞起块丹枫叶，鸳鸯被半床歇。[（元）无名氏《双调·珍珠马南》]

㉗还有这一块儿红绢，与我女儿做件衣服儿。[（元）石君宝《鲁大夫秋胡戏妻》]

㉘早是我那婆子着我拿两块油单纸，不是都坏了。[（元）孟汉卿《张孔目智勘魔合罗》]

在此基础上，"块"的称量对象继续扩大。到明清时期，其称量对象已经扩大到可以称量"房屋""庄园""石壁""山峰""网"等。从其称量对象的形状来看，形象特征已经不是制约因素了。如：

㉙买了四十亩好地，盖了紧凑凑的一块草房。（《醒世姻缘传》第34回）

㉚山上有四块果木园子。（《彭公案》第150回）

㉛我们也可代求祖师给你一块海上仙山。（《八仙得道》第43回）

---

① 受身体形状的限制，这种"元气"就与"块"的完形特征相似。

㉜傻小子正碰在第八块网上，向下缩了一丈多深。(《三侠剑》第 3 回)

在现代汉语方言中，"块"的用法已经变得非常复杂，形象特征的制约已经完全不存在了。如（参见《汉语方言大词典》第 2403 页）：

看了两块电影、看了一块戏（山东淄博）
一块电影、一块戏（山东青岛、长岛、诸城）
我听俺老的说，在老一辈，有这么一块事。（山东：董均伦《穷神》)
一块衣服（湖南平江）
一块桌、一块椅（福建永春、宁德碗窑、大田前路）
九块衣（福建福安）

如果说，现代汉语方言中"块"称量"桌""椅""衣服"等的用法还可以从量词的发展史中找到概念联想的线索；但是称量"电影""戏""事"这类事物则完全不受形象的限制了。而且在有些方言区，如河南焦作（司罗红、李肖肖，2016）、陕西洋县，"块"已经是一个通用个体量词。

下面是我们摘录的 CCL 语料库中量词"块"在不同时期的修饰对象。

魏晋六朝：壤、土。
隋唐五代：骨、白石、肉、元气、紫金丸。
宋元：玉、柴、柴头、石、物、肉、狗肉、鹿（肉）、猪肉、朱砂、物事、铁、天理、宝珠、渣滓、血肉、银、水银、生姜、砂糖、土、金、屎、饧、美玉、皮、砖儿、冰、沙子、好地、地

第四章 汉语量词的认知结构研究

板、点心、降香、骨头、香、瓦、石皮、糕儿、豆腐、顽石、试金石、丹枫叶、木头、宾铁、黄金、云、半头砖、雪、绝地、红绢、席头、板、砖头、油单纸、红光、琉璃、蒜瓣、硬柴、马、墨、好霜、田地。

明清：玻璃、板儿、拜石、宝玉、宝砚、豹皮、布、布幌子、鼻梁骨、冰雹、白绢、白点、白灰、白骨头、白石壁、白印子、白玉石板、碑、疤痕、柴炭坯、长枷、场所、钞、草房、船板、绸子、城墙、脆骨、大病、大石、大园子、大苇塘、大砖橛子、斗锡、豆腐、地、地面、地板、地基、地方、顶阳骨、断砖、点心、翻板、坟地、坟山、坟茔、方砖、凤仙花、袱子、符信、废铁、隔扇、骨殖、骨头、狗肉、瓜、膏药、果木园子、缸爿、火、大火、火砖、火炭、火山、火光、货、红纸、红盐、红股、红缨、红色、火团、火秧、火柴头、祸、好地、好糕、黑铁、黑痣、狐皮、虎皮、虎筋、琥珀、荷叶、黄绫、徽章、金、金匾、金砖、绝地、降香、姜、橘饼、卷网、教场、局、旧帕子、简册、空地、枯柴、硫、鹿脯、柳木、楼板、凉粉儿、绫子、冷气、龙穴、料、煤烟、木节、木柴、木头、木段儿、木头墩子、墓砖、玛瑙、棉絮、棉花、磨刀石、面饼、面包、墨刻法帖、抹胸、牛肉、牛油、碾盘、藕、皮、皮肉、破席、平原、屏风、蒲团、拳石、（存孝）躯、撒火石、钱、裙子、青苔、青伤、肉、肉儿、肉泥、肉角、肉饼、肉瘤、鼠粪、熟鹅、石头、石子、石板、石壁、石碑、石片、石灰、石灰团、石床、石碣、生矾、生铁片、烧肉、水石、神道、神珍铁、松木、伤痕、舌头尖、素香、土、土地、图章、铜、铜砖、铜片、铁、铁板、铁条、条石、头巾、糖、藤子席、瓦片、瓦查儿、顽癣、顽痰、网、瓮边、围桌片儿、乌云、小木板、鳖鱼、心肝、朽木、咸菜、咸菜条儿、咸萝卜、席子、象牙、香疤、仙山、血渍、圆石、银子、银两、银牌、印章、硬铁、硬

157

纸、元宝、胭脂、羊肉、洋钱、鱼腹、玉、玉玺、玉佩、油皮、油面、油迹、鱼（肉）、药、药饼、砚台、云、枣儿糕、栅栏、闸板、招牌、砖、皂罗袍、纸、朱砂斑记、竹板、竹简、毡条、紫记（胎记）、章（印章）。

语料库中的材料能够表明，量词"块"称量对象的发展变化过程也和"条""张"一样，是基于图4-3这样的范畴共享。

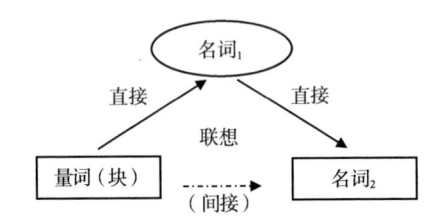

图4-3 名量词"块"的范畴共享

图4-3中基于概念联想的范畴共享也隐含着"块"的认知结构特征：

$$F(块) = \{[实体结构][标记]\}$$

量词"块"的认知结构也受到了汉语形象化表达策略的影响，这是从实体结构开始的，但由于范畴共享的影响，其称量对象逐渐摆脱了形象的限制，最终语法化为一个量范畴的标记。

（四）名量词"只"的用法扩展和认知结构

据黄盛璋（1961）、刘世儒（1965：113），"只"在两汉时期就已经用作量词了。如：

㉝牛肸一只。（《居延汉简》）

㉞载玉万只。（《穆天子传》）

㉟乃赐奔戎佩玉一只。（《穆天子传》）

第四章 汉语量词的认知结构研究

"只"（隻）的本义依《说文解字》的说法是"一只鸟"。《说文解字·隹部》："隹，鸟一枚也。从又持隹，持一隹曰隻，持二隹曰雙。"段玉裁《说文解字注》："造字之意，'隻'与'雙'皆谓在手者，既乃泛谓耳。"关于"只"用作量词的原因，刘世儒（1965：168）认为"只"是一种综合称量法，后来用法分解，就退而专作名量词了。陈颖（2003：140）则认为，"只"在南北朝时期常用来称量"鸟"，后来发展到一切坚而长的东西都用"只"称量。但实际情况更为复杂。

我们检索了CCL语料库中"只"的使用情况，发现从先秦直到明清，"只"的称量对象从早期的"牛肸""佩玉""鸟"，一直到明清时期的无所不包，其中似乎毫无规律可言。如果将现代汉语方言的情况考虑进来，情况将会变得更为复杂。如（参见《汉语方言大词典》第1228页）：

一只山（四川渡口）

一只棉线、一只蒜苗（贵州清镇）

一只台盘（桌子）（安徽绩溪）

一只书店（浙江绍兴）

一山、一屋、一国、一庄、一牛马皆曰只。（湖南长沙，乾隆十二年《长沙府志》）

一只树、一只衣衫（湖南双峰）

一只车（江西南昌）

一只米、一只花生米（福建泰宁）

一只屋子（福建建宁）

一只题目（江西瑞金）

一只岭、一只斗门户（江西上犹社溪）

一只楼、一只月（江西赣州蟠龙、福建永定下洋）

一只人（广东从化吕田）

一只子弹（广东中山南蓢合水、梅县）

一只唱碟、一只窗、咁大只字（广东广州）

一只旗子（广东鹤山雅瑶）

一只毛巾、一只客人（福建福州、崇安）

一只人、一只手帕（福建建阳、松溪、建瓯、政和、顺昌洋墩）

一只当官个、一只先生、一只鱼（福建浦城石陂、莆田、宜春）

实际上，名量词"只"在现代汉语中的称量对象极其广泛；而且在一些现代汉语方言中，"只"已经成为一个通用量词。据万献初（2003），湖北通城方言中的通用量词"只"可以搭配的名词类型一是天文、地理、自然类；二是房舍、器物类；三是交通工具与电器类；四是服饰与游艺类；五是植物、果实、瓜菜和食品类；六是人与动物的器官类；七是动物类；八是用于人的称谓前表定指，一般不用数词。姜国平（2005）、邓开初（2008）都详细描写了湘语中的通用量词"只"，表明在湘语中"只"的使用范围极其广泛，缺乏语义的分类功能。严宝刚（2009）认为，吴语史上，通用量词"只"代替"个"约在19世纪末期。

语料表明，在魏晋六朝时期，"只"的称量对象的类别就已经比较广泛了，涉及动物、服饰、器物三大类。由于概念联想以及范畴共享的不断作用，"只"的称量对象持续扩大，逐渐失去了其形象上的限制，最终语法化为汉语量范畴的语法标记。而且这种语法标记又发生了进一步的语法化，其结果是，"只"又产生了其他标记功能。如郑宇（2007）指出，在福州方言中，量词"只"已发展演变成一个指示代词。

下面是我们摘录的 CCL 语料库中量词"只"在不同时期的修饰对象。

先秦两汉：牛矜、佩玉、轮。

第四章 汉语量词的认知结构研究

魏晋六朝：鸟、鸡、鸠、孔雀、麋鹿、羊脚、炷、香炉、盘子、倚子（椅子）、履（鞋）、马镫、箸、箭、戟、佩玉。

隋唐五代：鹤、鱼、鸳鸯、香炉、杯、箭、矢、雁、舟、钗、箸、金梭、凤凰钗、舡（船）、眼、腿、犀角。

宋元：雀、鸽、鹤、兔、羊、羊脚、鱼、鸡、猎犬、狗、鹞子、鹅、眼、手、臂、脚、皮靴、后腿、鞋、履、金钏、锦袜、宝钿、裤（袴）、船、箭、箭竿、台盘、盏、箸、车辕、五香七宝床（椅子）、桌子、匙、带、曲儿、字。

明清：暗器、豹、臂膊、鼻子、布袋、百灵台、拜匣、杯子、镔铁杵、镖、镖车、八音琴、长案、船、茶瓯、翠磁胆瓶、车轮、城角、锤、沉香拐、词、雕、大将（将军）、大锅、大鼓、大洋（银圆）、大拇指、凳、灯、电气灯、斗母阁、笛子、鹅、耳朵、耳挖、鸽、歌儿（歌曲）、龟、锅、棺材、缸、钢圈（项圈）、古鼎、鹤、黑熊、虎、狐狸、猴、馄饨、花缸、红蜡烛、火轮船的雏形（模型）、黄柑、角、脚、金杯、金镯子、酱缸、几（茶几）、箭、剑、剑鞘、鸡笼、酒杯、酒瓶、酒壶、锦囊、戒指、焦尾琴、孔雀、筷子、狼、老鼠、鹿、驴、骡子、篮儿、令箭、六角亭子、蜜蜂、马镫、鸟、鸟笼、牛、牛角、奶（乳房）、皮靴、皮箱、牌（麻将牌）、琵琶、犬、拳头、七星钉、钳子、琴床、曲儿、手、水缸、石凳、石臼、书桌、水晶盘、水晶面盆、团鱼、腿、桶、铜斗、天鹅绒皮、榻床、铁香炉、藤杖、土坑、汤匙、袜子、碗、象、鞋、靴、绣花鞋、袖子、小桌、小火轮、小词儿、仙桃、鸦、鸭子、烟盒、眼、眼珠、眼睛珠、眼睛、雁、燕子、羊、野鸡、野马、椰子瓢、猿、银钏、玉簪、椅子、鱼篮、元宝、猪、猪蹄、竹箱、竹笼、竹篮、竹网兜、嘴、指头、镯、箸、蜡台、枕头、紫檀禅床。

161

语料库中的材料表明，名量词"只"称量对象扩大的过程是基于图4-4这样的范畴共享。

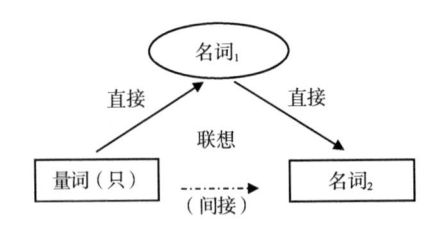

图4-4 名量词"只"的范畴共享

图4-4中，起关键作用的依然是基于概念联想的范畴共享，其中也蕴含着"只"的认知结构。我们可以将名量词"只"的认知结构分析如下：

$$F(只) = \{[实体结构][标记]\}$$

"只"的认知结构显示，其量词用法是从其实体结构开始的，并由于概念联想的作用而实现了范畴共享，最终语法化为汉语量范畴的语法标记。

（五）名量词"根"的用法扩展和认知结构

现代汉语中，名量词"根"的称量对象也是非常广泛的。同时，"根"也是一个名词，指称植物埋藏于地下并用于吸收养分的部分。"根"用作量词，大概始于魏晋南北朝时期。据刘世儒（1965：95—96），南北朝时期，"根"作名量词已经很常见，其常见的称量对象一般是植物，也可以称量"胡须"和"毛发"等物。我们检索了CCL语料库中"根"作为量词的情况，证明刘世儒（1965）的判断基本正确。

我们所检索到的用例表明，量词"根"的早期搭配对象主要是"植物"之类，以及用植物所制造的"木料""木简"等物品。单纯从形象特征来看，各种树木的外形特征并非总是"条状"的。如：

㊱北方种榆九根，宜蚕桑，田谷好。(《齐民要术》卷五)
㊲东方种桃九根，宜子孙，除凶祸。(《齐民要术》卷四)
㊳路旁有大松树十数根。(《魏书·彭城王传》)

各种植物作为"根"的早期称量对量，说明"根"作为名量词的用法并非来源于其形象特征，而是来源于其独立的功能，即来源于"根"对植物的重要作用，来源于"根"作为一个实体的功能。惠红军（2009［2011］：99）认为，"根"受到认知目的性的干涉而获得突显度，从而触发转喻机制，产生了"量词"用法。"根"的早期称量对象之所以主要是植物，正是由于这样的原因。同样，"根"称量"胡须"和"毛发"也是基于这样的原因。

在"根"称量对象的发展过程中，基本上是沿着概念相关性（即基于概念联想的范畴共享）的轨迹在扩张。这种范畴共享一方面表现在相同物品的不同形式或用途上。如"根"称量"木棒""椽""檩""柱"之类，是基于这些物品都是由树木加工而来的，因而称量树木的量词"根"也能够称量它们。进而，绝大部分与植物相关的物品都可以使用"根"作为量词，如"树叶""蔬菜""豆子"等。同样，"毛发"可以用"根"，所以"辫子、羽毛"也可以用"根"。范畴共享另一方面表现在形状的相似性上。在唐宋以后，"根"能够称量的"蜡烛""鼻梁""青筋""针""线""蛇"等物品在形状上与"木棒""毛发"等在外形上相似，因而也能够用"根"称量。

但是还有一些称量对象较难解释，如：

㊴门枪二根，以豹尾为刃樾，出，居红旗后。(《武经总要·前集》卷六)
㊵有一个老头子，猱了头，穿了一件破布夹袄，一双破跂鞋，手里提了一根布袋，走到厅前。(《醒世姻缘传》第23回)
㊶怪道上月我烦他打十根蝴蝶结子，过了那些日子才打发人

送来。(《红楼梦》第 32 回)

在现代汉语方言中,"根"也有一些在某些方言区常用而其他方言区的人觉得颇为怪异的用法。如(参见《汉语方言大词典》第 4600 页):

两根单据、这根道(山东淄博、桓台)

一根板凳(山东青岛、诸城)

一根被子(山西太谷)

一根腿(山西太原、榆次、太谷)

一根裤子、三根蛇、一根牛、两根羊、三根树子、几根葱(四川成都)

一根毛巾、一根猪(四川仁寿)

这根人、你的这根朋友、一根问题、两根手、一根眼睛、三根脚(云南蒙自)

一根鱼(浙江金华、宁波)

那根人、一根船(云南建水)

一根麦子、一根珍珠(山西太原)

一根絮(棉絮)、一根睏簟(睡席)(安徽绩溪)

一根钥匙(江西瑞金)

这些方言用法,有些很好解释。如"一根树子""几根葱""一根麦子""一根板凳""一根船"等,这类用法实际上只是延续了汉语史上量词"根"和植物类名词的搭配惯例而已。"两根单据""一根板凳""一根毛巾""一根絮(棉絮)""一根睏簟",则是"根"在范畴共享之后产生的新用法。但是对于"一根人""一根牛""一根问题""一根眼睛""一根珍珠"等搭配,则表明名量词"根"已经完全摆脱了形象的限制,成为汉语中一个纯粹的量范畴标记。

下面是我们摘录的 CCL 语料库中量词"根"在不同时期的修饰对象。

第四章 汉语量词的认知结构研究

魏晋六朝：薤、桃、李、白杨、茱萸、杖、榆、树、桑、枣、象牙、须髯、毛发。

隋唐五代：桑、树、枣、象牙、犀角、大梁、橼、门铨、桃、木、毫毛、林木、胡须、车辐棒、柘、松树、榆、海萍、芦苇、毛发、羽毛、枪棒、竹子。

宋元：毫毛、桑、木头、木棒、木柱、木桩、钻头、葱、蒜苗、蒜、松树、榆、庭石、胡须、草、箭、毛发、香烛、糠灯、棍棒枪械、草叶、簪钗、桃树、竹子、竹梢、木梢、桃符、箭、橼、席篾、檩、柱。

明清：扁担、辫子、布条、布袋、板凳、鼻梁、表带（表链）、草、葱、尺子、禅杖、柴火、肠子、茶叶、秫秸、秤杆、筹码、橼、苍耳、刺、笛子、钉子、独木桥、稻谷、稻秸、稻草、豆子、灯草、房梁、棍棒、篙、钢鞭、杠子、骨头、胳膊、拐杖、胡须、葫芦藤、蝴蝶结、火把、火煤子、荷叶、旱烟筒子、海藻、花蕊、禾苗、箭、铜、荆条、金子、金刚锥、鸡肋、角（兽角）、轿杠、芥蓝、筷子、令箭、橹、檩、链条、门闩、木片、木杆、木棒、木条、木轴、木头、木桩、木板、木柴、毛发、茅草、帽绊儿、眉毛、面条、麦秸、麻秸棍、皮鞭、皮绳、枪、旗帜、旗杆、签、签牌、琴弦、青筋、肉丝、如意、丝线、丝绦、丝巾、绳索、树木、树枝、树干、树叶、树橛（树桩）、蛇、手臂、蔬菜、三节棍、水烟袋、通条、铜鞭、铜丝、铁索、铁条、铁链、铁梁、藤条、腿、腿带、套马杆、桅杆、挖耳、尾巴、象牙、犀牛角、线、席篾、榆树、羽毛、牙齿、牙签、银子、烟枪、烟管、烟卷、烟袋锅、竹竿、竹子、竹签、柱子、簪钗、针。

语料库中的材料表明，名量词"根"称量对象扩大的过程是基于图4-5这样的范畴共享。

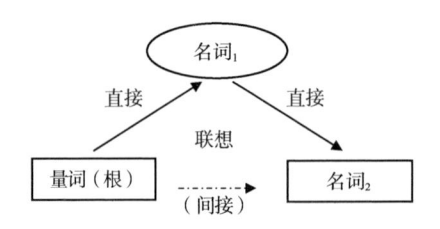

```
        名词₁
   直接 ↗    ↘ 直接
        联想
量词(根) -------→ 名词₂
        (间接)
```

图4-5　名量词"根"的范畴共享

图4-5中，起关键作用的依然是基于概念联想的范畴共享，其中也蕴含着"根"的认知结构。我们可以将名量词"根"的认知结构分析如下：

$$F(根) = \{[实体结构][标记]\}$$

这一认知结构表明，"根"作为量词首先是从实体结构开始的。在此基础上，它由于范畴共享的影响而逐渐扩展修饰对象，并最终语法化为一种标记，成为汉语量范畴的语法标记。

第三节　名量词用法扩展中的范畴共享机制及其影响

一　名量词用法扩展中的范畴共享机制

通过上文所讨论的"条""张""块""只""根"在它们作为名量词的历时发展过程中的表现，我们发现汉语名量词的发展演变过程中蕴含着这样一条规律：对于一个名量词来说，如果它能够修饰名词₁，那么它就能够修饰和名词₁具有某种共同范畴特征的名词₂。这种共同范畴特征可以表现为名词₁和名词₂在形象上相似，或在功能上相当，或在概念上相关，或具有同样的结构特征，或是整体和部分的关系，等等。同样的原因，该名量词也能够修饰和名词₂具有某种共同范畴特征的名词₃。以此类推，这个名量词的修饰对象就会不断扩大到不同的名词，进而造成该量词的使用在不同范畴间的扩大。

很显然，名量词称量对象不断扩大的关键在于不同的名词共享了某种范畴特征，我们把这种现象称为范畴共享；这种范畴共享现象所蕴含的认知机制就是范畴共享机制。① 两个不同的名词所共享的某种范畴特征，首先是这两个名词所共同具有的某种范畴特征；同时，这两个名词又会与其他名词之间因为其他的范畴特征而被联系起来。这种联系所需要的就是联想这样的认知方式，因此概念联想是不同名词之间能够进行范畴共享的认知基础。

范畴具有模糊性，范畴之间的边界并非泾渭分明，而是一种连续的渐变状态。对于这一点，目前的研究已有所涉及。袁毓林（1995）认为，汉语词类是一种原型范畴，是人们根据词与词之间在分布上的家族相似性而聚集成类的；属于同一词类的词有典型成员和非典型成员之别，词类的典型成员在分布上的差别比较明显，非典型成员在分布上的差别比较模糊。梁丽（2007：16）认为，范畴不是对事物的任意切分，而是基于大脑范畴化的认知能力；所有事物的认知范畴都是以概念上突显的原型定位的，而相邻范畴是相互重叠、相互渗透的。Fauconnier（2005）也曾指出，概念结构中不断有新颖而动态的结构呈现。这种新颖而动态的结构呈现的原因，就在于不断深化的认知发现了范畴之间新的共享特征。

正是由于范畴的这些特征，不同的名词完全可能会具有不同的范

---

① 我们之前把这种现象所蕴含的机制称作"维度递减策略"，认为基于形象化表达策略而产生的维度递减策略使汉语量词概念的内部结构呈现出基本一致的特征；在量词称量对象的扩大过程中，这一特征表现为基于概念相似或形状相似的联想，即范畴共享。（请参见惠红军《量范畴的类型学研究：以贵州境内的语言为对象》，科学出版社 2015 年版，第 283—302 页。）但这样的看法还过于浅层次，不够准确，还没有看到范畴共享现象之后的范畴共享机制。因为正是由于范畴共享机制的作用，才使量词在使用的过程中表现出维度递减这样的表层现象。因此本书实际上是对我们之前研究结论的一种较大修正。事实上，范畴共享机制广泛地存在于语言的诸多子系统，如语音系统、词汇系统、句法系统；而且对语言的发展演变有着极其重大的影响。关于范畴共享和范畴共享机制我们还将专文另述，本书暂不展开讨论。

畴特征，从而使它和其他名词之间产生新的联系。同时，随着汉语的历时发展，人们对事物的认知也在不断发展变化。这种发展变化导致了名词的概念结构的变化，并进而导致汉语名词的范畴特征的变化。上文所分析的几个名量词的称量对象的不断扩大过程，正是由于人们对某些名词的认知发生了变化，因而使那些名词的概念结构中呈现出了一些新颖的结构，并使它们和其他的名词具有了某种共同的范畴特征，从而具有了范畴共享的基础，并进而实现范畴共享。伴随着这种范畴共享同时发生的是该名量词所称量的名词所属的范畴类型也在逐步扩大，并促使该名量词语法化为一个量范畴标记。这意味着，范畴共享机制也是一种在名量词语法化的过程中发挥重要作用的认知机制。如图 4-6 所示。

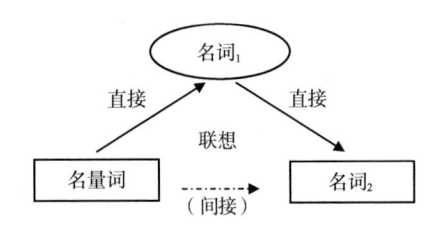

图 4-6　名量词的范畴共享机制

图 4-6 所要表明的意思是，如果名词₁和名词₂具有某种共同的范畴特征，如二者在形象上相似，或在功能上相当，或在概念上相关，或属于整体和部分的关系，等等；那么当某个名量词能够修饰名词₁的时候，它就可以修饰名词₂。以此类推，该名量词的修饰对象就会不断扩大，并在此基础上逐渐语法化为一种量范畴标记。同时，这样的范畴共享机制使名量词逐渐形成了如下的认知结构：

$$F(名量词) = \{[实体结构][范畴标记]\}$$

也就是说，由于范畴共享机制的影响，汉语的某个名量词逐渐在诸多的名词之间广泛使用，因而打破了该名量词在使用之初所具有的形象性限制，并使其具体的概念意义逐渐变得抽象，最终语法化为一种量范畴标记。以名量词"条"为例。"条"早期能够称量具有条状特征的事物,因此它由形象相似而引发概念联想,称量在某种情况下呈现出条状特征的动物"蛇"。显然,作为动物的"蛇",与"条"早期的称量对象"杨柳""桑叶""花蕊""绳子""玉佩""道路""袈裟""裙""襆"等分别属于动物、植物、物品等不同范畴,它们仅仅具有形状上的相似;但是,当动物范畴中的"蛇"能够被"条"修饰后,动物范畴中的诸多成员,如"蚯蚓""蜈蚣""牛""龙""狗""虎""毛驴""野鸡"等,甚至包括"人""大汉"等,就都能够被"条"修饰。伴随着此类情况的不断发生,量词"条"的称量对象也在不同范畴间不断扩大。这种现象就是范畴共享,其中的认知机制就是范畴共享机制。在这种范畴共享机制的影响下,名量词"条"逐渐语法化为一种量范畴标记,并进而形成了如下的认知结构:

$$F(条) = \{[实体结构][标记]\}$$

上文已经提到,范畴共享机制发生作用的认知基础是概念联想;但是面对同样的事物,人类的联想可能并不相同。现有研究已经从不同的角度证明了这一点。王德春(1992)曾经指出,汉语说"粗活",英语说 dirty work(直译为"脏活"),俄语说 чёрная работа(直译为"黑活"),这反映了文化差异所导致的用词用语差异。这种用词用语的差异所反映的正是联想的丰富性、多样性以及差异性。蒋冀骋、刘智锋(2017)认为,对事物特性的不同认识会产生不同的联想,从而引起不同的语词引申;民族的不同,对同一事物特性的认识也有所不同,这是由各民族的认知特点和思维特性决定的。

联想的这种丰富性、多样性和差异性也可以说是联想的个体差异性。因为一种语言的每个言语使用者都会在该语言系统中体现出他的个体性。这一点,索绪尔(1980:41—42)曾经进行过形象的说明,语言既是言语的工具,又是言语的产物;语言是每个人都具有的东西,同时对任何人又都是共同的,而且是在存储人的意志之外的;言语中没有任何东西是集体的,它的表现是个人的和暂时的,在这里只有许多特殊情况的总和。

基于联想所具有的丰富性、多样性以及差异性,人们在不同的名词之间构建了丰富多样的范畴共性特征。根据这些丰富多样的范畴共性特征,名量词就能够在名词$_1$和名词$_2$之间建立诸多的联想关系,也能够在名词$_2$和名词$_3$之间建立诸多的联想关系,进而在更多的名词之间建立诸多的联想关系。如果某个量词能够不断地在不同的名词之间建立联想关系,那么这个量词的用法就会在不同范畴间不断地扩展。

因此,言语使用者对语言的个体性或个性化的使用是语法发生变化的一个非常重要的影响因素,这也是语言创新过程中非常重要的因素。就范畴共享机制的影响而言,不同的言语使用者能够发现不同的名词之间所具有的丰富多样的范畴共性,进而使范畴共享机制产生了更为广泛的影响。以量词"只"为例,在现代汉语层面,"只"能够和"鸡""苹果""篮子"等名词搭配。如我们能够在CCL语料库中检索到以下一些用法:

①有一年,奶奶把那只老得不能下蛋的母鸡杀了,肥得流油的一只鸡。(《人民日报》1998年)

②朱品在上帝的苹果园中走了几圈之后,发现最好的一只苹果还是阿妹。(陆文夫《人之窝》)

③一只篮子里盛满橡皮瓶嘴。(亦舒《异乡人》)

根据量词的范畴共享机制,"只"能够称量"鸡",那么和"鸡"同属动物范畴的"鹅""鸭""猫""狗""羊"等就能够共享量词"只"。也就是说,通过"只"修饰"鸡"这样的用法,我们能够联想到或类推出"只"也可以修饰"鹅""鸭""猫""狗""羊"等动物,以及"腿""胳膊""猪头""马头""眼睛""耳朵""牛角""马蹄"

第四章 汉语量词的认知结构研究

"兔头""鸡头""鸡蛋""鹅蛋""鸭蛋"这些和动物密切相关的事物。同样的道理，通过"只"修饰"苹果"这样的用法，我们就能够联想到或类推出"只"也可以修饰"桃子""梨子""橘子""橙子""枇杷""西红柿"等水果蔬菜。通过"只"修饰"篮子"这样的用法，我们同样能够联想到或类推出"只"也可以修饰"箱子""筐子""袋子""盘子""勺子""碗"等器具。下面是我们从CCL语料库中检索到的现代汉语中的名量词"只"所称量的部分名词。

动物类：狮子、狼、马、牛、驴子、鹿、蛇、猫、狗、乌鸦、鸽子、猴子、美洲虎、昆虫、鸟、猩猩、蚂蚁、乌龟、兔子、鹅、燕子、雏燕、火鸡、野兽、猪、羊、羊羔、老鼠、白鼠、小灰鼠、公鸡、母鸡、鸭子、飞蛾、狐狸精、蚊子、苍蝇、青蛙、白龙、山鹰、蝴蝶、烤鸭、黄蜂、甲虫、骆驼、天鹅、凤凰、梅花鹿、棕熊、斑鸠、白鹤、野猪、螃蟹、鱼、跳蚤。

水果蔬菜类：苹果、梨子、桃子、杏仁、葡萄、石榴、菠萝、柿子、橘子、桔子、柑子、橙子、枇杷、荔枝、核桃、西瓜、香瓜、柚子、香蕉、西红柿、玉冬瓜、辣椒、萝卜、土豆、南瓜、茄子、甜瓜。[①]

器具类：船、划子、宇宙飞船、桶、口罩、篮子、钟表、戒指、灯泡、水晶球、沙发、拖鞋、行囊、凳子、托盘、箱子、茶杯、渔网、木桶、染缸、瓶子、碗、钵盂、手表、长号、夹子、钱包、罐子、木塞、抽屉、手提包、台灯、弹簧秤、皮球、风筝、吸尘器、梭子、棺材、雷管、乒乓球、沙袋、滑轮、汽缸、气球、灯泡、继电器、助听器、生物计算机、锦囊、鼓、锅、砂锅、方盘、菜篮子、皮包、打火机、针管、体温表。

---

① 水果蔬菜类中的"茄子""甜瓜"来自BCC语料库。

汉语量词的认知类型学研究

语料库中的言语事实能够说明，现代汉语量词的使用中同样蕴含着范畴共享机制；① 现代汉语中量名搭配的复杂局面正是这种范畴共享机制的具体表现。

与名量词"只"密切相关的是名量词"支"。据《现代汉语八百词（增订本）》所附录的"名词、量词配合表"，名量词"支"能够修饰的名词有"笔""灯管""笛子""队伍""歌""火箭""箭""筷子""喇叭""蜡烛""毛线""枪""唢呐""箫""牙刷""乐曲"，这些名词可以按不同的标准分成不同的类别。如果按照形象特征，这几个名词可以进行以下分类。

A_0：笔、灯管、笛子、火箭、箭、筷子、蜡烛、枪、箫、牙刷

B_0：队伍、毛线

C_0：喇叭、唢呐

D_0：歌、乐曲

从形象特征的角度看，A_0类中的这些物品在外形上一般都呈现条状，因此可以归为一类；B_0类中的物品只是在一定的条件下才会呈现条状，因而与A_0类有所不同；C_0类中的"喇叭""唢呐"其实并不完全具备条状特征，因而与A_0、B_0两类均不相同；D_0类中的"歌""乐曲"则很难说有可视的三维形体，因而与A_0、B_0、C_0三类均不同类。

如果按照功能对这些名词进行分类，则分类结果又不相同。

A：笔、笛子、歌、喇叭、唢呐、箫、乐曲

B：灯管、筷子、蜡烛、毛线、牙刷

C：队伍、火箭、箭、枪

---

① 在汉语国际化教学中，汉语教师完全可以充分利用这一范畴共享机制；这能够使外国学生在更接近汉语语言事实的基础上习得汉语的量词，因而也能更好地运用汉语的量词。同时，外国学生也会联想到或类推出一些我们汉语母语者感到比较怪异或者是错误的量名搭配，这则能够反映出外国学生的认知特点和思维特性等文化背景对其所说汉语的深层次影响。

第四章 汉语量词的认知结构研究

从功能上看，A类中的物品都与文化活动有关，B类中的物品都与日常饮食起居等活动有关，C类中的事物都与军事活动有关，因此可分别归类。

归类的角度是多种多样的，归类的不同，反映的是范畴归属的不同；而范畴归属的不同则意味着范畴成员的不同，进而会因范畴成员的不同而形成不同的范畴特征，也会因此而产生不同的联想关系。受范畴共享机制的影响，如果某个范畴中的某一成员能够接受某个量词的修饰，那么这个范畴内的其他成员也就有可能接受这个量词的修饰。我们检索了BCC语料库中现代汉语的名量词"支"所修饰名词的情况，并选取了部分名词，大体按文化（A类）、日常活动（B类）、军事（C类）、生物（D类）分类。

A类：歌曲、乐曲、乐器、钢笔、铅笔、电笔、中性笔、粉笔、笔、琵琶、镜头、体温计、股票、节目、指挥棒、MV、交谊舞、铁柱、木柱、旗帜、舞蹈、上签、广告、三角小旗、音叉、笛子、风笛、洞箫、麦克风、球队、仪仗队、俱乐部、乐团、秧歌队、腰鼓队、冰球队、流派。

B类：手环、蜡烛、红酒、葡萄酒、啤酒、酒瓶、香烟、雪茄烟、烟筒、矿泉水、冬瓜茶、雪糕、针剂、针筒、针管、注射器、输液器、灯管、药剂（公牛冻精）、体温计、体温表、假药、疫苗、护发素、洗发水、指甲油、香水、牙膏、口红、书签、营养膏、眼霜、唇膏、睫毛膏、护手霜、护理液、钓竿、注射液、节能灯、雪碧、棒棒糖、手机、竹竿、竹签、香、冰棍、球杆、热电偶、火把、耳机、线香、钱包、女表、靴子、杯子、树枝、电话、公共电话、玉镯、伞、伞骨、发夹、布袋、鸡毛掸子、高跟皮鞋、香槟、风铃、烟斗。

C类：手枪、步枪、水枪、火枪、气枪、猎枪、长枪、枪支、土枪、枪管、枪筒、连发枪、冲锋枪、假枪、催泪电击枪、冷箭、短箭、长箭、弓矢、冷箭、七星绝命针、五毒梅花针、解磷针、毒针、丧门钉、宝剑、袖剑、队伍、军队、部队、车队、工作队、小分队、军马、兵马、产业、巡逻队、兵团、油轮船队、扑火队、游击队、医疗队、联防队、侵略军、铁尺、铁箫、鸠头杖、龙头杖、飞刀、飞弩、飞箭、飞针、飞镖。

D类：乌龟、人参、鸡蛋、兽骨、月季花、蝴蝶兰、玉笋、雪莲、毛竹、枫叶、左腿、人种、化石、懒妹、狗、鳄鱼、手掌、手臂、黄瓜、花朵、黑爪、鸡腿、鸡翅膀、鸡骨架、鸡、鸽子、鹰、飞鸟、鸟儿。

比较而言，这里的A、B、C三类中的名词并未超出《现代汉语八百词（增订本）》中列举的词例所代表的语义类型；但D类则比较特殊，其特殊之处在于这些名词更多的情况下是用名量词"只"来修饰的。我们分别在BCC语料库和CCL语料库中检索了"一只"和"一支"与D类中的一些名词搭配的情况，检索结果见表4-1、表4-2。

表4-1 BCC语料库中"一只""一支"在修饰名词时的数量差异

名量词	鸟	鸡	鸡腿	狗	鹰	花朵	手	手掌	手臂
一只	811	830	13	1450	179	1	13900	240	156
一支	15	1	0	4	2	0	87	8	1

表4-2 CCL语料库中"一只""一支"在修饰名词时的数量差异

名量词	鸟	鸡	鸡腿	狗	鹰	花朵	手	手掌	手臂
一只	247	192	12	237	61	2	2885	37	104
一支	0	0	2	0	0	0	6	0	3

第四章 汉语量词的认知结构研究

检索结果显示，对于有些动植物类名词而言，"只"比"支"更为常用。但是要注意的是，语料库中未出现用例并不代表这样的用法并不存在。如 BCC 语料库和 CCL 语料库中均无"一支花朵"的用例，但网络上我们能够见到这样的用法：

④一支花朵的特写图片（12 张）①
⑤做一支人类灵魂的花朵②
⑥一支花朵上的春天③

如果以汉语量词的发展史为参照，我们将会发现，汉语史上的很多名量词在其使用之初都是数量较少，而后才逐渐发展壮大的。上文所讨论的"条""张""块""只""根"的发展即是如此，而有的名量词的发展更是蔚为壮观，甚至成为通用量词，名量词"个""枚"的发展即是如此。洪诚（2000：101）在谈及汉语史语料的孤例时认为，由于汉语史料的记录在历史各阶段的具体情况不同，因此应作不同的看法，不能一律以数量多少为标准。所谓孤例是指一种偶然出现而没有发展的语言现象。而那些有发展的，和后期文学语言有联系的，当其最初出现于书面语时，在前期文学语言中的数量虽少，但不能看作偶然出现的孤例。根据洪诚先生的观点，我们完全有理由推测，由于范畴共享机制的影响，名量词"支"修饰 D 类名词的用法也有可能逐渐发展壮大，进而成为其主要用法之一。同时，"支"也有可能成为一个和"只"一样被广泛使用的量词。

---

① 语料来源：https：//www.ivsky.com/tupian/huaduo_texie_v55255/，检索日期：2020年8月31日。
② 语料来源：http：//www.zgshige.com/zcms/comment/list?ContentID=8343775&CatalogID=15130&SiteID=122，检索日期：2020年8月31日。
③ 语料来源：https：//www.meipian.cn/d11rnim，检索日期：2020年8月31日。

二 范畴共享机制的影响——名量词的标记化和蜕化

(一) 名量词的标记化

上文的分析表明,用作名量词的原词汇形式必须具有形象性;由于范畴共享机制的影响,名量词本身的形象性虽然并未消失,但它们对所修饰的名词的形象限制会逐渐消失,并使名量词的修饰对象不断扩大,也使名量词最终语法化为一种量范畴标记。如名量词"条""张""块""只""根""支"等的用法在发展演变的过程中,其形象性限制已经基本消失,所修饰限制的名词越来越广泛。而且有些已经成为某些方言中的通用量词,如"只"在湖北通城方言(万献初,2003)、湘方言(姜国平,2005;邓开初,2008)、福州方言(陈泽平、秋谷裕幸,2008)、吴方言(严宝刚,2009)中已经成为一个通用个体量词;"块"在山西多数方言(乔全生,2000:135)、河南焦作方言(司罗红、李肖肖,2016)、陕西洋县方言中也已发展成为一个通用个体量词。另外,还有一些比较特殊的情况。据吴伟军(2017:324—325),"只"也是贵州晴隆县长流乡喇叭苗人话的通用量词;但是"只"的使用范围没有湘语广,有的在湘语中用"只"的名词,由于受到官话的侵蚀和影响,喇叭苗人话不用"只",而用"个"。喇叭苗人话通用量词"只"和"个"在和名词搭配时基本是互补的,但也有少量重合的情况。

根据我们的考察,称量用法非常复杂的名量词除了"条""张""块""只""根""支",还有"把""本""部""头"等。这些名量词在汉语史及现代汉语方言中所称量的事物都比较复杂。

如名量词"把"(参见《汉语方言大词典》第2585—2586页):

一把汽车、一把火车(江西宜春)

佢把口好犀利(他张嘴好厉害)(广东广州)

第四章 汉语量词的认知结构研究

一把脚（一只脚）（浙江苍南金乡）

如名量词"本"（参见《汉语方言大词典》第 1170 页）：

一本戏、一本电影、一本题目、一本镜、一本橱、一本针（浙江金华岩下）

一本锁（福建仙游）

如名量词"部"（参见《汉语方言大词典》第 5020 页）：

一部房（安徽绩溪）

一部桥（上海宝山罗店、霜草墩、南汇南浦）

一部腻黍（一穗玉米）（浙江杭州）

如名量词"头"（参见《汉语方言大词典》第 1467 页）：

一头马、一头蚂蚁、一头鱼、一头蛇（福建福州）

一头桌子（福建泰宁）

一头椅、一头桌（福建仙游）

一头树（福建永定下洋）

一头草、一头麦、一头笋、一头柱（浙江金华岩下）

虽然这些复杂的量名搭配现象并非出自同一方言区，但这些现象能够说明，由于范畴共享机制的作用，一些量词在延续使用的过程中，其用法产生之初所具有的那种对所修饰名词的形象限制会越来越小，甚至会完全消失，从而使这些名量词成为一种量范畴标记。

（二）名量词的蜕化

但是有些名量词在汉语发展的过程中很少使用或者不再使用，表现出一种用法的蜕化现象。如：

⑦陆地牧马二百蹄，牛蹄角千，千足羊，泽中千足彘。(《史记·货殖列传》)

⑧取黄金千两，白玉数环。(《敦煌变文校注·降魔变文》)

⑨看着身为一聚灰。(《敦煌变文校注·大目乾连冥间救母变文》)

⑩如此一穗禾，其始只用一个母子。(《朱子语类》卷七十四)

⑪只听得门前四五替报马报将来。(《水浒传》第47回)

作为名量词，这里的"蹄""蹄角""环""聚""穗""替"可以看成当时的创新型名量词；但它们在现代汉语中已经很少使用或者不再使用了。有研究认为，其中的原因在于，它们虽然是一种创新用法，但是其概念联想的效度不高，最终被汉语使用者放弃，退出了量词范畴（惠红军2009［2011］：206—207）。事实上，即使在现代汉语中能够发现的有关用例中，这些量词也依然保持着原有的范畴限制。如：

⑫瞿莉挑了一穗玉米，掏出两块钱，递给刘跃进。（刘震云《我叫刘跃进》）

⑬他到底鬼，又从别处弄来一穗麦吊在了空中。（贾平凹《秦腔》）

⑭他老人家弯下腰来，用手抓住了几穗早稻苗架。(《人民日报》1993年)

由此可见，所谓的概念联想效度不高，实际上是因为这些在当时具有创新用法的名量词，其主要修饰的名词没有超出其创新用法产生之初的范畴类型，并没有和更多的不同范畴类型的名词形成范畴共享，因此无法突破自身的形象性的限制，也没有能够进一步语法化。

基于概念联想的范畴共享机制能够预示汉语名量词的演变趋势：那些不能够在不同范畴间产生联想的名量词，其名量词的功能不会实现范畴共享，因而只能在很小的范围使用，或者最终退出名量词范畴；而那些能够在不同范畴间产生联想的名量词，其名量词的功能会实现范畴共享，它们的修饰对象也会不断扩大，并因此而语法化为量范畴标记，有的还可能发展成通用量词。如早期的量词"枚"和"个"。据刘世儒（1965：76），在魏晋南北朝时期，"枚"是"泛用的陪伴词"，即泛用的量词，这类量词的适应能力最强，除了极少数的事物外，基本是无所不能适应的。在魏晋南北朝时期，这样的量词只有"枚"和"个"；比较起来，"个"的使用频率、适用范围还远不及"枚"。"枚"和"个"在本义上都是具有三维立体结构的事物。"枚"的本义是"树干"。《说文解字·木部》："枚，榦也。"段玉裁《说文解字注》："引申为衔枚之枚，为枚数之枚。""个"的本义是"竹竿"。《说文解字·竹部》："箇，竹枚也。从竹固声。个，箇或作个，半竹也。"段玉裁《说文解字注》："一枚谓之一箇也。《方言》曰：'箇，枚也。'……今俗或名枚曰個。"在用法的历时演变过程中，"个"和"枚"都逐渐语法化为量范畴的标记。虽然在现代汉语普通话中，"个"是一个通用量词，"枚"的适用范围远不及"个"；但"枚"依然是一个摆脱了形象限制而使用广泛的量范畴标记。据有关研究，在海南方言中，"枚"是一个比"个"使用频率更高的量词（王连清，2013）。因此，对那些能够实现范畴共享的名量词来说，虽然它们不一定一直作为最常用的量范畴标记，但总是能够保持相当的活力，作为一个常用的量范畴标记而活跃在汉语中。

第四节　汉语动量词的认知结构及其影响

一　汉语动量词的形象性和标记性

一般情况下，我们所说的动量词包括两类，一类是专用动量词。

如"次""下""回""遍""趟""场""阵""番""通""顿""气""度""遭""巡"等，数量相对有限。另一类是借用动量词。借用动量词又具体包括两类，一是借用动作工具论元而形成的动量词，一般称作借用动量词，如"拳""脚""口""眼""棍""棒""刀""枪""剑""砖头""鞭子"等，范围相对开放，数量不好确定；二是借用时间名词而形成的动量词，一般称作时量词，如"日""月""年""世纪"等，数量相对有限。

就研究成果而言，对动量词的研究相比名量词的研究较弱。在有关动量词的研究中，关于动量词与动词的搭配关系的研究相对较多。邵敬敏（1996）通过动词与动量词的选择关系，结合动词与动量词的语义特征分析，把动量词分为四个层面：通用量词、自主量词、借助量词、情态量词；并相应地把动词分为有量动词、自主动词、有依动词以及持续动词、累计动词和空间动词。邵敬敏（1996）认为，动词与动量词之间的选择关系首先取决于动词内部的各个小类，也依赖于动量词本身的语义特征，还涉及动词的关涉对象。刘街生（2003）认为，动量词范畴成员之间在［＋计事］和［＋计时］这两个语义特征上构成一个相互联系的体系，是一个［＋计事］和［＋计时］的语义特征双向递变的序列；而"次""回"是最为典型的动量词，它们构成的数量结构不表达具体的事件特征，只表示一个抽象的事件，也不表达时间量度，但包含一个抽象的时间特征。

现有研究成果对动量词的语义研究非常细致。如"下""次""回""遍"这几个专用动量词，《现代汉语八百词（增订本）》把动量词"下"解释为"用于动作的次数"（第565页）；把"次"解释为"用于可以重复的动作"（第129页）；把"回"解释为"次"（第276页）；把"遍"解释为"指动作从开始到结束的整个过程；数量短语常重复，表示重复多次"（第81页）。邵敬敏（1996）认为，"下"是短时量词，更侧重于动量。"次""回"是计数量词，表示的是动作的重复性，不考虑时间因素，也没有别的附加意义，语义最为单纯，因此它可以自由地跟有量动词相组合；反过来讲，如果我们讲某个动词可以跟动量词组合，那么它至少或起码应该可以和"次""回"组合。"遍"是情态量词中的整体量词，表示动作累计量较大，动作整体性强，动作是可以反复进行的。

汉语历时发展的实际情况表明，动量词的用法中也存在和名量词一样的形象性和标记化。但是在这个方面，目前的研究关注得还远远不够，因此还需要进一步的考察和分析。同时，为了便于研究动量词和动词的搭配关系，我们根据动量词所修饰的动词的语义特点对动词进行了重新分类。具体分为以下八类。

击打类动词，如"打""捶""敲""击"等。

运动类动词，如"跳""响""扫地""涂抹""叩头""抽血"等。

言说类动词，如"说""唱""唤""叫"等。

对比类动词，如"看""比""赢""比较""比照""假冒"等。

饮食类动词，如"吃""喝""舔""吸""叮""咬"等。

交际类动词，如"陪""抱""握手""看望""照顾""酬谢"等。

加工类动词，如"铲""洗""蒸""煮""切菜""点缀"等。

感受类动词，如"思""想""哭""笑""忏悔""宽恕""吃苦""快活""惊吓""惊"等。

二　汉语动量词的用法扩展和认知结构

为了进一步研究动量词表达动量的形象性和标记化，我们需要对动量词用法的历时发展过程进行非常细致的描写，以期发现其中的内在规律。我们考察了 CCL 语料库中"次""下""回""遍""趟""场""阵""番""通""顿""气""度""遭""巡"这 14 个专用动量词和数字"一"组成的数量结构的出现次数，得出以下结果。

"一次"为 152200 次，"一下"为 71487 次，"一回"为 11813 次，

"一遍"为8019次,"一趟"为4826次,"一场"为39371次,"一阵"为22990次,"一番"为16666次,"一通"为2301次,"一顿"为6258次,"一气"为2345次,"一度"为14408次,"一遭"为540次,"一巡"为12次。① 其中的"一场""一阵""一顿"都有大量修饰名词的情况,其余11个动量词主要是修饰动词。

因此,我们这里选取了出现次数居于前两位的"次"和"下",以及次数较少的"遍"三个专用动量词为考察对象,详尽考察它们从古至今的发展演变过程,以及在这一演变过程中所蕴含的动量词用法发展的内在规律。

(一)动量词"下"的用法扩展和认知结构

"下"的本义是"低处、底下"。《说文解字·上部》:"下,底也。"段玉裁《说文解字注》:"有物在一之下。"刘世儒(1965:261—262)认为,"下"作动量词萌芽于汉代中叶,但真正形成范畴是在南北朝时期,其量词用法是由方位词"下"引申出来的。由于"打击"动作都是从上而下进行的,而且都是进行的比较快,所以"下"常用来称量打击义的动作,表示短时量。如:

①从者击亭卒数下。(《风俗通义·穷通》)
②张妙缚杜士,捶二十下,又悬足指,士遂至死。(《风俗通义·佚文》)
③缚之著树,鞭杖百余下。(《三国志·蜀志》卷二注引《典略》)
④寿曾为诸葛亮门下书佐,被挞百下。(《魏志》卷四三)

---

① 这里"一巡"的12次用例是经过我们逐条确认的。"一气"中有绝大多数用例都不是动量用法,如"一气追出几十里""一气之下"等。"一次""一下""一回""一遍""一趟""一场""一阵""一番""一通""一顿""一气""一度""一遭"等的用例中,经过我们的抽检,其中绝大多数都是动量词的用法。

第四章 汉语量词的认知结构研究

刘世儒（1965：262）指出，由此发展，"下"逐渐演变为专表"短时量"的动量词，而且不再受动词是否有"向下"义的限制。

为了更清晰地观察"下"所修饰的动词的发展演变过程，我们检索了CCL语料库中"下"所修饰限制的动词，梳理了"下"历代所修饰的动词。有以下基本情况。

先秦两汉：击、捶、举、杵。

魏晋南北朝：鞭、鞭杖、捶、打、锻、举、击、叩头、挞、斫。

隋唐五代：鞭、笞杖、打、打板头、打板、打地、法杖、击、敲弓、医杖、杖、杖脊、振锡、震锡、点、拊背、拍、弹指、啄。

宋元：比昭（比照）、打、打板、打破、打板头、打禅床、打香台、打露柱、打帐座、打饭床、打僧、打钟、打松树、打火炉、点、拂坐具、拊背、拊膝、拊掌、抚掌、抚侍者、搣（撼）、划、划地、唤醒、挥案、挥按、挥尺、击禅床、击、击法座、击香台、勘过、砍、扣禅床、鸣指、拍、拍手、拍禅床、拍膝、掐、敲、敲禅床、扫地、说、推、斫、振锡、卓（停）、卓（叩击）、卓拄杖、卓禅床。

明：按、绊、比照、吃苦、戳、戳砍、搋、打、打鼓、荡（摇动）、捣、刁（叼）、调转、跌、叮、断送、奉承、干、滚、横、假充、剪、接、接客、截、砍、看、磕（磕碰）、叩、捞、鸣金、碾、捻、捏、扭、弄、磨、抹、拍、撇、泼、扑、起（开始）、敲、饶、搧、扇、烧、收、竖、踢、剔、跳、涂、推、温、挝（抓）、响、扎、砑、摇、咬、掌、照看、着（打中）、凿、指、筑（打）、抓、撞、啄、走。

清：挨、捱、安慰、绊、办（惩办）、帮、帮助、保（保举）、保举、保护、抱（拥抱）、逼、比赛、鞭（鞭打）、变、表

183

示、表演、拨、擦、参（参劾）、叉、插、查究、挽（挽扶）、铲、忏悔、尝试、超度、扯、沉思、惩办、惩戒、吃、抽（抽打）、处置、串、捶、酬谢、戳、刺、存放、蹉跌、打、打量、打算、打听、耽搁、担承、弹（弹灰尘）、捣、捣乱、等、等候、抵敌、点、点缀、垫付、颠倒、顶真、动、度（超度）、兜、躲避、剁、讹、翻腾、放、放肆、敷衍、扶助、告诉、割、搁（耽搁）、公评、公断、恭维、钩、估量、观察、逛、跪、核算、核计、哼、划、缓、回敬、回味、回想、混、混闹、击、挤兑、计较（商量）、夹、检查、浇、结束（整理衣服）、惊、警戒、纠正、救援、开销、砍、看望、考（考察）、考验、靠、磕（磕碰、磕头）、宽舒、快活、卷、拉、揽、滥竽、乐（娱乐）、利用、立、撩、瞭望、了结、料理、留心、慢、摸、模仿、捏、拧、扭、难、拍、陪、碰、劈、骗、拼、评理、掐、敲、敲竹杠、劝、解劝、软缠、认（辨认）、扫、闪、商量、商议、赏鉴、哨探、涉猎、申说、拾掇、试（试验）、试用、摔、说、思量、松、搜查、算计、谈论、探听、探望、探问、搪塞、烫、讨论、疼、踢、提携、替、舔、挑剔、听、挺、通知、捅、推、推求、顽（戏弄）、玩耍、挽回、微笑、维护、委屈、问、洗、喜欢（高兴）、细读、吓、吓唬、想、削、休息、虚晃、薰腊、压、押（签押）、扎、研究、要求、咬、引见、应酬、阅历、游历、砸、栽（栽赃）、暂缓、糟蹋、责罚、炸、摘、张罗、招呼、着、遮盖、斟酌、震动、震荡、挣扎、整备、证（验证）、指、指点、掷、制约、治（整治）、中（击中）、周全、注解、抓、抓咬、撞、捉弄、啄、坐、做。

梳理结果表明，在唐五代时期及以前时期，"下"所修饰限制的主要是击打类动词；但运动类动词也可以受"一下"的修饰限制，用以

第四章 汉语量词的认知结构研究

表达动作的短时、少量，如"举""叩头""点""弹指"等：

⑤莽立载行视，亲举筑三下。(《汉书·王莽传下》)
⑥农呼妻相出于庭，叩头三下。(《搜神记》卷一一)
⑦师以手空中点一下，供奉无对。(《祖堂集》卷一五)
⑧师弹指一下，却展手。(《祖堂集》卷一九)

在赵宋时期，能够被"一下"修饰限制的非击打类动词有所增加，主要有"扫""拂""划""唤""说""掐""推"等几个动词；"下"所表达的也主要是动量少、时量短。这几个动词可以分别归入两类：运动类和言说类。运动类动词有"扫""划""拂""推""拍"等。如：

⑨师扫地一下。(《五灯会元·仰山慧寂禅师》)
⑩师将拄杖划地一下，云："著不得即道。"(《景德传灯录》卷一一)
⑪僧拂坐具一下，师曰："众人笑你。"(《五灯会元·长芦应夫禅师》)

但从语境提供的信息看，"一下"也可以表达动量大、时量少。如：

⑫师蓦拈拄杖划地一下。(《古尊宿语录》卷一五)
⑬你等才被人撼着早动也；更著力推一下，便倒了也。(《古尊宿语录》卷三三)

"言说类"动词有"唤""说"。从语境提供的信息看，"一下"可以表达动量小、时量少这样的语义。如：

⑭不若今人只说一下便了，此圣人所以为圣人。(《朱子语类》卷一七)

似乎也可以表达动量大、时量少这样的语义。如：

⑮捱来推去，事事晓得，被孔子一下唤醒。(《朱子语类》卷二七)①

到了明代，"一下"能够修饰的动词类型明显增加，除击打类、运动类、言说类动词外，还增加了对比类、感受类、饮食类、交际类、加工类等动词。对比类动词如"比照""假充""看"：

⑯冉贵将自己换来这只靴比照一下，毫厘不差。(《醒世恒言》卷一三)

⑰蚊虫就假充一下，说道："我怎么不是？你有个甚么好处照顾我么？"(《三宝太监西洋记》第83回)

感受类动词如"吃苦"：

⑱那晓得和尚倒不会叫疼，自家胞膝头儿上倒吃了一下苦，把个官牌急将起来，一发恨的和尚紧。(《三宝太监西洋记》第11回)

饮食类动词如"叮""啄""咬"等：

⑲不防蜈蜂把玉麒麟的眼叮了一下。(《封神演义》第69回)

---

① "被孔子一下唤醒"中的"一下"也可以被分析为副词。不过赵宋时期，"一下"才刚刚开始从数量结构非范畴化为副词；因此，这里的"一下"也可以分析为数量结构。(参见惠红军《数量结构非范畴化为副词》，《贵州民族学院学报》2010年第3期。)

第四章 汉语量词的认知结构研究

⑳将我啄了这一下也。(《西游记》第 32 回)

㉑不知什么东西，咬了我这一下！(《西游记》第 52 回)

交际类动词如"奉承""接""干""弄""接客""照看"等：

㉒不如再奉承他一下。(《三宝太监西洋记》第 56 回)

㉓众人又细细照看了一下。(《今古奇观》卷八)

而且有些类型的动词的数量还在大量增加，如运动类动词。这一时期的运动类动词主要有"调转""鸣金""绊""跌""碾""跳""响""剔""涂"等。

㉔除非是把个风来调一下转哩！(《三宝太监西洋记》第 66 回)

㉕你看他两只脚平白地跳将起来，刚跳得一下……(《三宝太监西洋记》第 49 回)

到了清代，"一下"所修饰限制的动词类型大大增加，除击打类、运动类、言说类动词外，对比类、感受类、饮食类、交际类、加工类动词的数量也明显增加；很显然，到了清代，我们这里所列举的八类动词都能够被"下"修饰了。对比类动词如"比赛"、"打量"、"考"（考察）、"模仿"、"认"（辨认）、"研究"、"斟酌"等：

㉖即使我自不量力，再和你大动干戈地比赛一下，结果还不是如此这般。(《八仙得道》第 74 回)

㉗抬起头来把秋谷细细的打量一下，见果然有些病容。(《九尾龟》第 150 回)

㉘请大人如何斟酌一下子罢。(《文明小史》第 52 回)

感受类动词如"忏悔""沉思""惩戒""惩办""宽舒""宽恕""快活""回味""回想""鉴赏""惊""难""疼"等：

㉙要在他面前忏悔一下。(《八仙得道》第 18 回)

㉚原想再难他一下。(《八仙得道》第 92 回)

㉛打一下，疼一下，打了十余下。(《东度记》第 52 回)

饮食类动词如"吃""咬""叮""啄""舔"等：

㉜大约上家的牌风狠旺，便不当吃的吃他一下，把上家的牌落到自己手里头来。(《九尾龟》第 99 回)

㉝天霸又为恶狗咬了一下，也是痛不可支。(《施公案》第 508 回)

㉞就用自己舌头，冲他面门舔了一下。(《小五义》第 179 回)

交际类动词如"陪"、"跪"、"安慰"、"了结"、"抱"（拥抱）、"打算"、"看望"、"承担"、"考验"、"应酬"、"等候"、"招呼"、"捉弄"、"酬谢"、"帮助"、"保举"、"保护"、"摘"等：

㉟不要说是三十二台，就是三百二十台你老哥也要陪我们一下。(《九尾龟》第 139 回)

㊱你也正该回去安慰他们一下，才是正理呀。(《八仙得道》第 52 回)

㊲身子闲在这里，落得把这重俗缘了结一下。(《八仙得道》第 71 回)

㊳逸云听了，笑吟吟的提了酒壶满斟了一遍酒，摘了青云袖子一下，起身离座。(《老残游记续》第 2 回)

"加工类"动词如"铲""点缀""剁""烫""温""洗""削"

"薰腊"等：

㊴用铁锨一下一下的铲在寿木之内。(《三侠剑》第 4 回)
㊵不得不点缀他们一下。(《九尾龟》第 116 回)
㊶路程远，鹿肉薰腊了一下。(《曾国藩家书》卷四)

同时，这一时期的非击打类动词也在进一步增加，如运动类动词增加的有"躲""抓""扭""拧""闪""打听""观察""瞭望""拾掇""游历""阅历""玩耍""炸"等：

㊷在厂后一个禅寺里躲避一下。(《孽海花》第 6 回)
㊸他便伸手下去，抓了一下子。(《官场现形记》第 49 回)

通过"下"所修饰的动词的发展演变，我们能够清楚地发现，动量词"下"早期修饰限制的动词主要是一些具体的击打类动词。随着"下"的动量词用法的发展，非击打类动词也逐渐能够受"下"的修饰。从动作的形象性角度分析，击打类动作的形象性最突出，而感受类动作的形象性最不突出。"下"从修饰限制形象性最突出的击打类动作，到修饰限制形象性最不突出的感受类动作，其发展演变的路径是从形象到抽象，这和名量词的发展演变路径基本一致。还需要注意的是，击打类动作的形象特征主要是通过动作的具体性来展示的，即击打类动作总是凭借某种具体可视的工具，如"刀""枪""剑""戟""棍""棒""鞭""手""拳""脚""砖头""瓦块"等，这就非常鲜明地反映出动作的实体结构特征；同时，击打类动作也会延续一定的时间。因而，击打类动作的形象性特征非常鲜明，实体结构特征也非常鲜明。这也是动作形象性的具体体现。"下"早期修饰限制的动词只有击打类动词，这正说明动量词的用法也首先是基于实体结构的形象性的。

在唐五代时期，"下"所修饰限制的对象扩展到了运动类动词；在宋元时期，"下"所修饰限制的动词进一步扩展到了言说类动词。总体而言，和击打类动词一样，运动类动词的形象性也是非常鲜明的；言说类动词的形象性虽然相对不够鲜明，但由于有声音、表情、手势等因素的介入，也具备一定的形象性。这表明，"下"的修饰限制对象有一个显著的变化，即形象性逐渐减弱。

到了明清时期，"下"所修饰限制的动词进一步扩大。在新增加的动词中，除了饮食类和加工类动词的形象性依然鲜明外，对比类、交际类、感受类动词的形象性都明显减弱，而感受类动词的形象性往往最弱，因此往往是抽象动词。

这里的分析表明，动量词"下"的修饰限制对象扩展的关键环节在于运动类动词的加入，而运动类和击打类动词最大的相似之处在于其形象性；也就是说，这两类动词共享了一种范畴特征——形象性。因为这种形象性的范畴特征，运动类和击打类动词被联系起来，这种联系所需要的就是联想这样的认知方式，因此概念联想是不同动词之间能够进行范畴共享的认知基础。言说类动词由于有声音、表情、手势等因素的介入，也具备一定的形象性，因此也能够和击打类动词、运动类动词因形象性而产生范畴共享。虽然对比类、交际类、感受类动词的形象性都明显减弱，但是这种微弱的形象性也会使它们和击打类、动作类、言说类等动词具有范畴性。也就是说，和名量词的称量对象的扩大一样，动量词称量对象的扩大也是一种基于概念联想的范畴共享。即如果动词$_1$和动词$_2$在概念上具有某种共同特征，如二者都具有形象性，或都具有时间性，等等，那么当一个动量词能够称量动词$_1$的时候，它就可以称量动词$_2$。

因此，我们可以这样认为，基于概念联想的范畴共享是动量词"下"修饰对象扩张的重要认知机制。如图4-7所示。

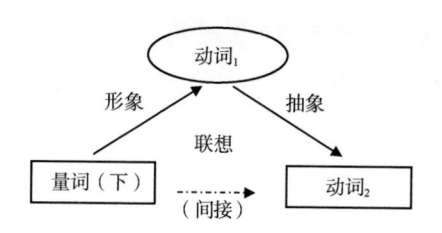

图 4-7 动量词"下"的范畴共享

我们可以由图 4-7 得到动量词"下"的认知结构：

$$F(下) = \{[实体结构][标记]\}$$

这一认知结构表明，"下"作为量词首先是从动作的形象性，即从实体结构的形象性特征开始的，并借此去形象化地表达一个具体动作的量。在这种用法的基础上，它由于概念联想而形成一种范畴共享，形象性特征也因此而逐渐淡化，用以表达那些形象性不突出或不具备形象性的抽象动作，从而语法化为一种标记，成为汉语量范畴的语法标记。在这种范畴共享的影响下，量词"下"的称量对象逐渐脱离形象化的限制而不断扩大，"下"也由此逐渐成为一种动量范畴标记。

（二）动量词"次"的用法扩展和认知结构

王力（1957［2004］：285）认为，"次"是表示行为单位的单位词。刘世儒（1965：262）认为，"次"作为动量词是由"位次"义引申而来的，在南北朝时期用来泛表一般动作次数。向熹（2010b：348）认为，"次"上古有"驻留、止歇"的动词义；南北朝时期开始用为量词，表示反复出现或可能反复出现的事物。如：

㊹刘道朔坐犯七次偷。(《全陈文》卷一七)

㊺三次论诤退，其志亦刚强。[（唐）张籍《祭退之》]

㊻数次叫问，都没麐挨。推筑再三，方始回答。(《敦煌变文集·八相变》)

汉语量词的认知类型学研究

我们检索了 CCL 语料库，系统分析了"次"作为动量词的情况，梳理了"次"所修饰动词的历时变化。有以下基本情况。

魏晋南北朝：洒、偷、行。

隋唐五代：到（轮到）、叱、坐、奉、匀、论诤。

宋元：摆换、报仇、逼、差遣、乘（乘法）、叱、催、当（抵挡）、到、读、发落、放、放过、服、改、回复、回合、会（遇见）、候安、寄书、加、见、见识、讲量、交战、揭、解（解释）、经过、拒、开花、看、骂、捏、排遣、去、劝、入、杀、省削、胜、输、送来、苏（苏醒）、算（算命）、往来、围城、问、无礼、相聚、响、洗城、吁嗟、言、营构、至、筑、转观、状（告状）、做、作。

明：哀求、比较、报、查治、炒、充（冒充）、舂（舂米）、出、出马、吹、吹喇叭、赐、赐坐、打鼓、打锣、打胎、到、登、得、点、点卯、点验、吊查（调查）、督查、短少、罚、伐、发、发（发病）、发昏、翻拌、犯、放、放假、放炮、赴庵、复审、赶（驱赶）、给、观、归省、跪禀、过、候问、换班、回（回复）、回复、回来、会（会见、会面、会战）、昏厥、昏迷、记功、记过、纪、祭赛、见、教练、进、进来、举放、开、看验、考察、科举、垦、哭、来、擂鼓、留、买、梦、磨转、拿（捉拿）、呐喊、纳降、骗、起造、请、去、取经、劝、劝取、劝谏、饶、辱骂、杀、晒、晒扬、赏玩、上门、失误、试、收捕、受责、恕、松、算账、岁考、天雨、同床、偷（偷情）、推托、托生、晚潮、往返、往来、问候、洗、戏水、下、下海、下山、相逢、相会、降（投降）、修改、寻、巡看、掩土、央（央求）、远出、早潮、震（地震）、整齐、株连、铸、装、追、中、走、奏知、醉。

清：拜、拜访、拜扫、败、办事、帮忙、保举、抱、报复、

第四章 汉语量词的认知结构研究

禀安、病、部选、擦、参职、查、查点、查问、朝觐、吵闹、盛饭、呈阅、吃、吃亏、冲劫、出、出兵、出差、出恭、出门、出去、出使、出征、催、挫、大闹、大胜、打靶、打败仗、打交道、打酒、打探、代理、戴帽子、耽待、当差、祷、到、盗、盗取、调查、度（超度）、发榜、发达、发信、放米、放肆、服药、负薪、付、告（告状）、割、革命、攻打、观光、关照、管解、逛、跪、海啸、劾、贺、化缘、还钱、回拜、回禀、回家、回来、回娘家、会操、合操、讥刺、记大功、记大过、记功、祭奠、祭告、加漆、假冒、奸淫、检点、见、见过、见面、贱卖、降生、较量、接驾、劫寨、借、借贷、进场、进城、进监、进京、进宫、进贡、进来、进山、举襄、捐款、开船、开花、开会、开玩笑、开心、开宴、开战、开早车、看见、看望、考试、宽恕、来过、劳驾、临幸、领教、领饷、轮、轮回、卖酒、冒昧、梦、面试、磨、磨勘、沐浴、闹、逆忤、派遣、盘查、跑、泡、陪、碰到、碰钉子、骗、扑、破戒、欺、启门、乔妆、抢、请、请安、娶、去、权宜、劝告、燃、扰（打扰）、让、入朝、入境、入闱、洒扫、丧生、晒书、上报、上城、上当、上山、上台、上台盘、烧香、申饬、审、审问、升堂、生养、失体面、失信、试（考试）、试用、试探、私访、送、送信、受、受到、受吊、受惊、受伤、恕、说、死、搜检、算命、听见、听戏、痛饮、偷、退落、团叙、推、托生、外简、枉顾、违、围猎、委屈、问、污、牺牲、洗、细吹细打、下届、下凡、献、相聚、相见、泄、辛苦、行、省视、修、喧闹、宣召、巡边、巡察、演、演说、移植、引荐、饮茶、迎、幽会、游（游玩）、游览、游历、隐忍、应酬、用过、遇、预备、冤、冤枉、援救、阅操、栽筋斗、栽跟头、斩、招兵、召见、赈捐、争战、掷、咒骂、诛戮、煮饭、走、奏、坐、坐轿、做、做道场、做跟班、做买卖。

· 193 ·

梳理的结果表明，在魏晋南北朝时期，“次”作为动量词主要是修饰限制运动类动词；到唐五代时期，“次”所修饰的动词由运动类动词扩展到了言说类动词。运动类动词如“洒”、“偷”、“到”（轮到）、“坐”、“奉”、“勾”：

㊼狗便走往水中，还以身洒生左右草上。如此数次，周旋跬步，草皆沾湿，火至免焚。(《搜神后记》卷九)

㊽汝杀众生亦已多，今次到汝，汝其图之。(《野朝佥载》卷六)

㊾饮酒勾巡一两杯，徐徐慢拍管弦催。各盏待君下次勾，见了抽身便却回。(《敦煌变文选·降魔变文》)

言说类动词如“叱”“论诤”：

㊿唯寺主下旷一位，小僧欲坐，寺主辄叱之。如是数次。(《广异记·龙兴寺主》)

(51)三次论诤退，其志亦刚强。[（唐）张籍《祭退之》]

从宋元时期开始，“次”作为动量词能够修饰限制的动词数量大大增加，主要有击打类、运动类、言说类、交际类、感受类动词。击打类动词如“当”（抵挡）、“杀”、“交战”、“洗城”等：

(52)茂昭亲披介胄，当贼前锋者数次。(《册府元龟》卷三九六)

(53)只是杀贼一般，一次杀不退，只管杀；杀数次时，须被杀退了。(《朱子语类》卷二四)

(54)凡欲洗城者数次。(《靖康纪闻》)

运动类动词如“摆换”“到”“服”“改”“揭”“响”“营构”“做”“作”“见”“见识”“经过”“相聚”“至”“筑”“省削”等：

(55)它欲入慈明室，数次欲揭帘入去，又休。(《朱子语类》卷一三二)

(56)每一年或数次改年号者，只取后一号。(《朱子语类》卷一三四)

(57)祖宗时亦几次省削了，久而自定，何足恤耶！(《朱子语类》卷一一二)

言说类动词如“言”、“读”、“回复”、“解”（解释）、“骂”、“叱”、“劝”、“问”等：

(58)累次言陛下圣寿高矣。(《三国志平话》卷下)

(59)少年为学者，每一书皆作数次读之。(《朱子语类》卷十)

(60)问三次，大臣无语。(《三国志平话》卷上)

交际类动词如“报仇”、“逼”、“差遣”、“催”、“发落”、“放”、“放过”、“寄书”（寄信）、“无礼”、“算”（算命）等：

(61)两次报仇皆不自做。(《朱子语类》卷一二五)

(62)老身也曾数次寄书去。[(元) 郑光祖《迷青琐倩女离魂》]

(63)师父兀自三次无礼，今夜定是坏他性命。(《喻世明言》卷三十六)

(64)我今年算了几次命，都说我该发财。(《醒世恒言》卷十四)

加工类动词如“乘”（乘法）：

(65)有数法可求，唯此法最径捷。只五次乘，便尽三百六十一路。(《梦溪笔谈》卷十八)

感受类动词如“苏”（苏醒）、“胜”等：

㊗刘士隽,彭城人,性至孝,丁母丧,绝而复苏者数次,勺饮不入于口者七日。(《册府元龟》卷七五五)

㊆私欲一次胜他不得。(《朱子语类》卷二四)

到了明代,"次"所修饰限制的对象中,感受类动词进一步增加,如"发"(发病)、"发昏"、"昏厥"、"昏迷"、"赏玩"、"醉":

㊈哭得几次昏迷。(《包公案》卷七)

㊉那伍圣道又夹挨的十分沉重,一日两三次发昏。(《醒世姻缘传》第13回)

⑦三五日一次赏玩,也不交友,也不他游。(《西游记》第5回)

⑦前番醉了一次,搅扰了一场。(《水浒传》第4回)

上面的分析反映出,唐五代之前,动量词"次"早期修饰限制的动词主要是运动类动词和言说类动词;到宋元时期,"次"已经能够修饰包括击打类、交际类、加工类、感受类动词在内的各类动词。"次"早期修饰限制的动词主要是运动类动词,这说明"次"的动量词的用法也首先是基于形象性的。后期"次"所修饰限制的动词数量大大增加,不但涵盖了击打类、运动类这些形象性鲜明的动词,也包含了比较抽象的交际类和感受类动词。虽然交际类和感受类动词的形象性相对较弱,但它们有时也有一定的形象性。如:

⑦我今年算了几次命,都说我该发财。(《醒世恒言》卷十四)

⑦前番醉了一次,搅扰了一场。(《水浒传》第4回)

"算命"的"算"是一个交际类动词,"醉了一次"的"醉"是一个感受类动词,二者的形象性实际上都是非常鲜明的。算命就是预测吉凶祸福,其早期形式就是卜筮,而卜筮会用到龟甲、蓍草;后世的算命除了会用到人的出生年、月、日、时,还会有摇卦、抽签、

第四章 汉语量词的认知结构研究

掐指、闭目凝思等动作,因而也具有一定的形象性。醉酒是因为饮酒过量,而且往往有呕吐、胡言乱语,甚至乱砸乱打等失态的行为,这在人的日常生活中极为常见,因而也具有鲜明的形象性。但并非所有的感受类动词都具有鲜明的形象性,如思考的时候可能会有蹙眉、皱眉等动作,但有时候则没有这些动作;高兴、痛苦、恐惧等感受有时候会通过种种表情表现出来,有时则没有任何表情,表现得非常平静。①

"次"从修饰限制形象性突出的运动类动词,到修饰限制形象性不够突出的感受类动词,其发展演变的路径是从形象到抽象,这和名量词的发展演变路径及其所涉及的认知机制基本一致。可见,由于不同的动词共享了一种范畴特征,因此这两类动词之间就能够因为这种范畴特征而被联系起来。这种联系所需要的就是联想这样的认知方式,因此概念联想也是不同动词之间能够进行范畴共享的认知基础。

动量词"次"的修饰对象的发展演变过程能够反映出,在范畴共享的作用下,动量词"次"所修饰的动词也逐渐摆脱了形象性的限制,逐渐语法化为汉语量范畴的语法标记。因此我们认为,基于概念联想的范畴共享也是动量词"次"修饰对象扩张的重要认知机制。如图4-8所示。

---

① 《晋书·谢安传》:"时苻坚强盛,疆场多虞,诸将败退相继。安遣弟石及兄子玄等应机征讨,所在克捷。拜卫将军、开府仪同三司,封建昌县公。坚后率众,号百万,次于淮肥,京师震恐。加安征讨大都督。玄人问计,安夷然无惧色,答曰:'已别有旨。'既而寂然。玄不敢复言,乃令张玄重请。安遂命驾出山墅,亲朋毕集,方与玄围棋赌别墅。安常棋劣于玄,是日玄惧,便为敌手而又不胜。安顾谓其甥羊昙曰:'以墅乞汝。'安遂游涉,至夜乃还,指授将帅,各当其任。玄等既破坚,有驿书至,安方对客围棋,看书既竟,便摄放床上,了无喜色,棋如故。客问之,徐答云:'小儿辈遂已破贼。'既罢,还内,过户限,心喜甚,不觉屐齿之折,其矫情镇物如此。以总统功,进拜太保。"这段史料讲述的是谢安不喜形于色的故事,其中的"夷然无惧色""了无喜色"就能够生动地说明,有些心理感受完全无法通过外在表现观察到,从而使我们认识到感受类动词的形象性非常弱的特征。

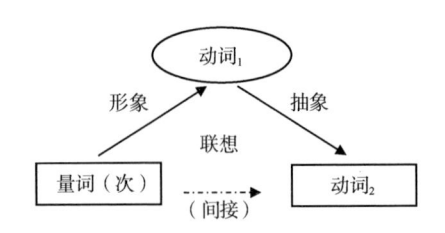

图4-8 动量词"次"的范畴共享

我们也可以由图4-8得到"次"的认知结构：

$$F(次) = \{[实体结构][标记]\}$$

这一认知结构表明，"次"作为量词首先是从动作的形象性特征，即从实体结构开始的。在这种用法的基础上，它由于概念联想而形成一种范畴共享；在这种范畴共享的影响下，动量词"次"的形象性特征逐渐淡化，用以表达那些形象性较弱或者不具备形象性的抽象动作，并逐渐语法化为一种标记，成为汉语量范畴的语法标记。

（三）动量词"遍"的用法扩展和认知结构

"遍"的本义是"周遍"。据《说文解字·彳部》："徧，帀也。"又《帀部》："帀，周也。""徧"就是"遍"，它的本义是"周遍"。王力（1957 [2004]：285）认为，"遍"是表示读书完毕的次数。如：

㊆吾于书，读不过三遍，终身不忘也。[（唐）韩愈《张中丞传后叙》]

刘世儒（1965：255）认为，"遍"作为动量词是由"周遍"义引申出来的。在南北朝时期，"遍"最常见的用法是用来称量"诵读"一类的动词，因为读书必须从头到尾读遍才能全部了解。因而，"遍"是表示长时距的量词。如：

㊄但读千遍，自得其意。(《抱朴子·祛惑》)

㊅吾贵览读一遍，便即别构户牖。(《魏书·张吾贵传》)

实际上，在南北朝时期，动量词"遍"的称量对象并不限于读书。如：

㊆画眉千度拭，梳头百遍撩。[(北周) 庾信《梦入堂内诗》]

㊇于木槽中下水，脚踏十遍，净淘，水清乃止。(《齐民要术》卷五)

㊈卧觉，当摩目二七，叩齿二七遍。(《真诰·协昌期》)

隋唐时期，"遍"的称量对象也有不限于读书的情况。如：

㊊自显扬门及升阶，凡数三遍。[(隋) 王劭《舍利感应记》]

㊋余经及《周官》《仪礼》《国语》《尔雅》《山海经》《本草》并再抄，子史诸集皆一遍。(《南史·王昙首传》)

为了更清楚地了解动量词"遍"所修饰限制的动词的发展演变过程，我们检索了CCL语料库中动量词"遍"所修饰对象的历时演变过程，梳理了"遍"所修饰动词的历时变化。有以下基本情况。

先秦两汉：凿、扬、浸、沥。

魏晋南北朝：钞、锄、读、盖、耕、脚踏、搅、曝、拭、淘（淘米）、洗、曳（曳碌碡）、祝、蒸、煮。

隋唐五代：持诵、摧裂、读、讲、酒（祭酒）、举、看、磨、捏、烧香、升、水（浇水）、说、听、颓裂、宣扬、巡、赞、造、租作、瞻礼、转。

宋元：表白、唱、抄、持（持诵）、道（说）、读、返观、讽诵、抚琴、告诉、过（看）、回（回家）、讲、讲解、解、教、叫

· 199 ·

(叫唤)、举、看、枯死、览读、朗宣、犁地、理会、念（读）、让（谦让）、思、思量、死、述、水（浇水）、说、诵、诵读、体察、掏、问、温（温习）、舞、洗、行、叙、宣、巡、吟、咏、争论、整齐（整理）、注解、转、走、坐朝。

明：拜扫、备陈、备说、备述、表白、表述、禀、操（操练）、查看、唱、呈说、叱（叱责）、传、传示、蹰躇、凑动、错、打、打梆、道（说）、登阁、递（递酒）、递酒、点、点卯、点名、点（点名）、读、耳闻、翻盖、放、告诉、观、观景、观看、观望、喝（喝斥）、回（回家）、回复、会（遇见）、检点、见、讲、讲读、讲说、交（交试卷）、教（教书）、叫、教训、具陈、具述、看、科（科举）、哭、哭诉、来、朗诵、默诵、目过、拈香、念、念诵、捏、跑、瞧、娶、让（谦让）、饶恕、上堂、哨探、审录、生活、使（派遣）、试（试探）、数说、述、说、说谕、四顾、诵、诵咒、搜、诉、诉说、探（打探）、逃、题词、跳跃、听、投崖、乌（染黑）、问、洗、细审、细说、细述、细诉、细问、响、想、行周、叙、宣、宣扬、学（复述）、学说、寻、寻绰、寻死、巡哨、言、演（演练）、遥望、饮、咏唱、游玩、瞻礼、展玩、掌喇叭（吹喇叭）、掌号、掌哱啰、争论、直（赌直）、转、装幌子、张（张望）、照过、嘱咐、抓寻、撞、走、奏、奏启、奏知。

清：安抚、拜读、背（背诵）、背念、备述、备说、表白、表明、禀陈、查、查访、查看、查考、查阅、察勘、察看、察视、抄、吃（吃茶）、出（出恭）、传看、催（催促）、打、打扫、祷祝、递传、点查、点读、读、对（核对）、对口供、扃、翻、翻（翻译）、翻检、翻寻、费（费事）、吩咐、分解（分析）、抚摩、复读、改抹、告诉、供（招供）、供招、观看、逛、鬼混、喝（喝酒）、环视、会商、回（回答、回话、回复）、回禀、回答、加圈

第四章 汉语量词的认知结构研究

(阅读)、检、检搜、拣选、讲、讲解、教、教导、教传、介绍、开导、看(阅读、观看)、看过、看视、看验、咳嗽、哭穷、哭诉、来、朗诵、唠叨、理(梳理)、临写、略谈、略问、面禀、描、默祝、念、念咒、盘问、破解、铺张、启奏、瞧(看书、看信、阅读、观察)、圈点(阅读)、劝、让(谦让)、绕行、扫、审问、申诉、数(数数)、说、述、述说、束(捆束)、搜、搜寻、诉说、诵读、诵念、颂扬、送、算、踏勘、谈、探(探看)、探听、誊(誊写)、提(提醒、告诉)、听、通读、推让、推详、往来、温习、问、细诉、细述、细算、细问、细说、细读、细看、想、写、行(施行)、叙述、宣读、宣扬、学(复述)、学说、详述、寻、寻找、巡查、巡逻、询问、讯(审讯)、演说、吟哦、应酬、游览、游顽、游玩、谕、阅、找、照、斟酒、指点、周视、周旋、嘱咐、转禀、转谕(转告)、追述、追问、走、奏、奏闻、作、作揖。

梳理结果表明,动量词"遍"的用法产生较早,先秦时期就能够见到。在先秦时期所修饰的动词是加工类动词。如"凿""扬""浸""沥"等:

㉜凿井城上,俟其身井且通,居版上而凿其一遍。已而移版,凿一遍。(《墨子·备穴》)[1]

㉝和蜜扬之,二百四十遍。(《金匮要略·呕吐哕下利病脉证治》)[2]

---

[1] 对于这一例中的"遍"是不是动量词还存在不同的看法。郑桦(2005)认为是动量词,惠红军(2009[2011]:156)认为不是动量词,而是动词。作为一种有争议的用例,我们暂且录存。

[2] 《金匮要略》中的两例转引自李建平《先秦两汉量词研究》,西南大学,博士学位论文,2010年,第212页。

(84)以绵缠筋如茧，浸汤沥阴中，日四遍。(《金匮要略·妇人杂病脉证并治》)

在魏晋南北朝时期，动量词“遍”能够修饰的动词主要有运动类、言说类、加工类。运动类动词如“钞”“锄”“盖”“耕”“脚踏”“搅”“曝”“拭”“洗”“曳”等，主要是农业劳动方面的活动：

(85)直深细锄地一遍，劳令平。(《齐民要术》卷三)

(86)速以酒杷就瓮中搅作三两遍。(《齐民要术》卷七)

(87)先放水，十日后，曳陆轴十遍。[①] (《齐民要术》卷二)

言说类动词如“读”“祝”等：

(88)主人三遍读文，各再拜。(《齐民要术》卷七)

(89)祝三遍，各再拜。(《齐民要术》卷七)

加工类动词如“淘”“蒸”“煮”等：

(90)淘米可二十遍。(《齐民要术》卷七)

(91)又蒸熟，又曝，如此三遍，成矣。(《齐民要术》卷八)

到了隋唐五代时期，动量词“遍”能够修饰的动词有运动类动词、言说类动词、加工类动词、交际类动词等。运动类动词如“看”、“升”、“水”(浇水)、“巡”、“转”、“举”等：

(92)欲起九原看一遍，秦淮声急日西斜。[(唐)罗隐《建康》]

(93)曾在此山修行，巡五台五十遍。(《入唐求法巡礼行记》卷二)

① 曳陆轴，即曳碌碡。

(94)旬日之间，则水一遍。(《魏书·刁雍传》)

言说类动词如“持诵”“读”“讲”“说”“听”“宣扬”“赞”等：

(95)讲说并数十遍，生徒亦数百人。(《南史·儒林传》)

(96)师有时说三遍成佛篇，于中有三意。(《祖堂集》卷二十)

加工类动词如“磨”“捏”“相作”“颓裂”“造”“摧裂”等：

(97)初造此菩萨时，作了便裂，六遍相作，六遍颓裂。(《入唐求法巡礼行记》卷三)

(98)今既六遍造，六遍皆摧裂，的应不称大圣之心。(《入唐求法巡礼行记》卷三)

(99)大师灵质，被害三刀；盛绩碑铭，经磨两遍。(《神会语录·菩提达摩南宗定是非论》)①

交际类动词如“酒”(祭酒)、“烧香”、“瞻礼”等：

(100)酒三遍，所司奏请赐王公以下射。(《通典》卷一三三)

(101)门扇忽然自开，瞻礼三遍而出。(《祖堂集》卷十七)

(102)千回念佛求加护，万遍烧香请世尊。(《敦煌变文集新书·父母恩重经讲经文二》)

在宋元时期，动量词“遍”所修饰限制的动词除了运动类、言说类、交际类、加工类动词，还出现了感受类动词。感受类动词如“理会”“思”“思量”“体察”“死”等：

① 刘坚、蒋绍愚：《近代汉语语法资料汇编》唐五代卷，商务印书馆1990年版，第55页。

⑩³每遇巡狩，凡事理会一遍，如文字之类。(《朱子语类》卷七八)

⑩⁴人且逐日自把身心来体察一遍。(《朱子语类》卷九八)

⑩⁵奴两遍死去，都只为官人。(《醒世恒言》卷十四)

在明清时期，这类感受类动词更为常见。如"踌躇""错""想"等：

⑩⁶踌躇千百万遍，终是报仇心切。(《醒世恒言》卷三十六)

⑩⁷我两遍错了主意。(《警世通言》卷十八)

⑩⁸那一日不想几遍，怎么从没梦过。(《红楼梦》第109回)

通过动量词"遍"所修饰动词的历时演变，我们能够发现，"遍"早期修饰限制的动词主要是加工类动词，其后逐渐扩展到运动类动词和言说类动词，这说明"遍"的动量词的用法也首先是基于形象性的。在宋元时期，"遍"能够修饰限制的动词中新增了感受类动词。虽然感受类动词的形象性是最弱的，但有时也有一定的形象性。如"体察"一词：

⑩⁹人且逐日自把身心来体察一遍。(《朱子语类》卷九八)

《朱子语类》中对"体察"的理解始终离不开日常生活中的所说、所做、穿衣吃饭、待人接物等，由此可见"体察"这一动作在一定程度上也是具有形象性的。但是正如上文已经反复提到的那样，感受类动词的形象性确实是最弱的，有时甚至了无痕迹。因此，感受类动词的出现，表明动量词"遍"的修饰限制对象已经摆脱了形象性的限制，能够修饰限制抽象动词了。由于不同的动词共享了形象性这样的范畴特征，因此运动类动词、言说类动词、感受类动词之间就能够因为形象性这种范畴特征而被联想在一起，从而使不同类型的动词之间能够进行范畴共享。随着这种范畴共享范围的扩大，动量词"遍"所修饰的动词也逐渐摆脱了形象性的限制，逐渐语法化为汉语量范畴的语法标记。

因此可以这样认为，基于概念联想的范畴共享是动量词"遍"修饰对象扩张的重要认知机制。如图4-9所示。

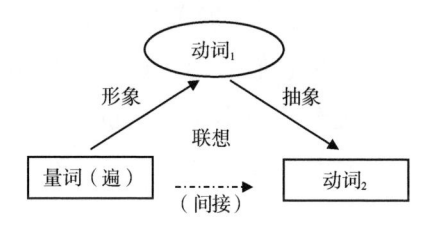

图4-9 动量词"遍"的范畴共享

我们也可以由图4-9得到"遍"的认知结构：

$$F(遍) = \{[实体结构][标记]\}$$

这一认知结构表明，"遍"作为动量词首先是从动作的形象性特征，即从实体结构开始的。在这种用法的基础上，"遍"由于概念联想而形成一种范畴共享，并使其形象性特征逐渐淡化，用以表达那些形象性很弱或不具备形象性的抽象动作。在这种范畴共享的影响下，动量词"遍"的称量对象逐渐脱离形象化的限制而不断扩大，"遍"也由此逐渐语法化为汉语动量范畴的一种语法标记。

第五节 动量词用法扩展中的范畴共享机制及其影响

一 动量词用法扩展中的范畴共享机制

通过"下""次""遍"三个专用动量词及其修饰对象的历史考察，我们发现，同名量词一样，这三个动量词的历时发展演变过程中也同样存在着范畴共享机制：对于一个动量词来说，如果它能够修饰动词$_1$，那么它就能够修饰和动词$_1$具有某种共同范畴特征的动词$_2$；同样的原因，该动量词也能够修饰和动词$_2$具有某种共同范畴特征的动词$_3$，以此类推，这个动量词的修饰对象就会不断扩大。这种共同范畴特征主要表现为动词$_1$和动词$_2$都具有某种形象性。同时，"下""次""遍"等作为动作的形象性特征，实际上也就是一种"实体结构"特征，这也是它们的动量词用法发生的认知基础。但是，这种动作的形象性制约会逐渐弱化，也就是"实体结构"特征的制约会逐渐弱化，使动量词逐渐扩大使用对象，能够修饰击打类、运动类、言说类、对比类、饮食类、交际类、加工类、感受类等各类动词，由此逐渐语法化为汉语动量范畴的一种语法标记。具体如图4-10所示。

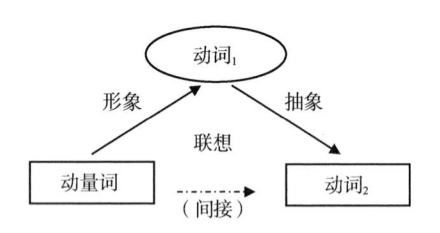

图4-10 动量词的范畴共享机制

图4-10所要表明的意思是，对于一个动量词来说，如果它能够修饰动词$_1$，那么它就能够修饰和动词$_1$具有某种共同范畴特征的动词$_2$；同样的原因，该动量词也能够修饰和动词$_2$具有某种共同范畴特征的动词$_3$。以此类推，这个动量词的修饰对象就会不断扩大，并在此基础上逐渐语法化为一种量范畴标记。同时，这样的范畴共享机制也能够使动量词逐渐形成以下的认知结构：

F(动量词) = {[实体结构][范畴标记]}

也就是说，由于范畴共享机制的影响，汉语的动量词逐渐在诸多的动词之间广泛使用，因而打破了该动量词在使用之初所具有的形象

第四章 汉语量词的认知结构研究

性限制，并使其动作实体的概念意义逐渐变得抽象，最终语法化为一种量范畴标记。因此，我们经常能够见到几个不同的动量词修饰同一个动词，且语义基本相同的情况。如现代汉语中，"下""次""遍"都能够修饰"叩头""检查""过问"等动作：

①白度和元豹走进大殿，恭恭敬敬向卧佛鞠躬，跪下叩头三下。(王朔《千万别把我当人》)

②洪承畴赶快再跪下，双手接过尚方剑，又一次叩头谢恩，山呼万岁。(姚雪垠《李自成》)

③妈却把这当成神仙赐给的仙药，仔细包起来揣进怀里，又跪下来一遍又一遍叩头。(尤凤伟《金龟》)

④你给俺检查一下吧，俺就盼着你给俺看一看哩。(《报刊精选》1994年)

⑤通常6小时须重新检查一次。(子柔《时光向左女人向右》)

⑥他带着随从，先对内城各处的明岗暗哨检查一遍，然后来到东门楼上坐下。(李文澄《努尔哈赤》)

⑦请刑检处过问一下，抓一下此类不严格执法的问题。(《报刊精选》1994年)

⑧他曾在一份关于京九铁路的材料上作重要批示，并多次过问京九铁路天津至霸州联络线及鄄城设站等有关问题。(《报刊精选》1994年)

⑨伯父仔细过问了一遍入伍的整个经过后说……(周秉建、拉苏荣《马头琴上的双弦曲》)

一般而言，动量词可以被分为专用动量词和借用动量词两类。这里所讨论的"下""次""遍"就属于专用动量词，而"口""脚""拳"这一类则属于借用动量词。但是还有不同的分类。惠红军(2009[2011]：16)主要依据认知和功能的标准，把动量词分为动作实体型动量词和物品实体型动量词两类。这里所详尽考察的"下""次""遍",以及尚未详尽考察的"回""趟""番""通""顿""度""遭""巡"等,惠红军(2009 [2011]:142)认为都是动作实体型动量词;而一般所说的专用动量词"场""阵"和借用动量词"口""脚""拳"等则被归入物品实体型动量词(2009 [2011]:149)。

这种分类实际上已经暗示了动量词具有实体型范畴特征。具体言之,在动作实体型量词中,并非所有的动作实体型动量词都能够像"下""次""遍"一样完全成为一种动量范畴标记,而是还保留着一定的范畴局限性。如动量词"巡"。"巡"本是动词,意思是"边看边走"。《说文解字·辵部》:"巡,视行也。"段玉裁《说文解字注》:"视行者,有所省视之行也。"如:

⑩时厥明,王乃大巡六师,明誓众士。(《尚书·泰誓下》)
⑪臣从君还轸,巡于天下,怨其多矣。(《国语·晋语四》)

在动量词"巡"的早期用法中,既有修饰对比类、运动类动词的情况。如:

⑫伐绞之役,楚师分涉于彭,罗人欲伐之。使伯嘉谍之,三巡数之。(《左传·桓公十二年》)
⑬杖策窥园日数巡,攀花弄草兴常新。[(宋) 王安石《杖策》]

也有修饰饮食类动词的情况。如:

⑭颜置脯斟酒于前,其人贪戏,但饮酒食脯,不顾。数巡,北边坐者忽见颜在,叱曰:"何故在此?"(《搜神记》卷三)
⑮吴用又劝他三个吃了两巡酒。(《水浒传》第15回)
⑯凤姐执壶斟了一巡,才归坐。(《红楼梦》第84回)

第四章 汉语量词的认知结构研究

但在现代汉语中，动量词"巡"虽然能够修饰限定击打类动词。如：

⑰我抽你一巡楠竹丫子。（周立波《山乡巨变》）

但主要是修饰饮食类动词。如：

⑱让她来斟一巡酒吧。（张恨水《啼笑因缘》）
⑲父亲说我们的七老爷爷倒了一巡茶，点燃了三根羊油大蜡烛，自己也怯怯地入了座。（莫言《食草家族》）

在物品实体型量词中，有些量词能够像"下""次""遍"一样完全成为一种动量范畴标记，如动量词"场"，它能够修饰击打类动词：

⑳他切盼上级的命令是马上动手，好去痛痛快快地打一场。（老舍《火葬》）
㉑他乐得的看看两个官儿象两条凶狗似的恶战一场。（老舍《四世同堂》）
㉒尤其是到一个离家较远的地方去看木傀儡戏，不准备厮杀一场简直不成。（沈从文《我读一本小书同时又读一本大书》）
㉓如果我的伙伴不在我身旁，而我却陷入一场打架中，这会有什么后果呢？（张小蛇《李小龙的功夫人生》）

动量词"场"能够修饰运动类动词：

㉔单要来到街上赌一场。（老舍《我这一辈子》）
㉕江南的往事可真多，短梦似的一场一场在心上跑着。（俞平伯《雪晚归船》）

㉖霓喜缓过一口气来之后,自不肯善罢甘休,丢盘摔碟,跳了一场。(张爱玲《连环套》)

动量词"场"能够修饰言说类动词:

㉗马老先生怕李子荣教训他一场,一个劲儿哼哼。(老舍《二马》)

㉘都想马上出来和评论的人对骂一场。(赵树理《三里湾》)

㉙白人老板把口哨一吹,像马戏团的领班介绍他的狗熊舞刀耍枪似的大说一场。(吴组缃《"吃风景"》)

动量词"场"能够修饰对比类动词:

㉚一个月后,我们又和湖人队比试了一场。(姚明《我的世界我的梦》)

㉛希望在男、女单打中能赢一场。(新华社 2001 年 6 月新闻报道)

㉜一年以后,我跟童黎又比赛了一场。(《读者(合订本)》)

动量词"场"能够修饰饮食类动词:

㉝让那只小鼠畅饮一场罢。(许地山《无法投递之邮件》)

㉞但我若要自杀,我必须先弄几个钱来,痛饮饱吃一场。(郁达夫《茑萝行》)

㉟碰巧这晚上又有人给库兵送了酒来,三人尽兴喝了一场。(邓友梅《烟壶》)

动量词"场"能够修饰交际类动词:

㊱非打官司不可呢,也只好打它一场。(老舍《牛天赐传》)

㊲她不能闲着,她得捧姑奶奶一场。(老舍《牛天赐传》)

㊳珍珠准去帮你一场,你接你送,一个钱不要!(老舍《方珍珠》)

㊴我辛辛苦苦服侍你姑爹一场,犯了什么法,要赶我出门?(张爱玲《连环套》)

㊵咱们夫妻一场,你对我说一句实话,你曾经爱过我吗?(曾明了《宽容生活》)

动量词"场"能够修饰加工类动词:

㊶被露水洗过几场的烟叶又黄又红。(张炜《秋天的愤怒》)

㊷对于众多濒临破产的企业来说,面临的正是这样一场生与死的煎熬。(《报刊精选》1994年)

动量词"场"能够修饰感受类动词:

㊸正象小孩子闹脾气到不可开交的时候,爽得叫他痛哭一场。(老舍《赵子曰》)

㊹猫咬尿泡,瞎欢喜一场!(老舍《我这一辈子》)

㊺他真想狂笑一场了。(老舍《文博士》)

㊻有时登高山时作人猿泰山之狂啸,山谷为之震惊,聊当痛苦一场。(李金发《国难旅行》)

但有些物品实体型动量词还保留着一定的范畴局限性,并不能修饰各类动词,而是主要修饰限制以它们作为工具的动词。如动量词"口",它很少或不能修饰击打类、运动类、加工类、感受类动词,而主要修饰限制言说类、饮食类、交际类动词。因为"口"是言说类、饮食类、交际类动词的一种工具论元。

㊼当年，因为嗓子好，又爱唱上几口，生产队里逢年过节组织乌兰牧骑（文艺演出队）就总少不了我。(《人民日报》1994 年)

㊽你说你“哇”吐一口，大地不也得接受吗？(《梁冬对话曲黎美》)

㊾今天的茶不错！说着他便轻抿了一口（《女记者与大毒枭刘招华面对面》)

㊿铁路就象“唐僧肉”，谁都想咬一口。(《报刊精选》1994 年)

动量词“脚”不能修饰言说类、对比类、饮食类、感受类动词，但是能够修饰击打类、运动类、加工类动词。因为“脚”是击打类、运动类、加工类动词的一种工具论元。

(51)扈拉西心里有些恐慌，又用力踢了几脚，额亦都纹丝不动，似乎没有发生任何事情似的。(李文澄《努尔哈赤》)

(52)她望着那远去的身影，吐了一口唾沫，跺了一脚。(刘绍棠《运河的桨声》)

(53)在草坪上踩几脚，看起来好像是小事。（新华社 2001 年 4 月新闻报道)

动量词“拳”不能够修饰言说类、对比类、感受类动词，但是能够修饰击打类、运动类、饮食类、交际类、加工类动词。因为“拳”是这些动词的工具论元。

(54)我一拳揍扁了你们俩！(老舍《方珍珠》)

(55)这好比拳击赛，我能在泰森或阿里脸上打上一拳，我的知名度就高了。(《人民日报》1993 年)

(56)他横我一眼，随即从袖管里抽出拳头来，往我背上击了一

拳。(沙汀《贺龙将军印象记》)

以上的讨论能够反映出,虽然实体型结构是动量词成为范畴标记的重要认知基础;但是这一实体结构能否和更多的动作发生概念联想,进而使动量词能够实现范畴共享,这是动量词语法化为量范畴标记的重要过程。如果某个动量词的"实体结构"特征能够逐渐弱化,也就是动作的形象性制约会逐渐弱化,使动量词能够实现范畴共享,逐渐扩大使用对象,能够修饰击打类、运动类、言说类、对比类、饮食类、交际类、加工类、感受类等各类动词时,该动量词就语法化为汉语动量范畴的一种语法标记。"下""次""遍""场"等就是如此。如果某个动量词的"实体结构"特征没有能够弱化,其实体型的形象性制约依然存在,没有实现范畴共享;那么该动量词的使用对象就难以扩大,它也就难以修饰各类动词;进而该动量词就无法语法化为动量范畴的语法标记,只能作为部分动词的动量标记。如"巡""口""脚""拳"等就是如此。因此,基于概念联想的范畴共享机制是动量词语法化为量范畴标记的重要机制。

二 范畴共享机制的影响——动量词的标记化和蜕化

(一) 动量词的标记化

1. 混同关系:动量词的标记性特征之一

对于专有动量词,一般认为,它们之间还是存在着语义上的差异,进而导致其用法上的不同。如《现代汉语八百词(增订本)》把动量词"下"解释为"用于动作的次数"(第565页),把"次"解释为"用于可以重复的动作"(第129页),把"遍"解释为"指动作从开始到结束的整个过程;数量短语常重复,表示重复多次"(第81页)。邵敬敏(1996)认为,"下"是短时量词,侧重于动量;"次"是计数量词,表示的是动作的重复性,不考虑时间因素,也没有别的附加意义，语义最为单纯，因此它可以自由地跟有量动词组合；"遍"是情态量词中的整体量词，表示动作累计量较大，动作整体性强，动作是可以反复进行的。

为了进一步探讨"下""次""遍"在语义上的关系，我们选取了击打类、运动类、言说类、对比类、饮食类、交际类、加工类、感受类动词中的一些典型动词，来考察它们在CCL语料库中与"一下""一次""一遍"搭配的古今差异。① 考察结果见表4-3。

表4-3　　　　一下、一次、一遍与动词搭配的古今差异

动词		一下		一次		一遍	
		古	今	古	今	古	今
击打类	打	72	112	5	136	0	10
运动类	做	4	112	11	567	0	56
言说类	说	1	43	0	9	0	1
对比类	认	1	5	3	104	2	4
饮食类	吃	6	623	3	124	572	509
交际类	摸	5	149	0	3	1	6
加工类	洗	4	827	0	26	0	23
感受类	想	1	77	3	139	2	55

表4-3的考察结果表明，我们所选择的这八个动词与"一下""一次""一遍"的搭配表现出比较鲜明的特点。具体表现为，"一下""一次""一遍"在古代汉语中的修饰能力似乎受到某种制约。如"一

---

① 表4-3中的"古"指古代，所用语料的时代延续至民国时期；"今"指现代，所用语料的时代指新中国成立以来的时期。这与汉语研究中一般的"上古、中古、近代、现代"这样的四分法略有差异。

次”“一遍”在古汉语时期没有发现修饰限制动词“说”“洗”的用例；但它们在现代汉语中的修饰能力普遍增强，都能够和各类动词搭配。①

在近代汉语时期的文献中，我们也能够发现一些专用动量词的语义大体相同的情况。如“下”“次”“遍”“回”“番”“过”“场”都能够修饰动词“读”：

(57)读一遍了，又思量一遍；思量一遍，又读一遍。(《朱子语类》卷十)

(58)但卑意欲少年为学者，每一书皆作数次读之。[(宋) 沈作《寓简》]

(59)好把移文，从今日日，读取千回。[(宋) 辛弃疾《柳梢青·三山归途代白鸥见嘲》]

(60)你们不信，只把《原毁》一篇细读一下。(《孽海花》第3回)

(61)相公，且读一番与我听咱。[(元) 高明《蔡伯喈琵琶记》]

(62)然余疾读一过，犹以事迹之繁非童子所能悉者。[(元) 赵孟頫《古今历代启蒙序》]

(63)读书一场，叫人老爷，磕头参见，这也就苦死人了。(《醒世姻缘传》第1回)

又如“下”“次”“遍”“回”“番”“过”“场”“阵”“度”等都能够修饰言说类动词“说”：

(64)圣人下得言语恁地镇重，恁地重三叠四，不若今人只说一

① 需要说明的是，我们所检索的语料能够显示，“次”“遍”在古汉语时期能够修饰限制言说类动词和加工类动词。表4－3中之所以没有发现“次”“遍”修饰言说类动词“说”、加工类动词“洗”的主要原因可能是词条选择的限制性，而非二者之间的语义制约。

下便了，此圣人所以为圣人。(《朱子语类》卷十七)

(65)合寄姐说了几次，他又不雌不雄。(《醒世姻缘传》第79回)

(66)请座主更说一遍。(《五灯会元·佛果圜悟禅师碧岩录》)

(67)静真走出观看，两下说了一回闲话。(《醒世恒言》卷十五)

(68)范氏已先见公子说过两番。(《二刻拍案惊奇》卷三十二)

(69)先生曰："说得也都未是。"因命林子武说一过。(《朱子语类》卷一一九)

(70)但你们说了一场，我也少不得搭个分子。(《儒林外史》第2回)

(71)大家说笑一阵，我便辞了回去。(《二十年目睹之怪现状》第74回)

(72)曾闻几度说京华，愁压帽檐斜。[(宋)尹济翁《风入松·癸巳寿须溪》]

动量词的这种语义特征也延续到现代汉语中，因此现代汉语中也常常能够见到不同的动量词修饰同一动词的情况。我们上文已经列举"下""次""遍"都能够修饰"叩头""检查""过问"等动作的情况，这里再来看看"下""次""遍""回""番""过""场""阵""度"等修饰同一动词的情况，如修饰感受类动词"想"：

(73)大家都楞住了；想了一下，才明白过来。(老舍《四世同堂》)

(74)他这样的想过多少次。(老舍《火葬》)

(75)但是，他睡不着。由头儿又想了一遍，还是想不清楚。(老舍《四世同堂》)

(76)那天回来，我细细想了一回，理由多了。(老舍《二马》)

(77)我又设想了一番凯旋而归万众欢腾的场面。(王朔《动物凶猛》)

(78)凡事，那怕是一个尖针那么小，全要思想一番啊。(老舍

《赵子曰》)

⑦他必须把老三的过去全盘想一过儿，以便谈得有条理。(老舍《四世同堂》)

⑧邓有梅和孙四海想了一阵，认为这没有什么。(刘醒龙《凤凰琴》)

⑧我数度想劫夺谢大侠，都没成功。(金庸《倚天屠龙记》)

为了进一步发现动量词使用中的一些隐蔽的特征，我们对比考察了CCL语料库中的老舍、赵树理、王朔、严歌苓、刘震云、迟子建等作品中"下""次""遍""回""番""过""场""阵""度"等修饰动词"打""想"时的使用频率。为了方便统计，动量词搭配的数词都设定为"一"，检索的表达式都为"V（了）一下"。具体检索结果见表4-4。

表4-4 现当代小说中动词"打""想"与动量词的搭配情况

作者	下 打	下 想	次 打	次 想	遍 打	遍 想	回 打	回 想	番 打	番 想	场 打	场 想	阵 打	阵 想	过 打	过 想
老舍	15	6	13	1	1	8	20	6	1	4	7	0	5	0	0	1
赵树理	3	3	1	0	1	2	0	0	0	0	0	0	0	5	0	0
王朔	12	8	10	0	1	1	4	0	2	1	1	0	1	0	0	0
严歌苓	4	5	3	3	0	0	3	0	1	0	0	0	1	0	0	0
刘震云	4	1	3	0	1	0	2	0	2	0	0	0	3	0	0	0
迟子建	3	1	2	0	0	0	0	0	1	0	0	0	0	0	0	0

表4-4的检索结果说明，虽然不同的动量词能够修饰同一动词，但在使用频率上表现出异中有同。其差异性表现为同一言语主体的言语作品中对不同动量词的使用频率不同：如在老舍作品中，"下"

"次""遍""回"这几个动量词使用较多,而"番""场""阵"使用较少,"过"几乎不用;在王朔作品中的"下""次"使用较多,赵树理的"下"使用较多,而他们对其他动量词的使用都非常之少。在我们所检索的范围内,其共性表现有两点:其一,击打类动词比感受类动词更容易表现出动量特征;其二,动量词"下""次"的使用整体较多,而"过"很少出现。

由于我们考察的动词为击打类动词"打"、感受类动词"想",而这两个动词都能够普遍接受"下""次"的修饰;因此可以说,不同的动量词能够表达同样的语义。我们称这种现象为动量词的语义混同。由于这种语义混同情况的存在,现代汉语中普遍存在以下的同义表达。

㉘我请大家花时间读一下我的方案。(石康《奋斗》)
㉙我拿起兰子的"毁灭"再读一遍。(苏雪林《北风》)
㉚我读这篇散文不止一次了,每读一次我的心也都像琴弦一样颤动。(曾卓《文学长短录》)

为了进一步详细考察不同动量词之间的语义混同关系,我们检索了 CCL 语料库中"打一下""打一次""打一回""打一遍"这四个动量短语和动词的配合使用情况,有以下具体使用情况。

使用"打一下"来修饰限制的行为动作主要有以下三类。

击打类:打人、打屁股、打手心、打耳光、打嘴、打枪、打仗、打敌人、打伏击、攻打、抽打、摔打、敲打、拍打、击打、打击、打骂、捶打、打龙袍、打帽子、打鼓、打钟(敲钟)、打铁、打大锤、搅打、打狐狸、打猎。

运动类:打前锋、打后卫、打中锋、打边前锋、打马达(汽车点火)、打转向灯、打火、打打火机、打印、打字、打嗝、打瞌睡。

第四章 汉语量词的认知结构研究

交际类：打招呼、打电话、打手机。

使用"打一次"来修饰限制的行为动作主要有以下三类。

击打类：打人、打仗、打狙击、打胜仗、打鞭子、打埋伏、打伏击、打石头（超声波碎石）、敲打、打锣鼓、鞭打、打架、打群架、打猎。

运动类：打牌、打球、打羽毛球、打乒乓球、打网球、打保龄球、打比赛、打奥运会、打麻将、打游戏、打药、打农药、打窑皮、打水、打针、打条（果树打条）、打赌、打哈欠、打盹、打喷嚏、打卡、打印、打雷。

交际类：打假、打官司、打报告、打电话、打电报、打的、打出租、打车、打钱。

使用"打一回"来修饰限制的行为动作主要有三类。

击打类：拷打、打仗、打架、打人、打鸟、打猎。
运动类：打药、打靶、打球、打牌、打麻将、打乒乓球、打胎、打折扣、打比赛、打执事（拿着执事）。
交际类：打圆场、打电话、打的、打车、打出租车。

使用"打一遍"来修饰限制的行为动作主要有三类。

击打类：打仗、打碎、拍打。
运动类：打药、打磨、打字。
交际类：打电话。

通过上面的统计，我们发现"下""次""回""遍"所修饰的动作类型基本一致。具体来说，在击打类行为动作中，"下""次""回"

"遍"都能够修饰"打仗"这一行为。如：

⑧⑤他的意见，为了杀伤敌人，打一下是可以的。（知侠《铁道游击队》）

⑧⑥可是我们实现这主意之前，先要派一支部队，打一次有趣而重要的战斗。（杜鹏程《保卫延安》）

⑧⑦打了一回仗连一个死的活的俘虏的敌兵都没见着。（王朔《玩的就是心跳》）

⑧⑧桑姑娘昨天也莫名其妙来到少林，乱打一遍，还是给降了。（温瑞安《大宗师》）

在运动类动词中，"下""次""回""遍"动量词都可以修饰限制"打农药"这一行为。如：

⑧⑨今天下午就在家除一下草，打一下药。①

⑨⑩有的地方得三天打一次药，缺水的地方从数里之外挑水喷药，劳动强度很大。（《报刊精选》1994年）

⑨①村民们懂得了棉花与油葵间作，打一回农药，效果相当于打几回农药。（《人民日报》1996年）

⑨②"五亩棉花打一遍药要多少钱？"一位大嫂上前问。（《人民日报》1996年）

在交际类行为动作中，"下""次""回""遍"四个动量词都可以修饰限制"打电话"这一行为。如：

⑨③肖莉建议她再打一下手机。林小枫再打，仍是通的。（《中

---

① 语料来源：https://haokan.baidu.com/v?pd=wisenatural&vid=13745472445085617185，检索日期：2020年2月15日。

国式离婚》)

㉔坚持每天早晚各给老岳母打一次问候电话。(《中国式离婚》)

㉕一般人逢事打一回电话非到邮局不可。(《人民日报》1995年)

㉖再拨打一遍，仍然是如此！(张平《十面埋伏》)

上面所列举的几组用例能够表明，"下""次""回""遍"这些动量词的用法在语义上存在混同关系，这正是动量词标记性的一个明显特征。

2. 替代关系：动量词的标记性特征之二

一般来说，使用借用动量词表达动量时都具有鲜明的形象性。而动量词的标记性的另一个明显特征就是能够替代那些借用动量词。如：

㉗骷髅上绷着一层枯黄的干皮，打上一棍就会散成一堆白骨。(杨绛《老王》)

㉘他在门外打了她一耳光，然后回到屋里。(老舍《鼓书艺人》)

㉙蓝皮阿五便放下酒碗，在他脊梁上用死劲的打了一掌。(鲁迅《明天》)

这些以借用动量词来表达动量的情况都可以使用专用动量词来表达。如：

⑩骷髅上绷着一层枯黄的干皮，打上一下就会散成一堆白骨。
⑪他在门外打了她一遍，然后回到屋里。
⑫蓝皮阿五便放下酒碗，在他脊梁上用死劲的打了一回。

虽然替换之后，所表达的动量缺少使用借用动量词的那种形象性和准确性，但是我们能够从中发现专用动量词使用上的标记性。也就是说，由于借用动量词和专用动量词都存在［实体结构］这样的语义特征，二者在范畴特征上具有共性特征。因此，借用动量词都能够被某个专用动量词替代。这也进一步印证了汉语动量词存在 F(动量词) = {[实体结构][范畴标记]} 这样的认知结构。

(二) 动量词的蜕化

1. 局部蜕化

在表 4-4 中，我们能够发现，有些动量词在有些情况下很少或不再使用，如在老舍、赵树理、王朔、严歌苓、刘震云、迟子建等人的作品中，动量词"过"很少或不再使用。这实际上是汉语动量词蜕化的一种反映。因为在汉语历时发展过程中，与动量词标记化并行发生的还有动量词的蜕化。

"过"曾经是一个使用频率很高的动量词。如：①

⑩③香汤洗数十过，烧香忏悔。(《高僧传·译经篇》)
⑩④今欲思论一过，数日当以相与。(《吴志·赵达传》)
⑩⑤余尝往返十许过，正可再见远峰耳。(《水经注》卷三四)

刘世儒（1965：253）指出，"过"作为动量词在南北朝时期已经发展得相当成熟；但发展下来，却没有得到继承，或只存在于个别方言中，如梅县、潮州。这并不奇怪，因为动量词往后发展，词量日益增加，分工日益细密；结果，这个无所不可用的动量词反弄得一无可用了。所谓"由简到繁"的规律，不但适用于名量词，动量词也同样适用。

我们统计了 CCL 语料库古代汉语中的动量词"过"所修饰的动词，梳理了"过"所修饰的动词。有以下基本情况。

---

① 这里有关"过"的 3 个例句均引自刘世儒《魏晋南北朝量词研究》，中华书局 1965 年版，第 250 页。例句的体例一仍其旧。

击打类动词：殴、交战、猎、攻破。

运动类动词：往返、建齿、按、出入、提举、来、行、落、上、入、动、偷、徘徊、起、吐纳、叩齿、呼气、乘云、度、鼓口、涉、抚弄（弹琴）。

言说类动词：思论、啼、诵、呜咽、读、道、朗诵、呼、说、考论、问、阅。

对比类动词：输、正、见、顾、多、观、看、认、勘验、检点、点检、寻、搜、简验、查看、质审、审质、检阅。

饮食类动词：漱、咽气、啖食、咽液。

交际类动词：奠、抚、拜、上香、抚摩、指示、接洽。

加工类动词：洗、揩、为、按、耨、熨眼、整理、编辑、钞录、钞誊、研究、试验。

感受类动词：思论、思量、经历、温（温习）、涉猎、展玩、暗忖、默忖、默想。

具体用例如下：

⑩⑥病风且寒且热，殴汗出，一日数过。（《素问·长刺节论》）

⑩⑦与老君《黄庭经》，令日读三过，通之，能思其意。（《列仙传》卷下）

⑩⑧彼常愿欲共我一过交战，我亦不痴，复不是苻坚。（《宋书·索虏传》）

⑩⑨须着火急痛切意思，严了期限，趱了工夫，办几个月日气力去攻破一过，便就里面旋旋涵养。（《朱子语类》卷一二一）

⑩清晨建齿三百过者，永不动摇。（《抱朴子·杂应》）

⑪今欲思论一过，数日当以相与。（《三国志·吴书》）

⑫一过啼多血满腮，肝肠寸断几千回。（《敦煌变文集新书·报恩经》）

⑬只是圣人合下体段已具，义理都晓得，略略恁地勘验一过。(《朱子语类》卷十五)

⑭先漱口三过，次洗手面，然后而浴也。(《云笈七签·杂法部·沐浴》)

⑮怀挟邪志，崎岖覆藏，然后方得一过啖食。[(梁) 萧衍《断酒肉文》]

⑯走到床边，将程宰身上抚摩一过。(《二刻拍案惊奇》卷三十七)

⑰匆匆的和彭玉麟当面接洽一过。(《大清三杰》第98回)

⑱因教之读，颖悟非常，指示一过，无再问者。(《聊斋志异》卷六)

⑲玄因徐徐以腹揩屋栋数十过，还复床上。(《太平广记》卷七一)

⑳《诗》《书》止编辑一过，《春秋》止钞录一过。[(清) 皮锡瑞《经学通论》]

㉑此心曾经思量一过。(《朱子语类》卷一百二十)

㉒董授之，展玩一过。(《聊斋志异》卷九)

㉓你这小蹄子，要掂多少过子才罢。(《红楼梦》第55回)

㉔这件事在我心里也不知过过多少过儿了。(《儿女英雄传》第44回)

上面的语料能够说明，动量词"过"曾经和"下""次""回""遍"等动量词一样，能够修饰击打类、运动类、言说类、对比类、饮食类、交际类、加工类、感受类等各类动词，是非常典型的动量词。同时，由于"过"从动词"度过""经过"之义发展出动量词的用法(刘世儒，1965：250)，因此我们也可以认为，动量词"过"具有 F (过) = {[实体结构] [标记]} 这样的认知结构。而这样的认知结构

第四章 汉语量词的认知结构研究

也正是它能够在魏晋南北朝时期成为使用频率极高的动量词的重要原因。虽然动量词"过"在现代汉语普通话中也能见到用例,但并不常见。

㉕我把几年报纸,找来一翻,以看大事记一般的浏览一过,只花几个小时。(《李敖对话录》)

㉖其演辞均分发,发言者照诵一过。(《报刊精选》1994年)

㉗即便是书黄纸冷的残卷罢,亦兴奋地抱回书房,重订一过,粘补裂痕,抚平折页,并装以书衣,使之重生于天壤之间。(《人民日报》1993年)

㉘亲手将诗卷校订一过。(《人民日报》1995年)

同时,现代汉语方言中,"过"作为一个常用的动量词也仍在使用。如(参见《汉语方言大词典》第1845—1846页):

这件衣服洗了三过了。(东北)
洗一过/浸一过(福建福州)
听一千过,还是要听!(广东潮州)
本书我看过二过。(广东汕头)

这反映出 F(动量词)= {[实体结构][范畴标记]} 这一认知结构对动量词用法的深层影响,即对那些能够实现范畴共享的动量词来说,虽然它们不一定一直作为最常用的量范畴标记,但总是能够保持相当的活力,作为一个常用的量范畴标记而活跃在汉语中。

至于动量词"过"蜕化的原因,刘世儒(1965:253)认为是动量词的词量日益纷繁、分工日益细密所致;并举"来一趟""读一遍""几次提举""一回交战",认为"趟、遍、次、回"都对"过"的蜕化有一定影响。曾文斌(2019)认为,《太平广记》征引《高僧传》

的内容中，有将动量词"过"改为"遍"的用例，"遍"与称量往来次数的动量词"回"共同取代了"过"；动量词"过"与"遍"属于历时替换关系。但也有看法认为，"过"的用法已经完全消失。如金颖（2006）认为，动量词"过"在元代口语中已完全消失。其原因在于唐代新兴动量词的出现及其旧有动量词的功能发展对"过"造成了冲击，导致"过"的用法萎缩；同时，动量词"次"广泛使用，并最终代替了"过"。李京京（2017）认为，元明清的文献中已不见动量词"过"的用例。其原因在于"过"的普遍适用是无助于语言的明确表达的，那么走向衰落也就成了必然之势。如果结合现代汉语的情况来看，我们会发现，"过"在现代汉语普通话中还依然有少量用法，并在现代汉语方言中还有较常见的用法。动量词"过"的这种使用状况能够说明，具有 F（动量词）={[实体结构][范畴标记]} 这一认知结构的动量词虽然不能作为一种广泛使用的动量词，但也能够在一定的范围内广泛或继续使用。因此可以认为是一种局部蜕化。

2. 全面蜕化

如果说"过"是一种局部蜕化，那么动量词"上"则是一种全面蜕化。在汉语史上，"上"曾经是一个使用较为广泛的动量词。袁宾（1986）、张美兰（2001：39）认为，"一上"当是从"一向"之义引申而来的。但实际上，"上"有"施加、施用"之义。如：

㉙草上之风，必偃。（《论语·颜渊》）

其中的"上"，三国魏何晏《论语集解》引孔安国曰："加草以风，无不仆者。"也就是把风施加在草上，草就会仆倒。而且"上"的这一意义在现代汉语中也在继续使用。如：

㉚小病，小病！上上药，服了药，准保见好！（老舍《四世同堂》）

第四章 汉语量词的认知结构研究

⑬我给上药止了血,又给他们服些宁神减疼的汤药。(金庸《雪山飞狐》)

"上"的动量词用法当是由其"施加、施用"之义重新分析而来的,是一种用法创新的表现。因为"施加、施用"具有完结语义特征,具备转喻和隐喻所需的形象性条件,所以能够进一步语法化为动量词。目前能够见到的"上"的动量词的较早用例出现在魏晋六朝时期。如:

⑬若强硬痂厚者,亦可以汤洗之,去痂,拭燥,以药汁涂之。再上,愈。(《齐民要术》卷六)

⑬去痂如前法。烧葵根为灰,煮醋淀,热涂之,以灰厚傅。再上,愈。(《齐民要术》卷六)

⑬剪却毛,泔净洗去痂,以禾苽汁热涂之,一上即愈。(《齐民要术》卷六)

其中"再上,愈"中的"再"可以当作"二"来解释,① 那么"再上"就是"二上";因此"再上,愈"和"一上即愈"的中"上"都可以分析为动量词,二者当是"两次,治愈"和"一次就治愈"之义。但"上"当作动词"施加、施用"也完全能够讲得通,"再上,愈"和"一上即愈"可以理解为"两次施药,治愈"和"一施药就治愈";因此"再上,愈""一上即愈"可以看作一种重新分析的状态。但《齐民要术》中"上"还是有确定的动量词用法的。如:

⑬净洗了,捣杏人和猪脂涂四五上,即当愈。(《齐民要术》卷六)

所以我们认为"再上,愈"和"一上即愈"中的"上"都是动量

---

① "再"有表示数字"二""两"的用法。如《后汉书·马援传》:"曾祖父通,以功封重合侯,坐兄何罗反,被诛,故援再世不显。"其中的"再世"就是"两代"之义。

词。虽然刘世儒（1965）并未提到动量词"上"，但我们在魏晋南北朝时期确实能够见到"上"的动量词用法。隋唐乃至两宋时期，动量词"上"的用法就更常见了。如：

㊱十年常苦学，一上谬成名。[（唐）白居易《及第后归觐留别诸同年》]

㊲十上方一第，成名常苦迟。[（唐）白居易《悲哉行》]

㊳时魏公年仅弱冠，一上登科，则一捧盂八之应也。[（宋）吴处厚《青箱杂记》]

㊴袖捶两下拊出，伐斧一上做成。[（宋）金盈之《醉翁谈录》]

㊵待见这老汉，共伊理会一上。(《五灯会元·信相宗显禅师》)

㊶叵耐守廊适来把老僧扭捘一上，待集众打一顿趁出。(《五灯会元·守廊侍者》)

㊷老僧三十年前至定山，被他热谩一上，不同小小。(《五灯会元·定山神英禅师》)

㊸某与一学者言，操存与穷格，不解一上做了。(《朱子语类》卷九)

㊹禅学后来学者摸索一上，无可摸索，自会转去。(《朱子语类》卷一二三)

㊺阴不会一上剥，阳不会一上长也。(《朱子语类》卷七一)

㊻人要为圣贤，须是猛起服瞑眩之药相似，教他麻了一上了，及其定叠，病自退了。(《朱子语类》卷一一八)

㊼戴宗正饥又渴，一上把酒和豆腐都吃了。(《水浒传》第39回)

㊽不容分诉，一上打了三十毛板，将强得利送入监里。(《醒世恒言》卷十六)

㊾一上也就是七八十铳，也只是打出七八十个火球来。(《三宝太监西洋记》第40回)

第四章 汉语量词的认知结构研究

我们检索了 CCL 语料库古代汉语中的动量词"上"修饰动词的情况，有以下基本情况。

击打类动词：打、揉、扭捉。
运动类动词：上堂、剥、长、摸索、弄、登、坐禅。
言说类动词：说、热谩、通气、争辩、商量、叨怛、瞒。
对比类动词：纳败、看、如、中（举）。
饮食类动词：吃。
交际类动词：惑乱、理会。
加工类动词：摧折、做、添、麻、粉碎。
感受类动词：思量。

张美兰（2001：40）指出，"上"作为动量词并没有得到发展，它在宋代仅是昙花一现。根据我们这里的检索，动量词"上"在两宋以后还在一定范围内使用，最晚在明代的文献中还能够见到用例。但在现代汉语中，已经见不到"上"作为动量词的用法了。因此我们认为，动量词"上"已经完全蜕化了。

至于动量词"上"的用法完全蜕化的原因，其中所涉因素比较复杂。上面的分析能够反映出，虽然动量词"上"所能够修饰的动词数量并不多，但涵盖了击打类、运动类、言说类、对比类、饮食类、交际类、加工类、感受类八类动词。同时，动量词"上"既能出现在状语的位置，也能够出现在补语的位置。但是总体而言，与"上"搭配的数词主要是"一"，很少能够见到其他数词；同时，也很少能够见到动量词"上"被指代词复指的情况。其他动量词既能够修饰不同语义类型的动词，也能够和"一"以外的其他数词搭配，还能够被指代词复指。被指代词复指的情况，如：

⑯这下见不得，那下须见得；既见得一处，则其他处亦可类

推。(《朱子语类》卷一二一)

⑮那唐高宗这次诏书，已是第三次了。(《醒世恒言》卷三八)

⑯那次请我上界，虽是官爵不堪，却也天上走了一次。(《西游记》第4回)

⑱自从父亲出去这趟，不曾成得名，不曾立得业，倒吃了许多辛苦，赔了若干银钱。(《儿女英雄传》第33回)

⑲赤壁鏖兵，那场好厮杀也！[(元)关汉卿《关大王独赴单刀会》]

⑮那东廊僧没头没脑，吃了这场敲打，又监里坐了几时，才得出来。(《二刻拍案惊奇》卷三六)

⑯这回劾六部，那回劾九卿。(《孽海花》第5回)

因此。动量词"上"在句法功能的发展上还是受到了一定的限制，没有完全完成标记化的历程。

从语言系统的深层机制来看，汉语系统内部的制约也可能是导致动量词"上"完全蜕化的重要原因。具体而言，动量词"上"和动量词"下"在实体结构上是一组相互排斥的语义关系；同时，作为动量词的"上"和作为动量词的"下"在句法功能上完全一致。但"下"动量词用法产生于两汉时期，而且在"下"的用法发展过程中，其句法功能的表现要比动量词"上"强大得多。因此，动量词"上"应该是在动量词"下"影响下而最终全面蜕化了。

第五章 汉语量词方言差异的认知类型学研究

第一节 汉语量词搭配的方言差异

一 名量词搭配的方言差异

(一) 汉语方言之间量词和名词搭配差异的普遍性

胡裕树(1981:289)曾经指出,量词能跟哪些名词或动词配合,有一定的习惯,在这方面普通话和方言之间有显著的差别。普通话说"一把刀",广州话说"一张刀";普通话说"一辆车",长沙话说"一把车子";普通话说"一头牛",上海话说"一只牛"。

情况确实如此,汉语不同方言之间,名量词和名词的搭配差异非常鲜明。如量词"块",跨方言来看,"块"的用法已经变得非常复杂,形状特征的制约已经完全不存在了。如(参见《汉语方言大词典》第2403页):

> 看了两块电影、看了一块戏(山东淄博)
> 一块电影、一块戏(山东青岛、长岛、诸城)
> 我听俺老的说,在老一辈,有这么一块事。(山东董均伦《穷神》)

一块衣服（湖南平江）

一块桌、一块椅（福建永春、宁德碗窑、大田前路）

九块衣（福建福安）

一块厝（房子）（福建厦门）

三块纸（广东东莞清溪）

又如量词"张"在各方言区的不同用法（参见《汉语方言大词典》第2954页）：

一张铁锹（山西太原）

一张刀（广东广州）

一张汽车（云南玉溪）

一张山（江西宜春）

一张橹（山东长岛）

量词"部"在各方言区的不同用法（参见《汉语方言大词典》第5020页）：

一部书（普通话）

一部书、两部火车、一部胡梯、一部桥、一部臃黍（一穗玉米）（吴语区）

具体到一个方言区来看，一方面，名量词和名词搭配的情况与普通话中的情况还是存在比较普遍而明显的差别的。据乔全生（2000：136），在晋方言中，交城方言名量词"根"的用法可用于条状事物，如"一根裤儿""一根道儿"；也可用于圆形的东西，如"一根红枣""一根乒乓球""一根鸡蛋""一根黄豆""一根篮球""一根花生米""一根苹果"等。文水的名量词"根"也能够用于条状和圆形的东西，如"一根道儿""一根米""一根麦子"。据盛银花（2005），在湖北安陆方言中，量词"口"有"一口砖""一口瓦"之类的用法，相当于普通话的"一块砖""一块瓦"。据谢润姿（2008），在广东揭阳方言中，量词"条"可以说"一条歌""讲条古""二条题""者条数"，相当于普通话的"一首歌曲""讲个故事""两道题目""这笔账"；量词"朵"可以说"一朵葡萄"，相当于普通话的"一串葡萄"，"朵"还可用于荔枝、龙眼、鞭炮等成串的东西。

另一方面，同一事物在量词的使用上也会与其他方言区存在明显差异。据郑兴敏（2012），"猪"在福州方言中可以用"头"，在闽南方言中可以用"只"，在兰州方言中可以用"个"，在山西寿阳方言中可以用"骨"、在柳林方言中可以用"集"，在成都方言中可以用"根"，在湖南炎陵县方言中可以用"介"。换个角度看，即使是语义相同，使用的名量词也完全可能不同。据郑兴敏（2012），表"两臂平伸两手伸直的长度"义的量词有"庹"（崇明）、"擎"（金华）、"仞"（宁波）、"步"（万荣）、"托"（江阴）、"寻"（莆田）、"拓"（宁波）。

另外，不同方言区所使用的名量词的数量也有一定的异同。据王丽华（2013），在客赣方言的 165 个名量词中，梅县话和南昌话完全相同的有 77 个，占总数的 46.7%；完全不同的有 72 个，占总数的 43.6%。两者数量大致相当，完全相同的数量略多于完全不同的数量。如果把部分相同的数量也计算在相同部分，那么相同的数量就会更大一些，占总数的 56.4%。从完全相同的部分来看，77 个词条中与普通话相同的就有 70 个，占相同总数的 90.9%。这说明，客赣方言之间相互一致的名量词绝大部分也与外方言一致。从具体的名量词来看，这些相同的名量词中，有的是用来称数比较文雅的词语，如：一支笔、一本书、一页书、一行字、一篇文章、一首诗、一句话、一份报纸；也有的是借用名量词，如一盒点心、一袋米、一杯茶、一碗饭、一盘水果、一壶茶等；还有新产生的名量词，如一架飞机、一趟车等，这些名量词应该是各方言区较一致的名量词。

(二) 汉语方言通用量词的差异

不同的方言区，不光是普通名词和量词之间普遍存在着搭配上的差异，而且通用量词之间也同样存在着一定的差异。这一点，目前的研究材料虽然不很丰富，却能够提供有力的证据。

据乔全生（2000：135），除大同、天镇等地用"个"外，山西多数方言计量人或物可以用一个通用量词"块"。但"块"在山西各地的读音不同，写法也各异，有"槐""乖""外""骨"等。其实同出一源，意思相当于北京话的"个"。如文水方言可以说"一块人"，也可以说"一块（张）桌子""一块（把）椅子""一块（条）板凳""一块（只）鸡""一块（口）猪""一块（盏）灯"；交城方言可以说"一块大炮""一块墙""一块鱼""一块灯"等。

据万献初（2003），湖北通城的通用量词是"只"，其在湖北通城方言中的用法极其广泛，类似于普通话的"个"，"一只人""一只车""一只水库""一只黄瓜""一只彩虹""一只围巾""一只马""一只嘴巴"等用法都属于其常规用法。

据陈才佳（2003），广西贺州桂岭本地话中，量词"头"能够称量有生命的动物和无生命的事物两个系统，但以称量有生命的动物系统为主。动物都能用"头"来称量，如哺乳类、家禽类、鸟类、鱼类、爬行类、两栖类、节肢类、蠕虫类、软体类动物等；因此，"头"在称量动物时可看作泛用量词。据陈才佳（2015），贺州市桂岭本地话量词"□naŋ^{52}"使用范围广泛，仅次于通用型量词"头"，其与名词的组合比较开放，适用于有"颗粒、圆形、方形、块状、条形"等不同语义的名词，被认为是一个通用型量词。

据罗昕如（2004）、卢小群（2007：196—198），湘语的"只"除了与北京话的"只"对等外，往往可以用"个"的地方都用"只"替代，并可以替代许多物量词，可用于包括人、动物、植物、食品、服饰、房舍、器物、天文、地理、时间、抽象事物等各类名词。如长沙

第五章 汉语量词方言差异的认知类型学研究

话可以说"一只太阳/星子/月亮""一只江/山/河""一只楼房/阳台/教室/楼梯/台阶/办公室""一只病""一只笑容""一只雷/箇只风/那只雨"(卢小群,2007:196—198)。

据卢小群(2007:204),西部湘语中的量词"条"用法十分广泛,它能替代"个"而用于可数、不可数名词、具体名词和抽象名词。它与北京话的对应规律是,北京话用"个"的地方,西部湘语都用"条";北京话不用"个"而用其他量词的地方,西部湘语也可以用"条"。如溆浦话:

个:一条人/贼/眼珠/菩萨/神/碗/球/梦/意思/门面/姓/字

只:一条鸡蛋/鸡/鸭/辣子/苍蝇/老虫老虎/桶子

座:一条学堂/医院/山

场:一条雨/运动/游戏

道:一条题目/疤/门

头、匹:一条牛/羊/马/驴子/骡子

据张兴良(2008:9),《现代汉语八百词(增订本)》中的"名词、量词配合表"中共有165个名词可以与"个"搭配,而在湖南宁乡方言中只有13个名词能与"个"搭配。"只"为湖南宁乡方言的通用量词,《现代汉语八百词(增订本)》中的"名词、量词配合表"中只有33个名词可以与"只"搭配;但在湖南宁乡方言有116个名词能与"只"搭配。

据张燕(2011),在湘西方言中,名量词"条"和"筒"的使用范围与普通话中的"个"相当;但因湘西方言面貌驳杂,具体情况因地区而异。如凤凰竿子坪话中"条"和"筒"均能泛用,而保靖水银话中"筒"泛用,"条"不泛用。

据陈承泽、秋谷裕幸(2008),虽然一般认为福州方言兼用"隻""個"两个通用量词,但通过比较福州话中的"隻"和"個"的功能差异，并借助19世纪的方言材料，能够证明"個"其实是"隻"在名词前位置上的弱化形式。因此福州方言纯属于"隻"类方言。也就是说，福州方言的通用量词实际上只有"隻"。

据王连清（2010），海南方言中两个最通用的量词是"枚"和"个"。但在海南方言中，尤其是口语中，"枚"的出现频率最高，它基本可以用于普通话中所有与"个"搭配的名词；而有些普通话不能用"个"的名词，海南话也可以用"枚"。

据钟武媚（2011：31），粤语广西玉林方言中的通用量词是"只"，相当于普通话的"个"，能够用于人或事物。如"一只人""一只校长""一只牛""一只虫""一只月饼""一只国家""一只学校""一只字""一只意见""一只故事"等。

据王丽华（2013），在梅县客家方言中，"只"的使用频率比"个"要高得多，它基本能与所有的名词搭配，而"个"作为量词时在梅县客家方言中则基本不使用。普通话中用量词"个"搭配的，在梅县客家方言中一般都能用"只"代替。《现代汉语八百词（增订本）》附录的"名词、量词配合表"所收录的439个词条中，共有157个可以用量词"个"搭配，其中的117个词条在梅县客家方言里是可以用"只"搭配的。

据温美姬（2014），客赣方言中都有一个称数名物较广的量词"只"，可用于人、动物、器具、抽象事物，称量范围远比普通话要广，是客赣方言的通用量词，可以相当于普通话的"只""个""家""所""座""套""块""面""场""条""口""间""把""片""台""颗""支"等30个左右的量词。

据司罗红、李肖肖（2016），河南焦作的通用量词是"块"，量词"块"可以充当物量词的有：一是个体量词，如"个""位""架""辆""把""台""根""张"；二是集合量词，如"对""双""副""群""批""班"；三是不定量词，如"些""点儿"。

另外，我们已经发现，量词"咻"不仅是陕西蒲城方言中的通用量词（惠红军，2016），也是关中、陕南区域中通用度很高的量词。又据《汉语方言大词典》（第 3366 页），"咻"实际上是一个在中原官话和晋语中分布较广的通用量词，在山西襄汾、临猗、曲沃、沁县、静乐等区域都有分布。

二 动量词搭配的方言差异

一般而言，汉语方言动量词和普通话的动量词既有基本一致的情况，也有差异明显的情况。如关中方言的专用动量词主要有"下""次""遍""回""场""阵"等，与普通话的通用动量词差别很小；而且，一般情况下更为常用的是"下"。但这并不意味着"下"能够代替所有的动量词。因为在有些情况下，"下"无法表达准确的动量语义。如：

要是这的话，那你还得等一下。（如果是这样，那您还得等一会儿。）

这块地还得再浇一水/遍/下/回。（这块地还得再浇一遍/回/次。）

场里的麦都碾了三遍/回/次了，该起场了。（打麦场里的麦子已经碾了三遍/次了，该把麦草翻起来清理下面的麦子了。）

晋方言中有一些特色动量词。据陈庆延（1981），山西稷山方言只有三个动量词，一个是"匝 [tsa^{53}]"，一个是"遭"，一个是"□ [ts'an^{31}]"。"匝"相当于"圈"，如"缚三~"。"遭"和"□ [ts'an^{31}]"相当于"回""次""遍"，如"去一遭""洗三 [ts'an^{31}]""说一 [ts'an^{31}]"。

稷山方言中的这个有音无字的 [ts'an^{31}]，在其他方言中也存在。如陕西蒲城方言中也有一个动量词 [ts'an^{33}]，而蒲城方言的动量词

· 237 ·

[ts'an³³]的本字就应该是"次",只是由于方言音变的原因,"次"[ts'i³¹]被读成了[ts'an³³];其功能和普通话动量词"次""回""遍"基本一致。如:

呦话我都给他说了几[ts'an³³]了。(那些话我都给他说过几次/回/遍了。)

这些麦还要再过一[ts'an³³]笓。(这些麦子还要再用筛子筛一次/回/遍。)

据乔全生(2000:139),在晋方言区的大多数点上,使用"一回"的频率很高,北京话中的"洗一下""去一趟""看一次""念一遍"等,晋方言的大多数点都可以说成"洗一回""去一回""看一回""念一回"这样的"V一回"形式。又据常乐(2019:57),山西方言"数词+次"或"数词+回"都可计量动作的频次,多数情况下"次"可以与"回"相互替换,二者在动量结构中的作用基本一致,皆能体现动作的重复性或界限性。但"回"较"次"更具有口语色彩和地域色彩,而且在某些情况下,动量词"回"并不能用"次"来替代。

吴方言中也有一些特色动量词。据许宝华、汤珍珠(1988:402),上海方言中有一个不见于普通话的动量词"埭",用于称走、跑、来、去、游等动作的次数。如:

走一埭

跑三埭

来回游两埭

去一埭么,也好

我屋里侬来过一埭辫

但上海话和普通话依然有用法基本一样的动量词。据许宝华、汤

第五章 汉语量词方言差异的认知类型学研究

珍珠（1988：405—406），"趟"在上海话和普通话中都用。如：

最后一趟火车
跑了两趟

但上海话"趟"有的用法要比普通话宽，如相当于"次"的用法：

下一趟辣啥地方碰头？
表扬过伊拉好几趟。
有一趟我对伊讲……
两趟好机会侪拨侬放脱勒。

据阮咏梅（2012：178—179），吴语温岭方言中有一些不见于普通话的动量词，如"搿"（相当于普通话的动量词"抱"）、"抲"（相当于普通话的动量词"把"）、"伐"（相当于普通话的动量词"次"）、"套"（相当于普通话的动量词"顿"）。

西南官话区的动量词也有自己的特色。据邓帮云（2004），四川方言中有一个通用动量词"盘"。在普通话中，"盘"作动量词主要用于下棋，也可用于乒乓球等少数几种球类活动，应用面比较狭窄；四川方言中，"盘"则能够和很多动词搭配。如：

①小伙子，来陪老汉杀一盘。（《华西都市报》2003年）
②朱耀宗："不如把队伍从小路拉到安顺场，与赖营长汇合，倒还可以跟红军干一盘。"（高缨《云崖初暖》）
③不信？嘿，嘿，不信夜里跟我去看一盘，我老婆都看见了。（罗德成《麻柳湾夜趣》，《四川文学》1982年第4期）
④老先生，既如此，请你出题试一盘。（《中国民间文学集成·江北卷》）

邓帮云（2004）认为，在四川方言中，"盘"的动量词用法具有通用性，它可以同多个动词搭配；而"盘"的通用量词用法的出现应不迟于清末。同时，"盘"作动量词具有较强的口语色彩，和动量词"次"相比较，"盘"显得随意、通俗，一般用于日常会话，或口语化较强的文章；而且"盘"作动量词通常带有"喜悦、舒适"的色彩。如：

⑤来！烫盘鲜花串串香。（《天府早报》2003年）
⑥过盘画家瘾，巴适嗯。（《天府早报》2003年）
⑦5元钱坐盘鸡公车。（《成都商报》2004年）

即使打斗动词，和"盘"搭配后，它的暴烈程度也会有所降低。如：

挨了一顿打/挨了一盘打

邓帮云（2004）认为，"顿"显示出"打"的程度较重，而"盘"则大大降低了"打"的程度；因此可以说"挨了一顿狠揍"，但一般不说"挨了一盘狠揍"。由于动量词"盘"具有通用性，在和有些动词搭配时，会有"愉悦"的色彩，只强调动作的次数，如"吃一盘亏""上盘当"。这种现象在云南话、湖南汝城话中也能发现。

客家方言的动量词和普通话的动量词差异也较为明显。据张桃（2004：89），宁化客家方言的专用动量词有"出""敛""转""到""台""餐"。如：

来三出（来三次）
歇一敛（睡一觉）
读两转（读两遍）
去过三到（去过三次）

第五章 汉语量词方言差异的认知类型学研究

做过四台（演过四场）
食来一餐（吃了一顿）

据曹跃香、李文洁（2019），"到"的动量词用法在客赣方言中普遍存在，赣语高安话的"到"具有较高使用频率，常出现在口语中，相当于普通话的"遍、次"。如：

看一到记不住就多看几到。（看一遍记不住就多看几遍）
你都问几到来箇，还问。（你都问了几遍了，还再问。）
衣裳洗箇五六到了。（衣服洗了五六次了。）

但高安话中，"到"的动量词用法不如"遍""次"发展程度高，因此在重叠形式和句中所处的位置方面受到一定的限制。其实动量词"到"的使用范围比较广泛。据陈淑梅、张志华（2003），"到"在赣方言区和鄂东方言中都有使用，相当于"次""遍"。

鄂东方言的动量词和普通话的差异也较明显。据陈淑梅（2006：48），在鄂东方言中，"到"是一个使用频率很高的动量词，用于计量动作行为的次数。在有些方言中，如英山、罗田、浠水、红安等县的老年人的口语中，"到"可以替代"次""回""趟"等动量词。例如：

我说两到$_{遍}$，他不听。
北京去了两到$_{回}$。
讨那点钱，我跑了四五到$_{趟}$。
他望看了我好几到$_{次}$。

粤方言的动量词和普通话的动量词差异较为明显。据陈小明（2010：96—97），粤语中表动作次数的动量词有"趟""次""面""云""轮""餐""仗"等，其中的"云"相当于普通话的"次""趟"；"轮""仗"相当于普通话的"次""回"；"餐"相当于普通话的"顿"。表动作延续的动量词有"下""阵""阵间"等。但在粤语的各次方言区，动量词的使用还是有差异的。据钟武媚（2011：33），粤语广西玉林方言的动量词主要是"趟""次""餐""水"，其中的"餐"相当于普通话的"顿""次""回"，"水"相当于普通话的"次""回"。如：

跑一趟、出两趟
去一次、数两次
捆一餐（打一顿）、骂一餐（骂一顿）
被骗一水

据陈曦（2017：74），广西粤方言的贵港话也有动量词"餐"，相当于普通话的"顿"，如"骂一餐"（骂一顿）、"吃一餐"（吃一顿）。还有一个 [pʻuk^{213}]，相当于普通话的"遍""次"。虽然贵港话也用"次"，但不如使用 [pʻuk^{213}] 地道，如"玩一 [pʻuk^{213}]""听一 [pʻuk^{213}]"。

闽方言的动量词也具有自己的特色。据黄涛（2016：71—72），闽东罗源方言中主要的动量词有"昼""回""下""环""顿""倒""眠"等。其中"昼"计量动作的次数，本字不明，但通用范围最广，能和大多数动词搭配，大致可相当于普通话的"回""次""遍"，如"去三昼""抄五昼"大致相当于普通话的"去三次""抄五遍"。"回"与"昼"一样是计量动作的次数，大致相当于普通话的"回"或"次"，和多数动词可以搭配。"下"同样是计量动作次数，但多与表示具体、简单的肢体动作的动词搭配，如"拍三下"（打三下）、"按蜀下"（按一下）。"顿"仅和"食"搭配，如"食三顿"（吃三顿）。

我们在第四章第五节中曾经提到汉语普通话的专用动量词普遍表现出语义混同的特征，这里所讨论的汉语各方言区的动量词的使用情况也能够表现出这种语义混同的特征。

三 汉语量词方言差异的认知解释

上文的分析能够反映出，汉语各方言在量词的使用上普遍存在着或大或小的差异。在名量词的使用上，这种差异主要体现在量词和名词的搭配上，即甲方言能够存在的量名搭配在乙方言中较少或很少使用，甚至在通用量词的使用上也明显不同。虽然如此，我们依然能够发现名量词所表现出的跨方言的共性特征：在现代汉语方言中，能够被当作通用量词使用的名量词有"个"、"枚"、"只"（隻）、"条"、"块"、"筒"等，呈现出多样化的趋势；正如"个""枚"也是从普通名量词发展为通用量词一样，"只"（隻）、"条"、"块"、"筒"等在不同方言区发展为通用量词的情况，正说明了普通个体名量词完全有可能发展成为通用量词。温美姬（2014）认为，客赣方言周边的湘语、闽语、吴语也一样是用"只"作为通用量词，这应不是各方言区独立发展的偶然巧合，而很可能是汉语史上"只"曾用作为通用量词并在方言中得到传承的结果。这样的看法有一定道理。虽然"只"在传世典籍中并未取得"个""枚"那样的通用用法，但是它作为普通个体名量词在较广的地域范围继续发展，成为不少方言的通用量词。如果着眼于汉语未来的发展，那么"条""块""筒""张""根""支"等个体量词完全有可能发展成不同方言区的通用量词。

同时，由于有些名量词和名词的关系是一种工具关系，也就是事物和存放该事物的工具之间的关系；而工具既具有一定的民族特色，又具有一定的地域特色；因此，工具类名量词也同样表现出民族共性和地域特征。如"一袋面""两碗饭""三杯酒"之类的名量搭配具有一定的民族共性。如粤语玉林话有"一罂甜酒""一罂油"的说法，相当于普通话的"一罐甜酒""一罐油"（钟武娟，2011：33）。而"罂"是古代盛酒或水的瓦器，小口大腹，体形上较缶为大，亦有木制者，后来泛指小口大腹的瓶。很显然，"罂"之类的说法明显具有地域特征。

在动量词和动词的搭配使用上,我们也能够发现类似于名量词和名词的这种工具关系特征。由于动作的工具论元的民族共性,汉语各方言的借用动量词保持了高度的一致性,如"打一拳""踢一脚""咬一口""砍三刀""扇了几个耳光"等,明显具有跨方言的共性表现。但是专用动量词表现出一定的地域差异,如上文所讨论的四川话的通用动量词"盘"的用法,赣语高安话的动量词"到"的用法,粤语广西玉林方言的动量词"餐"的用法,闽东罗源方言中主要的动量词"昼"的用法,等等。

汉语各方言量词和名词、量词和动词的搭配差异,以及通用量词的差异中所蕴含的认知层面的原因,我们认为正在于汉语量词的认知结构。具体言之,从形象性的认知视角出发,汉语逐渐产生了量词这一词类范畴,又由于概念联想而导致的范畴共享使名量词的认知结构呈现出"F(名量词)={[实体结构][范畴标记]}"的结构特征,也使动量词的认知结构呈现出"F(动量词)={[实体结构][范畴标记]}"的结构特征。因此,在范畴共享的基础上,最初只能够与部分名词和动词搭配的名量词和动量词,便逐渐能够和更多的名词或动词产生搭配关系。同时,由概念联想而形成的范畴共享与地域的独特性相结合,最终形成了汉语不同方言区的量词和名词、动词搭配上的地域差异。

第二节 汉语量词语法化的方言差异

一 量词语法化为指代词

目前能够观察到的言语事实表明,汉语量词的定指用法在普通话中能够发现典型用例。如:

第五章 汉语量词方言差异的认知类型学研究

①后院的花儿又有好些朵吐了蕊儿。(老舍《二马》)

在例句所营造的语境中,"好些朵"义为"好些花",这样的用法和"好些事情""好些例子""好些字"等"好些+名词"结构具有共性特征。因此,"好些朵"的"朵"能够明确指称上文所提到的"后院的花儿"中的"花儿",可以认为这就是量词"朵"的定指用法。但这并不是说名量词"朵"就是一个指代词,它依然是一个名量词。

量词的这类定指用法在现代汉语方言中也是一种比较普遍的现象。
如陕西蒲城方言:

你放心,咱就不是吶人。(你放心,我就不是那样的人。)
我就不相信吶狼还是麻麻的。(我就不相信这狼是灰色的。)
咱可不会做吶生意。(我可不会做那样的生意。)

如潮州话(黄鹏,1987):

只马大大只。(那匹马很大。)
张纸克来。(那张纸拿来。)
杯酒食落去。(这杯酒喝下去。)

如汕头话(黄伯荣,1996:136):

只猪死去。(这头猪死了。)
个人肥肥。(那个人胖胖的。)
只只猪有百斤外。(这头猪有一百多斤。)

如粤语(施其生,1996):

条鱼好大。(这条鱼很大。)

对鞋一隻大一隻细。(这/那双鞋一只大一只小。)

食埋支烟走人。(抽完这支烟就走。)

如浙江温州方言（王彬思，2014：32）：

朵花真香。(这朵花真香。)

阵雨落起真大。(这阵雨下得真大。)

埕白酒有十年艾，陈显陈。(这坛陈年白酒有十年了。)

如鄂东方言（陈淑梅，2006：18—19）：

箇人好胖。(这个人很胖。)

箇场儿好远。(那个地方很远。)

箇表好准。(这只表很准。)

如黄石方言（叶丹，2010：37）：

个半糙子份，一点不晓得为屋里操心。(那个小青年，完全都不知道为家里的事操心。)

个阳台弦子也做得太低了白？(这阳台的边沿也做得太低了吧？)

如赣语（步连增，2011）：

个课书我读哩三遍就背出来哩。(这篇课文我读了三遍就能背出来了。)

如闽方言（陈凡凡、林伦伦，2003）：

只船沉去。(那条船沉了。)

粒球破去。(那个球破了。)

第五章 汉语量词方言差异的认知类型学研究

如客家话（黎俊坚，2002）：

隻表系唔系佢嘅？（这块手表是不是他的？）

如湖南新化方言（周纯梅，2006）：

只杯子放在哪落？（那个杯子放在哪里？）
件衣裳呢？（那件衣服呢？）

如湖南双峰荷叶话（陈丽湘，2010）：

只狗关在房子里了。（指那只狗）
双鞋子都管不住，你还能干什么？（指那双鞋子）

如上海方言（许宝华、汤珍珠，1988：407）：

块黑板挂勒啥地方好？（这块黑板）
只录音机啥人拿去勒？（这只录音机）
讲起只蛋糕末，想想好笑。（这只蛋糕）

如江苏宜兴方言（吴宸灏，2014）：

你只胖猪，覅再吃咧。（你这只胖猪，不要再吃了。）
个杯子掼碎落咧。（这个杯子被摔碎了。）

宜兴方言的量词还能够单独表达定指用法，如（吴宸灏，2014）：

个让他吃落则吧。（这个让他吃了吧。）
个是他买个。（这个是他买的。）

· 247 ·

宜兴方言的动量词也能够单独表达定指用法，如：

我趟弄出事体来个咧。（我这次弄出事情了。）
你趟搭我好好点学。（你这次替我好好学。）
记弄出事体来哉。（这次弄出事情来了。）
记闯仔祸葛哉。（这次闯祸了。）

如苏州方言（石汝杰、刘丹青，1985）：

只脚痛得来。〔（我的）脚痛极了。〕
杯茶泡得发苦葛哉。〔（这）杯茶沏得发苦啦。〕
趟上海去得蛮有劲葛。〔（这）次上海去得挺来劲的。〕
条鱼葛鳞爿刮刮脱。〔把（这）鱼的鳞刮了。〕

石汝杰、刘丹青（1985）认为，苏州话的量词直接修饰名词或名词性词组的用法，不强调数量，也没有对比的含义，指示意义也很弱；只是在这么用的时候，听说双方都明确所指的对象是什么，至少在说话人主观上认为对方应该是知道的，即量词在这么用时，其所指对象是有定的，它本身就包含一点儿指示意义。我们认为，量词正是在这种定指用法的基础上语法化出指代词的用法。

我们也能够在汉语方言中发现量词的指代词用法。如蒲城方言的"咻"也有单独用作指示代词的用法：

你看你做的咻都叫啥事！（你看你做的这/那都叫啥事！）
这不行，咻不行，你到底想咋？（这样不行，那样不行，你到底想怎么样？）
这一下，咻一下，看把你叫街的。（这样一下，那样一下，看把你忙乎的。）

第五章 汉语量词方言差异的认知类型学研究

如温州方言的"个"可单独用作代词而起到指代作用,相当于"这个"(王彬思,2014:32):

个讲对。(这个说的对。)
个蛮有意思。(这个挺有意思的。)
个弗是我个。(这个不是我的。)

如黄石方言的量词"个"能够充当指示代词"这/那"(叶丹,2010:36—37):

教我英语个老师已经退休了。(教我英语这/那老师已经退休了。)
把摩托车开到沟里去个人是我堂弟。(把摩托车开到沟里去这/那人是我堂弟。)
放在冷冻室个奶油馒头拿到微波炉里头去转下再吃。(放在冷冻室这/那奶油馒头拿到微波炉里头去转下再吃。)

如徽语绩溪话的量词往往兼有指代功能(赵日新,1999):

本书放是台盘上。(那本书放在桌子上。)
我画仂张画呢?(我画的那张画呢?)
尔把封信担去寄脱。(你把这封信拿去寄走。)

由量词语法化而来的指代用法往往有近指、远指混同的情况。
如蒲城方言:

咻都能行?(这/这样/那/那样都可以?)
哟,你看我娃咋咻乖些!(哟,你看看我的宝贝孩子怎么这么/那么乖!)

· 249 ·

咻涛娃瞎底很！（这/那涛娃坏得很！）

咻戏我不爱听。（这个/那个戏我不喜欢听。）

如广州话（周小兵，1997）：

杯茶冻咗就唔好饮喇。（这/那杯茶凉了就不好喝了。）

张椅系我买嘅。（这/那把椅子是我买的。）

普通话中的量词也有指示代词的用法。如：

②"家"既不是家，又是个家，或者说它没有家的资格却有着家的性质，个中滋味一言难尽。（莫怀戚《透支时代》）

实际上，"个中"在古诗词中已有使用情况。如：

③若得个中意，纵横处处通。（《寒山诗》之二五五）

④个中有佳处，袖手看人忙。[（宋）陆游《春残》]

⑤今夜里弹他几操，博个相逢。若见花容，平生的学识，今夜个中用。[（金）董解元《西厢记诸宫调》卷四]

⑥个中吟啸亦难事，眼外阴晴皆好秋。[（清）曹寅《题堂前竹》]

据《现代汉语词典》第7版第443页："【个中】＜书＞囵其中：个中滋味。"虽然《现代汉语词典》中并没有明确指出"个"的语法属性，但是我们认为"个中"的"个"已经是指示代词的用法，"个中"即"这中间""这其中"这类意义。"个中"的"个"正是量词发展出指示代词用法的典型表现，并一直延续至现代汉语共同语的书面语层面。而"个"的指示代词用法在唐以来的文献中都能看到。如：

⑦个是何措大，时来省南院。（《寒山诗》之一二〇）

第五章 汉语量词方言差异的认知类型学研究

⑧但看北邙山，个是蓬莱岛。(《寒山诗》之四七)

⑨白发三千丈，缘愁似个长。[(唐) 李白《秋浦歌》]

⑩个身恰似笼中鹤，东望沧溟叫数声。[(唐) 顾况《酬柳相公》]①

⑪咄哉个丈夫，心性何堕顽。[(唐) 白居易《自咏》]

⑫何婆乃调弦柱，和声气曰："个丈夫富贵。今年得一品，明年得二品，后年得三品，更后年得四品。"(《朝野佥载》卷三)

⑬怀州河内县董行成能策贼。有一人从河阳长店盗行人驴一头并皮袋，天欲晓，至怀州。行成至街中见，嗤之曰："个贼住，即下驴来。"即承伏。(《朝野佥载》卷五)

⑭帝曰："个小儿视瞻异常，勿令宿卫。"(《旧唐书·李密传》)

⑮若不是松山，几被个老翁作乱一上。(《景德传灯录》卷八)

⑯因念旧日山城，个人如画，已作中州想。[(宋) 陈亮《念奴娇·至金陵》]

⑰个人今夜，愁肠千结。[(清) 曹垂璨《忆秦娥·蟋蟀》]

⑱窗外疏桐百尺长，个是幽人读书处。[(清) 周春《耄余诗话》卷一]

我们也能够在现代汉语方言中发现量词用于人称代词的情况。据张惠英 (2001：199)，海南临高话的第三人称 [kə˥]，浙江金华话第三人称 [gəʔ] (阳入调)，都是"个"的变读。

蒲城方言的量词"吶"也能够指称人，因此可以认为"吶"也有人称代词的用法。如：

---

① 该诗中的"个身"一作"此身"。据爱如生中国基本古籍库，明嘉靖刻本《万首唐人绝句诗》卷二十九所录为"个身恰似笼中鹤，东望沧溟叫数声"。清文渊阁四库全书本《南部新书》卷二所录为"此身还似笼中鹤，东望瀛洲叫一声"。那么这种异文正能够说明"个身"的"个"就是指代词性质。

一时走的时候叫不叫咻?（一会儿走的时候叫不叫他/她?）

我就不信咻还能给你回话。（我就不相信他/她还能给你道歉。）

咻说的话你就不要相信。（他/她说的话你就不要相信。）

二　量词语法化为助词

普通话中，量词"个"有非常广泛的助词用法。具体可以有以下三种类型。其一是可以用于动补短语之间，形成"动+个+补"。

杀个片甲不留、笑个不停、吃个饱、看个够

这种"动+个+补"类型也是张谊生（2003）中所讨论的"V个VP"。

其二是可以用于动宾短语之间，形成"动+个+名"。

看个电影、开个介绍信、打个电话、吃个便饭

其三是可以用于一些离合词中。

洗个澡、说个话、游个泳、跑个步、睡个觉

汉语方言中量词具有助词用法的情况也非常普遍。如徽语绩溪话的量词有结构助词的用法（赵日新，1999）：

我本书（我的书）
老师支笔（老师的笔）
公安局把车（公安局的车）
渠家块地（他家的地）
哪个只碗（谁的碗）

第五章 汉语量词方言差异的认知类型学研究

赵日新（1999）认为，这些量词都是一种定指用法，但同时也隐含着结构助词的功能，这种用法的进一步虚化就使得量词兼有了相当于结构助词的功能。因而以下句末的那个量词就很难再用定指的用法解释，而完全可以看成结构助词的用法了。

那支笔是我支。（那支笔是我的。）
面只碗是渠吃吃只。（那只碗是他吃过的。）

江苏宜兴方言量词和安徽绩溪方言量词的助词化表现有很大程度上的相似。据吴宸灏（2014），宜兴方言的名量词有定指用法，如：

你顿生活吃结棍到则。（你这一顿被揍得太厉害了。）
你件衣裳好看到则。（你这件衣服很好看。）

也有结构助词的用法，其功能相当于普通话的结构助词"的"。如：

个被子个棉花蛮好个。（这个被子的棉花蛮好的。）

吴宸灏（2014）指出，"个被子个棉花蛮好个"中的第一个"个"修饰句首主语"被子"，第二个"个"起结构助词的作用，第三个"个"可以认为是词缀。但是根据其句后的普通话的意思，我们认为第三个"个"实际上相当于普通话的句末语气词"的"，因此可以看作一个语气助词。吴宸灏（2014）还列举了如下类似情况。

个只个卖相蛮好个。（这只的卖相蛮好的。）
个是他买个。（这个是他买的。）

因此可以说，宜兴话的"个"的语气助词用法是一种比较特殊的助词用法。

粤语开平话的量词也有结构助词的用法。如（余霭芹，1995）：

我件帽。（我的帽子。）
我个细佬卷书。（我弟弟的书。）
张抬上高有一卷好厚个书。（桌子上有一本很厚的书。）
我想讨个大大个鸡。（我想要只大的鸡。）

蒲城方言的量词"咻"也可用作结构助词，其功能大体相当于普通话的"的"。

你咻车子在阿达停底哩？（你的自行车停在哪儿？）
你看你咻袄弩成啥了？（你看看你的上衣脏成什么样子了？）
剩下咻半截葱哩？（刚才剩下的/那半截葱呢？）
你看他咻眼窝往阿达瞅哩！（你看他的眼睛向哪里看呢！）

据王彬思（2014：32），温州方言的量词"个"也能充当近似于"的"的助词；当其作助词时，往往读作轻声，音为"ki"，表示领属的意思。这里的"个"也相当于普通话的结构助词"的"。如：

每个人生起都弗一色，高个，矮个，胖个，瘦个，都有。（高的，矮的，胖的，瘦的）
你个脚儿生起真小。（你的脚）
外面个饭店弗卫生。（外面的饭店）
吃饭用个碗一定要洗亮净。（用的碗）

据周纯梅（2006），湖南新化方言的形容词和名词之间可以直接用量词连接，量词的语法功能相当于助词"的"，但语义上有量词的痕迹。如：

高高大大个人冇滴用唧。（高高大大的一个人没点用。）

第五章 汉语量词方言差异的认知类型学研究

干干净净个床铺几舒服。[干干净净的（一个）床铺多舒服。]

周纯梅（2006）还指出，新化方言的人称代词与名词之间可以直接用量词修饰，但语义上也有量词的痕迹。如：

我本书放在哪落？（我的书放在哪里？）
你双袜子买咖好多钱？（你的袜子买了多少钱？）
你看到我台电脑有？（你看见我的电脑没有？）
我双干干净净咯袜子在推盒里。（我的干干净净的袜子在抽屉里。）
桌子高落放到我只好看咯花瓶。（桌子上放了我的那只好看的花瓶。）
拿来写对联张纸呢？（拿来写对联的纸呢？）

湘方言其他地区中的量词"只"也有助词用法，如（卢小群，2007：202—203）：

娄底：已个是我俺只妹唧本书。（这是我的女儿的一本书）
涟源：卬只脚痛。（我的脚痛。）
新化：张三只屋竖好哩。（张三的房子盖好了。）
　　　隔壁屋里只老母亲死咖哩。（隔壁家里的老太婆去世了。）

据叶丹（2010：37—38），湖北黄石方言的"个"可相当于结构助词"的"。如：

你个手机么被他拿去用了咧？（你的手机怎么被他拿去用了呢？）

你少跟班上七门八路个女份在一起玩。(你少跟班上不学好的女孩子在一起玩。)

也可相当于结构助词"地"。如：

慢慢悠悠个走。(慢慢悠悠地走。)
仔仔细细个看。(仔仔细细地看。)
他那样成天个玩是么样得了哟！(他那样整天地玩可怎么办呀！)

考察历时语料，我们能够在隋唐时期发现"个"用作助词的情况。如：

⑲坐来生百媚，实个好相知。[(唐) 颜师古《大业拾遗》载隋炀帝《赠张丽华》]

⑳侬家真个去，公定随侬否？[(唐) 王维《酬黎居士淅川作》]

隋唐以后，这样的助词用法也能够见到。其中既有结构助词"的"。如：

㉑ (丑) 神道不吃肥个。(净唱) 肥个我不嫌，精个我最忺。从头至脚板，件件味都甜。(末) 我个神道灵。(《全元南戏·张协状元》)

㉒照你个脸儿。(《全元南戏·张协状元》)

㉓哎！则你个脸儿假热，心儿似铁，忍下的眼睁睁把我双足刖。(《全元杂剧·庞涓夜走马陵道》)

㉔因儿道："他里藕儿嫩个好。"娘道："沙角菱儿老个香。"[(明) 冯梦龙《山歌》卷四]

第五章 汉语量词方言差异的认知类型学研究

也有用于动补结构中的情况。如：

㉕有劳四位舞一回，唱一回，待小官吃个尽兴方归也。(《全元杂剧·花间四友东坡梦》)

㉖你到后日，再看如何，且管今日吃个醉去也。(《全元杂剧·桃花女破法嫁周公》)

㉗跛李也不谦让，吃个罄净。(《梼杌闲评》第 25 回)

㉘小子幸会，奉陪乐地一游，吃个尽兴。(《二刻拍案惊奇》卷四)

㉙老鹿既产，便把小鹿身上血舐个干净了，然后倒地身死。(《二刻拍案惊奇》卷十三)

㉚嫂道："池里荷花开个香。"[(明) 冯梦龙《山歌》卷四]

还有用于形容词之后的情况。如：

㉛真个若瞋人，却因何、逢人问我？[(宋) 周邦彦《浣溪沙慢》]

㉜师有时示众曰："欲识曹溪旨，云飞前面山。分明真实个，不用别追攀。"(《景德传灯录》卷二十六)

上举中古汉语以及近代汉语时期量词"个"的助词用法中，有些是共同语中的用法，如唐诗、《二刻拍案惊奇》等；有的则明显带有方言特色，如《张协状元》、冯梦龙的《山歌》，等等。然而无论是共同语中的用法，还是方言中的用法，都可能会延续使用至现代汉语时期，并反映在现代汉语普通话以及有些现代汉语方言中。因此，我们认为，现代汉语方言中量词的助词用法，正是汉语连续演变在现代汉语方言中的生动反映。但对于其中更为详尽的演变和流传过程，还需要方言语法史的进一步研究来解答。

三 量词语法化为冠词

随着汉语的发展演变，汉语量词还发展出了一种和冠词相当的用法。目前，已有研究在一些汉语方言中发现了这种冠词用法。如王健、顾劲松（2006）认为，江苏涟水县南禄话的量词经常有定指用法，所以它最常用的量词"个"发展出了定冠词的用法。如：

个涟水发展多快啊！
个女人，就瞎花钱。

叶丹（2010：36）认为，黄石方言的量词"个"能够充当指示代词"这/那"时，相当于冠词。如：

个谢延信真是个大好人哪！（这谢延信真是个大好人哪！）
个北京奥运会办得几成功哟！（这北京奥运会得很成功哟！）
个雨几么早才能停哪？（这场雨什么时候才能停哪？）

又据汪国胜（1993），湖北大冶方言的量词前面根本不能加数词。如：

个碗太细了，装不到一坨饭。（碗太小了，装不下一点饭。）
个门矮了点，进出光是撞到头。（门挨了点，进出老是撞着头。）
你把间屋收下子。（你把房子收拾一下。）
你抽空把套衣裳洗下了。（你把衣服洗一下。）

我们认为，在这种情况下，这些量词也可以被看作定指代词，相当于"这"。类似的用法在其他方言区也有存在，但被看作一种冠词用法。因此，湖北大冶方言量词的这种用法也可以看成冠词或类似冠词的用法。

第三节　汉语量词语法化的认知类型学研究

一　量词语法化的有关研究

上文所描写的汉语方言区量词的诸多现象能够说明，汉语量词在与名词、动词搭配的过程中，逐渐语法化出一些其他的句法功能，如指代词用法、助词用法、冠词用法等。关于这些用法之间的关系，研究者已经有所论及，其基本观点可以分为四类。

一类以曹广顺（1994）、张谊生（2003）为代表。曹广顺（1994）认为，当量词"个"之前省去数词后，部分例句中"个"转而复指其后的名词，由指"一个"变成特指某个，从而发展成代词；另外一些例子省去数词后，泛指一个，这些"个"在受形容词修饰后，变成了助词"个"。因此，"个"的量词用法是主流，"个"的代词、助词用法都是直接从量词发展而来的，代词用法和助词用法之间不存在演变关系。张谊生（2003）认为，助词"个"是从量词"个"直接语法化而来的。诸如"裹了个严实""打个半死""看个一清二楚""聊个没完""还弄了个'一粒耗子屎坏掉一锅粥'"这类"V个VP"中的"个"，就是从量词逐渐演变为助词的。当"个"前经常省去数词"一"，且开始频繁用于谓词性词语前面时，"个"从助词到量词的语法化过程就开始了。其虚化机制包括紧邻句法环境、泛化、吸收、隐喻、推理、和谐等多个方面。

一类以赵日新（1999）、曹广顺（1994）为代表。赵日新（1999）认为，"个"在汉语史上有许多种不同的用法，在现代汉语方言中作结构助词"的"和指示代词。但是，在地域分布上呈现出南北对立的特点，即官话的定中结构标记和转指标记一般用"的"，而汉语东南方言一般用"个"这类量词；官话的指示代词主要用"这""那"，东南方言中有不少地点用"个"。而"个"在东南方言中的这两种用法都与东南方言量词的用法有着密切的关系。曹广顺（1994）也注意到了"个"的地域差异。他认为，唐五代以后"底"（地）作为"官话"中的结构助词，得到广泛使用，而"个"在使用中则带有某种限制。如唐诗中使用"个"的很少，例子也相对集中；晚唐五代成书于福建泉州的《祖堂集》中例子较多，保存于西北的同期文献《敦煌变文集》中却少得多。二者相比，说明助词"个"可能带有东南方言色彩。同时，有些研究也能够为这样的观点提供佐证。如施其生（1996）认为，广州方言中有定的"量+名"很难看作"指·量+名"的省略，无法由定指的"量+名"补出一个确定的指别词，使之变成等义的"指·量+名"。粤语中的这种"量+名"中的量词的定指用法可以看成量词"个"发展出指示代词用法的一个佐证。

一类以石毓智（2002）为代表。石毓智（2002）认为，汉语方言的结构助词很多都是从量词演化来的。这些来自量词的结构助词多数都有指代词用法，而量词向结构助词的演化必须经过指代词这一中间环节；因为不论是汉语史还是当代方言的资料都表明，所有来自量词的结构助词也同时都有指代词的用法。

一类以陈玉洁（2007）为代表。陈玉洁（2007）认为，独立使用的量名结构与量词的定语标记功能之间具有相关性；在量词发达型语言/方言中，中性指示语境下指示词可以脱落，从而造成量名结构可以独立使用。量名结构不但可以出现在主语、领属定语、"把"的宾语等强烈要求有定的位置，而且可以出现在动词宾语的位置。或许正是因为在这些强烈要求有定的句法位置上高频使用量名结构，其有定意义才成为显著意义，量词因而成为一个表示定指的类冠词。而作为类冠词的量词有可能发展为中性指示词，从而跻身于语言的指示系统。

二 量词语法化的认知类型

目前，对量词的语法化存在两种不同的理解。一种是重在讨论量词这种词类范畴的形成，以及有关"数量名"语序的形成过程，如戴庆厦（1996），金福芬、陈国华（2002），王绍新（2010）等；另一种是重在讨论量词这种词类范畴发展演变为其他词类范畴，并具有其他语法功能，如量词语法化为代词、助词、冠词，并用于指代、表达句法单位之间的某种特殊关系等，如李讷、石毓智（1998），石毓智（2002），张谊生（2003），李宗江（2004），安丰存（2009）等。我们这里关于汉语量词语法化的讨论属于后者，即关注量词发展出指代词、结构助词、冠词等功能，并演变为其他词类范畴。

（一）汉语量词语法化的认知类型

汉语量词的语法化突出地表现在量词"个"上。现代汉语中的"个"对应着上古汉语以至近代汉语时期的"箇""個""个"。洪诚（1963）认为，"个"在上古的用途为泛指量词，兼及人、物；从魏晋起，"箇""個""个"音义统一，才算一个字的三种写法。它们的来源不同，"箇"的本义是竹枝，由专用量词扩大为泛指量词；"個"的本义与"介"相近，不一定是"箇"的俗字；"个""介"同字，很早就是泛指量词，不是"箇"的重文。①

据《集韵·箇韵》："箇，或作个，通作個。"《仪礼·特牲馈食礼》："俎释三个。"郑玄注："个，犹枚也。今俗言物数有云若干個者，此读然。""箇"的本义是竹子的主干。《说文解字·竹部》："箇，竹枚也。从竹，固声。箇或作个，半竹也。"又《诗经·周南·汝坟》："遵彼汝坟，伐其条枚。"《毛传》："枝曰条，干曰枚。"因此，"箇"的本义是竹子的主干，即竹竿。《史记·货殖列传》："竹竿万个。"唐司马贞索隐引《释名》："竹曰个，木曰枚。"

"個"不见于《说文解字》。据《玉篇·人部》："個，加贺切，偏

---

① 罗振玉《增订殷墟书契考释》以为"（介）象人著介（甲）形"。转引自汉语大字典编辑委员会《汉语大字典》"介"字条，四川辞书出版社2010年版，第134页。

也。郑注《仪礼》云：'俗呼个为個。'"《玉篇·丨部》："个，古贺切。'明堂四面偏室曰左个。'"就《玉篇》中的情况来看，"個""个"应是同义。这一点也能够在传世典籍中找到证据。因为"偏室"就是半室。《左传·闵公二年》："衣身之偏。"杜预注："偏，半也。"《吕氏春秋·士容》："故火烛一隅，则室偏无光。"高诱注："偏，半也。""左个"就是左半边的厢房。《左传·昭公四年》："竖牛曰：'夫子疾病，不欲见人。'使置馈于个而退。"杜预注："个，东西厢。"《吕氏春秋·正月纪》："天子居青阳左个。"高诱注："青阳者，明堂也。中方外圆，通达四出，各有左右房谓之个，犹隔也。"因此，"個""个"同义，均指"一半"之义。据《玉篇·竹部》："箇，古贺切。凡竹笒也，数之一枚也。"可见，"箇""個""个"既为同音，亦为同义，后世混用既有同音替代的关系，亦有同义替换的关系。正如段玉裁在《广雅疏证·序》中所言："治经莫重于得义，得义莫切于得音。"王力先生也明确指出，"文字既是代表有声语言的，同音的字就有同义的可能，不但同声符、不同意符的字可以同义，甚至意符、声符都不同，只要音同或音近，也还可能是同义的。"[1] 因此，"箇""個""个"由于音同义同的关系，最终成为一组同义的量词。在先秦典籍中，"箇""個""个"混同使用的情况就能够见到。如：[2]

①其礼：大牢，则以牛左肩、臂臑，折九箇；少牢，则以羊左肩七箇；牺豕，则以豕左肩五箇。（《礼记·少仪》）

②国君七个，遣车七乘；大夫五个，遣车五乘。（《礼记·檀弓下》）

其中《礼记·少仪》中用"箇"，而《礼记·檀弓下》用"个"；

---

[1] 王力：《中国语言学史》，中华书局2013年版，第160页。
[2] 为了清晰反映"箇""個""个"三个在传世典籍中混用的情况，此处引用古代典籍中的例句均使用繁体字。

这里是"箇""个"同用。有些则是先秦典籍用"个",后世文献用"個"。如:

③《國語·吳語》:"譬如群獸然,一个負矢,將百群皆奔。"韋昭注:"言眾獸群聚,其中一個被矢,則百群皆走。"

《国语》中是"一个负矢",而韦昭的注是"一個被矢";这里是"个""個"同用。后世典籍中也有仅使用其中一个的情况。如《齐民要术》中皆作"箇":

④口纳瓜子四枚,大豆三箇。(《齐民要术》卷二)
⑤取醋石榴两三箇,擘取子。(《齐民要术》卷五)

显然,作为量词,"个"在先秦时期就已经常用;而"个"的指示词用法在南北朝时期的文献中才能够看到。如:

⑥帝曰:"个人虽有才,乱俗好,反不可用。"济以不得志,常怀悒怏。(《先秦汉魏晋南北朝诗·梁诗》卷二六)
⑦谓坐者曰:"个人讳底?"(《北齐书》卷三三)

据曹广顺(1994),在唐五代时期,结构助词"个"在唐诗、禅宗语录、敦煌变文等几种文献中就已经能够见到。如:

⑧老翁真个似童儿,汲水埋盆作小池。[(唐)韩愈《盆池五首》之一]
⑨问:"如何是皮?"师云:"分明个底。""如何是骨?"师云:"绵密个。"(《祖堂集》卷十)
⑩德云:"妙个出身,古今罕有。"(《祖堂集》卷十四)
⑪好个聪明人相全,忍交鬼使牛头领。(《敦煌变文集新书》

卷二《维摩诘经讲经文》)

⑫你既不会，后面个僧抵对看。(《景德传灯录》卷八)

但我们也发现了隋朝时期的用例。如：

⑬帝因幸江都，复作五言诗曰："求归不得去，真成遭个春。鸟声争劝酒，梅花笑杀人。"(《隋书·五行志上》)

曹广顺（1994）认为，魏晋到唐代，"个"演变成一个外延很宽的量词，用以计数各种事物，且作定语者越来越多。外延的宽泛是词义虚化所致，由此又产生了一种虚指的量词"个"，它可以脱离前面的数词而独立使用，并不表示什么实际的"量"。志村良治（1995：39—40）认为，在"数词+量词+名词"的词序固定化并成为习惯用法之后，量词才从实词变成中心词的附加词而使本身的语义冲淡；因为随着语法成分的明确化而意义却更加混乱的现象极少发生。赵日新（2001）认为，量词"个"用作定中标记，这是我国东南部许多汉语方言的共同特点，而不见于北方官话，这种共同性也许具有类型学上的意义。游汝杰（1982）则认为，这是台语的底层，这些底层遗存对于梅县话、苏州话和北方话及中古汉语的影响仅限于"个"。

根据"个"的句法表现的历时变化，我们认为汉语量词"个"的语法化现象是一种转喻型语法化。这可以从两个层面来具体解释。第一个层面，也是基础性层面，也是其语法化的第一步，是"箇""個""个"这类量词用法的产生。在这个过程中，"箇""個""个"等分别从其原初意义语法化为量词，其中重要的机制就是转喻和隐喻。这一点，我们在上文第一章第三节已有详述，此不赘言。第二步是从量词语法化为代词、助词、冠词等。在这一语法化过程中，句法省略是一种非常重要的诱因。唐卫平、赵耿林（2016）认为，省略部位不存在句法结构，省略不由句法规则生成，省略的形成来自语言的使用，省略的意义来自语言知识和百科知识,省略的识解过程是一个动态的概念化过程。周永、吴义诚(2019)认为,在汉语等缺少一致关系的语言中,省略的允准是由词汇中心语以及相应的语境所决定的;由于汉语的名词词组缺少性、数、格的变化,其语义表达只要能从相关语境中还原出来,便可以相对自由地省略。夏日光(2010:35)则指出,语义场中的词汇之间具有千丝万缕的联系,而这种语义联系则使人产生联想,即使在弱势省略的语篇中,发话者省略了某个词语,受话者也能够通过联想将省略的信息补全,从而理解语篇。

可见,语境因素在句法省略中具有重要的作用。进一步考察,我们还能够发现,句法省略的认知动因在于语言的经济性原则和交际双方的共情因素。这种原因导致的句法省略在上古汉语中就能够看到。如《论语·学而》中记载了孔子、有子、曾子、子夏、子禽、子贡六个人的言论,这些言论的发生必然有一定语境,因而对于语境中的共有因素,谈论的双方都非常清楚;基于经济性原则和交际双方的共情因素,《论语·学而》的语句表达都有相应的句法省略。当谈论的话题是普遍发生的情况,或是所有的人都应当普遍具备的某种品格时,话语中往往会省略句子的主语或施事。如:

⑭子曰:"学而时习之,不亦说乎?有朋自远方来,不亦乐乎?人不知而不愠,不亦君子乎?"(《论语·学而》)

⑮子曰:"不患人之不己知,患不知人也。"(《论语·学而》)

⑯子贡曰:"贫而无谄,富而无骄,何如?"子曰:"可也。未若贫而乐,富而好礼者也。"(《论语·学而》)

⑰有子曰:"信近于义,言可复也。恭近于礼,远耻辱也。因不失其亲,亦可宗也。"(《论语·学而》)

当谈论的仅仅是某个人的情况时,或者是某些群体的特殊事件时,话语中往往会出现施事或谈论的具体对象。如:

⑱曾子曰："吾日三省吾身：为人谋而不忠乎？与朋友交而不信乎？传不习乎？"(《论语·学而》)

⑲子曰："弟子，入则孝，出则悌，谨而信，泛爱众，而亲仁。行有余力，则以学文。"(《论语·学而》)

⑳子禽问于子贡曰："夫子至于是邦也，必闻其政，求之与？抑与之与？"子贡曰："夫子温、良、恭、俭、让以得之。夫子之求之也，其诸异乎人之求之与？"(《论语·学而》)

下一例更为典型，如：

㉑子夏曰："贤贤易色；事父母，能竭其力；事君，能致其身；与朋友交，言而有信。虽曰未学，吾必谓之学矣。"(《论语·学而》)

在谈到"贤贤易色；事父母，能竭其力；事君，能致其身；与朋友交，言而有信"这几种情况时，子夏所谈论的是所有的人，因此言语中不涉及具体的人；但当谈及自己对这几种情况的态度时，子夏使用了一个"吾"来指代自己，明确表示这个观点是自己的，这个动作的施事就是自己。

以上所谈论的是句法结构中句法成分或语义角色的省略。这种省略也会涉及使用某种结构中的某个成分来替代该结构的整体。如：

㉒初，郑武公娶于申，曰武姜，生庄公及共叔段。庄公寤生，惊姜氏，故名曰寤生，遂恶之；爱共叔段，欲立之。亟请于武公，公弗许。及庄公即位，为之请制。公曰："制，岩邑也。虢叔死焉，佗邑唯命。"(《左传·隐公元年》)

例㉒中，"郑武公"是首次出现，当第二次出现时是"武公"，第三次出现时是"公"，即"亟请于武公，公弗许"中的"公"；"庄公"

在即位之前，都是"庄公"，在"及庄公即位"之后，则省略为"公"。又如：

㉓四年春，齐侯以诸侯之师侵蔡；蔡溃，遂伐楚。楚子使与师言曰："君处北海，寡人处南海，唯是风马牛不相及也。不虞君之涉吾地也，何故？"管仲对曰："昔召康公命我先君大公曰：'五侯九伯，女实征之，以夹辅周室。'赐我先君履，东至于海，西至于河，南至于穆陵，北至于无棣。尔贡包茅不入，王祭不共，无以缩酒；寡人是徵。昭王南征而不复，寡人是问。"对曰："贡之不入，寡君之罪也；敢不共给？昭王之不复，君其问诸水滨。"（《左传·僖公四年》）

为了较完整地展示语境，我们引用了较长的原文。通过例㉓的语境，我们能够看出，管仲口中的"尔贡包茅"，在楚子之使的口中被省略为"贡"。因此，只要语境的信息是清楚的，就可以使用某种结构中的某个成分来替代该结构的整体。这种省略也同样表现在数名结构中，数词可以代替整个数名结构。如：

㉔此车一人殿之，可以集事。（《左传·成公二年》）
㉕自今无有代其君任患者，有一于此，将为戮乎？（《左传·成公二年》）
㉖鲁施氏有二子，其一好学，其一好兵。（《列子·说符》）

在《左传》中，"一人"和"一"的语义相同；在《列子》中，"其一"的"一"则表示"一子"之义。这里的数词"一"都代表了整个数名结构。由此可见，句法省略的这一语用策略的影响是极其广泛的，因此也必然会影响到数量名结构。当数量名结构的数词是"一"的时候，这个"一"往往可以省略。如：

㉗子曰:"贤哉,回也!一箪食,一瓢饮,在陋巷,人不堪其忧,回也不改其乐。贤哉,回也!"(《论语·雍也》)

㉘子路为蒲令,备水灾,与民春修沟渎,为人烦苦,故予人一箪食,一壶浆,孔子闻之,使子贡复之。(《说苑·臣术》)

㉙以万乘之国伐万乘之国,箪食壶浆,以迎王师。(《孟子·梁惠王下》)

《论语·先进》:"子曰:'回也其庶乎?屡空。赐不受命,而货殖焉,亿则屡中。'"宋邢昺疏曰:"云虽数空匮而乐在其中者,即箪食瓢饮不改其乐是也。"其中的"箪食瓢饮"就是对《论语·雍也》中"一箪食一瓢饮"的省略。《说苑》中所记子路给人"一箪食,一壶浆",《孟子》中的表述为"箪食壶浆",前者有数词"一",后者则省略了数词"一",形成四字格的"箪食壶浆"。而且,当数量名结构的数词是"一"的时候,先秦文献中还往往有省略与不省略并存的情况。如:

㉚一箪食,一豆羹,得之则生,弗得则死。(《孟子·告子上》)

㉛杀一牛,取一豆肉,余以食士。(《韩非子·外储说右上》)

㉜王曰:"在孤之侧者,觞酒、豆肉、箪食,未尝敢不分也。"(《国语·吴语》)

㉝今之为仁者,犹以一杯水,救一车薪之火也。(《孟子·告子上》)

㉞覆杯水于坳堂之上,则芥为之舟。(《庄子·逍遥游》)

如果数词不是"一",则不能省略。如:

㉟王飨醴,命之宥,皆赐玉五瑴,马三匹。(《左传·庄公十八年》)

㊱见子产以马四匹，见子大叔以马二匹。(《左传·昭公六年》)

㊲晋人与姜戎，要之殽而击之，匹马只轮无反者。(《公羊传·僖公三十三年》)

我们能够看到，《左传》里面的"马三匹""马四匹""马二匹"中的数词均无法省略，而《谷梁传》中则有"匹马"这样的表达。据《公羊传》何休注："匹马，一马也；只，踦也。皆喻尽。"清阮元《公羊注疏卷十二校勘记》"匹马倚轮无反者"条："《谷梁传》作：'匹马倚轮无反者。'范解：'倚轮，一只之轮。'"可见"匹马""只轮"正是"一匹马""一只之轮"的省略形式，而且这种基于语境明晰的省略形式早在上古汉语时期就已经发生了。

随着量词用法的发展，数量名结构甚至可以省略为一个量词，"个""只""双"等量词都能够找到单用并表达数量名结构的意义的用例。如：

㊳个是何措大，时来省南院。(《寒山诗》之一二〇)

㊴心本无双无只，深难到底渊洪。(《王梵志诗》之三五三)

㊵窗外疏桐百尺长，个是幽人读书处。[(清) 周春《耄余诗话》卷一]

㊶岂到白头长只尔，嵩阳松雪有心期。[(唐) 李商隐《七月二十九日崇让宅宴作》]

㊷日月更出没，双光岂云只。[(唐) 李白《草创大还赠柳官迪》]

㊸永愿如履綦，双行复双止。[(唐) 白居易《感情》]

㊹人只履犹双，何曾得相似。[(唐) 白居易《感情》]

因此，基于语境明晰的句法省略使原来的数量名结构的功能主要集中于量词,使量词能够转喻整个数量名结构,从而拉开了量词语法化的大幕,使量词逐渐语法化为代词、助词、冠词等,使量词语法化出了更多的句法功能。因此,量词的语法化是一种转喻型语法化。

(二) 汉藏语系语言量词语法化的认知类型

汉藏语系语言一般都有量词,而且有些语言的量词的功能也在发生着与汉语相类似的转喻型语法化。据瞿霭堂(1995),壮语、水语的定语和表示领属意义的助词 tu^2/to^2 (的) 来自量词"个""只"。据韦茂繁(2012:26、108),壮语的量词 tu^{31} (个、只、头、匹)、$lək^{21}$ (个、颗) 还可充当词头。如:

$tu^{31}ma^{13}$ 马　　　　　　　$tu^{31}joːŋ^{231}$ 羊

$lək^{21}maːn^{42}$ 辣椒　　　　　$lək^{21}kaːm^{42}$ 柑子

$lək^{21}taːu^{231}$ 桃子　　　　　$lək^{21}kwa^{42}$ 南瓜

这种词头的作用应该是使名词的意义更加具体,可以看成一种定指作用。类似的情况在水语中也能够见到。据韦学纯(2011:277),水语的量词和名词可以直接结合,形成和名词相关的名词短语;这个名词短语和名词原来的意义有联系,但是其意义更加具体,或者有区别类别的意义。如 $mai^{53}fuŋ^{33}$ 有钥匙和锁的意思,le^{11} 有书和字的意思,使用量词后,意义更加明确。如:

$tjeu^{31}mai^{53}fuŋ^{33}$ 钥匙　　　$lam^{11}mai^{53}fuŋ^{33}$ 锁
条　　　　　　　　　　　　　个
$pən^{55}le^{11}$ 书　　　　　　　$lam^{11}le^{11}$ 字
本　　　　　　　　　　　　　个

很明显,量词 $tjeu^{31}$ (条)、lam^{11} (个)、$pən^{55}$ (本) 分别使 $mai^{53}fuŋ^{33}$ (钥匙和锁)、le^{11} (书和字) 从多种指称中分离出来,形成的结

构 tjeu^{31}mai^{53}fuŋ^{33}、lam^{11}mai^{53}fuŋ^{33}、pən^{55}le^{11}、lam^{11}le^{11}都仅有一个指称对象，这正是量词定指作用的表现。

类似情况在侗语中也能见到。如在天柱石洞话的单音节动物名词一般要在前面加上一个量词 to^{22}（个），用以起类别化作用。to^{22}也可以看成虚化了的词缀（龙耀宏，2003：77—78）。如：

to^{22}ljai^{13} 麻雀　　　　　to^{22}ʔai^{53} 鸡

to^{22}pət^{35} 鸭子　　　　　to^{22}ta^{35} 鱼

实际上，这里的量词 to^{22}（个）的作用就是量词的指称作用，因而使其后的名词都有了确定的指称。类似用法在侗语的谚语中就有很典型的表现。如（龙耀宏，2003：160）：

lo^{22}ni^{22}wa^{55}lau^{35}ma^{35}.
只 虫 脏　锅 菜
一只虫弄脏一锅菜。
to^{22}mət^{35}jim^{11}to^{22}nəi^{22}.
个 跳蚤 嫌 个 虱子
跳蚤嫌虱子。

以上两例中所说的 lo^{22}ni^{22}（只虫）和 lau^{35}ma^{35}（锅菜）、to^{22}mət^{35}（个跳蚤）和 to^{22}nəi^{22}（个虱子）中，量词 lo^{22}（只）、to^{22}（个）、lau^{35}（锅）其作用也是定指。虽然在相应的汉语译文中我们没有发现类似"这""那"之类的定指标志，但在实际的语境中，这类谚语的指称对象都是确定无疑的。当人们使用"lo^{22}ni^{22}wa^{55}lau^{35}ma^{35}"（只虫脏锅菜）这样的表达时，这就意味着"有个人已经搞砸了一件事"；其中的"只虫"指称的就是"搞砸了那件事的那个人"，"锅菜"指称"被搞砸的那件事"。当人们使用"to^{22}mət^{35}jim^{11}to^{22}nəi^{22}"（个跳蚤嫌个虱子）

这样的表达时，这就意味着"有两个人正在互相指责或挑剔对方"；其中的"个跳蚤"和"个虱子"则具体指称正在互相指责或挑剔对方的双方。因此我们认为，侗语的量词具有典型的定指作用。

彝语的量词能够组成"名词+量词"结构，其中的量词也具有定指作用。据翟会锋（2011：61），在三官寨彝语中，光杆量词在句中可以修饰名词，表示定指。如：

tsho³³ ʐo²¹ ŋuei¹³ ma⁵⁵ dʊ²¹.
人　个　我　否定 喜欢
这个人我不喜欢。

ʑi²¹ tʂo³³ gʊ³³ ʔa²¹ ȵie²¹ hã²¹, ndo²¹ ma⁵⁵ de³³ ɕi³³.
水　锅　　刚　开　喝 否定 助词 还
这锅水刚开，还不能喝。

na²¹ dʑu³³ thɤ³³ thu³³ ka³³ thʅ³³ dɤ³³ ʔa²¹ dɤ³³ ko³³ kao³³?
你　桌子　张 受格 搬　介　哪儿　完成
你把桌子搬哪儿？

苗语的量词能够和名词构成"量词+名词"的结构，其中的量词就是定指名词，因而具有指称功能。如：

lɛ³³ tɕi⁴⁴ ȵaŋ³³ haŋ³³ noŋ³⁵. ①
个 碗　在　　这里
碗在这里。

lɛ³³ ȵhɛ³³ ta⁵⁵ ʐaŋ⁵⁵. ②
个 太阳　来 了
太阳出来了。

---

① 该例转引自王辅世《苗语简志》，民族出版社1985年版，第56页。
② 该例转引自王辅世《苗语简志》，民族出版社1985年版，第88页。

第五章 汉语量词方言差异的认知类型学研究

lɛ³³ l̥ha⁴⁴ l̥en⁵⁵ ʐaŋ⁵⁵. ①
个 月亮 圆 了
月亮圆了。

lɛ³³ qhaŋ³⁵ ki³⁵ ȵaŋ¹³ tsə⁵³ poŋ⁴⁴ va⁴⁴. ②
个 洞 里 面 暗 很
洞里很暗。

to¹¹ nɛ⁵⁵ tu³³ ta³³ ʐaŋ⁵⁵. ③
些 人 都 来 了
人们都来了。

王辅世（1985：56）指出，名量词可以修饰名词和代名词 qei⁵⁵ ɕi³⁵（什么），修饰时，量词在名词和代名词 qei⁵⁵ ɕi³⁵（什么）的前面，这样的修饰词组可以不受指示代词修饰而进入句子。这种用法的名量词颇似印欧语的确定冠词，在译为汉语时，除去表示不定多数的量词（些）的意思可以表示出来以外，在其他场合这种量词的意思无法表达，只能略而不译。因此，我们认为，"lɛ³³ ʈi⁴⁴ ȵaŋ³³ haŋ³³ noŋ³⁵"（碗在这里）所要表达的语义就是"你要的那个碗就在这里"，因此这里的"ʈi⁴⁴"（碗）是确定的；"lɛ³³ n̥hɛ³³ ta⁵⁵ ʐaŋ⁵⁵"（太阳出来了）中的"n̥hɛ³³"（太阳），"lɛ³³ l̥ha⁴⁴ l̥en⁵⁵ ʐaŋ⁵⁵"（月亮圆了）中的"l̥ha⁴⁴"（月亮），因为太阳和月亮的唯一性，因而"n̥hɛ³³"（太阳）和"l̥ha⁴⁴"（月亮）也是确定的。所以说，这里的"ʈi⁴⁴"（碗）、"n̥hɛ³³"（太阳）、"l̥ha⁴⁴"（月亮）都是确定的对象。而"ʈi⁴⁴"（碗）、"n̥hɛ³³"（太阳）、"l̥ha⁴⁴"（月亮）的定指意义，正是通过"lɛ³³"（个）来传递的；因此，"lɛ³³"（个）可以看成一个定指标记。"lɛ³³ qhaŋ³⁵ ki³⁵ ȵaŋ¹³ tsə⁵³

---

① 该例转引自王辅世《苗语简志》，民族出版社 1985 年版，第 87 页。
② 该例转引自王辅世《苗语简志》，民族出版社 1985 年版，第 88 页。
③ 该例转引自王辅世《苗语简志》，民族出版社 1985 年版，第 56 页。

poŋ^{44}va^{44}"（个洞里面暗很）中的"洞"也具有定指意义，因为在该句出现的语境中，所谈论的就是那个确定的洞子，这正是"lɛ^{33}"（个）的作用；因此，"lɛ^{33}"（个）可以看成一个定指标记。由于语境的限定性，"to^{11}nɛ^{55}tu^{33}ta^{55}ʐaŋ^{55}"（些人都来了）中的"to^{11}"（些）也可以看成一个定指标记。可见，苗语的量词也具有定指作用。

壮语的量词也有定指作用。如：

koŋ^1 θø^{1}ni^{3}ki^5 ɕi^4 pai^{1}haɯ^3 te^1 taɯ^2 ma^{1}kwi^{5}lim^2.①
个　苏汝记就去　让　他　拿　回桂林
苏汝记就让他拿回桂林。

ŋo^{1}ne^{5}tɕau^{6}laːi^{5}tu^{1}vaːi^{2}ŋe^{5}bau^{33}，ni^{1}tɕau^{6}tɕuŋ^{1}tu^{1}vaːi^{2}ti^{1}ŋe^{5}haːŋ^1.②
我呢就拉只牛个头　你　就　牵只牛的个尾
我呢就拉牛的头，你就牵牛的尾巴。

覃凤余（2015）认为，壮语的量词更普遍的用法是脱离数词的"量+名"结构。我们认为，壮语的"量+名"结构中的量词已经是一种定指用法。同时，壮语的量词还有指代作用，单独用来指代名词。如蒙元耀（2008）：

waːi^{2}kɯn^{1}kja^3，lai^{6}tu^{2}teu^1.
牛　吃　秧　赶只走
牛吃秧，赶它走。

mɯŋ^{2}taɯ^{2}ɕip^{8}man^{2}ŋan^{2}nei^1 pai^{3}pan^{1}ta^6.
你　拿　十　元　钱　这　去　给个
你拿这十块钱去给她。

---

① 该句语料来自李方桂《李方桂全集4：武鸣土语》，清华大学出版社2005年版，第48页。转引自覃凤余《壮语分类词的类型学性质》，《中国语文》2015年第6期。

② 该句语料来自李方桂《李方桂全集3：龙州土语》，清华大学出版社2005年版，第86页。转引自覃凤余《壮语分类词的类型学性质》，《中国语文》2015年第6期。

第五章 汉语量词方言差异的认知类型学研究

蒙元耀（2008）认为，壮语的物量词能够表人和事物的单位，还能够起到类似代词的作用。根据这里所讨论的情况，我们认为，壮语代词的指代作用说明，壮语的名量词已经语法化出了代词用法。

另外，黄平文（2016）认为，壮语的"ki^{33}"在句子中不仅可以充当量词，还可以充当助词；"ki^{33}"充当助词是其量词语法化的结果，其语法化的历程为量词＞助词。李明（2007：44）指出，傣语量词能够单独充当结构助词"的"，使量词后面的修饰语和前面的中心成分组成一个偏正词组。如：

p^{h}u^{3}jiŋ^{2}to^1 di^1
女孩　位　好
漂亮女孩

mǎi^4　　lim^3 loŋ^1
木（树）根　大
大的木头

虽然每一种语言都有很多种认知方式，而非单一的认知方式；只不过有的语言倾向于使用某些认知方式，而另一些语言倾向于使用另一些认知方式。但是在汉藏语系中，以修饰成分转喻指称中心成分则是较为普遍的认知策略，因此可以认为是一种认知共性。数量名结构是一种向心结构，其核心单位是名词，因而当数量结构转喻指称名词时，它就具备了指代功能；并进一步语法化出代词、助词、冠词等用法。虽然对于汉藏语系各语言量词的语法化路径还缺乏更多的研究，但是通过汉藏语系语言在地理上的交错分布及其量词句法功能演变中的转喻特征，我们能够初步推断，汉藏语系语言量词的转喻型语法化应该具有地理类型学上的特征。

三　量词语法化的认知共性

目前的研究已经发现，汉语量词能够语法化为代词、助词、冠词，具有称量、分类、个体化、有界化、称代、定指、定语标记、补语标记等多种语义句法功能。汉语研究者认为，量词是东方语言所特有的，特别是汉藏语系语言所特有的（王力，1957［2004］：272）；也是汉藏语系语言的一种共同创新，有许多值得揭示的特点，如反响型的发展和消失、语法作用的增值，等等（孙宏开，2014）；量词已经被认为是汉语的多功能超级显赫范畴（刘丹青，2012）。在国外语言学界，量词被认为是分类词（Classifier）的一种。研究者认为，分类词是经验、想象等在人类心智中的反映（Lakoff，1983）；但其功能并非仅限于分类，因为所有的数词分类词语言在表达数量时，分类词都出现在照应词或指示词的位置（Allan，1977）；分类词还可作为属格标记而出现在属格结构中（Croft，2000：31）；而在亚洲大陆的语言中，类别词应该是与语言类型特征关系最为密切的词汇（桥本万太郎，1985：85）。

如果进行更多的跨语言考察，我们还能够发现，汉语量词反映了人类认知的一种普遍共性，即在量的表达上的工具性特征。这一点在借用量词上表现得特别突出。如汉语和英语在事物的量的表达上，都选择了盛放某种事物的工具，或事物存在的处所，因而表现出鲜明的工具性特征：

汉语	英语
一杯茶	a cup of tea
两杯酒	two cups of win
三碗水	three bowls of water
一屋子人	a room full of people

但是在动作的量的表达上，汉语和英语的差异则非常明显。汉语有"下""次""遍""回""趟""阵"等专用动量词，还有"拳""脚""刀""剑""棍""棒""口"等借用动量词；英文更常用的专用动量词可以说是 time，汉语一般把 time 译为"次""回""场"等，

第五章 汉语量词方言差异的认知类型学研究

也很少见到"打一拳""砍一刀"之类的说法。如：

How many times did you take your driving test?

你考了几次驾照？

That was the only time we disagreed.

那是我们唯一一回意见分歧。

I missed their concert the first time round so I'm going next week.

我错过了他们的第一场音乐会，所以下周我要去听。

虽然汉语和英语在动量表达上差异明显，但是在某种意义上讲，具有形象性的动作被用作量化手段来表达动量，这在汉语和英语中具有一定的跨语言认知共性。如：

汉语	英语
他踢了它一下/脚。	He gave it a kick.
他踢了它三下/脚。	He gave it three times.
他头上挨了一下/拳。	He received a blow on the head.
他头上挨了三下/拳。	He received three blows on the head.
他跑了三趟/次北京。	He made three trips to Beijing.
那封信我读了三遍/次/回。	I have read the letter three times.
那只狗咬了我一口。	The dog bit me.

我们能够看到，汉语的"踢一下"或"踢一脚"，或者用专用动量词"下"，或者用借用动量词"脚"；英语虽然没有使用同样的词汇手段，但所用的"kick"一词具有动词和名词两种词性，其中的名词用法与汉语的动量词用法在类型上相似。同样，汉语的"挨了一下"或"挨了一拳"，英文的类似表达所用的"blow"也同样具有动词和名词两种词性，其名词用法与汉语的动量词用法也在类型上相似。但是

汉语和英语在表达动量上的认知类型相似基本局限于数字是"一"的时候，因为当数字大于"一"时，英文往往使用的是"twice""time"；而有些时候汉语的数词即使是"一"，汉英之间也是难以对译的，如"那只狗咬了我一口"和"The dog bit me"。

汉语和英语在动量表达上的认知相似可以看作形象性的相似。正如汉语动量词都是基于实体而引发的范畴共享一样，英语中一些能够表达动量的语法单位，都具有动词和名词两种词性；作为动词来说，它们都是具有三维实体的具体动作，是具有鲜明或比较鲜明的形象性的。因此，量范畴表达手段的认知共性是人类语言对工具性、形象性的敏锐感知。

上文我们还讨论了汉语量词到冠词的语法化过程。一般认为，冠词在词的语法分类中属于限定词的一个子类，其主要作用是区分名词的不同用法。如英语中的 the/a/an。许多语言没有冠词系统，如俄语。有冠词系统的语言通常部分按语义标准、部分按语法标准区分两类冠词：定冠词（Definite）和不定冠词（Indefinite 或 Non-definite）。冠词可以位于名词前（如英语），也可以位于名词后（如瑞典语）（参见戴维·克里斯特尔，2007：26）。当然，还有一种零形冠词，也就是一个名词前没有定冠词或不定冠词（戴维·克里斯特尔，2007：391）。如英语的不定冠词 a、定冠词 the，以及零形冠词的用法：

I ordered a pizza and salad. The pizza was nice but the salad was disgusting.

我点了披萨和沙拉，披萨很好吃，但沙拉却令人倒胃口。

Elections will be held later in the year.

选举将在今年晚些时候举行。

Sheep were grazing on the hillside.

羊群在山坡上吃草。

第五章 汉语量词方言差异的认知类型学研究

从位置上看,英文的冠词都在名词之前;从功能上看,英文的定冠词和不定冠词的功能差异鲜明,即使零形冠词也是如此。同时,汉英对译能够显示出,英文的冠词,无论是定冠词,还是不定冠词,都可以不在汉译的句子中出现。

克里斯特尔(2007)认为瑞典语的冠词可以位于名词后,但张美苑(2014:11)指出,瑞典语的不定冠词在名词前,定冠词在名词后。据王晓林(1991:15),在瑞典语中,凡第一次提及的名词,如果别人不知道,或者上下文没有指明哪一个或哪几个,均要用该名词的不定式;这时单数名词前面加不定冠词 en 或 ett,复数名词前加不定代词 några、flera、många,起不定冠词的作用。如:

Han läste en bok förra veckan.
他上星期读了一本书。
Han satt vid ett bord och rökte.
他坐在桌子旁抽烟。
Han bjöd hem några vaänner igår.
他昨天请了几位朋友到家做客。
Staden har flera vackra parker.
这个城市有好几个漂亮的公园。
Hon har många syskon.
她有好多兄弟姐妹。

王晓林(1991:26—31)指出,在瑞典语中,凡是已经知道的或是大家都了解的名词,就是定指的名词;那么这些名词就需要加定指式后缀。而且,名词结尾的音节形式不同、单数复数不同,所加的定指式后缀也都不同。如 en、et 就是两个单数名词的定指式后缀:

Stäng dörren (fönstret)!
关上门（窗户）！

Har du släckt ljsuet?
你关灯了吗？

而 na 就是一个复数名词的定指式后缀。

Han är alltid kall om fötterna.
他的双脚总是凉的。

虽然王晓林（1991：15）认为，瑞典语名词不定式前面要用不定冠词 en、ett；但王晓林（1991：26—31）并没有明确使用"定指冠词"这样的术语，而是使用"单数名词肯定式的缀法""复数名词肯定式的缀法"这样的表达。又据王晓林（1991：14），瑞典语的名词有不定式和肯定式的变化。所谓不定式就是该名词没有指明哪一个或哪几个，而肯定式则明确肯定是哪一个或哪几个。因此，结合张美苑（2014）的研究，我们认为王晓林（1991：26—31）"单数名词肯定式的缀法""复数名词肯定式的缀法"中所提到的后缀 en、et、na 的用法也可以看作某种定指冠词的特殊用法。我们也可以比较瑞典语单数名词的不定指冠词 en 和定指式后缀 en 在使用上的不同。如（王晓林，1991：26）：

单数不定	单数有定	
en bok	boken	书
en stad	staden	城市
en hand	handen	手
ett träd	trädet	树
ett piano	pianot	钢琴
ett biträde	biträdet	服务员

第五章 汉语量词方言差异的认知类型学研究

根据汉语史上曾出现的"量+名"式名词,如"匹马""只轮""个人""个中""个事"等,以及现代汉语方言中的"本书""只猪"等;还有现代汉语普通话中的"名+量"式名词,如"书本""课本""人口""诗篇"等,我们可以把汉语的量词和瑞典语的冠词进行类型上的比较。在语言结构类型上,汉语的量词可以出现在名词前,也可以出现在名词后。瑞典语的冠词既可以出现在名词前,也可以出现在名词后。因此二者具有结构类型上的相似性。从功能上看,汉语的"量+名"式名词往往是定指的,而"名+量"式名词往往是不定指的;瑞典语的冠词在名词之前不定指,出现在名词之后定指。因此,汉语量词和瑞典语的冠词在功能上是同中有异。

关于汉语的量词和其他语言的冠词的关系问题,高名凯(1948[1986]:160—161)曾经指出,以意义的观点来说,名量词和西洋语的冠词类似,却和冠词不同。西洋语的冠词多半都带有分别阴阳性、有生性、无生性的作用。在这一点上,冠词和名量词确有类似的地方。因为名量词也是给具有名词功能的词一个范围,表明其特性之所属。但汉语的名量词并不在意阴阳性或有生无生的分别,而是在表示每一个事物的具体的形状上加以限制的。而且,汉语的名量词比冠词抽象,不像冠词那样具体。因为冠词不仅多半是从指示词变来的,而且事实上都有指示词的味道。虽然汉语量词和西洋语的冠词有共同之处,但二者的分别很大,而汉语也实在没有冠词。[①] 抛开汉语和英语、瑞典语在语言系属上的差异,通过跨语言的比较,我们能够看到,汉语的量词和印欧语系语言的冠词虽然在语序和功能上有一定的差异;但也能够表现出一定的认知共性,那就是在某种情况下,能够实现对名词的定指功能。

---

① 高名凯先生认为,"一本书""一管笔"中的"本""管"这种虚词最好称为数位词,因为它们的作用在于辅助说明事物的单位或单位的特点。同时,又因为"一条狗"这类表达中的"条"是把"狗"归纳于"条"的范围,表明其为"条"类的事物,因此这类数位词又被细分为范词。(参见高名凯《汉语语法论》,商务印书馆1986年版,第160页、168—169页。)可见高名凯是把名量词称作数位词,又细分为数位词中的范词。我们这里统一称为名量词。

第六章 汉语量词有量构式的认知类型学研究

第一节 汉语的有量构式

语言是最重要的交际工具。在言语交际的过程中，意义的表达总是通过一定的言语形式来进行，这种言语形式就是语言结构。Lakoff（2007：95）认为，结构具有意义，结构和意义是配对的。因此，对语言结构进行研究是语言研究中的重要内容，构式语法理论正是如此。Goldberg（2007：1—2）认为，语法中存在构式被认为是不证自明的事实。同时，随着人们对语义特征和语用特征的研究兴趣的不断增长，具体句型的独有特征也重新受到重视；在理论上需要独立于构式的原则，但在实际上又必须承认构式的独有特征；为了调和二者之间的矛盾，所有构式本身所具有的独有特征都被归结于个别词项，词条成了所有独特性的最后避难所。然而，完全以词汇为基础的或自下而上的研究方法不能解释英语中的所有语言数据。具体的语义结构和与其相关的形式表达必须被看作独立于词项而存在的构式。Goldberg（2007：4）还认为，构式是一个形式和意义的配对，它是语言中的基本单位。根据构式语法的观点，如果语法中存在其他构式的知识不能完全预测的某个构式或多个特征，那么该构式在语法中独立存在；也就是说，在语法中提出某个构式的原因是该构式的意义或形式不能从语言中已经存在的其他构式中综合推导出来。陆俭明（2009）指出，构式语法理论是基于认知语言学理论、源于菲尔墨的框架语义学的一种语言研究理论与方法。

句法结构和规则的共享是汉语量词产生的句法基础，因此，汉语中包含量词的各种结构也可以被看作一种构式。目前已有研究关注到了汉语量词的一些构式。如杨永龙（2011）注意到上古、中古汉语只有"形+数量"，没有"数量+形"；"数量+形"初见于唐诗，大多还可以看作连谓结构，同时又发展为典型的空间量构式；宋元明清时期"数量+形"进一步发展，"形+数量"逐渐萎缩。典型的"数量+形"是名词性偏正结构，是通过重新分析从唐诗中糅合的连谓结构语法化而来的，"数量+形"能够语法化并最终趋于取代"形+数量"与相关构式（数量名结构、平比句）的历史演变的类推有关。吴春相（2015）把"数量形"结构统一放在同样的句法位置进行比较，并把"数量形"分为说明性、评价性和描写性三大类；认为这些类别形成了从语法构式到修辞构式的连续统，经过重新分析，典型的语法构式具有可推导性，其语义重心在前面的"数"，修辞成分在后面的"形"，前者对后者的挤压造成"形"发生转喻；典型的修辞构式具有不可推导性，其语义重心在后，修辞成分在前，后者对前者的挤压造成"量"的隐喻。

江海珍（2011）研究了汉语双音节词中"车辆""马匹""纸张"这类由名素和量素构成的词语后认为，这些名量构式在结构上都是向心结构；在语义上，表总括意义和表集合义的名量构式的语义焦点在前，而表类别的名量构式的语义焦点在后；名量构式的萌芽阶段可以上溯至战国时期；双音化是名量构式产生的根本原因，量词的大量产生和丰富的用法是名量构式产生的直接原因。毕永峨（2007）从频率入手考察了当代台湾口语，探讨了现代汉语中不定量词的词义与构式的互动，以及不定量词所参与的构式在口语中呈现的分布与演变。研究发现，不定量词"点"和"些"都有语义延伸的现象，其认知基础则是从具体到抽象、从数量到属性或程度、从物体到状态或事件、从客观到主观等基本认知范畴的映照关系。

汉语中由量词形成的各种结构都可以看作一种构式，即有量构式，如"一个个""一个一个""一人两次""数词＋量词＋名词""动词＋数词＋量词"等都是不同的构式。因为这些结构都是形式、功能和意义的对应物，而且它们的意义中总有一些难以从既有的结构中推导出来。可见，构式也是研究汉语量词中一个非常有效的认知类型学视角。虽然汉语中存在着丰富多样的有量构式，但对这些有量构式的研究还非常欠缺；而以此为参项对量词的类型学研究成果则更为少见。通过对汉语中各种有量构式的研究，我们应该能够发现汉语量词在句法结构中的一些重要现象。

第二节　汉语量词的一AA与一A一A构式

一AA和一A一A是汉语量词中很常见的两种有量构式。能够出现在这两种构式中的不仅有名量词，而且还有动量词。名量词的一AA构式如"一个个""一张张""一条条""一块块""一团团""一篇篇""一片片""一顶顶"等，一A一A构式如"一个一个""一张一张""一条一条""一块一块""一团一团""一篇一篇""一片一片""一顶一顶"等。动量词的一AA构式如"一次次""一遍遍""一回回""一趟趟"等，一A一A构式如"一次一次""一遍一遍""一回一回""一趟一趟"等。

一　名量词的一AA与一A一A构式

我们这里先以"一个个"与"一个一个"作为个案来具体探讨名

量词的"一AA"和"一A一A"构式。

"一个个"与"一个一个"是不同的构式，因为二者的形式、功能、意义都有明显的不同。具体而言，在语法性质上，"一个个"是体词性的；而"一个一个"则是谓词性的；在句法功能上，二者都能够充当主语、定语和状语，但"一个个"主要倾向于充当主语，而"一个一个"则主要倾向于充当状语。

"一个个"充当主语的情况，如：

①一个个都提心吊胆地在想：老孟、二虎他们怎么样了？（李晓明《平原枪声》）

②同志们象脱了缰绳的马，一个个抖擞精神从地下爬起来，朝前冲去。（李晓明《平原枪声》）

"一个个"充当定语的情况，如：

③于是她们的聚会，就成了她们的一个个施放灵魂病魔的节日。（李佩甫《羊的门》）

④在墙的后边，是一个个埋着死人的坟头，秀丫不敢往前看，看了让她头皮发炸。（李佩甫《羊的门》）

"一个个"充当状语的情况，如：

⑤看守诸侠的武士有几名抢来干预，都被范遥抓将起来，一个个掷出塔外，活活的摔死。（金庸《倚天屠龙记》）

⑥阿紫这小贱人将她父亲、母亲，还有秦红棉母女俩，一个个抱出屋去，却不许人进屋来。（金庸《倚天屠龙记》）

"一个一个"充当状语的情况，如：

⑦怎么不用火力消灭敌人，偏要短兵相接，一个一个地拼刺刀呢？（刘流《烈火金刚》）

⑧鞋子多半是通着孔的，而女人们又不喜欢穿袜子，所以一个一个地看上去都很凉爽的样子。（萧红《马伯乐》）

"一个一个"充当定语的情况，如：

⑨她的心里就会盘旋着一些诗句，短短的，只是一个一个的片段，因某个情景触发的，为某个心情感叹的。（艾米《山楂树之恋》）

⑩李文娟跟了计划生育小组的人走东家串西家的，找一个一个的孕妇做着工作。（何玉茹《一个叫李文娟的人》）

为了更准确地把握"一个个"和"一个一个"的句法功能，我们分别检索了CCL语料库中"一个个"和"一个一个"在《保卫延安》《四世同堂》《上海的早晨》《李自成》《红旗谱》《十面埋伏》和《羊的门》等七部小说中充当句法成分的情况，检索结果见表6-1和表6-2。

表6-1　　　　"一个个"在七部小说中充当句法成分的情况

句子成分	《保卫延安》	《四世同堂》	《上海的早晨》	《李自成》	《红旗谱》	《十面埋伏》	《羊的门》	合计	百分比（%）
主语	8	3	10	23	17	23	46	130	53
定语	10	2	10	2	1	16	14	55	23
状语	2	4	10	1	2	27	12	58	24
合计	20	9	30	26	20	66	72	243	100

第六章 汉语量词有量构式的认知类型学研究

表 6-2　"一个一个"在七部小说中充当句法成分的情况

句子成分	《保卫延安》	《四世同堂》	《上海的早晨》	《李自成》	《红旗谱》	《十面埋伏》	《羊的门》	合计	百分比（%）
主语	3	—	—	—	—	2	1	6	11
定语	1	—	11	—	1	1	5	19	33
状语	8	2	2	4	1	11	4	32	56
合计	12	2	13	4	2	14	10	57	100

统计结果表明，"一个个"的主要功能是充当主语，而充当定语、状语的情况基本相当；"一个一个"的主要功能是充当状语，其次是充当定语，充当主语的情况最少。

可以说，"一个个"和"一个一个"的这种功能差异具有一定的代表性。受"一个个"和"一个一个"的功能差异的启发，我们系统考察了名量词的一 AA 和一 A 一 A 的功能差异，发现名量词的一 AA 构式的语义具有以下特点：语义偏重于表达模糊数量，且量较大；并偏重于表达整体概念。如：

⑪李梅亭忙打开看里面东西有没有损失，大家替他高兴，也凑着看。箱子内部像口橱，一只只都是小抽屉，拉开抽屉，里面是排得整齐的白卡片，像图书馆的目录。(钱锺书《围城》)

这里的"一只只"的语义重在表达小抽屉的数量之多，但到底有多少只小抽屉并不清楚，因此不重视对小抽屉的精确计量；同时，这里的描述偏重于把这些小抽屉当成一个整体，想说明每只小抽屉都具有的共同特征。其他类似的情况如：

⑫阱里压压挤挤的蛇，一条条都拼命钻出脑袋，探出身子，把别的蛇排挤开，压下去。(《读者（合订本）》)

⑬刘桂珍抻着脖子逼视马锐，"事实俱在，哪天在哪儿和谁一条条都给你记着呢"。(王朔《我是你爸爸》)

⑭迷迷糊糊中，听到窗口有动静，一睁眼睛，看到一只枯瘦的白手，正在窗前的桌子上晃动着要抓什么。张英才身上的汗毛一根根都竖起几寸高。(刘醒龙《凤凰琴》)

⑮狗们或大或小、或长或短，一只只吊在树上，暴着一双双很残的白眼！(李佩甫《羊的门》)

名量词的一A一A构式在语义上偏重于表达事物处于某种状态，同时也偏重于对整体中的每一个体状态的描述，而这种语义恰恰是计量的一种特质；因而一A一A比一AA更多地出现在状语位置。如：

⑯那长长的柳条，象美女披散着头发，一条一条的慢慢摆动，把南风都摆动得软了，没有力气了。(老舍《赵子曰》)

⑰那几只釉着八仙的青瓷花碗，他一只一只地摔，而且故意拿到石头上去摔，响声悦耳。(戴厚英《流泪的淮河》)

⑱西街的陆家老大在县教育局，代领了夏天智的退休金，托人捎了来，夏天智指头蘸了唾沫一张一张数，大家就都看着，说："四叔一个月这么多钱！"(贾平凹《秦腔》)

这里的"一条一条的慢慢摆动""一只一只地摔""一张一张数"都是在关注事物整体状态的背景下，又关注到整体事物中每一个体的状态。名量词一AA和一A一A的这种功能差异表明，语言结构中的任何一个成分都会给结构体带来某种变化，从而形成一种新的构式。

二　动量词的一 AA 与一 A 一 A 构式

动量词的一 AA 和一 A 一 A 构式虽然是两种不同的有量构式，但其功能基本上没有差别。我们详尽考察了"一次次"和"一次一次"的句法功能，发现二者基本没有差别，都能够充当状语、定语。虽然"一次次"和"一次一次"在句法功能上具有相似性，但是二者在出现的频率上差别鲜明。据我们对 CCL 语料库中的统计，"一次次"共有 2727 次用例，而"一次一次"仅 165 次用例。"一次次"充当状语的情况，如：

⑲史玉柱深知技术对于企业的推动作用，他一次次抓紧推进汉卡的更新升级，足见他对这一观点的深刻理解。(成杰《史玉柱传奇》)

⑳每次都尽力跟他们对抗，这样情况会一次次变好。(姚明《我的世界我的梦》)

"一次次"充当定语的情况，如：

㉑这个共和国最大的工业基地，在坐失一次次稍纵即逝的历史机遇后，从来没有象现在这样力不从心。(《报刊精选》1994 年)

㉒在此后对根据地发动的一次次"扫荡""围剿"中，日军兵力一次比一次多。(《人民日报》1995 年)

"一次一次"充当状语的情况，如：

㉓你喜欢施舍绝不是出于你的善心，而是你想一次一次地证明你的命运已经转变。(张贤亮《绿化树》)

㉔导游一次一次对我们说，直说得我们心驰神往。(《人民日

报》1998年）

"一次一次"充当定语的情况，如：

㉕大儿子和小女儿两个家庭一直都在上海，其余都分批在一次一次的政治运动中被下放到全国各地，最远的在新疆。（白桦《淡出》）

㉖一次一次的教训反复警告我们：根治水患已到了刻不容缓的地步。（《人民日报》1998年）

"一次次"和"一次一次"都能够出现在语义双指结构中。这些语义双指结构可以分为两类。一类是双动词结构，即在动量词的前后各有一个动词，但动量词的语义会同时指向两个动作，形成一种语义双指结构，即 V_1 +动量+ V_2。如"一次次"在 V_1 +动量+ V_2 式中语义双指时，V_1 后往往会有助词"得""着"等。

㉗这对中年夫妇激动得一次次哽咽。（《人民日报》1998年）
㉘贾春明夫妇，相互支撑着一次次踏上漫漫寻女之路。（《报刊精选》1994年）

"一次一次"在 V_1 +动量+ V_2 式中语义双指时，V_1 后则往往不带助词。

㉙你喜欢施舍绝不是出于你的善心，而是你想一次一次地证明你的命运已经转变。（张贤亮《绿化树》）
㉚让王炳灿当众一次一次地打肥皂净手。（李佩甫《羊的门》）

这种 V_1 +动量+ V_2 的语义双指结构有时也会以兼语句的形式出现。如"一次次"出现在兼语句中的情况：

㉛他要她一次次主动找话同他说，要她在自讨没趣后沉默下去。(严歌苓《花儿与少年》)

㉜那个疯子用刀割自己的肉，让他们一次次重复着惊讶不已，然后是哈哈大笑。(余华《一九八六年》)

如"一次一次"出现在兼语句中的情况：

㉝斐然政绩使他一次一次成为新闻人物。(马东伟《弥天大谎的破灭——无锡新兴公司非法集资案查处始末》)

㉞学校领导逼着我一次一次检查。(冯骥才《一百个人的十年》)

另一种语义双指结构是动宾结构，即动量词处于动词和宾语之间，它在句法功能上是宾语的定语，但其语义指向是动词。如"一次次"的动宾式语义双指结构：

㉟这些作品，既记录下了一次次重要的历史瞬间，也体现了新闻摄影自身的改革与发展。(《人民日报》1998年)

㊱如果说，他们有幸能躲过了一次次的饥荒、流行病和各种自然灾害的话，却难说他们能否逃脱战争的劫难。(《人民日报》1995年)

再如"一次一次"的动宾式语义双指结构：

㊲面对一次一次的失利，越来越多的对手，某电视台在专题节目中……(《报刊精选》1994年)

㊳就凭着这些办法，我们才能够在商洛山中闯过一道一道难关，经历一次一次风险，最后平安地突围出来。(姚雪垠《李自成》)

"一次次""一次一次"的语义指向反映出，语义双指结构实际上是显性句法结构和隐性句法结构的平行变化。如：

㊴ a. 他要她一次次主动找话同他说，要她在自讨没趣后沉默下去。（严歌苓《花儿与少年》）

b. 他一次次要她主动找话同他说，要她在自讨没趣后沉默下去。

㊵a. 学校领导逼着我一次一次检查。（冯骥才《一百个人的十年》）

b. 学校领导一次一次逼着我检查。

我们也系统考察了其他动量词的一AA和一A一A构式，发现情况和"一次次""一次一次"的情况基本一致，即动量词的一AA和一A一A构式虽然形式不同，但其功能基本相同。它们既能够充当状语，也能够充当定语，还能够出现在语义双指结构以及兼语结构中。如：

㊶紫烟正坐在自己房中，一遍遍回想他说的话。（琼瑶《鬼丈夫》）

㊷我们一遍一遍的举手没有意义。（《人民日报》2000年）

㊸金桥捶打着铁门一遍遍地吼叫着。（苏童《肉联厂的春天》）

㊹公司职员反复向学生或企业员工详细讲解毒品的危害，并让他们一遍遍观看"嗅毒犬"表演。（《人民日报》2000年）

三　量词一AA与一A一A构式的系统差异

上文的分析能够反映出，名量词的一AA和一A一A构式的句法功能表现较为复杂，而动量词的一AA和一A一A构式的句法功能表现较为简单；同时，二者的共性在于，它们都能够充当定语和状语。可见，名量词的一AA和一A一A构式的句法功能与动量词的一AA和

第六章 汉语量词有量构式的认知类型学研究

一 A 一 A 构式的句法功能有着系统性的差异和共性。这种系统性的差异和共性的根源在于名词和动词的系统性的差异和共性。名词是名量词修饰限制的对象,动词是动量词修饰限制的对象;在修饰限制名词和动词的过程中,量词分别受到了名词和动词的系统性的差异和共性的影响。

沈家煊(2012)明确指出,动词作为一个特殊的次类包含在名词这个大类里边,但名词不都是动词。其原因正如沈家煊(2009)中所指出的那样,在汉语的词类系统中,实词类属于"包含模式",不同于印欧语的"分立模式"。汉语和印欧语的根本区别在于,一个具体范畴投射到一个对应的抽象范畴,印欧语是"实现关系",而汉语是"构成关系",这就是"汉语缺乏形态"这一事实背后隐藏的认知上的深层原因。印欧语里,名、动、形是三个独立的类,少有交叉。汉语里,名、动、形三者之间是包含关系,形容词作为一个次类包含在动词之中,动词作为一个次类包含在名词之中。汉语的名、动、形都在一个大圈实词类中,三者缺乏印欧语那样的独立性;从这个角度看,"汉语的实词不能分类"的说法不无道理。沈家煊(2009)用图 6-1 示意了印欧语和汉语的词类关系。

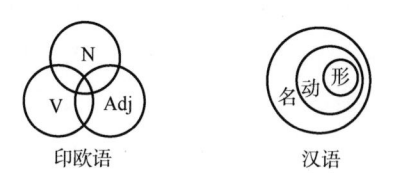

图 6-1 印欧语和汉语里的名词、动词、形容词

正是由于汉语中动词和名词之间的这种包含关系,才使动词的很多句法特征都和名词相同,如能够作主语和宾语。在这种情况下,名量词和动量词的句法功能也就有了上文所提及的那些系统的差异和共性。

第三节　汉语的数量分配构式

一　数量分配构式的表现

汉语有一种"数词$_1$+量词$_1$+数词$_2$+量词$_2$"构式，它们是以数量结构连用的形式表达规律性、重复性的数量行为。我们这里将这种"数词$_1$+量词$_1$+数词$_2$+量词$_2$"构式称为数量分配构式。汉语的数量分配构式所表达的是一种特殊的规律性的数量分配关系，与具体而丰富的现实语境具有巧妙的对应关系。如"一口一个""三个一组""一人两次""一人一张"等，都能够对应不同语境中的不同语义。"一口一个"可以指"一口吃掉一个鸡蛋"，也可以指"一口吃掉一个包子"；"三个一组"可以指"每三个选手组成一个小组进行小组辩论"，也可以指"每三个学生组成一个小组去打扫卫生"；"一人两次"可以指"每一个运动员试跳两次"，也可以指"每个学生试讲两次"；"一人一张"可以指"一人一张草稿纸"，也可以指"一人一张电影票"。[①]而数量分配构式之所以有这种巧妙的语义对应关系，其中原因在于，当数量分配构式与具体的语境结合后，其中的数量结构所修饰的事物或动作就具体化了，因而它所表达的语义非常明晰，对具体的数量分配事件的表达也非常简洁。

数量分配构式还可以扩展，如"一张三个"可以扩展成"一张凳子三个人"或"一张凳子坐三个人"，"五个一锅"可以扩展为"五个人一锅饭"或"五个人吃一锅饭"，"一个十遍"可以扩展为"一个字抄十遍"或"一个词写十遍"。扩展后的数量分配构式，由于其中的量词所修饰的事物或动作具体化了，因而所表达的语义是非常确定的，

[①] "人"从上古汉语至现代汉语时期都具有量词用法，这一点已有研究进行了充分论证。具体可参见李佐丰（1984），赵桂玲（1984），王绍新（2005），宋成吉、张桂梅（2010）等。

第六章 汉语量词有量构式的认知类型学研究

语义的多样性也就消解了。

同时，我们还能够发现，有些数量分配构式是可逆的，它可以有对应的逆构式，且客观语义保持不变，即数量分配构式及其逆构式所描述的客观场景或事件不发生变化。如"五个一锅"及其逆构式"一锅五个"，其语义为"五个人一锅饭"和"一锅饭五个人"，"五个人吃一锅饭"和"一锅饭吃五个人"；其所描述的客观场景并未发生变化。"一张三个"及其逆构式"三个一张"，其语义为"一张凳子三个人"和"三个人一张凳子"，"一张凳子坐三个人"和"三个人坐一张凳子"；其所描述的客观场景也并未发生变化。但有些数量分配构式往往很难有相应的逆构式，如"一个十遍"（一个字写十遍）不能说成"十遍一个"（十遍写一个字），"一人两次"（一个人跳两次）不能说成"两次一人"（两次跳一个人），"一口一个"（一口吃一个包子）不能说成"一个一口"（一个包子吃一口）。① 进一步的分析还会发现，能够有逆构式的数量分配构式中，所涉及的两个量词都是名量词；而没有逆构式的数量分配构式中，所涉及的两个量词，一个是名量词，另一个是动量词。因此可以说，汉语的数量分配构式中，如果所涉及的是两个名量词的数量短语，它就有相应的逆构式；如果所涉及的两个数量短语是异质的，即一个是名量词的数量短语，另一个是动量词的数量短语，则往往没有相应的逆构式。

通过数量分配构式及其逆构式的表现，我们还能够发现一个重要的现象：汉语的数量分配构式及其逆构式所涉及的两个数词中，一般都有一个数词为"一"；由于这个数词"一"的存在，整个构式的意义就可以概括为一种特殊的一对一的数量关系。如"三个一组"（三个

---

① "一口一个"（一口吃一个包子）的意思是明确的，就是"一口吃掉一个"（一口就吃掉了一个包子）。但是"一个一口"是一种歧义结构，它可以是"每一个就吃一口，但并没有吃完"，也可以是"一口就吃掉一个"；"一个包子吃一口"也是一种歧义结构，它可以是"每一个包子都咬了一口，但并没有吃完"，也可以是"一个包子一口就吃完了"。因此，"一口一个"（一口吃一个包子）不能说成"一个一口"（一个包子吃一口）。

学生一组）中，就是把"三个"作为一个整体，然后与"一组"构成一种特殊的一对一的数量关系，即"每三个"对应"每一组"。"一人两次"（一个人跳两次）中，则是把"两次"作为一个整体，然后与"一人"构成一种特殊的一对一的数量关系，即"每一人"对应"每两次"。正由于数量分配构式及其逆构式中的两个数量结构形成了这种特殊的一对一的数量关系，它们才能清晰地描述那些具体而丰富的数量分配事件。①

二 数量分配构式的意义来源

据我们的观察，数量分配构式在宋元时期就已经能够见到，并一直延续至今。如：

①我买下恰下甑的馒头三扇子，一人两个，休怨咨。（《元曲选·罗李郎大闹相国寺》）

②兀那吴国军将，您非送亲而来，我知您周瑜的计策，故来赚俺的城门，如有一个进来，我一枪一个。（《元曲选·两军师隔江斗智》）

③宋江与燕顺里面坐了，先叫酒保："打酒来。大碗先叫伴当一人三碗，有肉便买些来与他众人吃，却来我这里斟酒。"（《水浒传》第35回）

④众军汉把武松一步一棍，打到厅前。（《水浒传》第34回）

⑤快留下买路钱，饶你性命！牙迸半个不字，一刀一个，决

---

① 需要说明的是，对于有度量衡以及货币等法定单位词的数量分配构式，其中的两个数词可以都不是"一"，也同样能够形成这种一对一的数量分配关系。如"十块三斤"（十块钱三斤苹果）就是把"十块"作为一个整体，"三斤"作为一个整体，然后使这两个整体之间形成一种一对一的数量分配关系，即"每十块"对应"每三斤"（"每一块钱"对应"每三斤苹果"）。但是，度量衡以及货币这类法定单位词与"条""张""次""遍"这类天然单位词（即本书所讨论的量词）性质差异很大，因此本书所讨论的数量分配构式中，并不包括度量衡以及货币这类法定单位词。

不留存!(《西游记》第 97 回)

⑥八戒慌了,拿过添饭来,一口一碗,又丢够有五六碗。(《西游记》第 96 回)

⑦当下分付徒弟在橱柜里,取出四个饼子,厨房下熯得焦黄,热了两杯浓茶,摆在房里,请两位小官人吃茶。两个学生顽耍了半晌,正在肚饥,见了热腾腾的饼子,一人两个,都吃了。(《警世通言》卷五)

⑧木棍各牌手自备,每人一次一根。(《练兵实纪》卷四)

⑨瑞宣恨不能一拳一个都把他们打倒。(老舍《四世同堂》)

⑩全市村级以上干部有 20 万人,一人一件,加起来就是 20 万件。(《人民日报》1995 年)

可见,数量分配构式是把现实生活中的事物和动作的某种对应关系进行了规律性的分配,具有极强的概括性。它清晰地表达了不同数量之间的对应关系,或者说清晰地表达了不同数量之间的分配关系。那么这种构式的意义是从何而来的呢?

研究者对此已有关注。如马真(1982)、陆俭明(2013)认为,有些研究将某种结构的语法意义误归于句中的某个虚词头上。马真(2005)又指出,没有人会认为"每班分六个组,三个人一组""这类聚会两年一次""十块钱三斤"这类结构中的"三""两""十"是表示"每"的意思。陆俭明(2013)进一步列举了一些例证,如 2004 年出版的《现代汉语规范词典》以及后来的修订版,在"一"词条下所列的第五个义项,说是表示"每;各"的意思:

每班分六个组,一组八个人

一年一次

一人两块钱

陆俭明（2013）指出，这实际就犯了将句法格式的语法意义误归到句中某个虚词头上这一错误；因为那"每；各"的意思不是由"一"表示的，而是由两个数量结构所形成的对应格式所表示的。

上文已经提到，数量分配构式所代表的是"数词$_1$ + 量词$_1$ + 数词$_2$ + 量词$_2$"这样的结构，其中的数词都能够与"每；各"这样的语义结合。就数量分配构式的逆构式而言，其中的数词也都能够与"每；各"这样的语义结合。如"五个一锅"能够表达"每五个人吃每一锅饭"的意思，而"一锅五个"则能够表达"每一锅饭吃每五个人"的意思；很显然，这里是以"五个"和"一锅"这两个数量结构，同时作为计量的标准而形成的一种特殊的一对一的数量关系。可见，汉语在数量分配的过程中，其计量标准是双向的，是由句法结构的主语和谓语同时来确定的；因而，数量分配构式及其逆构式的语义与语序的搭配方式与汉语的主谓结构完全一致，也与汉语的话题结构完全一致。

汉语的主谓结构与话题、述题之间具有一定的对应关系，这一点赵元任（1979）已经有明确的论述。赵元任（1979：45）指出，主语和谓语的关系可以是动作者和动作的关系；但在汉语里，这种句子的比例不大，也许比50%大不了多少。因此，在汉语里，把主语、谓语当作话题和说明来看比较合适；而且谓语中的动作的方向不一定必得从主语到宾语。如：

  十个人吃两磅肉 两磅肉吃十个人
  四个人坐一条板凳 一条板凳坐四个人

赵元任（1979：45）中所举的这类语句所表达的语义，实际就是我们上文已经提到的数量分配构式及其逆构式所表达的语义。也有观点认为，类似汉语这种语序颠倒的句子在很多不同类型的语言中都可以出现（Green，1980；转引自李英哲，2005）；这表示它不是一种偶

第六章 汉语量词有量构式的认知类型学研究

然现象,英语中也有和汉语完全一样的倒装(李英哲,2005)。如:

The bees swarmed in the garden.	蜜蜂飞满了花园。
The garden was swarmed with bees.	花园飞满了蜜蜂。
The fog engulfed the entire village.	浓雾笼罩着整个村庄。
The entire village was engulfed in the fog.	整个村庄笼罩着浓雾。

李英哲(2005)认为,如果把汉语视为主题类型的语言,或许就不需要有主语后置的解释了。我们只要认识到,汉语的"花园"这个空间或"蜜蜂"这个量化的事物都可能有充当主题的资格;当我们想表达数量在空间或事物中的分配时,汉语可以让我们自由地把空间或有关事物轮流主题化。

事实上,汉语中的名词和动词都能够在主语和谓语的位置,或在话题和述题的位置上自由变换。① 这一点在上古汉语中就已经非常典型。名词作主语或话题是很常见的现象。如:

⑪君臣相亲,父子相保。(《韩非子·奸劫弑臣》)
⑫晋不可启,寇不可玩。(《左传·僖公五年》)
⑬困兽犹斗,况国相乎?(《左传·宣公十二年》)
⑭往者不可谏,来者犹可追。(《论语·微子》)

名词作谓语或述题的情况也很常见。如:

⑮及其使人也,器之。(《论语·子路》)
⑯君子之德,风;小人之德,草。(《论语·颜渊》)
⑰晋侯围曹,门焉,多死。(《左传·僖公二十八年》)

---

① 这里的"述题"也就是赵元任(1979:45)中所认为的"话题和说明"中的"说明"。同时,李英哲(2015)中所说的"主题"也就是赵元任(1979)中所说的"话题"。

⑱襄主曰："我取登，既耳而目之矣；登之所取，又耳而目之。是耳目，人绝无已也。"(《韩非子·外储说左上》)

动词既能自由地出现在谓语或述题的位置上。如：

⑲八佾舞于庭，是可忍也，孰不可忍也？(《论语·八佾》)
⑳肉腐出虫，鱼枯生蠹。(《荀子·劝学》)

也能自由地出现在主语或话题的位置上。如：

㉑生，好物也；死，恶物也。(《左传·昭公二十五年》)
㉒夫战，勇气也。(《左传·庄公十年》)

  名词、动词在主语和谓语位置，或在话题和述题位置的这种分布特征，源自汉语名词和动词的词类特征。据沈家煊（2009、2016），汉语的词类系统中，实词属于包含模式，即汉语的名词、动词、形容词之间是一种包含关系，形容词作为一个次类包含在动词类之中，而动词作为一个次类又包含在名词类之中。正是由于名词和动词之间的这种特殊关系，才使动词的很多句法特征都与名词相同。

  数量分配构式及其逆构式中，所涉及的两个数量短语是用来修饰名词或动词的；它们在句法结构中的位置和功能，也受到了汉语名词和动词的这种独特关系的影响。对于数量分配构式来说，其中"数词$_1$+量词$_1$"在句法功能上与主语相同，在话题结构上与话题相同；而"数词$_2$+量词$_2$"在句法功能上与谓语相同，在话题结构上与述题相同。因此说，数量分配构式及其逆构式的意义来自汉语的主谓结构，也来自汉语的话题结构。①

---

  ① 由于数量分配构式及其逆构式实际上是同类结构，因此，为了论述的简洁性，下文的讨论中就主要以数量分配构式为讨论对象。

三　数量分配构式是一种双焦点构式

从语义结构的角度看，数量分配构式所传递的语义并不具有独立性，而是具有极强的语境依赖性。分析数量分配构式及其存在的语境，我们能够清楚地发现，数量分配构式实际上是对语境中的焦点信息进行提取的结果。这是因为，在数量分配构式中包含了两个数量结构，而汉语的数量结构属于焦点信息范畴。据徐杰、李英哲（1993），数量成分比较容易成为句子的焦点标记。据刘丹青、徐烈炯（1998），数量成分是自然焦点，反映信息强度的相对程度；但自然焦点没有专用的焦点标记，而是跟语序密切相关，出现在某些位置的句法成分在没有对比焦点存在的前提下，会自然成为句子信息结构中的重点对象。就本书所讨论的数量分配构式而言，"数词$_1$ + 量词$_1$"和"数词$_2$ + 量词$_2$"都是数量结构，也都是焦点信息；因而数量分配构式是汉语句法结构中的双焦点构式。

问题是，数量结构为什么会成为句子的自然焦点和焦点信息呢？我们认为，其原因在于数量结构能够有界化所修饰的名词和动词，使那些名词和动词能够在众多的同质名词和同质动词中区别开来，成为独特的那一个。沈家煊（1995）指出，句法组合中的光杆普通名词，多数是通指性的，不指称个体事物，因而是无界的，作宾语时尤其如此。有界名词的本质是它所指的事物的个体性和可数性，无界名词的本质是它所指事物的非个体性和不可数性。惠红军（2006：69）认为，名量词的作用就在于使其所修饰的名词从无界名词的指称序列中有界化，变成一个可数的个体，从而使其与其他同类对象相区别。如：

㉓我见这馒头馅内有几根毛。（《水浒传》第27回）
㉔那妇人先把毒药倾在盏子里，却舀一碗白汤，把到楼上。

(《水浒传》第25回)

这里的量词"根"所修饰的对象是名词"毛",而"毛"是一个无界名词。量词"根"所起的修饰作用是使其所修饰的"毛"在无界名词"毛"的指称序列中有界化,进而和其他的"毛"相区别,并与目前讨论的对象紧密联系起来。量词"碗"所修饰的对象是"汤","汤"也是一个无界名词。"碗"所起的修饰作用是使其所修饰的"汤"在无界名词"汤"的指称序列中有界化,变成一个可数的个体,从而和其他的"汤"相区别,并与目前讨论的"汤"紧密联系起来。名量词使相关的名词脱离了无界名词的序列,在交际中获得了更多的关注,指称了具体的"那一个"或"这一个"。因此名量词成为一种焦点信息。

量词的有界化功能不仅体现在名量词上,也同样体现在动量词上。沈家煊(1995)指出,"有界—无界"的对立是人类一般认知机制的一部分;人最初通过自己的身体构造认识了什么是有界事物,按有界和无界的对立来认知外界的事物、动作和性状。人的语言能力是人的一般认知能力的一部分,认知上的"有界—无界"的对立必然在语言结构中有所反映。惠红军(2009 [2011]:155)认为,动量词的使用实际上反映了人们对动作的有界化的认识,它标记了认知成果中性质相同,但发生时段不同的同质化动作;在客观上把发生在不同时段的同质化动作进行了有界化,使它们成为某种意义上的不同动作。因此,动量词使相关的动词脱离了无界动词的序列,在交际中指称了具体的"那一次"或"这一次"动作,因此动量词也成为一种焦点信息。

量词的有界化功能也被认为是量词的个体化功能。大河内康宪(1993)、张军(2005)都探讨了汉语名量词的个体化功能,认为名量词的作用都是把非个体事物个体化,然后针对个体进行计数。王静（2001）认为，时量、动量成分，是分别从持续时间和发生的次数两个方面对动词表达的概念实施个别化。这种个别化也同样解释了量词在信息传递过程中所受到的高度关注，意味着量词是一种焦点信息。

需要注意的是，数词也是信息传递中最受关注的信息，因此也是一种焦点信息。表现在句法结构上，就是数词可以在体词性结构或谓词性结构中被提取出来，并总是出现在句法结构中，以替代原有的体词性结构或谓词性结构，从而使数词成为一种焦点信息。这种情况在上古汉语时期就非常典型。数词在体词性结构中被提取为焦点信息的情况，如：

㉕三分天下有其二，以服事殷。（《论语·泰伯》）
㉖鲁施氏有二子，其一好学，其一好兵。（《列子·说符》）

《论语·泰伯》"其二"中的"二"，乃是"二分天下"或"二分"之义；但"二分天下"或"二分"中的数词"二"是最受关注的信息，因此"二"作为焦点信息从"二分天下"或"二分"这样的体词性结构中被提取出来，并保留在句法结构中。《列子·说符》中，两个"其一"中的"一"，乃是"一子"之义；但"一子"中的数词"一"是最受关注的信息，因此它作为焦点信息，从"一子"这样的体词性结构中被提取出来，并保留在句法结构中。类似的情况还有很多。

㉗子谓子贡曰："女与回也孰愈？"对曰："赐也何敢望回？回也闻一以知十，赐也闻一以知二。"（《论语·公冶长》）
㉘陈亢退而喜曰："问一得三。闻《诗》，闻《礼》，又闻君子之远其子也。"（《论语·季氏》）

数词在谓词性结构中被提取为焦点信息的情况，如：

㉙既而大叔命西鄙北鄙贰于己。(《左传·隐公元年》)

对于《左传·隐公元年》"贰于己"中的"贰"，杜预注："贰，两属。"但《左传》中仅使用了数词"贰"。可见"贰"是一种受到高度关注的信息，即一种焦点信息。类似的情况并不少见。如：

㉚太康尸位以逸豫，灭厥德，黎民咸贰。(《尚书·五子之歌》)
㉛范增数目项王，举所佩玉玦以示之者三，项王默然不应。(《史记·项羽本纪》)

因此，我们可以这样认为，无论是有界化还是个体化，它们都表明了量词对名词和动词的独特作用，也表明了量词在整个结构中的突显特征；同时，数词也是汉语中重要的焦点信息。正是在这个基础上，"数词+量词"结构往往能够成为"数词+量词+名词"或"动词+数词+量词"结构中最受关注的信息，进而能够从整个结构被提取出来，成为一种焦点信息，或者成为句子的自然焦点。因此，在"一锅饭吃五个人"或"五个人吃一锅饭"这类结构中，"一锅"和"五个"这种"数词+量词"结构就被提取出来，从而形成"一锅五个"或"五个一锅"这类数量分配式的双焦点结构，并表达了"一锅饭吃五个人"或"五个人吃一锅饭"这样的语义。

四　数量分配构式的认知类型学意义

汉语的数量分配构式是一种常见构式。在汉藏语系的其他语言中，我们也能够见到这样的数量分配构式。如彝语（翟会锋，2011：197）：

tʂaŋ⁵⁵ miŋ²¹ ba³³ dɤ²¹ pe²¹ tɕiŋ⁵⁵ ma⁵⁵ lɤ²¹, tha²¹ kho³³ ȵi⁵⁵ sʅ³³ tɕho²¹ sʅ⁵⁵ dʐa³³.
张　　明　经常　　北京(否定)去　一　　年　两　三　　次　大概

张明不经常去北京，一年大概两三次。

其中的 tha²¹ kho³³ ȵi⁵⁵ sʅ³³ tɕho²¹（一年两三次）就是一种数量分配构式。

如拉珈语（毛宗武、蒙朝吉、郑宗泽，1982：159）：

in³ saːu⁵ tsen¹（faːm¹ ũːn³）
一　次　　吃　　　三　　碗

一次吃三碗

如仫佬语（银莎格，2012：240）：

tsɔŋ³ kɤa² naːi⁶ maːt⁷ tsaːn¹ taːm¹ ȵən².
种　　药　这　次　　吃　　三　　粒

这种药要一次吃三粒。

假如将拉珈语中的 tsen¹（吃）或仫佬语中的 tsaːn¹（吃）略去不说，那么拉珈语的 in³ saːu⁵ faːm¹ ũːn³（一次三碗）或仫佬语的 maːt⁷ taːm¹ ȵən²（一次三粒）就是典型的数量分配构式。

这说明，汉藏语系的其他语言中应该也存在着数量分配构式；但就目前所能够见到的材料而言，现有研究还很少关注汉藏语系其他语言中的数量分配构式。我们相信，随着对汉藏语系语言研究的深入，应该能够发现更多的数量分配构式。但是，汉藏语系其他语言的数量分配构式是该语言独立发展而来的，还是受汉语的影响而产生的，那则是另一个需要讨论的问题了。

第四节　数量名构式的认知类型学研究

汉藏语系的数词、量词、名词形成的数量名结构具有非常重要的类型学价值。虽然已有研究关注到这一现象（刘丹青，2002；李云兵，2005、2008；黄平，2012；程博，2012），但遗憾的是，数量名结构的语序一直以来并没有引起更多的类型学思考。正如刘丹青（2002c）曾指出的那样，现有的语序类型学研究多没有把量词考虑在内；其原因在于汉藏语的量词属于指称类定语，而汉藏语的指称类定语的情形更加复杂。

我们这里从类型学的视角系统考察了汉藏语系的数量名结构，发现其中存在三个颇有意义的现象。其一，汉藏语系共有"数+量+名""名+数+量""名+量+数""量+名+数"四种语序类型。其中"量+名+数"是一种数量分裂型结构，也是 Greenberg（1972）认为不可能存在的一种结构类型；其余三种则是数量一致型结构，其内部具有层次性。这些语序中还存在着一种蕴含关系，即"量+名+数⊃数+量+名"。其二，在显性的句法结构上，量词倾向于与数词（而不是名词）的位置移动保持一致。其三，在隐性的语义关系上，量词与名词有着极其密切的关系。

一　汉藏语系数量名结构的语序类型

根据马学良（2003）对汉藏语系各语言的系属分类以及其他学者的有关研究，我们对比分析了汉藏语系中46种语言的数量名结构，共得到四种语序类型："数+量+名""名+数+量""名+量+数""量+名+数"。前三种类型中，数词、量词或共同置于名词之前，或共同置于名词之后,但均共置于名词的同一侧,因此称为数量一致型结构;后一种类型中,数词和量词分置于名词的两侧,因而称为数量分裂型结构。

(一) 数量一致型结构

1. 数+量+名

这种结构分布于汉语族、苗瑶语族和壮侗语族的一些语言中,在汉语、苗语、布努语、勉语、畲语、侗语、水语、毛南语、拉珈语、仫佬语、佯僙话、莫话、甲姆话、黎语、壮语、布依语、傣语、仡佬语、临高话这十九种语言中都能见到。

如汉语:

  两张嘴 五片肉 一条街

如苗语(王辅世,1985:56):

  i³³ lε³³ tɕi⁴⁴   o³³ tε¹¹ pa⁴⁴
  一 个 碗   二 只 猪
  一个碗   两只猪

如水语(张均如,1980:31):

  çi⁵ to² tak⁸ kui²   ti³ sum⁵ dwa¹
  四 只 公 水牛   一 撮 盐
  四只公牛   一撮盐

2. 名+数+量

这种结构主要分布于汉语族、藏缅语族和壮侗语族的一些语言中,在汉语、羌语、普米语、嘉戎语、道孚语、扎坝语、却域语、贵琼语、木雅语、史兴语、彝语、傈僳语、哈尼语、拉祜语、纳西语、基诺语、载瓦语、阿昌语、独龙语、白语、怒语、土家语、克伦语、傣语、临高话这二十五种语言中能够见到。

如汉语：

  纸两张 肉五片 鸡两只

如彝语（翟会锋，2011：60）：

  ŋi³³ tha²¹ tɕhie³³   sei³³ tha²¹ dʑie³³
  牛 一 条   树 一 棵
  一头牛   一棵树

如傣语（马学良，2003：719）：

  pa¹ saːm¹ to¹   sə² sɔŋ¹ phɯn¹
  鱼 三 条   衣 两 件
  三条鱼   两件衣服

3. 名 + 量 + 数

这种结构分布于藏缅语族和壮侗语族的一些语言中，在藏语、门巴语、景颇语、珞巴语、僜语、克伦语、傣语、临高话这八种语言中能够见到。

如藏语（多杰东智，2005）：

  ŋə nda hsəm   htsa hkaŋ tzˌək
  人 个 三   草 根 六
  三个人   六根草

如景颇语（徐悉艰，1987）：

u³¹khum³¹mji³³   n³³ku³³tum⁵⁵mji³³
鸡 只 一   米 粒 一
一只鸡   一粒米

如傣语（马学良，2003：719）：

xim¹lim³nɯŋ⁶   ho² to¹ nɯŋ⁶
针 根 一   黄牛 头 一
一根针   一头黄牛

(二) 数量分裂型结构

数量分裂型"量+名+数"结构分布于苗瑶语族和壮侗语族的一些语言中，在壮语、布依语、毛南语、傣语、莫话、甲姆话、苗语这七种语言中能够见到。

如壮语（张元生，1993）：

kaːi⁵fei²saːu deu¹   kaːi⁵kaːu¹deu¹
块 肥皂 一   块 糕 一
一块肥皂   一块糕

如布依语（吴启禄，1992：114、116）：

tu²mu¹diau¹   baɯ¹sa¹diau¹
只 猪 一   张 纸 一
一头猪   一张纸

二 汉藏语系数量名结构类型的分布对比

我们把上文所分析的46种语言的数量名结构的语序类型进行了列表对比，结果见表6-3。

表6-3　　汉藏语系46种语言的数量名结构的语序类型分布

语种		数量一致型结构			数量分裂型结构	资料来源
		数+量+名	名+数+量	名+量+数	量+名+数	
汉语		+	+			—
藏缅语族	藏语			+		多杰东智,2005
	门巴语			+		陆绍尊,1986:48
	羌语		+			孙宏开,1981
	普米语		+			蒋颖,2008
	嘉戎语		+			马学良,2003:289
	道孚语		+			黄平,2012:123
	扎坝语		+			黄布凡,1990
	却域语		+			蒋颖,2006:57
	贵琼语		+			孙宏开,1983
	木雅语		+			马学良,2003:291
	史兴语		+			徐丹,2009
	景颇语			+		戴庆厦、蒋颖,2005
	彝语		+			陈士林、边仕明、李秀清,1985
	傈僳语		+			徐琳、木玉璋、盖兴之,1986:50
	哈尼语		+			马学良,2003:439
	拉祜语		+			常胘恩,1986
	纳西语		+			马学良,2003:433
	基诺语		+			马学良,2003:445
	载瓦语		+			马学良,2003:400

第六章 汉语量词有量构式的认知类型学研究

续表

语种		数量一致型结构			数量分裂型结构	资料来源
		数+量+名	名+数+量	名+量+数	量+名+数	
藏缅语族	阿昌语		+			马学良,2003:400
	珞巴语			+		欧阳觉亚,1985:30
	僜语			+		黄平,2012:120
	独龙语		+			杨将领,2011
	白语		+			徐琳、赵衍荪,1984
	怒语		+			马学良,2003:434
	土家语		+			田德生等,1986
	克伦语		+	+		马学良,2003:503
苗瑶语族	苗语	+			+	罗安源,2005
	布努语	+				毛宗武、蒙朝吉、郑宗泽,1982
	勉语	+				毛宗武、蒙朝吉、郑宗泽,1982
	畲语	+				毛宗武、蒙朝吉,1982
壮侗语族	侗语	+				龙耀宏,2003
	水语	+				韦学纯,2011
	毛南语	+			+	张景霓,2005
	拉珈语	+				马学良,2003:734
	仫佬语	+				王钧、郑国乔,1980
	佯僙话	+				马学良,2003:739
	莫话	+			+	马学良,2003:743
	甲姆话	+			+	马学良,2003:745

·311·

续表

语种		数量一致型结构			数量分裂型结构	资料来源
		数+量+名	名+数+量	名+量+数	量+名+数	
壮侗语族	黎语	+				欧阳觉亚、郑贻青,1980
	壮语	+			+	张元生,1993
	布依语	+			+	吴启禄,1983
	傣语	+			+	贾琳瑛,2012
			+	+		李明,2007
	临高话	+	+	+		张元生,1993
	仡佬语	+				张济民,1993

为了更清晰地观察数量名结构的四种语序类型在汉藏语系各语族中的分布情况，我们将表6-3简化为表6-4。

表6-4　　数量名结构的语序类型在汉藏语系各语族中的分布

语种	数量一致型结构			数量分裂型结构
	数+量+名	名+数+量	名+量+数	量+名+数
汉语	+	+		
藏缅语族		+	+	
苗瑶语族	+			+
壮侗语族	+	+	+	+

根据表6-3，我们所考察的46种语言的数量名结构中都能够发现数量一致型结构，占统计总量的100%。其中，有7种语言既存在数量一致型结构，又存在数量分裂型结构，占统计总量的15.2%；有39种语言只有数量一致型结构，占统计总量的84.8%。

第六章 汉语量词有量构式的认知类型学研究

在有数量分裂型结构"量+名+数"的7种语言中,有6种语言属于壮侗语族,即壮语、布依语、傣语、毛南语、莫话、甲姆话;只有1种语言属于苗瑶语族,即苗语,而且我们也仅在罗安源(2003:80)有关松桃苗语的材料中见到一例数量分裂型的"量+名+数"结构。如:

a^{44}ntu^{54}wu^{35} a^{44} na^{42} mæ^{22} qwen^{44} a^{44}!
那 条 河 一 那 么 宽 啊
那一条河那么宽啊!

由此可见,苗语中是否普遍存在这种数量分裂型的"量+名+数"结构还不能十分确定;因此,苗瑶语族数量名结构的主要类型应为"数+量+名"。在这种情况下,我们认为,数量分裂型"量+名+数"结构是壮侗语族的一种独特语序。但是,当我们将所统计的46种语言的数量名结构类型归纳和简化为表6-4时,数量分裂型结构在分布上的这种独特性则被遮掩起来了。

三 汉藏语系数量名语序的层次性和蕴含关系

(一) 汉藏语系数量名语序的层次性

上文的分析能够表明,汉藏语系的数量名结构的语序类型差异明显,很难找到一种共存于各语言的语序类型;但我们能够发现一个共性表现,即各语言的数量名结构中都存在着数量一致型结构。这种数量一致型结构内部都具有同样的层次性。如汉语的"数+量+名"和"名+数+量"结构,其中的数词和量词首先会形成一个结构体,名词是与数词、量词所形成的结构体发生关系,而不是单独与数词或量词发生关系。因此,汉语的数量名结构具有以下的层次性。

[[数+量]+名]   [名+[数+量]]

藏缅语族的"名+数+量"和"名+量+数"两种结构中,名词也同样是与数词、量词所形成的结构体发生关系,而不是单独与数词或量词发生关系。因此,藏缅语族的数量名结构具有以下的层次性。

[名+[数+量]]   [名+[量+数]]

由于同样的原因,苗瑶语族的"数+量+名"结构具有以下的层次性。

[[数+量]+名]

壮侗语族的"数+量+名""名+数+量""名+量+数"结构具有以下的层次性。

[[数+量]+名]   [名+[数+量]]   [名+[量+数]]

可见,汉藏语系各语族的数量名结构虽然语序类型各有不同,但其数量一致型结构都具有同样的层次性。

需要注意的是,表6-4的数据表明,壮侗语族的数量名结构最为复杂,共有四种语序。但这四种语序实际上可以分为两类,其中"名+量+数"与"名+数+量"可分为一类,它们之间具有转化关系;"量+名+数"与"数+量+名"可分为一类,它们之间既有转化关系,也有蕴含关系。

我们说壮侗语族的"名+量+数"与"名+数+量"之间具有转化关系,是由于当数词为"一"时,数量名结构就呈现为"名+量+数";当数字为"二"或大于"二"时,其语序则为"名+数+量"。

如德宏傣语(克原秀,2011):

第六章 汉语量词有量构式的认知类型学研究

laːi² pap⁵ləŋ¹   kon² saːm⁶ ko⁵
书　本　一   人　三　个
一本书   三个人

如西双版纳傣语（李明，2007：34、25）：

ho¹ hɔm¹ xeu³ nɯŋ⁶   kai⁵ sɔŋ¹ xoŋ¹
蒜　瓣　一   鸡　两　笼
一瓣蒜   两笼鸡

临高话的数量名结构也有类似情况。即当数字为"一"时，其语序是"名+量+数"；当数字为"二"或大于"二"时，其语序是"名+数+量"或"数+量+名"。

如临高话（张元生等，1985：124—125）：

dun³ dun³ hə³   dak⁸ hiu² hə³
树　棵　一   绳子　条　一
一棵树   一条绳

kai¹ tam¹ hu²   laŋ³ vɔn³ mɔʔ⁸
鸡　三　只   帽子　两　个
三只鸡   两个帽子

tam¹ mɔʔ⁸ lan²   vɔn³ hu² ba¹
三　个　屋   两　只　鱼
三个房子   两条鱼

"量+名+数"和"数+量+名"的关系则相对复杂。在壮语、金平傣语、毛南语、布依语等语言中，数字为"一"时，数量名结构的语序为"量+名+数"；而数字为"二"或大于"二"时，其语序是"数+量+名"。因此，这二者之间也是一种转化关系。

· 315 ·

如壮语（马学良，2003：711）：

ko¹ fai⁴ ʔdeu¹   soːŋ¹ ko¹ fai⁴
棵 树 一   两 棵 树
一棵树   两棵树

如金平傣语（贾琳瑛，2012：15）：

kɔ³³ mǎi³¹ nɯŋ⁵²   sɔŋ³³ kɔ³³ ɲa²⁵
棵 树 一   两 棵 草
一棵树   两棵草

如毛南语（马学良，2003：733）：

zɔŋ² mai⁴ ʔdɛu²   saːm¹ ni¹ taŋ⁵
棵 树 一   三 张 凳
一棵树   三张凳

如布依语（吴启禄，1992：114、129）：

tu² mu¹ diau¹   ɣa³ dan¹ tsa¹
只 猪 一   五 个 碗
一头猪   五个碗

（二）汉藏语系数量名结构的蕴含关系

在系统分析汉藏语系46种语言的数量名结构的语序类型之间的关系后，我们还能够得到一个有关"量+名+数"和"数+量+名"的四分表，见表6-5。

表 6-5　　　　　　　数量名结构中的蕴含关系

+(量+名+数),+(数+量+名)	-(量+名+数),+(数+量+名)
*(+(量+名+数),-(数+量+名))	-(量+名+数),-(数+量+名)

这个四分表意味着汉藏语系的数量名结构中存在这样一种蕴含关系：

量 + 名 + 数 ⊃ 数 + 量 + 名

这种蕴含关系其实质为一种蕴含共性，它在汉藏语系中具体有以下表现。

汉藏语系中存在既有"量+名+数"结构，也有"数+量+名"结构的语言，如毛南语、壮语、布依语、傣语、莫话、甲姆话、苗语等。

汉藏语系中存在无"量+名+数"结构，而有"数+量+名"结构的语言，如汉语、仡佬语、布努语、勉语、畲语、侗语、水语、仫佬语、佯僙话、黎语等。

汉藏语系中存在既无"量+名+数"结构，也无"数+量+名"结构的语言，藏缅语族的语言都是如此，如藏语、景颇语、彝语、白语、羌语、怒语等。

汉藏语系中还没有发现有"量+名+数"结构，而无"数+量+名"结构的语言。

比较而言，汉藏语系中，"量+名+数"结构是一种劣势语序，在 7 种语言中能够发现用例；而"数+量+名"结构则是一种优势语序，在 19 种语言中能够发现用例。

四　汉藏语系数量名结构的限制因素

从组合的角度看，数词、量词和名词会有六种可能的语序结构。

Ⅰ 数+量+名　　Ⅱ 名+数+量
Ⅲ 量+数+名　　Ⅳ 名+量+数
Ⅴ 量+名+数　　Ⅵ 数+名+量

　　Greenberg（1972）认为，只有前四种结构是可能的数词分类词结构（Numeral Classifiers Construction）。而数词分类词即本书所讨论的量词。Greenberg（1972）所认为的四种可能的语序类型Ⅰ、Ⅱ、Ⅲ、Ⅳ，也是我们上文所分析的数量一致型结构；不可能的语序类型Ⅴ和Ⅵ则属于数量分裂型结构。Greenberg（1975）认为，语序Ⅰ和语序Ⅱ相对于语序Ⅲ和语序Ⅳ更常用，语言也允许在语序Ⅰ和语序Ⅱ之间有序转化。

　　实际上，数量名结构的可能语序类型多于Greenberg（1972）所说的四种，因为我们在壮语、布依语、傣语、毛南语、莫话、甲姆话、苗语等语言中能够看到一种数量分裂型结构，即Ⅴ"量+名+数"。因而，汉藏语系的数量名结构是由三种数量一致型结构"数+量+名""名+数+量""名+量+数"和一种数量分裂型结构"量+名+数"构成的，这是汉藏语系作为量词型语言在语序上的独特表现。

　　目前所看到的语序分布还表明，汉藏语系中数量名结构不仅能够在语序Ⅰ和语序Ⅱ之间有序转化，而且能够在更多的语序之间有序转化。如汉语能够在语序Ⅰ"数+量+名"和语序Ⅱ"名+数+量"之间有序转化，壮语、布依语能够在语序Ⅰ"数+量+名"和语序Ⅴ"量+名+数"之间有序转化；有的语言还能在三种语序结构之间有序转化，如临高话能够在语序Ⅰ"数+量+名"、语序Ⅱ"名+数+量"和语序Ⅳ"名+量+数"三种语序之间有序转化；有的语言能够在四种语序结构之间有序转化，如傣语能够在语序Ⅱ"名+数+量"、语序Ⅳ"名+量+数"、语序Ⅰ"数+量+名"和语序Ⅴ"量+名+数"之间有

第六章 汉语量词有量构式的认知类型学研究

序转化。

数量名结构的语序呈现这种分布的原因是距离象似原则的制约,而距离象似原则又受概念关系的制约。也就是说,一般情况下,概念关系相近的两个语言单位在句法结构层面的距离也相近,概念关系较远的两个语言单位在句法结构层面的距离也较远。已发现的五种语序结构中,Ⅰ、Ⅱ、Ⅲ、Ⅳ四种语序都是数量一致型结构,其中的数词和量词在句法结构上的距离始终都是最近的,这反映出其概念关系也始终是最近的。因为数词、量词同属量范畴,二者之间的概念关系更为紧密;而名词属于事物范畴,与量范畴分属不同范畴,二者之间的概念关系较远;量词一般并不首先与名词发生句法结构上的关系。但语序Ⅴ"量+名+数"则不同,它是一种数量分裂型结构,数词和量词分别置于名词的两边,二者在句法结构上的距离明显加大,在概念关系上显得疏远;因而这类结构中会有一些特殊的句法表征,如"量+名+数"中的数词都是"一"。同样,由于在概念关系层面应该距离最近的数词和量词,却被分置于名词的两侧,因而语序Ⅵ"数+名+量"还尚未见到实际用例。

可见,在显性的句法结构层面,汉藏语系数量名结构中的量词和数词在句法位置的移动上更倾向于保持一致;量词一般并不直接和名词发生句法结构上的关系。然而,在隐性的语义结构层面,数量名结构中的量词与名词则有着极其密切的关系。这主要表现在以下三个方面。

首先,汉藏语系数量名结构中的量词是一般所谓的名量词,而名量词在起源上与名词的关系非常密切。汉藏语系语言名量词的早期形式,无论是称其为临时量词(管燮初,1981:179)、反响型类别词(桥本万太郎,1985:97—102),还是称其为拷贝型量词(李宇明,2000a),都是以重复名词的形式出现的。而目前一般所说的名量词,无论是从普通名词演变而成的，还是从普通动词演变而成的，它们也往往受名词的某种语义特征的影响而语法化为名量词。如汉语名量词的产生，据王力（1957［2004］：279），一般来说，单位词是由普通名词演变而成的，并且它们的语法意义就是由它们的本来意义引申的，如"颗"的本义是"小头"，后用作单位词，就指称小而圆的东西。那些来自动词的名量词也是如此。据王力（1957［2004］：278），"张"字本来是"张弓"的意义，所以弓弩用"张"为单位词。据刘世儒（1965：127、134），"件"的本义是指把物分成几块，由此引申，就可以把它作为计件的名量词；"乘"作为量词由"乘载"义引申而来，原是常只用于兵车的，后来就逐渐一般化了。仫佬语的一些名量词也是从动词分化来的，用来指动作行为的结果所形成的单位量，如"$nə^5$（一）$ȵam^1$（把）hu^3（米）"中的"$ȵam^1$"（把）其实就是动词"$ȵam^1$"（抓）（王钧、郑国乔，1980：47）。傣语借用自动词的名量词，一般强调该动作所导致的结果状态，如"$xǎu^3$（米）""$kɔp^9$（捧）""$nɯŋ^6$（一）"中，"$kɔp^9$"（捧）就是动词借用作名量词，指两手托起的物体的量（李明，2007：25）。

其次，汉藏语系很多语言的名量词都可以作为一种构形词缀，和名词构成该名词的另一种词汇形式。这种构词形式可以看作第一种表现的进一步发展，或称作名量词的词缀化。因为名量词实际反映了名词的某种语义特征，因而名量词的词缀化现象可以视为名词的这种语义特征的突显标志。这种情况在汉藏语系很常见。如汉语中的情况：

纸张　马匹　花朵　人口　书本　官员　车辆

壮语名量词"词头化"后，失去表示事物单位的意义，只表示事物的类属。如（覃晓航，2005）：

第六章 汉语量词有量构式的认知类型学研究

tu² 原是表示动物一类的量词。

tu² peu⁵　　　　　tu² puk⁷
　豹　　　　　　　　白蚁
豹子　　　　　　　　白蚁

ko¹ 原是表示植物一类的量词。

ko¹ puk⁸　　　　　ko¹ dok⁷
　柚　　　　　　　　竹
柚树　　　　　　　　竹子

布依语的名量词也有词缀化的现象,用来构成名词的另一种形式。如（吴启禄,1983）：

pu⁴ "个",用于人物类。

pu⁴ vɯn²　　　　　pu⁴ a³
　人　　　　　　　　汉族
人　　　　　　　　　汉族

tu² "只",用于动物类。

tu² kuk⁷　　　　　tu² zok⁸
　虎　　　　　　　　鸟
老虎　　　　　　　　鸟

ko¹ "棵",用于植物类。

ko¹ ȵa¹　　　　　ko¹ taːu²
　草　　　　　　　　桃子
草　　　　　　　　　桃树

fa⁶ "把",用于生产工具类。

fa⁶ mip⁸　　　　　fa⁶ liam²
　小刀　　　　　　　镰刀
刀子　　　　　　　　镰刀

· 321 ·

拉珈语也有类似情况，在名词前面加量词表示类别。如（蒋颖，2006：32）：

mi²⁴khje⁵¹　　　　　mi²⁴fan⁵¹
条　梳子　　　　　条　竹子
梳子　　　　　　　竹子

tu²³¹liŋ²³¹　　　　　tu²³¹kai⁵⁵
只　猴子　　　　　只　鸡
猴子　　　　　　　鸡

最后，汉藏语系很多语言的名量词都具有指称功能，能够用来指称所修饰的名词。

如苗语（王辅世，1985：60）：

tɛ¹¹ʑu⁴⁴　　　　　tɕo⁵⁵ta³⁵
只　小　　　　　　条　长
小的（指动物）　　长的（指条状物）

如水语（张均如，1980：35、55、64）：

laːk⁸to²ȵa²　　　　tiu²to²he¹
件　的　你　　　　条　的　人家
你的那件（衣服）　人家的（那）条

lam¹haːn³　　　　　to²pjaːu⁵
个　红　　　　　　只　跑
红的那个　　　　　跑的那只

彝语的名量词也具有指称功能。据翟会锋（2011：61—62），在三官寨彝语中，光杆量词在句中可以修饰名词，表示定指。

tsho³³ ʐo²¹ ŋuei¹³ ma⁵⁵ ɡʊ²¹.
人　个　我　否定　喜欢
这个人我不喜欢。
na²¹ dzu³³ thɤ³³ thu³³ ka³³ thʅ³³ dɤ³³ ʔa²¹ dɤ³³ ko³³ kao³³?
你　桌子　　张受格 搬　介　　哪儿　　完成
你把（这）张桌子搬到哪儿了？
mʊ³³，khʊ²¹　thu⁵⁵　vei　xɯ³³?
只　　什么　时候　买　陈述
（这）只，什么时候买的？

汉语的名量词也具有指称功能，这在普通话和方言中都能见到。如普通话：

"家"既不是家，又是个家，或者说它没有家的资格却有着家的性质，个中滋味一言难尽。（莫怀戚《透支时代》）

如粤语广州方言（施其生，1996）：

食埋支烟走人。（抽完这支烟就走。）

如吴语苏州方言（潘悟云、陶寰，1999）：

支钢笔是啥人个？（这支钢笔是谁的？）

如桂南平话（步连增，2011）：

个手机o³³电池冇有点ɐk²¹³，有冇得。（这个手机电池没电了，用不了。）

· 323 ·

如陕西关中方言：

呦人是谁？（那人是谁？）

总而言之，虽然汉藏语系的名量词在语序变化上倾向于和数词保持同步，但它在来源上受名词的明显影响和制约，能够作为词缀和名词复合成词，还可以用来指称名词。因此，汉藏语系的数量名结构既能够表现为数量一致型结构，也能够表现为数量分裂型结构。

五 汉藏语系数量名结构的认知类型学价值

量词虽然不能作为汉藏语系同源的证据，但从它经历的从少到多、从简单到复杂的共同发展趋势来看，它们似乎又有一个共同的内在机制在起作用（孙宏开、胡增益、黄行，2007：106）。在以上论述中，我们能够发现汉藏语系各语言的数量名结构的共时分布具有明显的共性特征，即各语言的数量名结构中都存在着数量一致型结构。这种共性特征一方面反映出汉藏语系的量词是一种特殊的计数标准，另一方面也许隐藏着汉藏语系语言数量名结构历时演变的信息和轨迹，而且这种结构演变的年代跨度也可能远远超出我们一般的估计。因此，对汉藏语系数量名结构的系统研究有助于汉藏语系量词研究的深入，或能挖掘出量词起源上的诸多动因。我们目前的研究还很不充分，还需要更多、更深入、更系统的研究，才能发掘出汉藏语系数量名结构的研究价值。

第五节 数量动构式的认知类型学研究

一 汉藏语系数量动结构的语序类型

量词是汉藏语系语言非常重要的语法特征。在量词的研究中，研究者关注更多的是名量词，而较少关注动量词。① 受此影响，数词、动量词、动词所形成的各种结构（以下简称"数量动结构"）的研究也同样薄弱。汉藏语系的数量动结构具有非常重要的语序类型学价值，虽然已有研究涉及，如徐丹、傅京起（2011），饶宏泉（2012），金桂桃（2015）等，但现有研究尚未发掘出汉藏语系的数量动结构在语序类型学上的重要特征和价值。

根据马学良（2003）对汉藏语系各语言的系属分类以及其他学者的有关研究，我们对比分析了汉藏语系46种语言的数量动结构，共得到四种语序类型："数+量+动""动+数+量""动+量+数""量+数+动"。由于这四种语序类型中的数词和动量词都处于动词的同一侧，因此我们称其为数量一致型结构。经过进一步的研究，我们还发现这四种语序类型中存在一种蕴含关系，即"动+量+数⊃动+数+量"；而且这四种语序类型的分布特征以及它们之间的内在联系对解释汉藏语系语言之间的一些特殊关系具有重要的意义。

（一）数+量+动

这种结构主要存在于汉语、藏缅语族、壮侗语族的25种语言中，具体包括汉语、羌语、普米语、嘉戎语、道孚语、扎坝语、却域语、贵琼语、木雅语、史兴语、景颇语、彝语、傈僳语、哈尼语、拉祜语、纳西语、基诺语、载瓦语、阿昌语、独龙语、怒语、土家语、水语、拉珈语、黎语。

---

① 我们以两种方式检索了CNKI中的相关文献。一种检索方式是先以"篇名"中包含"量词"为检索条件，共检索到3776条文献；在这3776条文献中，再以"关键词"中包含"名量词"和"动量词"分别检索，检索到与名量词有关的文献553条，与动量词有关的文献378条。第二种检索方式是以"篇名"包含"名量词"和"动量词"为检索条件分别检索，检索到与名量词相关的文献339条，与动量词相关的文献251条。检索时间为2021年11月10日。由此可见，相对于名量词而言，动量词较少受到关注。

如汉语：

①一日三遍打，不反待如何。(叶坦《文化与戏剧》)
②杨晓冬几次叫他，他也不理会。(李英儒《野火春风斗古城》)

如却域语（陆绍尊，2007：1068）：

na^{35} dʑe^{53} kə^{55} tõ^{53}　　so^{35} ti^{53} lə^{55} rɐ^{53}
二　顿　　吃　　　　三　下　　打
吃两顿　　　　　　　打三下

如贵琼语（孙宏开，2007：1024）：

ta^{33} pho^{55} ndʐo^{35}　　ta^{33} tɕo^{55} la^{53}
一　回　看　　　　一　刀　砍
看一回　　　　　　砍一刀

如载瓦语（朱艳华，2011：80）：

lǎ^{31} liŋ^{51} sɔ^{31}　　lǎ^{31} ta^{55} jɛ^{51}
一　趟　走　　　一　次　去
走一趟　　　　　去一次

lǎ^{31} tam^{51} sɔi^{51}　　i^{44} tam^{51} wu^{55}
一　次　画　　　两　次　看
画一笔　　　　　看两回

如水语（韦学纯，2011：278）：

man^{11} ti^{33} lan^{35} tsjə^{11} ti^{33} ɬən^{31}.
他　一　顿 吃 一 斤

他一顿吃一斤。

如黎语（欧阳觉亚、郑贻青，1980：32）：

tsɯ² hwan¹ fu³ kaːi³ aːp⁷.
一　　天　　三　　次　洗澡
一天洗三次澡。

（二）动+数+量

这种结构主要存在于汉语、藏缅语族、苗瑶语族、壮侗语族的22种语言中，具体包括汉语、白语、土家语、克伦语、苗语、布努语、勉语、畲语、侗语、水语、毛南语、拉珈语、仫佬语、傣僙话、莫话、甲姆话、黎语、壮语、布依语、傣语、临高话、仡佬语。

如汉语：

③捉住了，骂一场，打一顿。(吴组缃《黄昏》)
④鸡没叫三遍，他就躺不住了。(《读者（合订本）》)

如白语（戴庆厦、彭茹，2016）

ŋɛ²¹ a³¹ kɛ³¹
去　一　下
去一下

如土家语（李范文，1999：242）

thi⁵⁵ lian⁵⁵ ti³¹　　　xɯ⁵⁵ lian⁵⁵ zi⁵⁵
等　一　下　　　　休息　一　下
等一下　　　　　　休息一下

如克伦语（戴庆厦、刘菊黄、傅爱兰，1987）

lɛ³³khi⁵⁵blɔ⁵⁵　　　do̱⁵⁵khi⁵⁵bɔ̱⁵⁵
去　二　次　　　　打　二　下
去两次　　　　　　打两下

如苗语（余金枝，2010：143—144）

ɕaŋ⁴⁴a⁴⁴ʼ⁵³bɛ³¹　　　phu²²a⁴⁴ʼ⁵³bɛ³¹
想　一　遍　　　　说　一　遍
想一次　　　　　　说一遍

to³¹ɯ⁵³to³¹　　　　tso³¹a⁴⁴ʼ⁵³tso³¹
踢　两　踢　　　　撞　一　撞
踢两下　　　　　　撞一下

如黎语（欧阳觉亚、郑贻青，1980：32）：

tsɯ²hwan¹aːp⁷fu³kaːi³.
一　天　洗澡三　次
一天洗三次澡。

如仡佬语（康忠德，2009：126）

ɕin³¹tsʅ³³ŋa³⁵　　　pin³¹tsʅ³³ŋa³⁵
说　一　遍　　　　走　一　趟
说一遍　　　　　　走一趟

tsaŋ³³səɯ³¹tso³⁵　　tu³⁵tu³³mĩ³⁵tsʅ³³ko³⁵
咬　两　口　　　　踢　他　一　脚
咬了两口　　　　　踢他一脚

（三）动+量+数

这种结构主要存在于壮侗语族的 7 种语言中，具体包括毛南语、莫话、甲姆话、壮语、布依语、傣语、临高话。

如毛南语（梁敏，1980：41、63）：

ɦie² paːi¹ kau⁵ man² caːu¹ dɛu¹.
我　去　看　他　次　一
我去看了他一次。
man² tiːŋ³ nak³ tsiːŋ² dɛu¹.
他　被　骂　场　一
他被骂了一场。

如莫话（倪大白，2007：1283）：

paːi¹ ẓaːn¹ phaŋ⁴ ʔdeu¹
去　家　次　一
回家一次

如甲姆话（杨通银，2000：94）

ai³ ɕo² sən³ naːi⁶ tok⁸ pjap⁸ deu¹ tɕəu¹ me² laːm².
个 学生　这 读　遍　一　就 不 忘记
这个学生读一遍就记住。
si¹　paːi¹ kau⁵ tɕaːu¹ deu¹ tɕəu¹ me² ɖai¹ paːi¹ la⁴.
他们 去　看　回 次 一　就 不 爱　去 了
他们去看了一次就再也不想去了。

如壮语（韦茂繁，2012：110）：

weːt³³ le³¹ seːŋ⁴² deu⁴²　　da⁵⁵ le³¹ baːt³³ deu⁴²
骂　了　顿　一　　　　批评　了　顿　一
骂了一顿　　　　　　　批评了一顿

pət⁵⁵ tɕu³¹ deu⁴²
扫　下　一
扫了一下

如布依语（喻翠容，1980：32）

ti² tan⁵ diau¹
打　顿　一
打一顿

如傣语（贾琳瑛，2012：12）：

pǎi³³ tə⁵⁵ nɯŋ⁵²　　tap⁴³ nɔi³¹ nɯŋ⁵²
去　次　一　　　　打　下　一
去一次　　　　　　打一下

如临高话（张元生等，1985：143）

bɔi¹ fɔi² hə³
去　次　一
去一趟

（四）量+数+动

这种结构主要存在于藏缅语族的4种语言中，具体包括藏语、门巴语、景颇语、僜语。

第六章 汉语量词有量构式的认知类型学研究

如藏语（次林央珍，2018：30）

wo²⁴soŋ⁴¹ŋdʐ̩³³ȵoŋ³⁵　　wo²⁴ŋa⁴¹doŋ⁴¹ȵoŋ³⁵
次　三　去　过　　　　次　五　打　过
去过三次　　　　　　　打过五次

如门巴语（陆绍尊，1984）

tap˥ the?˥ cɛ?˥　　　　tap˥ nai˩ ra˩
次　一　走　　　　　　次　二　来
走一次　　　　　　　　来两次

me?˥ the?˥ teu˥　　　　kha˥ the?˥ toŋ˥
眼　一　看　　　　　　口　一　喝
看一眼　　　　　　　　喝一口

如景颇语（戴庆厦、彭茹，2016）：

ʃi³³ laŋ³¹mi³³ sa³³ ju³³ sai³³.
他　次　一　去　过　（尾）
他去过一次了。

laŋ³¹mi³³ khʒap³¹
次　一　哭
哭一次

如橙语（李范文，1999：242）：

lɑ⁵³kɯ³¹jin⁵²thoŋ⁵⁵　　bɑl⁵⁵kɯ³¹len⁵⁵dzǎŋ⁵³
次　二　看　　　　　　下　五　砍
看两次　　　　　　　　砍五下

二 汉藏语系数量动结构类型的分布对比

我们把上文所分析的汉藏语系 46 种语言的数量动结构的语序类型进行了列表对比，结果见表 6-6。

表 6-6 汉藏语系 46 种语言的数量动结构的语序类型分布

语种		数量一致型结构				资料来源
		数+量+动	动+数+量	动+量+数	量+数+动	
汉语		+	+			—
藏缅语族	藏语				+	次林央珍,2018:30
	门巴语				+	陆绍尊,1984
	羌语	+				孙宏开,1981:95
	普米语	+				陆绍尊,1980
	嘉戎语	+				林向荣,1993:304
	道孚语	+				多尔吉,1998:93
	扎坝语	+				黄布凡,1990
	却域语	+				陆绍尊,2007:1068
	贵琼语	+				孙宏开,2007:1024
	木雅语	+				黄布凡,1985
	史兴语	+				徐丹,2009
	景颇语	+			+	徐悉艰,1987
	彝语	+				翟会锋,2011:61
	傈僳语	+				李教昌,2018:143

第六章 汉语量词有量构式的认知类型学研究

续表

语种		数量一致型结构				资料来源
		数+量+动	动+数+量	动+量+数	量+数+动	
藏缅语族	哈尼语	+				李批然,1992
	拉祜语	+				常竑恩,1986:37
	纳西语	+				姜竹仪,2007:356
	基诺语	+				马学良,2003:446
	载瓦语	+				朱艳华,2011:80
	阿昌语	+				戴庆厦、崔志超,1985:43
	珞巴语					欧阳觉亚,1985:31
	僜语			+		李范文,1999:242
	独龙语	+				孙宏开,1982:70—71
	白语		+			戴庆厦、彭茹,2016
	怒语	+				马学良,2003:446
	土家语	+				田德生等,1986:49
			+			李范文,1999:242
	克伦语		+			戴庆厦、刘菊黄、傅爱兰,1987
苗瑶语族	苗语		+			余金枝,2010:143
	布努语		+			毛宗武、蒙朝吉、郑宗泽,1982:91
	勉语		+			毛宗武、蒙朝吉、郑宗泽,1982:35
	畲语		+			毛宗武、蒙朝吉,1982

· 333 ·

续表

语种		数量一致型结构			数量分裂型结构	资料来源
		数+量+动	动+数+量	动+量+数	量+数+动	
壮侗语族	侗语		+			龙耀宏,2003:90
	水语	+	+			韦学纯,2011:277—278
	毛南语		+	+		梁敏,1980:47
	拉珈语	+	+			刘保元,2007:1316
	仫佬语		+			王钧、郑国乔,1980:47
	佯僙话		+			薄文泽,1997:76
	莫话		+	+		倪大白,2007:1283
	甲姆话		+	+		杨通银,2000:94
	黎语	+	+			欧阳觉亚、郑贻青,1980:32
	壮语		+	+		韦茂繁,2012:111
	布依语		+	+		喻翠容,1980:82
	傣语		+	+		贾琳瑛,2012:12
	临高话		+	+		张元生等,1985:171
	仡佬语		+			康忠德,2009:126

为了更清晰地观察数量动结构的四种语序类型在汉藏语系各语族中的分布情况,我们将表6-6简化为表6-7。

第六章 汉语量词有量构式的认知类型学研究

表 6-7 数量动结构的语序类型在汉藏语系各语族中的分布

语种	数量一致型结构			
	数+量+动	动+数+量	动+量+数	量+数+动
汉语	+	+		
藏缅语族	+	+		+
苗瑶语族		+		
壮侗语族	+	+	+	

根据表 6-6, 虽然我们所考察的汉藏语系 46 种语言的四种数量动结构都属于数量一致型结构, 但是这四种结构中, 没有哪一种结构能够为 46 种语言所共有。就每种语序类型在汉藏语系语言中的分布情况来看, 分布范围最广的是"数+量+动"结构, 占 54%; 其次是"动+数+量"结构, 占 48%; 再次是"动+量+数"结构, 占 15%; 分布范围最小的是"量+数+动"结构, 占 9%。具体到数词和动量词的语序关系上, 我们发现, 数词出现在动量词之前的结构有"数+量+动""动+数+量"两种, 这两种结构共在汉藏语系的 42 种语言中能够见到, 占 91%, 分布范围最为广泛; 而数词出现在动量词之后的结构有"动+量+数""量+数+动"两种, 这两种结构共在汉藏语系的 11 种语言中能够见到, 占 24%, 分布范围较小。这表明, 在数词和动量词的语序上, 汉藏语系语言的数词倾向于前置, 动量词倾向于后置。

根据表 6-7 可知, "动+量+数"结构仅出现在壮侗语族语言中, "量+数+动"结构仅出现在藏缅语族的语言中, "数+量+动"结构能够出现在汉语、藏缅语族和壮侗语族的语言中, "动+数+量"则能够出现在汉语、藏缅语族、苗瑶语族和壮侗语族的语言中。如果结合表 6-6 的情况, 我们还会进一步发现, 虽然"动+数+量"在藏缅语族中仅在白语、土家语和克伦语三种语言中出现, 是

· 335 ·

藏缅语中非常少见的一种数量动结构；却是苗瑶语族中仅见的一种语序类型。

综合表6-6和表6-7的情况，我们还能够发现，汉藏语系各语族的数量动结构类型并不均衡，苗瑶语族中仅有"动+数+量"一种语序类型；汉语有"数+量+动"和"动+数+量"两种语序类型；藏缅语族有"数+量+动""动+数+量""量+数+动"三种语序类型，壮侗语族也有"数+量+动""动+数+量""动+量+数"三种语序类型。就数词和动量词的语序类型来看，藏缅语族语言和壮侗语族语言都有"量+数""数+量"两种类型，但汉语和苗瑶语族语言则仅有"数+量"这一种语序类型。这反映出藏缅语族、壮侗语族与汉语、苗瑶语族在数词和动量词的语序类型上的鲜明差异。

三 汉藏语系数量动语序的层次性和蕴含关系

（一）汉藏语系数量动语序的层次性

上文的分析能够表明，汉藏语系各语言数量动结构的语序类型差异明显，很难找到一种共存于各语言的数量动结构；但是其中依然存在着一些较为隐蔽的共性特征，即各语言的数量动结构都是数量一致型结构，也就是说数词和动量词都居于动词的同一侧。

具体而言，各语言的数量动结构都是先由数词和动量词构成一种数量结构，然后再去修饰或补充动词。如汉语的"数+量+动"和"动+数+量"结构，其中的数词和动量词首先会形成一个结构体，动词则是与数词、动量词所形成的结构体发生关系，而不是单独与数词或动量词发生关系。因此，汉语的数量动结构具有以下的语序层次。

[[数+量]+动]　　　　[动+[数+量]]

第六章 汉语量词有量构式的认知类型学研究

藏缅语族的"数+量+动""动+数+量""量+数+动"三种语序类型中，动词也同样是与数词、动量词所形成的结构体发生关系，而不是单独与数词或动量词发生关系。据戴庆厦、彭茹（2016），景颇语的基数词与动量词结合，"一"数词和"非一"数词在语序特点上存在差异；数词 mi^{33} "一"使用"量+数+动"语序，"非一"数词使用"数+量+动"语序。东巴（2010）、次林央珍（2018）都指出，藏语数量动结构的语序是"量+数+动"。次林央珍（2018：30）更明确指出，藏语基数词作状语限制动词时，必须带动量词，动量词是强制性的。马学良（2003：401）指出，藏缅语数词、动量词与动词的关系是"数量词组修饰语+动词中心语"。结合各个语言的具体的语序表现，藏缅语族的各种数量动结构应该具有以下的语序层次。

[[数+量]+动]　　[动+[数+量]]　　[[量+数]+动]

壮侗语族的"数+量+动""动+数+量""动+量+数"三种语序类型中，动词也不是直接和动量词或数词发生关系，而是需要与动量词和数词组成的结构体发生关系。欧阳觉亚、郑贻青（1980：32）指出，黎语的动量词和数词结合后能够修饰动词，也能够在动词后作补语。龙耀宏（2003：90—91）指出，侗语的动量词在说明动作行为的数量时，与数词构成数量词组作动词的补语，置于动词之后。刘保元（2007）指出，拉珈语的动量词与数词组合时可以修饰或补充动词。据韦学纯（2011：273、278），水语的数量短语主要放在动词后面作补语；同时，单独的动量词也可以放在动词前面作状语，因为有时动词前面的动量短语中的"一"可以省略。据韦茂繁（2012：110），壮语的数词为"一"时，量词出现在数词的前面；当数词为"二"或"二"以上的数字时，量词总是出现在数词的后边。因此，壮侗语族语言的各种数量动结构的语序层次应该是以下的情况。

[[数+量]+动]　　[动+[数+量]]　　[动+[量+数]]

苗瑶语族的数量动结构的语序类型仅有一种"动+数+量"结构。据毛宗武、蒙朝吉、郑宗泽（1982：35），勉语的动量词跟数词组合作补语，在动词的后面。因此，我们认为苗瑶语族的"动+数+量"结构具有以下语序层次。

[动+[数+量]]

（二）汉藏语系数量动结构的蕴含关系

在系统分析了汉藏语系 46 种语言的数量动结构的各种语序类型之间的关系后，我们能得到一个有关"动+量+数"和"动+数+量"的四分表，见表 6 - 8。

表 6 - 8　　　　　　　　数量动结构中的蕴含关系

+（动+量+数），+（动+数+量）	-（动+量+数），+（动+数+量）
*(+（动+量+数），-（动+数+量）)	-（动+量+数），-（动+数+量）

这个四分表意味着汉藏语系的数量动结构中存在这样一种蕴含关系：

动+量+数 ⊃ 动+数+量

汉藏语系语言数量动结构的类型表现与表 6 - 8 中所存在的蕴含关系具有高度的对应性。

汉藏语系中存在既有"动+量+数"结构，也有"动+数+量"结构的语言，如毛南语、莫话、甲姆话、壮语、布依语、傣语、临高话等。这反映在表 6 - 8 中就是"+（动+量+数），+（动+数+量）"。

汉藏语系中存在无"动+量+数"结构，而有"动+数+量"结构的语言，如汉语、白语、土家语、克伦语、苗语、布努语、勉语、畲语、侗语、水语、拉珈语、仫佬语、佯僙话、黎语、仡佬语等。这反映在表6-8中就是"-（动+量+数），+（动+数+量）"。

汉藏语系中存在既无"动+量+数"结构，也无"动+数+量"结构的语言，藏缅语族中的很多语言都是如此，如藏语、门巴语、羌语、普米语、嘉戎语、道孚语、扎坝语、却域语、贵琼语、木雅语、史兴语、彝语、傈僳语、哈尼语、拉祜语、纳西语、基诺语、载瓦语、阿昌语、珞巴语、澄语、独龙语、怒语等。这反映在表6-8中就是"-（动+量+数），-（动+数+量）"。

汉藏语系中尚未发现有"动+量+数"结构，而无"动+数+量"结构的语言。这反映在表6-8中就是"*（+（动+量+数），-（动+数+量））"。

因此，我们说汉藏语系的数量动结构中存在"动+量+数⊃动+数+量"这样的蕴含关系。比较而言，汉藏语系语言中，"动+量+数"结构是一种劣势语序，只在7种语言中能发现用例；"动+数+量"结构则是一种优势语序，能够在22种语言中发现用例。这种蕴含关系也能够进一步证明表6-6所反映的情况：虽然"数+量+动"结构分布的语言数量有25种，比"动+数+量"分布的语言数量要多；但是"数+量+动"结构目前尚未在苗瑶语族语言中发现，而"动+数+量"结构则在汉藏语系的汉语、藏缅语族、苗瑶语族、壮侗语族这四个分支中都能够发现。这说明"动+数+量"结构应该是汉藏语系中更为重要或更有类型学价值的语序，下文的有关论述也能够进一步证明这一点。

四 汉藏语系数量动结构的限制因素

（一）汉藏语系数量动结构的类型限制

从组合的角度看，数词、动量词和动词会有六种可能的语序结构。

Ⅰ 数 + 量 + 动　　　　Ⅱ 动 + 数 + 量
Ⅲ 量 + 数 + 动　　　　Ⅳ 动 + 量 + 数
Ⅴ 量 + 动 + 数　　　　Ⅵ 数 + 动 + 量

根据我们目前能够见到的材料，汉藏语系语言的数量动结构仅有Ⅰ、Ⅱ、Ⅲ、Ⅳ这四种结构，而且这四种结构都是数量一致型结构；Ⅴ、Ⅵ这两种数量分裂型结构在汉藏语系中还没有发现用例。据惠红军（2018），汉藏语系语言中，壮语、布依语、毛南语、傣语、莫话等语言中存在"量 + 名 + 数"这样的数词和名量词分别居于名词两侧的数量分裂型结构。

如壮语（张元生，1993）：

kaːi⁵fei²saːu deu¹　　　　kaːi⁵kaːu¹deu¹
块　肥皂　一　　　　　　块　糕　一
一块肥皂　　　　　　　　一块糕

如布依语（吴启禄，1992：114、116）：

tu²mu¹diau¹　　　　　　baɯ¹sa¹diau¹
只　猪　一　　　　　　　张　纸　一
一头猪　　　　　　　　　一张纸

就此而言，在语序类型上，汉藏语系的数量动结构与数量名结构表现出鲜明的不同，甚至可以说有质的差异。这种语序差异能够为深入研究汉藏语系名词和动词的差异提供新的线索。

就汉藏语系数量动结构的四种类型而言，虽然这四种类型都是数量一致型结构，但必须考虑其中两种占比较少的特殊类型Ⅲ"量 + 数 + 动"和Ⅳ"动 + 量 + 数"。首先来看"量 + 数 + 动"结构。作为藏缅语族语言的一种少见的语序类型，"量 + 数 + 动"仅在藏语、门巴语、僜语和景颇语四种语言中能够见到，而藏语、门巴语、僜语也都仅有这一种数量动结构。据徐悉艰（1987），景颇语的专用动量词 laŋ^{31}"次""回""遍""趟"和 kǎ^{31}laŋ^{31}"［一］次、［一］回、［一］遍、［一］趟"在用法上稍有不同。laŋ^{31}可以与所有的数词结合，但是当数词是"一"时，只能用 mji^{33}"一"，而不能用 lǎ^{55}ŋai^{51}"一"；kǎ^{31}laŋ^{31}只能与数词 mji^{33}"一"结合。但是 laŋ^{31}、kǎ^{31}laŋ^{31}与数字"一"结合后的意义相同。戴庆厦、彭茹（2016）指出，景颇语的数量动结构中，数词 mi^{33}"一"使用"量＋数＋动"语序，"非一"数词使用"数＋量＋动"语序。戴庆厦、徐悉艰（1992：109）认为，与亲属语言相比，景颇语的量词不发达，特别是个体量词较少；大部分个体名词计量时，不必用量词，名词可直接与数词结合来计量。因此，景颇语的"量＋数＋动"语序应该是景颇语量词不发达的一种特殊表现方式。

　　藏语、门巴语属于藏缅语族藏语支，景颇语属于藏缅语族景颇语支，僜语目前的系属不明（马学良，2003：2）。而"量＋数＋动"这种特殊类型能够证明目前的藏缅语族内部分支的合理性，也能够反映出藏语支和景颇语支之间的系属分类的困难正是由于它们之间具有比较近的亲缘关系。据戴庆厦（2011），藏缅语族语言是有量词的语言，但不同语言的演变不平衡，从不平衡中能够看到其演变的轨迹。有的语言量词发达，有的语言量词不发达，藏语、门巴语、僜语、景颇语的量词都不发达。又据戴庆厦、刘菊黄、傅爱兰（1989），在语言的系属分类中，有一种观点是把独龙语、僜语和景颇语这三种语言归为一类，统一在景颇语支之内；但独龙语、僜语（包括达让僜语与格曼僜语）都与景颇语在许多语法特征上不同，因而不宜归于同一语支。因此，我们认为，虽然藏语、门巴语和僜语的数量动结构仅有"量＋数＋动"这一种结构类型；但景颇语的数量动结构除了"量＋数＋动"结构，还有"数＋量＋动"结构，而"数＋量＋动"

结构则是藏缅语族语言中的常见结构。因此，这种少见的"量＋数＋动"语序类型能够给这四种语言的系属分类提供新的语序参数。

景颇语是藏缅语族中比较特殊的一种语言。戴庆厦（2000）指出，美国学者白保罗（Paul K. Benedict）在其《汉藏语概论》一书中首次提出景颇语是藏缅语的中心语言（Linguistic Center）的说法。这一说法指出了景颇语在藏缅语中的中心地位，而"中心语言"，或称"中介语言"，则是亲属语言相互关系中存在的一种语言现象。被认为是中心语言的语言，并非在所有的特征上都是居中的；其中有些特点可能演变较慢，保存古代特点，而有些特点则可能演变较快。景颇语的情况就是如此。结合中心语言的这种特征来看，景颇语的数量动结构中所出现的"量＋数＋动"和"数＋量＋动"正能够说明它在藏缅语中的特殊地位。因为藏语、门巴语和僜语的数量动结构中仅有"量＋数＋动"这种劣势语序类型，汉语有"数＋量＋动"这种藏缅语中的优势语序类型，而景颇语数量动结构同时存在"量＋数＋动"和"数＋量＋动"这两种语序类型；这种情况完全有可能是汉语和藏缅语族语言在历时演变中的痕迹，是亲属语言之间的一种重要联系。

我们再来看"动＋量＋数"结构。汉藏语系语言的数量动结构中存在"动＋量＋数⊃动＋数＋量"这样的蕴含关系，其中"动＋量＋数"结构仅见于壮侗语族语言，而"动＋数＋量"结构则普遍存在于汉语、藏缅语族、苗瑶语族以及壮侗语族语言。刘丹青（2003：33）指出，Greenberg 的蕴含共性能够显示表面上很不相同的现象中所蕴藏的人类语言的共性，这就是不同语言现象之间的蕴含关系；这样一来，原来无关的语言现象之间可以变得有关，原来体现出差异的现象，现在也许体现了共性，能够发现的共性大大增加。因此，汉藏语系语言中所存在的"动＋量＋数⊃动＋数＋量"这种蕴含关系，应该反映了汉藏语系各语言之间在数量动语序类型之间的共性关系。惠红军（2018）发现，汉藏语系语言的数量名结构中存在"量＋名＋数⊃数＋

量+名"这种蕴含关系。如果考虑到汉藏语系语言的谱系关系,那么"动+量+数⊃动+数+量"以及"量+名+数⊃数+量+名"这两种蕴含关系应该能够为汉藏语系语言的共性关系提供重要的类型学证据。如张公瑾(1978)认为,在汉语语法书中,"单位词"这个名称反映了这类词本身意义上的特点,却没有反映出这类词的语法作用这一重要方面,如关系连词与替代词的性质;分类词还有助名词、类别词、数位词、计数词、量词等不同名称,但这些名称都没有反映出这类词的语法作用。游汝杰(1982)通过台语量词在汉语南方方言中的底层遗存、汉台语量词语法作用的比较、台语词头在汉语南方方言中的底层遗存等方面的具体分析,指出汉台语中与量词有关的结构模式是先起于台语,后起于汉语。这些研究显然是从功能和历史来源的视角思考汉藏语系量词的共性问题,而"动+量+数⊃动+数+量"以及"量+名+数⊃数+量+名"这样的蕴含共性则进一步为汉藏语系量词的共性问题提供了类型学上的重要证据。

(二) 汉藏语系数量动结构的语义关系限制

动量词在语义上与动词有着非常密切的关系,这在一些借用身体器官或其他器物名词而来的动量词上表现得非常典型。如"口""拳""脚""声""笔""刀"等身体器官名词和器物名词在汉藏语系各语言中基本能够作为动量词(也就是一般所说的借用动量词)使用,而它们实际上就是动词的工具论元;因此这些动量词和动词在语义关系上非常密切。

如畲语(毛宗武、蒙朝吉,1982)

$thu^6\ u^1\ tj\mathfrak{d}^2$ $khwa\eta^5 i^6\ khin^4$

咬 两 口   打 一 拳

咬两口   打一拳

如傣语（贾琳瑛，2012：14）：

tɔt⁴³ xa³ nɯŋ⁵²　　　sɔi⁴³ ma⁴³ sa⁵² nɯŋ⁵²
踢　脚　一　　　　　切　把　刀　一
踢一脚　　　　　　　切一刀

如彝语（翟会锋，2011：61）

tha²¹ khu³³ ʔɣ̃²¹　　　tha²¹ pi²¹ ŋo³³
一　声　喊　　　　　一　笔　写
喊一声　　　　　　　写一笔

但是，从语序结构上看，正如在上文已经谈到的那样，汉藏语系语言的数量动结构中，动量词都是首先和数词结合，即便是作为动词的工具论元的借用动量词也是如此。基于这种语序结构关系，我们可以认为，动量词在语义上首先和数词密切相关，因此动量词和数词的语义关系要比动量词和动词的语义关系更为密切。这种语义上的限制关系实际反映了动量词和数词之间的一种非常隐秘的关系。据欧阳觉亚（1985：31—32），珞巴语一般少用动量词，表达动作的次数时，在动词的前面用数词来表示，但数词的词头 a- 要改用 la-。如：

ŋoː laȵi　ben　pa.
我　二次　说（尾助）
我说了两次了。

lafium lapiː　tapjek jit　to.
三次　四次　鞭子　打（语助）
打（他）三四鞭子。

珞巴语在表达动作的次数时，数词 aȵi "二"、afium "三"、apiː "四" 在动词前分别变成了 laȵi "二次"、lafium "三次"、lapiː "四

第六章 汉语量词有量构式的认知类型学研究

次",数词"二""三""四"的词头都从 a - 变成了 la - ;通过这种词头变化,珞巴语实现了对动量的表达。如果结合语序类型来看,藏缅语族语言中的"量 + 数 + 动"和壮侗语族语言中的"动 + 量 + 数"这两种特殊的数量动结构中,动量词都居于数词之前,这种情况与珞巴语的这种以改变数词词头的方式来表达动量的方法具有语序类型上的相似性。另外,壮侗语族中具有"动 + 量 + 数"结构的语言中,其名量词也往往能够充当名词的前缀,如布依语(吴启禄,1983)、壮语(覃晓航,2005)、傣语(李明,2007:22)等。据覃晓航(2005),早期壮语量词在发展过程中分化出两类成分,一类仍是量词,另一类则虚化为词头;而且后者不能视为量词的兼类现象。又据游汝杰(1982),台语中有些语言(如壮语、布依语、西双版纳傣语等)和汉语闽、客方言中最常用的动量词的语音和用法很接近。因此,这些看似巧合的现象中应该蕴藏着汉藏语系动量词萌发的深层原因。

据陆丙甫、完权(2020),词缀、语缀等黏着功能形式可以统称为附缀,而附缀后置具有重要的类型学意义;类词(classifier,即"个体量词",区别于"度量衡词"measure word)作为附缀,既有后置于数词的倾向,也具有联系数词和名词的"联系项居中"的倾向。根据上文的分析,在数词和动量词的语序上,汉藏语系语言的动量词倾向后置于数词。如果进一步考察汉藏语系 46 种语言的动量词在数词和动词之间(即"数 + 量 + 动"结构和"动 + 量 + 数"结构)的情况,也会发现动量词居中的情况在 32 种语言中能够见到,占比 70%,表现出较鲜明的居中优势。再结合上面提到的珞巴语通过给数词增加前缀来表达动量的方式,我们可以进一步推测,汉藏语系动量词的语义限制关系与附缀密切相关;这应该能够为解释汉藏语系语言量词的产生提供语序类型上的重要证据。

（三）汉藏语系数量动结构的基本语序限制和语言接触影响

在这里所讨论的汉藏语系的 46 种语言中，汉语、景颇语、土家语、水语、毛南语、拉珈语、莫话、甲姆话、黎语、壮语、布依语、傣语、临高话这 13 种语言的数量动结构都有两种语序类型。这些语言又可细分为三类：一类是汉语、土家语、水语、拉珈语和黎语，数量动结构都有"数+量+动"和"动+数+量"两种语序类型；再一类是景颇语，其数量动结构有"数+量+动"和"量+数+动"两种语序类型；还有一类是毛南语、莫话、甲姆话、壮语、布依语、傣语和临高话，数量动结构都有"动+数+量"和"动+量+数"两种类型。而藏语、门巴语、羌语、普米语、苗语、布努语、仫佬语、佯僙话、仡佬语等 32 种语言的数量动结构则都只有一种语序类型。目前还尚未见到有关珞巴语的数量动结构。比较而言，数量动结构只有一种语序类型的语言占到汉藏语系语言的绝大多数，达 70%。

汉语的"数+量+动"和"动+数+量"之间的演变关系学界已早有关注，如太田辰夫（1958 [2003]：153—155）、唐钰明（1990）、吴福祥（2012）等。吴福祥（2012）认为，汉语动量表达的结构式历史上并未发生语序创新。唐宋以来直到现代，汉语的动量表达以"动+数+量"结构为主，这实际上是"动+数+量"结构对"数+量+动"结构的替代，是一种语序选择。惠红军（2009 [2011]：192）发现，从魏晋南北朝时期直到现代，汉语的动量词结构修饰动词或名词的句法功能的语法等级序列基本没有发生变化，都是以充当补语、状语和定语为主，而且都表现出"补语＞状语＞定语"的等级序列。因此，汉语的"动+数+量"结构要比"数+量+动"结构更为常见。这种语言现象的出现当与汉语的基本语序相关。Tai（1973）认为，现代汉语普通话的语序是"主—宾—动"（SOV）。Light（1981）认为，从古汉语发展到现代汉语，动词和宾语的词序并没有改变，汉语的词序是"主—动—宾"（SVO）。刘丹青（2004）认为，在小句方面，先秦汉语以 SVO 为主，但不是纯粹的 SVO 型，而是并存着 SOV 类型。李讷、安珊迪（1974［2013］）认为，前上古汉语就是一种 SOV 语言，在尚未完全转变成上古汉语的 SVO 时，又转回到现代的 SOV 语序。惠红军（2015：127）认为，如果仅从现代汉语的层面看，汉语的基本语序有 SVO、SOV、OSV 三种。因此，有研究认为，在类型学上，汉语是很不典型的 SVO 语言，它在很多方面倒与 SOV 有更多共同点（刘丹青，2002）。在这种情况下，我们需要考虑以下两种语序倾向：其一，在汉藏语系语言中，苗瑶语族的基本语序是 SVO，而苗瑶语族的数量动结构中仅有"动＋数＋量"这一种语序类型；由此可见，SVO 语言的数量动结构更倾向于"动＋数＋量"这种语序。其二，藏缅语族只有白语和克伦语是 SVO 型语言，其他语言都是 SOV 型语言（戴宗杰，2021）。根据表 6－6 可知，藏缅语族的这些 SOV 语言的数量动结构是"数＋量＋动"结构的有 21 种，是"量＋数＋动"结构的有 4 种，是"动＋数＋量"结构的只有 1 种；由此可见，SOV 语言的数量动结构更倾向于"数＋量＋动"这种语序。如果考虑到不同的基本语序对数量动结构具有不同的语序倾向这一因素，那么汉语的"动＋数＋量"结构比"数＋量＋动"结构更为常见这一现象就意味着，汉语的数量动结构中的 SVO 语言的语序特征要强于 SOV 语言的语序特征。

景颇语属藏缅语族，据戴宗杰（2021），藏缅语动量词的语序类型与其基本语序有跨语言相关性，在基本语序为 SOV 的藏缅语中，羌语支、彝语支、缅语支语言及景颇语支多数语言动量表达的语序为"数＋量＋动"，而藏语支语言及景颇语支义都语动量表达的语序为"量＋数＋动"。因此，我们认为，景颇语的数量动结构有"数＋量＋动"和"量＋数＋动"这两种语序类型的情况应该是受其基本语序的影响。

毛南语、莫话、甲姆话、壮语、黎语、布依语、傣语、临高话中的"动+数+量"结构在很大程度上应该是和汉语进行语言接触所致。据韦庆稳、覃国生（1980：76—77），壮语语法在汉语影响下发生了一些变化，如体词性修饰词组语序的变化，谓词性词组语序的变化，虚词的借用，等等。又据吴艳（2015），虽然黎语是典型的SVO语言，但由于汉语是不典型的SVO语言，在和当地汉语方言的长期接触中，黎语的语序开始出现了一些偏离典型SVO语言的特点；因此，黎语一开始就直接吸收了"数量短语+名词中心语"语序，这也不是不可能的。据此我们推测，汉语的多基本语序影响了汉语的数量动结构，使其呈现出"数+量+动"和"动+数+量"两种类型；而这又进一步影响了与汉语接触的一些壮侗语族语言的数量动结构，使其也可能出现"数+量+动"结构或"动+数+量"结构。但是，由于毛南语、莫话、甲姆话、壮语、黎语、布依语、傣语、临高话等都是基本语序为SVO的壮侗语族语言，而SVO语言的数量动结构更倾向于"动+数+量"的语序类型；因此在与汉语的接触过程中，这些语言就借用了汉语的"动+数+量"结构，而没有借用汉语的"数+量+动"结构。

还需要考虑的一个现象是，毛南语、莫话、甲姆话、壮语、布依语、傣语和临高话等壮侗语族语言中还存在整个汉藏语系中地位特殊的"动+量+数"结构，结合上文对"动+量+数"结构的讨论以及这里对"动+数+量"结构的讨论，我们应该可以得出这样的结论：汉藏语系数量动结构中的蕴含关系为解释汉藏语系语言在数量动结构上的差异性和共性提供了合理的语言类型学证据。

不同语言之间在某些句法结构上的语序类型相同，这既可能是同源关系，也可能是类型的相似，当然还可能是语言接触的影响或语言演变的结果。量词作为汉藏语系语言的特色词类，其研究价值已经获得学界的共识。马学良（2003：8）指出，汉藏语系各语言的基本语序有共同点，主语都在谓语前，但宾语的位置存在不同的类型，汉语、

第六章 汉语量词有量构式的认知类型学研究

苗瑶语族、壮侗语族是"主语+谓语+宾语",而藏缅语族是"主语+宾语+谓语"。汉藏语系语序的这种整体特点,以及汉藏语系的数量动结构所表现出的"动+量+数⊃动+数+量"这种蕴含关系,数量名结构所表现出的"量+名+数⊃数+量+名"这种蕴含关系,能够给我们一个鲜明的启示,汉藏语系各语言的语言结构之间有着强大而隐秘的内在联系。但是对于这种内在联系还需要我们进行更广泛更深入的共时研究和历时研究来进一步发现。

第七章　汉语量词语义参数的认知类型学研究

第一节　量词的传统分类

量词是汉语研究的重点，因而在汉语量词的分类上，学者们都希望能够通过对量词进行恰当的分类，从而找出一条能够观察量词问题的主线，勾画出汉语量词的基本面貌。我们把中外学者对量词的分类情况进行了梳理，有以下基本情况。

汉语学界最早对量词有所关注的当属马建忠的《马氏文通》，书中认为，"故凡物之公名有别称以记数者，如车乘马匹之类，必先之。有有称，有无称，而连记者，则有者称之，无者第数之，然要皆后乎公名"①。马建忠所谓的"别称"就是今天的名量词。虽然《马氏文通》并未对"别称"再进一步分类，但实际上已经把名量词从量词的大类中区分出来了。同时，可能是由于所引文献的限制，②《马氏文通》中并未提及动量词。

黎锦熙（1924：91、108—109、183）并没有把名量词和动量词统

---

① 马建忠：《马氏文通》，商务印书馆1983年版，第122页。
② 马建忠在《马氏文通·序》中谈到自己的语料选取范围时说："取四书、三传、《史》、《汉》、韩文为历代文词升降之宗，兼及诸子、《语》、《策》，为之字栉句比，繁称博引，比例而同之，触类而长之。"（请参见马建忠《马氏文通》，商务印书馆1983年版，第10页。）可见，《马氏文通》引用文献主要是上古时期，而动量词则是在中古时期才大范围地发展起来。

一起来独立成类，而是把名量词看成名词中的一个小类，把动量词看成副词的一个小类，称作数量副词。

吕叔湘（1942［1982］：129—149）把量词称为单位词，并把单位词分为名量词和动量词两类；其中名量词有八小类，动量词有三小类。名量词分为八小类，一是度量衡单位；二是借用器物的名称；三是借用动词；四是集合性单位；五是与时间有关的单位；六是取物件部分的名称；七是略依物件的形状；八是几个一般性的单位词，如个、位、只、件。动量词分为三小类，一是专用的单位；二是表现动作的工具；三是以动词为单位。很明显，吕叔湘（1942［1982］）的分类既注意到了源，也注意到了流，充分关注了量词与其所修饰对象的语义相关性，实际是一种语义范畴的分类。

高名凯（1948［1986］：160—185）实际上是把量词分成了两种词类，一类是"数位词"，也就是我们所说的名量词；另一类是"次数词"（即动量词）。但这两类词之间具有共性，即数位词表示事物的数位，次数词表示动作的次数。

王力（1957［2004］：272）把量词（单位词）分为度量衡单位和天然单位，天然单位词又分为表人物单位的单位词和表示行为单位的单位词。

丁声树等（1961：174—179）把量词分为名量词和动量词两大类。其中名量词又分为四类：一是个体量词，二是集体量词，三是度量词，四是临时量词。动量词则分为三类：一是专门表次数的，二是行为凭借的工具，三是重复动词。

赵元任（1979：263—277）把量词分为八类：一是个体量词（类词），如"一头牛"中的"头"，"一件事情"中的"件"。二是 V-O 中间的类词，即类似"说一句话"中的"句"这类居于动宾结构"说话"中间的类词。三是集合量词，如"一对夫妻"的"对"，"一双眼睛"的"双"，"一帮工人"的"帮"。四是部分量词，如"一滩水"

的"滩","一块云彩"的"块"。五是容器量词,如"一桶汽油"的"桶","一盘水果"的"盘"。六是临时量词,如"一身雪"的"身","一院子树叶"的"院子"。七是标准量词,如"尺""寸""公里""加仑""斤""两"等。八是准量词,如"人字两笔"中的"笔","两边ᵤ讨好"中的"边ᵤ","他的回答有两点"中的"点"。九是动量词,可以是专用的字眼,或者身体的部分,或者工具。

胡裕树（1981：288—289）主要依据语法功能把量词分为三组。一是能用在名词或形容词前面,要求同名词或形容词配合；二是专门用在名词前边,要求同名词配合；三是经常用在动词后边,要求同动词配合。其中前两组合称物量词,第三组叫作动量词。

朱德熙（1982：48—52）把量词分为九小类。其中名量词有六小类：一是个体量词,如"本""张"等；二是集合量词,如"双""胎""套"等；三是度量词,如"尺""斤""亩"等；四是不定量词,如"点儿""些"；五是临时量词,如"一碗饭"中的"碗"；六是准量词,如"县""站""世纪"等。动量词有三小类：一是专用动量词,如"下""趟""次"等,以及"叫一声"的"声","睡一觉"的"觉"等；二是借用名词,如"切一刀"的"刀","踢一脚"的"脚","洗一水"的"水"；三是重复动词,如"看一看""歇一歇"等。

黄伯荣、廖序东（1991［2007］：15—16）把量词分为物量词（即名量词）、动量词、复合量词（如"人次""吨海里""辆艘次"等）。

太田辰夫（1958［2003］：146—155）把量词分为名量词和动量词。名量词又分为计量和计数两类,计量的名量词,如"二指阔的纸提条"中的"指","一箭远"中的"箭","一杯酒"中的"杯","一堆雪"中的"堆"；计数的名量词,如"数匹马"中的"匹","一只鹅"中的"只","一卷书"中的"卷"。动量词则分为纯粹的和转用的两类,纯粹的动量词,如"回""次""下""趟"等；转用的动量词,如"看一眼""打一槌"中的"眼"和"槌"。

志村良治（1995：37）把量词分为名量词和动量词两类。

可以看出，学界对汉语量词的基本分类已经达成共识，即可以分为名量词和动量词两类；但对名量词、动量词的内部分类还存在不同的看法。之所以有不同的看法，主要是由于对名量词、动量词的内部分类的差异；而这种差异主要是在对名量词和动量词的次类的语义理解上。由此可见量词语义理解的复杂性。

第二节 量词的语义分类

一 量词语义分类的研究现状

量词在句法结构上总是归属于名词性或动词性成分，这反映出，量词在语义上与名词和动词具有密切的关系。但是，正如我们在第一章中所讨论的那样，从来源上看，量词是从其他词类（名词和动词）语法化而来的；因此，我们还可以从量词语义原型的角度对量词进行分类。惠红军（2009 [2011]：16）中已经根据量词的语义原型对汉语量词进行了分类，见表7-1。

表7-1　　　　　　　汉语量词的语义原型分类

量词	名量词	实体型	物品实体型
			动作实体型
		形状型	二维形状型
			三维形状型
		结构型	整体结构型
			部分结构型
	动量词	实体型	物品实体型
			动作实体型

这个分类标准是按照汉语量词的语义原型进行分类的。如"乘"是动作实体型名量词，其在现代汉语中所称量的对象主要是"车辆""马匹""轿子"三类。它们的共同特点是"可以乘坐的交通工具"。如：

①后面偶尔飞来一两乘汽车，溅得我满身泥秽。（叶紫《夜雨飘流的回忆》）

②只见通往镇子的官道上一拉溜停着好几乘轿子。（尤凤伟《金龟》）

③听得马蹄声响，又有两乘马驰来。（金庸《神雕侠侣》）

但"乘"的语义原型是动词。"乘"本作"椉"，《说文解字·桀部》："椉，覆也。"段玉裁《说文解字注》："加其上曰椉，人乘车是其一端也。""乘"与"交通工具"之间是一种高认知相关，并由此产生了名量词用法。同时发生变化的还有它的语音形式，而这则是汉语中的常见现象。

再如名量词"篇"。现代汉语中，"篇"的称量对象是"语言文字的不同表现形式"。如：

④只消加上"说胡萝卜"的标题，就是一篇时髦的散文。（张爱玲《说胡萝卜》）

⑤在这里先记一篇账罢。（田仲济《盐之故乡巡礼》）

"篇"的本义是"书"。据《说文解字·竹部》："篇，书也。"段玉裁《说文解字注》："书，箸也。箸于简牍者也，亦谓之篇。古曰篇，汉人亦曰卷。"朱骏声《说文通训定声》："篇，谓书于简册可编者也。"据顾廷龙、王世伟（1990：9），我国在纸发明之前，书籍的主要载体是竹帛和缣帛；而就书籍计数单位而言，竹简多用"篇"，缣帛多用"卷",但汉代竹、帛并行,所以"卷""篇"并称。另一种情况是,篇、卷作为书籍的数量单位,竹书和帛书均可使用,即竹书可用卷计,帛书也可用篇计。因此,我们可以从上述相关论述中推出,"篇"与"文字的记载形式"之间是一种高认知相关,并由此产生了名量词用法。

虽然惠红军(2009 [2011])把量词的语义类型分为实体型、结构型、形状型三类,又进一步分为物品实体型、动作实体型、二维形状型、三维形状型、整体结构型、部分结构型,但这样的语义分类还是过于粗疏,还需要进行更为精细的语义划分。

二 量词语义分类的复杂性

语义分类是非常复杂的问题,语言研究中只要涉及语义,往往就会出现各执一词的状况。正因如此,索绪尔才说,我们是给事物下定义,而不是给词下定义。因此,我们所确立的区别不必因为各种语言有某些意义不尽相符的含糊术语而觉得有什么可怕。例如德语的 sprache 是"语言"和"言语活动"的意思,rede 大致相当于"言语",但要加上"谈话"的特殊意味。拉丁语的 sermo 是指"言语活动"和"言语",lingua 却是"语言"的意思,如此等等。没有一个词跟上面所确定的任何一个概念完全相当。因此,对词下任何定义都是徒劳的,从词出发给事物下定义是一个要不得的办法。[①]

语义分类的复杂性还受到范畴特征的影响。Lakoff(1983)认为,许多范畴都是无意识的,只有当它成为一个问题时我们才会发觉它的存在;我们会自动地对人、动物、自然和人工的有形物体进行分类。这在一定程度上导致这样的看法,我们只是在按照事物的本来样子在分类;但实际上很大一部分,也许是绝大部分事物根本不是它所属的类别。

[①] [德]费尔迪南·德·索绪尔:《普通语言学教程》,高名凯译,岑麒祥、叶蜚声校注,商务印书馆1980年版,第36页。

汉语量词的认知类型学研究

我们这里所讨论的量词的语义分类正是如此。由于在具体使用中，量词和名词、量词与动词的搭配能够在某种程度上划分名词、动词的类别，似乎汉语的量词在语义上还有一种分类的意义在内，因此，也有观点把汉语的量词看作一种类别词。如果结合类别词的有关特征来看，汉语的量词确实可以看成类别词的一种。如 Aikhenvald（2000：81）认为，在名词短语中，类别词独立于这一结构中的其他成分，它们的辖域是整个名词短语；类别词是一类不具有一致性关系的范畴，它们的选择是基于词汇选择，而不是匹配于名词短语中的其他结构成分。此外，Aikhenvald（2000：81）认为，名词的类别词还具有以下五个特征。

（i）选择一个名词的类别词是基于语义的，一种语言中的每一个名词都不必然地有一个类别词。

（ii）各语言都允许一个名词短语中同时出现几个类别词。

（iii）一个名词可以使用不同的类别词，但是意义会发生变化。

（iv）名词的类别词可以从一个小的封闭的集发展为一个大的开放的集，因此，名词的类别词会有不同的语法化结果。

（v）名词的类别词能够指称，它们可以语法化为一种句法功能的标记。

如果把汉语量词的各种特征与 Aikhenvald（2000）所归纳的名词的类别词的特征进行比较，我们能够发现，类别词的这五个方面的特征也大体能够反映汉语名量词的一些特征。就第（i）点来说，虽然现代汉语普通话或方言中已经有一些量词基本超越了其语义的限制，甚至演变为一种量范畴标记；但是还有很多量词的使用依然受到其语义的明显制约。就第（ii）点来说，现代汉语普通话中存在两个量词词汇化为一个量词并能够修饰一个名词的情况。如：

⑥沙发边还有个把空酒瓶。（张容《一言难尽乔冠华》）

⑦上次为解决全家共用的一个煤气罐，跑人情十四人次，请客七次，送画两张，送烟五条，送酒八瓶，历时十三个月零十三天。(王蒙《坚硬的稀粥》)

就第（iii）点来说，汉语中的名词往往都能够受不同量词的修饰，且语义也会发生一定的变化。如：

一场戏	一本戏	一出戏
一场雨	一阵雨	一滴雨
一本书	一页书	一行书
一个人	一伙人	一堆人
一身水	一碗水	一滴水
一只灯笼	一对灯笼	一串灯笼
一眼清泉	一泓清泉	一潭清泉
一只大雁	一行大雁	一群大雁

就第（iv）点和第（v）点来说，汉语的量词实际上也是一个从少到多的发展过程。考虑到汉语中大量存在的借用量词，我们完全可以认为汉语量词是一个开放的词类范畴；而且，汉语量词语法化为代词、助词、冠词等词类的现象也能够说明，汉语的量词存在着不同的语法化结果，可以语法化为一种句法功能的标记。

实际上，分类词是一种普遍存在的现象，英语中也存在着分类词。据 Allan（1977），英语的词素 one 和 thing 也具有分类词的特征。如：

I met someone who is an anthropologist.
I saw something which was a mouse.

someone 和 something 由于分别带有 one 和 thing，而使 some 分别指称"human"（人）和"non-human"（非人，即物）；因此，one 和

thing 可以分别看作"人"和"物"的分类词。

Aikhenvald（2000：149）还考察了动词的类别词，认为动词的类别词伴随着动词出现，根据动词论元的形状、浓度、尺寸、结构、位置、生命度对这些论元进行范畴化。动词的类别词经常涉及动词的论元，并且和它同时出现。它们的选择主要是语义的，而不是语言的一致性。动词类别词虽然是一个非一致性名词范畴化的次类，但它的使用往往受动词的一些语义制约。

分类词限定了基于诸如生命度、形状和功能等维度的分类系统（Adams & Conklin，1973；Dixon，1986）。在承认这一假设的前提下，Srinivasan（2010）进行了一项实验，让受试者从混杂着错误对象的视频中找出正确的量词搭配；这些错误选项与正确选项之间可能有同样的量词，也可能没有。实验显示，汉语普通话使用者从错误选项中选择时所受到的干扰比母语为俄语或英语的使用者大。这项实验的结果表明，汉语量词范畴可能影响了认知过程，也可能对语言使用者在日常生活中执行认知任务有潜在的影响。

据 Friedrich（1970），Tarascan 语（塔拉斯坎语，一种墨西哥印第安语）的量词既能够出现在名词短语中，也能够出现在动词短语中；因此，Allan（1977）认为 Tarascan 语是一种既属于名词分类词的语言，也属于动词分类词的语言。我们知道，汉语的有些量词既能够修饰名词，也能够修饰动词，如"一顿饭""打一顿"的"顿"，"一阵风吹了过来""风吹了一阵子了"中的"阵"；那么按照 Allan（1977）对 Tarascan 语的观点，我们也可以说，在一定程度上讲，汉语既属于名词分类词的语言，也属于动词分类词的语言。

上面的论述足以说明，汉语量词的语义问题虽然看似纷繁芜杂，但实际上始终围绕着量词和名词、量词和动词之间的语义关系这样的问题在不断变化。汉语的名量词、动量词在产生的过程中涉及很多认知因素，但是其最终的认知动因在于所修饰的对象的制约，即名词、

第七章 汉语量词语义参数的认知类型学研究

动词的制约。但名词、动词都是语言现象,自然界并不存在这样的概念,它们是我们意识中的东西。正如索绪尔所说的,词语形象和跟它联结在一起的概念都是心理现象。[①] 因此,对量词的语义研究可以着眼于量词的语义原型,也可以着眼于量词所修饰的名词、动词的语义。

第三节　量词的语义参数[②]

关于量词的语义参数,国内学者少有涉及;但国外学者已有研究,比较典型的是 Allan（1977）和 Aikhenvald（2000）的研究。Allan（1977）认为,虽然量词型语言的量词数量差别很大,但是其中有 7 种分类参数具有很大的共性:材料（Material）、形状（Shape）、一致性（Consistency）、大小/尺寸（Size）、处所（Location）、排列（Arrangement）、份额（Quanta）。Aikhenvald（2000）则总结出 25 种与分类词有关的语义参数,具体包括生命度（Animacy）、结构（Arrangement/Configuration）、有界性（Boundedness）、完全包含（Complete Involvement）、一致性（Consistency）、维度（Dimensionality）、方向性（Directionality）、延展性（Extendedness）、功能（Function）、人类（Humanness）、内部一致性（Interioricity）、亲属关系（Kinship）、阳性（Masculine gender）、自然性别（Natural Gender/Sex）、非人类（Non-human）、方向（Orientation）、位置（Position）、份额（Quanta）、形状（Shape）、性（Sex）、大小/尺寸（Size）、社会地位（Social Statue）、结构（Structure）、价值（Value）、可视性（Visibility）。

虽然 Allan（1977）和 Aikhenvald（2000）所研究的都是分类词,

---

① ［德］费尔迪南·德·索绪尔:《普通语言学教程》,高名凯译,岑麒祥、叶蜚声校注,商务印书馆 1980 年版,第 34 页。
② 本节内容是对惠红军《量范畴的类型学研究——以贵州境内的语言为对象》(科学出版社 2015 年版)中的"6.3.3 量词语义分类的参数"一节的补充和完善。

汉语量词的认知类型学研究

但分类词这一概念在不同的语言中的表现并不相同。就汉语而言，虽然汉语的量词可以认为是分类词的一种，但汉语的量词具有一些不同于其他语言分类词的特征，如量词的指代功能、量词的重叠、数量分配构式，等等。同时，Allan（1977）和 Aikhenvald（2000）对汉语量词的关注还远远不够，他们的语义参数也并不完全适用于分析汉语量词。因此，我们应该设置哪些语义参数来考察汉语量词，这是汉语量词研究，乃至汉藏语系量词研究中的一个重要问题。

对于汉语而言，语序是非常重要而关键一种语法手段。正因如此，《马氏文通》才认为，"更有以公名、本名、代字、动字、状字用如静字者。夫字无定类，是惟作文者有以驱遣之耳"①。在汉语语法理论的草创时期，黎锦熙也认为，"凡词，依句辨品，离句无品"。其意思就是词无定品，句成品立。② 可见语序和结构对于汉语句法分析的重要性。在第二章第二节"概念结构对量词的制约"中，我们已经发现汉语的量词能够出现在主语、谓语、宾语、状语、定语、补语等不同的句法位置；也就是说，汉语量词能够在各个不同的句法位置出现。这就意味着，汉语量词能够从不同的角度来反映概念结构的不同侧面，如方式、状态、结构、形状、性状、实体、维度等。反向观之，汉语句子的主语、谓语、宾语、状语、定语、补语等不同句法位置都能够表达概念结构中所蕴含着的各种各样的量。这正是对汉语量词进行认知研究的一种重要路径，也是我们考察量词的语义参数的一种分析视角。

这里，我们参考 Allan（1977）和 Aikhenvald（2000）设置分类词的语义参数的方法，着眼于汉语量词的句法功能以及量词在词源上所体现出的语义特征，对汉语量词的语义进行了系统分析，获得了实体、身份、维度、形状、形态、结构、关系、处所、数量、动作、工具、

---

① 马建忠：《马氏文通》，商务印书馆 1983 年版，第 112 页。
② 孙良明：《忆邵西师谈"依句辨品"的来历》，《古汉语研究》2005 年第 2 期。

时间、频次、标记共十四种基本语义参数;有些基本语义参数还可以进一步细分为不同的更为具体的语义参数。

一 实体

实体是指能够在视觉上可见、触觉上可感,并占据了一定时间和空间的事物。因此,实体还可以分为有生命实体和无生命实体两类。在现实世界中,这类事物很多,而且基本所有这样的事物都有相应的量词来修饰;并且在修饰这些事物时,关注的是这些事物的实体特征,即在视觉上可见、触觉上可感的时间和空间。而那些用作量词的词语在语义上也往往被认为能够指称某种实体。因此,惠红军(2009[2011]:16)中所说的物品实体型量词和动作实体型量词都可以说具有实体这样的语义参数。同时,我们还可以把实体分为有生命实体和无生命实体,因而相关的量词也可以根据实体这一语义参数而分为有生命实体量词和无生命实体量词两类。

(一)有生命实体

有些量词主要修饰限制有生命的实体,而且这些量词在其本义上是某种有生命的实体。汉语的量词"头""根""只""条"等都以称量有生命的实体为主。如:

①在岸边上的槐树下睡着一头大花狗。(赵树理《三里湾》)
②黄沙沟后沟几百根柿树也是他接的。(赵树理《三里湾》)
③一只山羊在大道边啃嚼树的根端。(萧红《生死场》)
④两条汉子站在他对面,枪口对着他。(老舍《鼓书艺人》)

以"头"(頭)为例。《说文解字·页部》:"頭,首也。从页豆声。""头"的名量词用法是基于物品实体型名量词的模式而产生的。因为"头"是人和动物的一个重要组成部分,而且"头"往往会作为人或动物的代表或象征,所以"头"早期所修饰的各个对象基本是人和动物。

以"只"(隻)为例。《说文解字·隹部》:"隻,鸟一枚也。从又持隹。持一隹曰隻,持二隹曰雙(双)。"虽然目前能够见到的相关研究,如王力(1957[2004]:277—278)、刘世儒(1965:113—115)、惠红军(2009[2011]:33)、李建平(2010:110—112)等都指出,"只"(隻)作为量词的早期称量对象中既有动物,也有其他物品。但王力(1957[2004]:277)认为,"只"(隻)作为量词开始也只指鸟类;刘世儒(1965:113)也认为,"只"(隻)的量词用法中,称"鸟"是其中的一种用法。这一点也能够通过跨语言的比较而得以确定。据李宇明(2000a),拷贝型量词是最原始的个体量词,是量词语法化的第一步;拷贝型量词被通用个体量词代替是量词语法化的完成。刘世儒(1965:113—114)还指出,由于鸟一枚称只(隻),鸟二枚称雙(双),由此引申,凡成双的东西,如果单说其中的一个,就是只(隻);而这是只(隻)的量词用法的另一个系统。但都能够说明,"只"(隻)的量词用法具有生命实体特征。

有生命的实体在很多有关分类词(Classifier)的研究中往往被归入生命度(Animacy)这样一个参数,或者归入材料(Materials)这样的参数,如 Allan(1977),Aikhenvald(2000)。但是这种区别并非绝对的,Burusphat(2007)的研究表明,在傣语(Tai language)中,语态选择(Register Choice)、年龄、亲属关系、性别、社会地位、社会态度等社会因素影响是傣语中动物量词使用中的决定性因素,这些因素又会进一步范畴化为用于人和非人的量词(Classifiers)。

一般情况下,能够修饰有生命实体的量词可以修饰人、动物、植物等。如:

⑤祁连山古道上驰来两条蒙面汉子。(《人民日报》1993年)

⑥他在一家汉人院里,被三条狗围住。(李文澄《努尔哈赤》)

⑦在一条细枝上,还有一个小小的、尖尖的花蕾。(《读者(合订本)》)

但如果把那些常用于动物的量词用于人,那则是一种超常搭配。如:

⑧自从发觉了他那"头"或者说那"匹"妻子的短处后,他懊丧得至于信了宗教以求一些精神的安慰。(老舍《赵子曰》)

惠红军(2009[2011]:231)认为,在本质上,量词使用中的超常搭配是语言创新的表现,是对现有规范的某种冲击和突破。如果这种创新逐渐获得广泛的接受,它就有可能转化为某种相对固定的用法;如果未获得广泛接受,这种创新就可能仅仅作为个体的言语特色保留下来,或者逐渐湮没于语言演变的滚滚红尘。

正是因为这样的语言创新,很多能够修饰有生命实体的量词也能够修饰无生命实体。如:

⑨他拿起一根红铅笔,又使劲把它摔下来。(欧阳山《三家巷》)

⑩兰仙对于这头亲事便洗手不管了。(张爱玲《金锁记》)

⑪大门道五六只缎鞋,教员们是光着袜底逃跑的。(老舍《赵子曰》)

⑫从黑暗的心脏里挖出一条隧道。(钱锺书《围城》)

⑬王德从袋中掏出一枚铜元。(老舍《老张的哲学》)

同时,也有一些名量词虽然也是有生命实体量词,但主要修饰无生命实体,有"顶""面""脸""口""手""脚""身"等。

⑭打发了一顶红轿把林姑娘运了来。(老舍《也是三角》)

⑮她拿的是刚刚做好的一面旗子。(赵树理《三里湾》)

⑯工人们浑身泥水，一脸油污，成了"油泥猴"。(《人民日报》1995年)

⑰俺不是什么活神仙，就是会做两手苦活呀！(梁斌《红旗谱》)

⑱他们时常为抓一条小鱼跳进水里去，弄得两脚泥、一身水。(雪克《战斗的青春》)

而一些有生命实体量词则能够修饰动词，如"口""拳""脚"等。

⑲即是江水山死了，她也要把他咬几口。(冯德英《迎春花》)

⑳有次把我打火了，追上去在她背上打了几拳。(王朔《空中小姐》)

㉑只听身后的梁三喜大喊一声，接着我便被他猛踹了一脚。(李存葆《高山下的花环》)

(二) 无生命实体

汉语中能够修饰无生命实体的量词很多。有些具有无生命实体语义参数的量词来自名词，这些名词所指称的是一些无生命的事物，有"匹""车""杯""碗""桌""屋子""房子""座""块""锭""篇""卷"等。

㉒他们也许只给你三匹布，而配上两打雨伞。(老舍《四世同堂》)

㉓在厂里搜罗了一车铁皮、铆钉、废钢板什么的。(莫言《师傅越来越幽默》)

㉔剃头的孙七，吃了两杯闷酒，白眼珠上横着好几条血丝。(老舍《四世同堂》)

㉕刘老吉又喊:"再来两三碗面!"(贾平凹《秦腔》)
㉖刚刚升起的太阳,照耀着这座山坡。(孙犁《风云初记》)
㉗在这里先记一篇账罢。(田仲济《盐之故乡巡礼》)
㉘居然还有几卷书,翻开一看是佛经。(刘绍棠《狼烟》)

以"匹"为例。据《说文解字·匚部》:"匹,四丈也。从匚八。八揲一匹,八亦声。"段玉裁《说文解字注》:"按:四丈之上当有'布帛'二字。《杂记》曰:'纳币一束,束五两,两五寻。'郑曰:'纳币谓昏礼纳征也。十个为束,贵成数。两两合其卷,是谓五两。八尺曰寻。五两,两五寻,则每卷二丈也;合之则四十尺。今谓之匹,犹匹偶之云与。'《周礼》:'凡嫁子、娶妻,入币纯帛无过五两。'郑曰:'五两,十端也。每端二丈。'按:二丈为一端,二端为两。每两为一匹,长四丈;五两则五匹,为一束也。凡古言束帛者,皆此制。凡言匹敌、匹耦者,皆于二端成两取意。凡言匹夫、匹妇者,于一两成匹取意。两而成匹,判合之理也;虽其半亦得云匹也。马称匹者,亦以一牝一牡离之而云匹;犹人言匹夫也。按:字之本义有难定者……揲者,阅持也。阅持者,更迭持之而具数也。筮者揲之以四,此揲之以八。八尺者五而得四丈,故其字从八。所以揲之以八者,度人之两臂为寻。今人于布帛犹展两臂度之也。"通过《说文》及段注可以推知,"匹"的本义当是一段长四丈的布帛;因此其作为量词的语义参数是无生命实体。

但是与"匹"相似的这些无生命实体类的量词也能够称量有生命实体。如河南焦作方言的"三块人"(三个人)、"五块小猫"(五只小猫)、"几块鱼"(几条鱼)、"几块牛"(几头牛)等(司罗红、李肖肖,2016)。又如:

㉙只见桥下拴住两匹马,一匹枣红马,一匹大白马。(李文澄《努尔哈赤》)

㉚这匹野牛就非烧死不可。(《人民日报》1995年)

㉛什么人家吊脚楼下有匹小羊叫，固执而且柔和的声音，使人听来觉得忧郁。(沈从文《鸭窠围的夜》)

㉜一车人都已昏昏欲睡。(谌容《梦中的河》)

㉝看着满满一屋子人，我无法用语言来表达内心的感受。(李开复《世界因你而不同》)

比较特殊的是名量词"位"。据《说文解字·人部》："位，列中庭之左右谓之位。"段玉裁《说文解字注》："'庭'当作'廷'，字之误也。《廴部》曰：'廷，朝中也。'《释宫》曰：'中庭之左右谓之位。'郭云：'群臣之列位也。'《周语注》亦曰：'中廷之左右曰位。'按中廷犹言廷中。古者朝不屋，无堂阶，故谓之朝廷。"可见，"位"的本义是位置或处所。惠红军（2009［2011］：55—56）认为，"位"的名量词用法是基于物品实体型名量词的模式而产生的。由于重构的认知场景中的目的性的干涉，"位"由"位置"转喻处于该空间的"人"；并由于其蕴含的空间量隐喻了处于该处所的物体量，从而完成从名词到名量词的非范畴化过程。在"位"的早期用法中，其称量对象主要是"人"，而且这一用法一直延续至今。如：

㉞从者数位，尽为蒲人。(《搜神记》卷一)①

㉟是必求两位大娘同来光辉一光辉。(《初刻拍案惊奇》卷十六)

㊱我是一枚北方姑娘，也是一位女汉子哈哈！②

---

① 该条语料转引自刘世儒《魏晋南北朝量词研究》，中华书局1965年版，第165页。
② 语料来源：https：//baijiahao.baidu.com/s？id=16217316679782708 24&wfr=spider&for=pc，检索日期：2020年3月21日。同时需要说明是，"枚"作为量词在现代汉语称量人的用法多见于网络，如"一枚男子""一枚女子""女汉子一枚"等，然而网络文学中的有些言语现象总是"其兴也勃焉，其亡也忽焉"，因而对这种语言现象还须经过更长时间的观察。

㊲三位神仙，你们可一定要替小人作主啊。（莫言《中州纪事》）

"位"虽然能够修饰事物，但这种情况比较少见。如：

㊳众人扶晁天王去正中第一位交椅上坐定。（《水浒传》第20回）

有些具有无生命实体语义参数的量词来自动词，这些动词指称的是一些动作；虽然动作一般都涉及生命体的活动，但是这一类量词所修饰的对象往往都是无生命实体。有"张""片""团"等。

㊴舞厅摆有六张大沙发和许多软垫靠背椅。（权延赤《红墙内外》）
㊵水面上漂浮着两三片茶叶。（金庸《神雕侠侣》）
㊶赵双环呆呆站着，心里乱成一团麻。（叶蔚林《蓝蓝的木兰溪》）

上面的论述说明，作为实体而言，有生命或无生命都具有实体这样的共同范畴特征；因此，有生命实体类量词和无生命实体类量词的称量对象都能够向对方的领域扩展，形成了实体类量词既能够称量有生命的实体，也能够称量无生命的实体的现象。

二 身份

身份是指以对象所处的社会地位为手段来修饰限制对象。同时，用作量词的这些词语在语义上也往往被认为能够表达某种特殊的身份。虽然身份似乎不能被用作量词，但是实际上，汉语的"尊""位"就是这样的量词。如：

①拆那堵界墙时候，从墙基发现了一尊小铜菩萨。（老舍《赵子曰》）

②在现代建筑前适当立两尊石狮子，也未尝不可。（《人民日报》1994年）

③同乡一位庸医是他邻居。（钱锺书《围城》）

④他知道娶来一位母夜叉。（老舍《骆驼祥子》）

对量词"位"的尊称义目前还有不同看法。一种观点认为"位"是表示尊称的。如刘世儒（1965：165）认为，现代汉语中"位"是对人的敬称，但在南北朝时期并非如此。金易生（1995）、翁璇庆（1997）等认为，"位"是敬辞，用"位"称"罪犯"之流，显然是误用。也有持不同意见者，他们认为"位"不表尊称是很正常的现象。如沈怀兴（2001）认为，"位"的泛用是词的泛用，也是社会发展与人之思想观念变化的必然产物。冷新吾（2006）也认为，"位"的泛化是语言发展的必然趋势。周旋、李柏令（2006）认为，敬辞的泛化符合语用学上的礼貌性原则特征，也符合语言发展的经济原则。我们认为，"位"本身并没有表达所谓的尊称义，而是由于处于一定位置的人物总是认知中的重要角色，所以给人形成一种错觉，即名量词"位"可以表达尊称义。可以说，"位"从来就没有表达过所谓的"尊称"义；如果有"尊称"义，那则是受其所修饰的名词的影响。

身份问题不仅存在于有生命的物体，无生命的物体也有身份可言。现代汉语中的量词"枚""尊"等的使用就具有这样的身份特征，但这个身份并非对人，而是对物。如：

⑤猛然间潭里像被谁甩了一枚炸弹，抛起一丈多高的水柱。（《报刊精选》1994年）

⑥"彭半仙"秘密来家里看"风水"，并在通阳台一门檐上镶嵌了一枚新月形"照妖镜"，虽然花了钱财，但效果不明显。

(《报刊精选》1994年)

⑦城外的八位弟兄,烧了货栈,打死三十多敌兵,炸坏了两尊野炮。(老舍《火葬》)

⑧国际奥委会主席萨马兰奇将两尊银质奖杯分别赠送给中国军事五项队和美国海军五项队作为永久性纪念。(《人民日报》1994年)

这里的量词"枚""尊"的使用都是在表达对某些物体的崇拜、敬畏的情感,从而使事物具有了某种特殊的身份。

另外,量词"枚"还能够表达另外一种身份,即表达说话者所使用的语言是正式的书面语体,从而使"枚"所修饰的事物具有某些独特的社会身份和价值。如:

⑨中国队仍然没有得到一枚奖牌,形势异常严峻。(《报刊精选》1994年)

⑩天一阁的历史是我国源远流长的私家藏书活动的缩影,它也是一枚南中国古文明的活化石。(《报刊精选》1994年)

⑪庞文全在邮局前徘徊了两个多小时,才大着胆子在信封上贴了一枚八分钱的邮票。(《报刊精选》1994年)

三 维度

(一) 一维维度

一维维度是指量词所修饰限制的对象具有线性特征,即被量词修饰的对象因在一个维度上的延展而形成一种突显特征;而用作量词的这些词语在语义上也往往是以一维线性特征为主要认知特征的。汉语的"丝""缕""绺""线""条""根""支""枝"等量词就是如此。如:

①几丝头发从头巾里挂落出来，软绵绵地荡在她脸的两侧。（余华《祖先》）

②水中有几根芦苇，几片浮萍，几缕绿藻。（刘绍棠《狼烟》）

③只要还有一线希望，就不该放弃。（古龙《英雄无泪》）

④还批上一两条意见，让相关的部门拿去传阅。（李佩甫《羊的门》）

⑤即便是一根针掉在地上的声音，也会让她吓一跳。（余华《一九八六年》）

虽然这里的有些量词也具有其他的语义参数，如"根""枝"等还具有实体这样的语义参数，但它们作为实体时，在形体上具有一维维度的突显特征。因此，"根""枝"也具备一维维度这样的语义参数。

（二）二维维度

二维维度是指量词所修饰限制的对象具有平面特征，即被量词修饰的对象因在两个维度上的延展而形成一种突显特征；而且用作量词的这些词语在语义上也往往是以二维平面特征为主要认知特征的。汉语的二维维度量词有"张""面""片"等。

⑥一阵风来，吹得八张画飘然而动。（刘绍棠《狼烟》）

⑦他在客室门外，悬起一面小木牌。（老舍《民主世界》）

⑧"鸽子"望着手里还沾着几片茶叶的空杯子。（石言《漆黑的羽毛》）

需要说明的是，被二维维度量词修饰的名词并非仅仅在两个维度上延展，而是它们在两个维度上延展而形成的平面特征是其最为显著的特征。如：

⑨六张门板看起来是小事，但它危及企业在市场竞争中的信誉。(《人民日报》1995 年)

⑩扔下书，她站到一面镜子前凝望着。(杨沫《青春之歌》)

⑪有的房屋甚至连屋顶都没有了，只剩下几面墙撑着一个框架。(梁鸿《中国在梁庄》)

⑫流苏和阿栗母子分着吃完了罐子里的几片饼干。(张爱玲《倾城之恋》)

有时被二维维度量词修饰的名词并非具有一个客观存在的平面，但在人的认知系统中存在一个平面。如：

⑬李景纯看看赵子曰，听听病人的呻吟，觉得整个的世界陷在一张愁网之中。(老舍《赵子曰》)

⑭从东边屋角拖过一张梯子来，架在后墙上。(周立波《暴风骤雨》)

⑮她到了哪里，哪里便是一片歌声一片笑。(曲波《林海雪原》)

⑯你要吐了，就辜负我的一片心意了。(李佩甫《羊的门》)

这里需要补充的是，虽然"张""面""片"等也具有实体这样的语义参数，但它们作为实体时，在形体上具有二维平面的突显特征；因此它们也具备二维维度这样的语义参数。

(三) 三维维度

三维维度是指量词在修饰限制对象时，主要关注被称量对象在三个维度上延展而形成的立体特征；而且用作量词的这些词语在语义上也往往是以三维立体特征为主要认知特征。汉语三维维度量词有"团""块""堆""簇""丛"等。

⑰找两团棉花塞在耳朵里。(钱锺书《围城》)

⑱她花五毛钱买了一块带皮猪肉。(铁凝《大浴女》)
⑲他慢吞吞地走到两堆人中间。(余华《一个地主的死》)
⑳轻缀其中的几簇残星虽然也依旧熠熠闪亮。(张承志《黑骏马》)

有些三维维度量词所修饰的名词并不具备视觉效果上的三维特征，但在心里空间存在这种三维立体特征。如：

㉑老楚走了，去了文博士一块心病。(老舍《文博士》)
㉒立时心里有一团怒火烧着。(梁斌《红旗谱》)
㉓自己什么也不懂，光看到一堆问题，却拿不出一个解决的办法。(蒋子龙《赤橙黄绿青蓝紫》)

这里需要补充的是，虽然"团""块""堆""簇"等也具有实体这样的语义参数，但它们作为实体时，在形体上具有三维立体的突显特征；因此它们也具备三维立体这样的语义参数。

四 形状

形状是指量词所修饰的事物在空间维度上所形成的一种几何形式，同时，这些用作量词的词语的语义也被认为是指称一种形状。形状和维度在分类上似乎有些重叠，但维度是从局部、从某个或某几个维度来关注事物的特征，是一种非完形视角；形状则从整体的角度关注事物，是一种完形视角。因此，维度和形状之间的观察差异，或者说认知差异，主要来自认知主体的认知视角。汉语的形状量词有"点""条""根""面""片""块""团""朵""堆""坨""弯""孔""缕""绺""节""截""段""方"等。在运用形状量词来修饰限制名词时，名词的形状可以是现实世界中的具体可见的形状。如：

第七章 汉语量词语义参数的认知类型学研究

①所以如今草堂寺的青蛙头上有一点红痣。(罗念生《芙蓉城》)

②上帝会懊悔没在人身上添一条能摇的狗尾巴。(钱锺书《围城》)

③几根棍子一起使劲,把门砸得咚咚响。(《人民日报》1998年)

④两面铜鼓,四只军号,在前面吹打。(老舍《四世同堂》)

⑤牛肉清汤里也会漏进几片薄牛肉。(王安忆《桃之夭夭》)

⑥有谁想到在瓜上系一块小石头让它长得直点呢?(《市场报》1994年)

⑦她心中乱成一团麻。(老舍《火葬》)

⑧春玲给她理好头发,拔下自己发针上那朵白菊花,戴到淑娴头上。(冯德英《迎春花》)

⑨因为在孙村长尸首旁边,留着一堆红薯皮。(刘震云《故乡天下黄花》)

⑩两下手脚,就把那凶神恶煞的包打听,收拾得象一坨烂泥巴似的,趴在地上。(欧阳山《苦斗》)

⑪一弯月亮高挂天边。(沈永兴、朱贵生《二战全景纪实》)

⑫他们头一仰,就能看见裴一十五家的几孔窑洞。(杨争光《蛾变》)

⑬远处的山尖上,忽然在灰云边上露出一缕儿阳光,把椰树照得绿玻璃似的。(老舍《小坡的生日》)

⑭金桥掠了下耷拉在额前的一绺头发。(苏童《肉联厂的春天》)

⑮土坝上偶尔有一两截断藕。(老舍《大明湖之春》)

⑯最后的一段路就有些艰难。(王安忆《桃之夭夭》)

也可以是某些非现实存在的形状,或者说,在心理空间上,说话人把对一些抽象事物的认知等同于某种现实存在的形状。如：

⑰剧作通过活鲜鲜的事实，形象地回答了人们脑子里的一堆疑问。(《人民日报》1995年)

⑱陆伯麟深知这种态度妨碍着自己的前程，悟出一条妙法。(钱锺书《猫》)

⑲我为自己增添了一段不堪回首的经历。(王朔《动物凶猛》)

⑳哪一盏下面尚有关于我的一缕思绪？(刘心武《人情似纸》)

五 形态

形态是事物的形状或表现附着了认知主体的主观情感后的一种特殊形式。同时，这些用作量词的词语的语义既被认为能指称一种形状或表现，也往往具有浓郁的主观情感。因此，虽然形态与形状有很大程度的相似，但形态具有认知主体非常突出的情感参与，而形状的辨识不涉及认知主体的情感参与。因此，形态更加富有主观情感，而形状则是一种客观呈现。在人类社会中，情感是影响事物分类的一个非常重要的因素；而且，正因为这种情感因素的参与，有些事物的称量方式显得非常独特。汉语的形态量词主要有"泓""团""弯""线""丝"等。如：

①月牙死后变成了一泓美丽的清泉。(新华社2004年新闻稿)

②乍见到眼生辉的一泓满月。(俞平伯《眠月》)

③他觉到一种比自己还更有力气的劲头儿，把他要揉成一个圆球，抛到一团烈火里去。(老舍《骆驼祥子》)

④在白色区域内有一弯浅蓝色的新月。(新华社2004年新闻稿)

⑤树前一弯小溪。(《人民日报》1994年)

⑥湖的那边，淡淡地托起一弯青灰的岗峦。(《人民日报》

1995年）

⑦有时它像美丽的一弯彩虹。(《人民日报》1995年)

⑧惨淡经营的小桥，是一弯残红，还是一道怪圈？(《读者(合订本)》)

⑨我举起杯，任一弯晶莹的思绪，在杯底悄悄沉淀，深深地祝福你快乐！(《春节祝福短信汇总》)

⑩行列中的七个汉奸眼里射出了一线希望的残光。(曲波《林海雪原》)

⑪霍都从这几句话中听出一线生机。(金庸《神雕侠侣》)

⑫王国炎的脸上似乎又透出了一丝希望。(张平《十面埋伏》)

⑬她已没有一丝力气再去构思和描画。(张清平《林徽因》)

这种情况在近代汉语中就已经大量出现，而且同样具有明显的情感参与。如：

⑭譬如一泓清水，有少许砂土便见。(《朱子语类》卷一一三)

⑮几点青山，一泓素月，满地丹枫。(《全元散曲·李致远·秋景》)

⑯纪老三满面春风，一团和气，就置酒相待。(《二刻拍案惊奇》卷四)

⑰第二件是性子严急，却像一团烈火。(《醒世恒言》卷三十五)

⑱只见山凹里一弯红草坡。(《西游记》第32回)

⑲眉分柳叶一弯翠，脸带桃花两朵春。(《三宝太监西洋记》第48回)

六 结构

结构作为一种语义分类参数，是指量词所修饰限制的事物都能够分解成几种不同的结构部件；同时，作为量词的词语的语义也能够指称物体的某一结构部件。汉语中这样的量词有"领""把""座""顶""层""朵""节""瓣""茎""枝""叶""根""柄""头""尾""口""面"等。如：

①还多给了我几领袈裟御寒。（冯苓植《雪驹》）
②取出一把雕花沉香骨的女用折扇。（钱锺书《围城》）
③刚刚升起的太阳，照耀着这座山坡。（孙犁《风云初记》）
④一到大门口，看见有几顶小轿停在那里。（苏雪林《棘心》）
⑤他身上裹了三层白布。（金庸《倚天屠龙记》）
⑥胸前挂着两朵白色的茉莉花。（苏童《妇女生活》）
⑦在东安市场租了两节柜台。（《人民日报》1998年）
⑧塑料片灯罩，几茎花卉图案，淡雅而悦目。（《人民日报》1998年）
⑨我们精心挑选，砍了两枝黄栗枝。（《人民日报》1998年）
⑩最后再放上几叶薄荷，气味芬芳又消暑。（邱胜美《3分钟美丽急诊》）
⑪身上沾了几根嫩绿的草。（周而复《上海的早晨》）
⑫我们县里最讲究的几柄伞却是纸伞。（汪曾祺《故里三陈》）
⑬那三头牛因为要犁田才保住性命。（余华《活着》）
⑭怎么样我才能变成一尾鱼呢？（靳以《渔》）
⑮五十多人在莽莽黄沙上散了开去，像一面大扇子般。（金庸《白马啸西风》）

在"几领袈裟"中，"袈裟"是由衣领、衣袖、前襟、后襟、扣子等不同结构部件组成的；量词"领"的语义本是指称脖颈，后来才非范畴化为量词，其用法主要是用作衣物的量词，修饰限制衣物的数量。在"一把雕花沉香骨的女用折扇"中，"扇"是由扇骨、扇面等不同结构部件组成的；其中的扇骨又可以分为用来固定扇面的部分和用来握持的部分，而用来握持的部分就是所谓的"把"。"把"也正是从"握持"的意义逐渐非范畴化为量词的，其作用主要是用作在结构上有"把"这样的部件的物体的量词，来修饰限制这类事物的数量。在"这座山坡"中，"山"是由山顶、山坡、山腰、山脚等构成的；而山作为一个整体，又可以看作站立在地面上的一种事物，它在心理空间中有一个"基座"。"座"作为量词，正是从物体的结构中非范畴化而来的，其修饰限制对象就是在结构上有一个基座或在心理结构上有一个基座这类事物。

戴浩一（2002）曾经指出，汉语方言中有很多量词是以部分代替全体的，如"一头牛""一尾鱼""一口井"等。戴浩一所说的部分代替全体实际上也是就物体的结构而言的，因为头是牛身体的一部分，尾是鱼身体的一部分，井口是水井的一部分，因而部分能够代替全体；这实际上也是一种部分转喻整体的认知策略。正因如此，汉语中有些能够修饰某个名词的几个不同的量词，在语源上实际上都是这个名词所指称的事物的一个结构部件。如：

⑯白孔雀的长羽毛，做成了两把大扇子。（《读书》）

⑰正是陈玉芳送燕西的那一柄折扇。（张恨水《金粉世家》）

⑱在我童年的夏夜里，奶奶总爱把那面扇子摇呵摇。（《读者（合订本）》）

⑲她拿着一把刀。（张恨水《金粉世家》）

⑳光子蹲在那里，一脚踩了猪后腿，手在后腰带上摸，抽出一刃刀子。（贾平凹《人极》）

㉑汉子的嘴里还是叼着那口刀。（贾平凹《废都》）

㉒七八柄刀在我们头顶乱晃。（《人民日报》1994年）

七 关系

关系是指量词修饰限制的名词会与同类的名词存在某种关系，如配合使用的关系、随机配对的关系；同时，作为量词的词语的语义也能够指称概念之间或事物之间所存在的某种关系。这种关系的不同，也会引起量词使用上的不同。因为量词的使用往往会随着情境或说话者所关注到的物体的不同方面而变化，这也显示出量词的差异往往是一种普通的认知策略差异化（a General Strategy of Cognitive Differentiation）的问题，而不是一个整合（Integration）的问题（Denny，1979）。汉语中的"副""双""套""队""对"等就是如此。

①她赌气洗着一副扑克牌。(王朔《空中小姐》)
②手拿一块醒木或一副竹板。(《中国儿童百科全书》)
③蓝小山换了一副玳瑁边的赭色眼镜。(老舍《老张的哲学》)
④咱们屯子五副担架，四十个人都回来了。(周立波《暴风骤雨》)
⑤忽然发现五双酒杯。(古龙《小李飞刀》)
⑥一双灰色斑鸠从头上飞过。(沈从文《绿魇》)
⑦这是一万零二年的一套石碗。(老舍《猫城记》)
⑧李成梁一听，立即穿上一套崭新的衣服，往珠宝店走去。(李文澄《努尔哈赤》)
⑨有一对夫妻和一对父子，刚开始并没有被分到同一间病房里。(新华社 2003 年 5 月新闻报道)
⑩他觉得她们两人互为补充，相得益彰，命中注定是一对朋友。(《读书》)

上面所举用例中，"一副扑克"有五十四张，因此我们也可以说"一张扑克""三张扑克""几张扑克"；"一副竹板"可能是由两块竹板制作而成的，也可能是由五块竹板制作而成的；"一副眼镜"包括两块镜片，这则是由眼镜的结构决定的；"一副担架"一般是由两根棍子和一块布构成的。可见，同样的量词"副"，其所修饰限制的名词内部关系以及名词所指称的事物并不相同，显示出量词使用过程中认知策略的差异化。同时也能够反映出这种差异化中所蕴含的共性特征，即用"副"修饰限制的事物都是互相配合使用的。至于"五双酒杯"和"一双灰色斑鸠"中的"双"所修饰限制的"酒杯""斑鸠"则是随机配对使用的，前者有十只酒杯，后者有两只斑鸠；而"一套石碗"和"一套崭新的衣服"中的"套"所表示的数量也不一致，前者数量不确定，后者则可能包括一顶帽子、一件上衣、一条裤子、一双鞋，或仅包括一件上衣和一条裤子。这些关系类量词的使用，更关注的是所修饰的名词的各组成部分之间，或同类名词之间在某种语境中所形成的独特的关系，因而其使用具有一定的语境限制性。

八　处所

处所作为一种语义分类参数，是以事物所存在的处所来修饰限制该事物的；同时，作为量词的词语的语义也能够指称某种处所。这样的量词具有极强的开放性，只要有语境上的可能性，就可能被用作量词。如"场""阵""山""树""房子""屋子"等。

①正好同一天同一时有两场歌剧在上海登台。（《人民日报》1994年）

②简直是一场笑话。(《读者（合订本)》)

③由于棉花吃紧，国内的一场争抢棉花大战燃起硝烟。(《报刊精选》1994年)

④几阵秋雨一落，残暑退尽了。(郁达夫《海上》)

⑤宝贝爷爷发现孩子们一天里总要闹上那么一两阵。（张鲁镭

《家有宝贝》)

⑥春天一山花，夏天一山荫，秋天一山果，冬天一山青。(《报刊精选》1994年)

⑦黄土筑墙茅盖屋，门前一树紫荆花。(《报刊精选》1994年)

⑧感谢百花方针，我们得到了一树异果。(《读书》)

⑨我定一定神，一房子乔家的人。(梁凤仪《豪门惊梦》)

⑩在他的家里搜出了两屋子色情和暴力录像带。(《人民日报》1996年)

以下的一些处所类量词则反映出，由于语境的复杂性，处所这一语义参数也变得极其灵活；也就是说，很多事物都可以因为语境的原因而成为处所。如：

⑪他们时常为抓一条小鱼跳进水里去，弄得两脚泥、一身水。(雪克《战斗的青春》)

⑫满眼的绿色化成满心的喜悦。(《人民日报》1993年)

⑬在一屋子人中他显得那么与众不同视野开阔。(王朔《我是你爸爸》)

⑭茶杯掉在地下，满客厅的人都一跳！(茅盾《子夜》)

⑮一竿子打翻一船人。(《人民日报》1998年)

⑯沙沟鬼子丢了两车布匹，惹起了上级鬼子的愤怒。(刘知侠《铁道游击队》)

⑰他只喝了一碗水。(老舍《四世同堂》)

⑱李寻欢长长叹了口气，喝了第三杯酒。(古龙《小李飞刀》)

⑲一堆火焰便在满山红叶中红了起来。(《人民日报》1995年)

⑳两岸商厦，一河人流。(《人民日报》1996年)

㉑往昔一到夜晚，便是满湖灯火。(金庸《倚天屠龙记》)

㉒一山坡杏花，正开得灿烂。(刘震云《吃瓜时代的儿女们》)①

上举各例中，有的是人的身体部位，如"脚""身""眼""心"；有的是建筑物，如"屋子""客厅"；有的是交通工具，如"船""车"；有的是盛放东西的器皿，如"碗""杯"；有的是自然存在物，如"山""河""湖""山坡"。可见，只要是语境需要，人体部位、各种实体器物或自然景物都可能成为一个处所。因此，处所类量词是极具开放性的。

九 数量

数量是指把事物的计数计量结果作为一种语义参数来修饰限制事物，同时，作为量词的词语的语义也能够指称或蕴含现实生活中的数字。汉语中这类量词中最典型的是"双"和"对"，因为它们所修饰的名词在独立个体的数量上是确定的，即具有两个独立的个体。如：

①只有毓如的一双儿女，颂莲很久都没见到。(苏童《妻妾成群》)

②上街去买一双鞋子，或剃一剃头，都是可怕的事。(老舍《四世同堂》)

③送女生一对鞋子有什么含义和意思?②

④船里有一对兄妹。(高行健《灵山》)

⑤这一对新人都洋气得很。(钱锺书《围城》)

以数量为语义参数的量词还有"幅""副""套""群""堆"等，但这些量词所涉及的事物的数量有时是确定的，有时并不确定。如：

---

① 刘震云：《吃瓜时代的儿女们》，长江文艺出版社 2017 年版，第 205 页。
② 语料来源：https://zhidao.baidu.com/question/1757900247343280588.html，检索日期：2020 年 3 月 27 日。

⑥她赌气洗着一副扑克牌。(王朔《空中小姐》)

⑦手拿一块醒木或一副竹板。(《中国儿童百科全书》)

⑧为这个讲演，他想应当去裁一套新洋服。(老舍《文博士》)

⑨他看见了别人用极低的价钱能买到一套沙发，或一套讲究的桌椅。(老舍《四世同堂》)

⑩他们本质上不过是一群普普通通的生意人。(《报刊精选》1994年)

⑪买到票子的那一堆人全上了车。(钱锺书《围城》)

上举例子中，"一副扑克"的数量是确定的，一般是五十四张。"一副竹板"也就是说快板所用的竹板，其数量虽然确定，但有两种情况：一种是大板，一般由两块竹板制成；另一种是小板，一般由五块竹板制成。"一套洋装""一套桌椅"的数量实际上更不好确定。

还有一类以数量为语义参数的量词，如"世纪""年""月""日"等时间名词，它们主要是表达事物所延续的时间长度，而且它们所表示的时间量一般是比较确定的。如：

⑫餐风宿雨，两周艰苦简陋的生活，与寻常都市相较，至少有两世纪的分别。(林徽因《晋汾古建筑预查纪略》)

⑬董方卓最快也需要三年时间才能在曼联站稳脚跟。(新华社2004年1月新闻报道)

⑭是不是可以少放几天假？(赵树理《三里湾》)

十 动作

动作被认为是一种语义分类参数，是因为某种动作能够被看成一种计量标准，并以此为标准来修饰限制事物或其他动作。同时，这些用作量词的词语的语义也能够指称某种动作。名量词和动量词中都有

第七章 汉语量词语义参数的认知类型学研究

一些是从动词非范畴化而来的。以动作为语义参数的名量词如"乘""张""束""等""处""撮""封""具""卷""阕""句""剂""部""把""滴""餐""件""服""架""包""挂""批"等。惠红军（2009［2011］：20）将这些名量词称为动作实体型名量词，其原因正是由于这些名量词的量词用法都是源自其动词语义的。如：

①只见通往镇子的官道上一拉溜停着好几乘轿子。（尤凤伟《金龟》）

②我看到起码有二十张曾经见过的脸。（余华《爱情故事》）

③上述三等人是神分别用金、银和铜铁做成的。（《中国儿童百科全书》）

④残枝里没有名片，没有祷词，只是一束蒲公英！（琼瑶《雁儿在林梢》）

⑤我已受了三处伤。（老舍《敌与友》）

⑥他把珍藏着的一撮儿香片，找出来为她泡茶。（老舍《火葬》）

⑦白嘉轩掏出三封同样的传帖。（陈忠实《白鹿原》）

⑧桥的正中横着两具用木条钉成的"马扎"。（曾卓《一个人和他的海》）

⑨也许这别扭的声音就是另一阕《爱情故事》？（张贤亮《习惯死亡》）

⑩等内人有兴致，请她画这两句诗。（钱锺书《围城》）

"次""下""回""遭""趟""顿""番""觉"等动量词也属于这类量词。惠红军（2009［2011］：142）将这些动量词称为动作实体型动量词，其原因正是由于它们的量词用法都是源自其动词语义的。如：

⑪几次三番示意叫她找房子搬家。(张爱玲《连环套》)

⑫什么地方的钟在寂静中清脆地响了五下。(曾卓《悲歌》)

⑬两年之中,除了挨过大老婆几回打,被拧过一回屁股,其余时间锅小巧都兴高采烈的。(刘震云《故乡天下黄花》)

⑭笨重的喜鹊盘旋了几遭,又落在白杨枝头。(刘绍棠《运河的桨声》)

⑮当他往返四五趟饮完牲口以后,他觉得沉寂下去的那种诱惑又潮溢起来。(陈忠实《白鹿原》)

⑯她无泪可落,而是想骂谁一顿,出出闷气。(老舍《骆驼祥子》)

⑰就说是休息不够,睡两觉就好了。(王朔《永失我爱》)

十一 工具

工具作为量词语义分类的参数,是指用动作发生时所凭借的物体作为量词来修饰限制动作,或以与名词关系密切的某种工具或器物来修饰限制名词的数量;同时,这些用作量词的词语的语义也能够指称某种工具或器物。

一个动作的发生总会涉及各种各样的对象,这些对象也被称作语义格。C.J.菲尔墨(2002:32)指出,格的概念包括一整套带普遍性的、可以假定是内在的概念,相当于人类对在其周围发生的事情所能做出的某些类型的判断,诸如谁做了这件事情,这件事情发生在谁身上,什么东西发生了变化这类事情的判断。菲尔墨还将深层语义分成施事、感受、工具、客体、处所、与格、受益等 13 种格。惠红军(2009 [2011]:161)认为,动作的完成不是单一的问题,它涉及诸多的语义角色,即语义格;有些语义角色的使用会使动词"有界化",能够切分不同时段发生的同质化动作,从而实现对动作的计量以及对动

第七章 汉语量词语义参数的认知类型学研究

量的表达。这样的语义角色包括处所、时间、工具等。但是，不同的语义角色对动作有界化的具体方式并不相同。如果动作在某一场所发生一次，就可以说是该动作完成了一次，从而在认知主体看来就是一个相对独立的动作。如果某种动作涉及使用某种工具，那么使用该工具一次，就意味着该动作完成一次，从而也意味着动作有了某种终结点。因此，处所、工具等语义角色也可以起到有界化动作，进而表达动量的作用。正是在这个意义上，才有观点认为，数量词语言中的量词是一种计算单位（Emeneau, 1951：93；Greenberg, 1972：7）。以工具为语义参数的动量词有"口""脚""掌""眼""鼻子""刀""棍""砖头""针""鞭杆""鞭子"等。如：

①穗珠气得，恨不得咬穆青几口。（张欣《掘金时代》）
②马老先生在汽车后面干跺了几脚，眼看着叫汽车跑了。（老舍《二马》）
③孙毛旦抢过驴骑上，狠狠打了驴屁股两掌。（刘震云《故乡天下黄花》）
④她向这木牌，向这旗杆和旗子使劲瞪了两眼。（杨沫《青春之歌》）
⑤她却躲到一边去难过得哭了一鼻子。（梁晓声《冉之父》）
⑥马建军被刺中了两刀。（《人民日报》1994 年）
⑦骷髅上绷着一层枯黄的干皮，打上一棍就会散成一堆白骨。（杨绛《老王》）
⑧杨清民的脑袋还让人砸了一砖头，到医院缝了七针。（《人民日报》1998 年）
⑨他狠狠地朝马屁股上揍了两鞭杆。（李晓明《平原枪声》）

名词的存在有时也需要某种工具或器物，这时，工具或器物就成为修饰限制名词的一种手段，我们也可以将这类工具或器物看成与名词相关的语义格。这类工具或器物能够非范畴化为名量词，用以修饰限制名词的数量。"杯""盘""盒""盏""碗""锅""勺""瓢""床"等都是这类名量词，这类名量词也是一般所说的借用名量词。如：

⑩那个神色疲倦的只要了一杯咖啡。(余华《偶然事件》)
⑪我这儿还有两盘倭瓜馅的饺子呢。(老舍《四世同堂》)
⑫李冬宝拿着一盒烟对南希讲解。(王朔《谁比谁傻多少》)
⑬买了一床厚厚的川绣被子，两个枕头。(老舍《鼓书艺人》)

十二 时间

时间作为量词语义分类的参数，是指对事物和动作所持续或延续的时间进行计量；同时，这些用作量词的词语的语义也能够指称某种时间概念。如果在一定的时间域考察某种动作，在考察的时段内，该动作达到了某种效果，就可以认为该动作完成或实现了一次。"阵""下"等动量词正是具有这样的语义参数。如：

①骂一阵、劝一阵，永远叫他不得安心。(赵树理《三里湾》)
②县长把汗手抽了出去，愣了一下，转身就走。(老舍《火葬》)

对于动量词"下"，已有研究认为"V一下"能够表达短暂的时间量。如相原茂（1984）认为，"V一下"表示动作出现的回数、时间是少量的。邵敬敏（1996）认为，"V一下"兼表动量与时量；动词的"V一V"式能够兼表动量和时量，动量有尝试义，时量有短暂义；"V一下"原则上可以和"V一V"换用。因此可以说，动量词"下"能够表示短暂的时间量。

除此之外，汉语中还大量借用时间名词"秒""天""月""年"

"世纪"等来作为量词,用以修饰限制事物和动作的数量。如:

③就在听对方说话的短短几十秒时间里,陈运鹏的脑海中浮出了一个个的念头。(《报刊精选》1994年)

④他告诉我给他请两天假。(老舍《杀狗》)

⑤一位著名学者的命,七年刑期就能抵得了的吗?(梁晓声《冉之父》)

⑥这么干一月赚个六七千元还是"小意思"。(《市场报》1994年)

十三 频次

频次作为量词的语义参数,是指以动作发生的频率作为量词来限制、计量动作;同时,这些用作量词的词语的语义也能够表达频率这样的概念。动作完成一次,就计作一个频率。但是这个标准并非物理学里的频率,而是一种语言学范畴的频率,是一种心理空间中的频次;因此还涉及计量标准的问题,即以什么作为标准来计量动作的频次。在汉语中,对很多动作发生频次的计算往往有一个心理标准,这将涉及对动作的有界化问题。沈家煊(1995)指出,句法组合中的光杆普通名词,多数是通指性的,不指称个体事物,因而是无界的,作宾语时尤其如此。实际上,动词也同样存在有界化的问题,也就是如何把一个抽象的动作进行具象的问题。在动词有界化的过程中,使用动量词就是对动词有界化的一个策略。惠红军(2009 [2011]:152—158)认为,就动量词用法的产生而言,它作为一个标记,表示动作完成一次的动量概念;这实际上反映了人们对动作的"有界化"的认识,它标记了认知成果中性质相同,但发生在不同时段的同质化动作。在动量词用法的产生过程中,动量词的原形式所具有的完结的语义特征,在客观上把发生在不同时段的同质化动作进行了"有界化",使它们成为某种意义上的不同动作。正是在这个意义上，动量词与动作具有了高认知相关性，触发了指称的转喻，实现了对动量概念的表达。汉语"下""次""回""遍""趟""顿""番"等专用动量词基本是以这样的方式来计量动作的。如：

①楼底下恍惚敲了七下自鸣钟。(许地山《别话》)
②他的快乐从睡梦里冒出来，使他醒了四五次。(钱锺书《围城》)
③他这个外号起过两回。(赵树理《三里湾》)
④我首先脱得精光，把每一件衣服抖一百遍之后再穿上。(白桦《呦呦鹿鸣》)
⑤人家轻易不来，来一趟，你就抱怨个没完没了。(白桦《淡出》)
⑥只见这对夫妻，一天哭三顿，三天哭九顿。(吴组缃《黄昏》)
⑦朱千里几番伸手掏摸烟斗，想回家又不愿回家。(杨绛《洗澡》)

正因为动量词都能够对动作进行某种有界化，从而实现了对动作的频次的计算；因此，动量词之间往往能够进行某种替换而语义保持基本不变。这一点我们在第四章第五节已经进行了详细论证，此不赘述。

名量词在某种情况下也涉及频次问题。具体而言，对名词数量的计算实际上也可能涉及对名词的计量频次，这主要涉及以工具为语义参数的名词。如：

⑧她痛痛快快地把三杯酒喝干了。(谌容《梦中的河》)
⑨喝了几碗酒，略微有些醉意。(李文澄《努尔哈赤》)
⑩李先生就送来两袋粮食。(刘知侠《铁道游击队》)

第七章 汉语量词语义参数的认知类型学研究

"三杯酒"可以看作以酒杯为工具,分三次来计量所喝的酒;"几碗酒"也可以看作以碗为工具,分几次来计量所喝的酒;"两袋粮食"可以看作以口袋为工具来计量粮食的多少。每使用一次工具,就意味着计量完成一次,也意味着对所修饰限制的名词的计量。因此,这些名量词都可以看成具有频次这样的语义参数。

十四 标记

标记作为量词的语义参数,是指以某种语法标记为手段,对事物或动作进行某种计量;同时,这些用作量词的词语的语义主要是作为一种标记,表示对动作或事物的一种计量。标记这一语义参数实际上是汉语量词语法化的产物,而汉语中的通用量词都可以认为是以标记作为一种语义参数来充当量词的;因而我们在第四章把这些量词的用法称作量范畴标记。人们只要使用这种量范畴标记,就意味着依据某种标准对事物或动作进行了计量。魏晋南北朝时期的"枚",现代汉语中"个",现代汉语方言中的通用量词"只""块"等,都可以说是一种标记。如魏晋南北朝时期的"枚"(刘世儒,1965:76—81):

①此处有百枚小塔。(《佛国记》)
②见清碧石柱数十枚。(《魏书·灵征志》)
③破鸡子十枚,别取白。(《齐民要术》卷九)
④尝献太祖缠须绳一枚。(《南齐书·崔祖思传》)
⑤请烧所贡香一枚。(《博物志》卷二)
⑥又有大钱二枚。(《高僧传·译经篇》)

又如现代汉语中的"个":

⑦院中有个小小的砖塔,塔旁有一棵歪着脖的柏树。(老舍《四世同堂》)

⑧海藻躺在紫红色的带四个高柱子的床上叹气。(六六《蜗居》)

⑨早上喝点儿牛奶，冲两个鸡蛋。(邹志安《哦，小公马》)

⑩他就穿着最破烂的衣服，腰间系着一个草绳。(郭小聪《路遥的诗意》)

⑪琴儿答应了，不一会捧来一个白玉香炉。(金庸《雪山飞狐》)

⑫他身上已只剩下了一个铜钱。(古龙《圆月弯刀》)

再如现代汉语方言中的通用量词"只""块"：

湖南长沙：一只太阳/星子/月亮、一只江/山/河、一只楼房/阳台/教室/楼梯/台阶/办公室、一只病、一只笑容、一只雷/箇只风/那只雨（卢小群，2007：196—198）

广西玉林：一只人、一只校长、一只牛、一只虫、一只月饼、一只国家、一只学校、一只字、一只意见、一只故事（钟武媚，2011：31）

山东淄博：看了两块电影、看了一块戏（《汉语方言大词典》第2403页）

山西文水：一块人、一块（张）桌子、一块（把）椅子、一块（条）板凳、一块（只）鸡、一块（口）猪、一块（盏）灯（乔全生，2000：135）

山西交城：一块大炮、一块墙、一块鱼、一块灯（乔全生，2000：135）

河南焦作：三块人、五块小猫、六块小汽车（司罗红、李肖肖，2016）

现代汉语中动量词"下""次""遍"等在修饰限制动词时，也会

第七章 汉语量词语义参数的认知类型学研究

出现语义混同的情况（详见本书第四章第五节），这正是它们成为量范畴标记的表现。如"下""次""遍"都能够修饰"叩头""检查""过问"等动作：

⑬白度和元豹走进大殿，恭恭敬敬向卧佛鞠躬，跪下叩头三下。（王朔《千万别把我当人》）

⑭共诵祷词三遍，叩头也是三次。（《清朝秘史》第116回）

⑮妈却把这当成神仙赐给的仙药，仔细包起来揣进怀里，又跪下来一遍又一遍叩头。（尤凤伟《金龟》）

⑯赵主任，你给俺检查一下吧，俺就盼着你给俺看一看哩。（《报刊精选》1994年）

⑰通常6小时须重新检查一次。（子柔《时光向左女人向右》）

⑱他带着随从，先对内城各处的明岗暗哨检查一遍，然后来到东门楼上坐下。（李文澄《努尔哈赤》）

⑲请刑检处过问一下，抓一下此类不严格执法的问题。（《报刊精选》1994年）

⑳他曾在一份关于京九铁路的材料上作重要批示，并多次过问京九铁路天津至霸州联络线及鄄城设站等有关问题。（《报刊精选》1994年）

㉑伯父仔细过问了一遍入伍的整个经过后说……（周秉建、拉苏荣《马头琴上的双弦曲》）

第四节 汉语量词语义参数的认知类型学特征

语义范畴具有跨语言的共性特征，但在表达某种具有语言共性的语义范畴时，不同的语言采用了不同的策略，具有不同的语言形式，从而反映出不同语言的个性特征。汉语量词所表达的量范畴也是语义范畴，虽然这种语义范畴具有跨语言的共性特征，但是不同语言在表达这种量范畴时所使用的语法手段具有其个性特征。汉语使用量词就是汉语表达量范畴的一种个性化语法手段。在此，我们将对汉语量词的语义参数系统和人类语言类别词的参数系统进行比较，希望能够发现汉语量词的语义参数中所蕴含的认知类型学特征。

一　语义参数的复合性特征

根据上文对汉语量词语义参数的分析，我们发现，在我们的考察范围内，汉语的所有量词都会涉及至少两种或两种以上的语义参数。如"位"既属于实体参数，也属于身份参数和处所参数。"次""下""回"等动量词，它们既属于动作参数，也属于频次参数。"双""对""副"等，既属于数量参数，也属于关系参数。"朵""层""片""堆"等既是结构参数，也属于形状参数。"张""片""团""匹""车""杯""碗""桌""屋子""房子""座""块""锭""篇""卷""顶""面""脸""口""手""脚""身"等属于实体参数，其中的"张""块""片""团"等又属于形状参数；"座""顶""面""脸""口""手""脚""身"又属于结构参数；"杯""碗""桌""手""脚"又属于工具参数；"屋子""房子""手""脚"等一般属于处所参数，在有些情况下又属于工具参数。我们还发现一些量词蕴含着更多的语义参数，如"块""团"等属于维度参数、形状参数、结构参数、生命度参数，蕴含了四种语义参数；而"块"还属于标记参数，更是蕴含了五种语义参数。相应地，我们没有发现只蕴含一种语义参数的量词。从这个角度看，汉语量词都可以称作复合语义参数型量词。汉语量词的语义参数的这种复合特征，则在深层次影响着汉语量词与名词、动词等搭配的多样性与复杂性。

事实上，汉语历史上也曾经出现过量词的复合现象，如"头口""头匹"，现代汉语中也新产生了"场次""人次"等量词复合现象

(详见第八章第二节)；这种量词的复合现象也能够体现汉语量词语义的复合性特征。

二 语义参数的语言系属特征

类型学中不断呈现的不同类型图式已经反映出人类对敏感性事件的认知差异，即使面对同一事件和事物，不同的语言也可能会做出不同的认知，并表现为不同的语言结构类型；当然，不同的语言也可能会做出相同的认知。就汉语量词语义参数的复合性特征而言，我们也能够在汉藏语系其他语言的量词中发现类似的复合性特征。如侗语的形状量词 ȵek^{21}（根、条），在侗语南部方言区有些地方话中，ȵek^{21}（个、只、根、条）适用于较广泛的事物，是泛用的量词（龙耀宏，2003：86）。如：

ja^{212}ȵek^{21}ɕo^{212}sən^{33}　　　i^{55}ȵek^{21}taŋ^{53}
两　个　学　生　　　一　根　凳
两个学生　　　　　一条板凳

ja^{212}ȵek^{21}khwaŋ^{13}
两　只　碗
两只碗

同时，侗语也有一维维度量词 ȵiu^{212}（条），ȵiu^{212}（条）用于长条形的物体（龙耀宏，2003：150、74）。如：

ʔi^{55}ȵiu^{212}ȵa^{55}　　　si^{453}ȵiu^{212}mɐi^{31}
一　条　河　　　　四　条　树
一条河　　　　　　四棵树

布依语中用来表达"串"的量词，有的来自形状，如 zoi^{53}（串）

· 393 ·

和 zuai⁴（串）都表示模糊形状（刘朝华，2012：16、72）；有的则来自动作，如 zɔi³¹（串）（刘朝华，2012：169）。布依语中表达模糊量的量词 mau³³（堆）、moŋ⁵³（堆）、pɔŋ⁵³（堆），则既含有多数的意义，同时也含有一定的模糊形状（刘朝华，2012：49）。

苗语中表达成双成对的量词既有来自表示事物之间关系的情况，hɔ⁵⁴/ŋuŋ²²——表示对偶的物体（罗安源，2005：64）。如：

a⁴⁴ hɔ⁵⁴ lɤ⁴⁴ qe³⁵　　　　a⁴⁴ hɔ⁵⁴ tuŋ³¹ mlɯ³¹,¹³
一 对 眼睛　　　　　　一 对 耳朵
一对眼睛　　　　　　　一对耳朵

a⁴⁴ hɔ⁵⁴ ntɕʰa⁴⁴　　　　a⁴⁴ ŋuŋ²² tɯ⁴²
一 对 水桶　　　　　　一 双 筷子
一对水桶　　　　　　　一双筷子

也有以双数来表达的情况，kɯ²²——表示成双成对的手足（罗安源，2005：64）。如：

a⁴⁴ kɯ²² tɯ²²　　　　a⁴⁴ kɯ²² l̥ʰɔ³⁵
一 双 手　　　　　　一 双 脚
一双手　　　　　　　一双脚

彝语的身体部位用作量词时，既可以作为某种工具，也可以作为结构中的一部分。作为某种工具的情况，如：

ȵɪ⁵⁵ bu⁵¹ mu⁵¹
二 口 吹
吹两口①

---

① "吹两口"转引自柳远超《盘县次方言彝语》，民族出版社 2009 年版，第 129 页。

第七章　汉语量词语义参数的认知类型学研究

t'i²¹ tɕ'y³³ li²¹ t'a²¹ k'u³³ tɕ'i¹³
他　狗　被　一　口　咬
他被狗咬了一口①

dʑ'i²¹ t'a²¹ mu³³
酒　一　口
一口酒②

作为结构中的一个部分的情况，如：

mɔ⁴⁴ xθ³³ t'a²¹ dzŋ³³
老　房　一　口
一口棺材③

根据我们的考察，侗语、布依语、苗语、彝语等语言中，其量词的语义参数也并非单一参数，大多具有两种或两种以上的语义参数。这也说明，在汉藏语系内，能否作为量词的认知角度是多样化的；而这种多样化的认知，则深层次制约着各语言中量词与名词、动词等搭配的多样性。

三　语义参数的认知类型特征

根据对汉语量词语义参数的系统分析，我们获得了实体、身份、维度、形状、形态、结构、关系、处所、数量、动作、工具、时间、频次、标记共十四种语义参数。对比分析汉语量词的这十四种语义参数与上文所提到的 Allan（1977）中所分析的七种共性参数，我们能够发现，汉语量词所具有的形状、形态、处所、工具等语义参数，与 Al-

---

① "他被狗咬了一口"转引自丁椿寿《彝语通论》，贵州民族研究所1985年版，第130页。
② "一口酒"转引自高华年《彝语语法研究》，科学出版社1958年版，第77页。
③ "一口棺材"转引自高华年《彝语语法研究》，科学出版社1958年版，第76页。

lan（1977）所提到的形状、大小、处所等语义参数一样，都具有形象性特征。

上文提到，Aikhenvald（2000）总结了25种分类词的语义参数，为了便于下文的具体分析和比较，我们再次列举这些参数：生命度（Animacy）、结构（Arrangement／Configuration）、有界性（Boundedness）、完全包含（Complete Involvement）、一致性（Consistency）、维度（Dimensionality）、方向性（Directionality）、延展性（Extendedness）、功能（Function）、人类（Humanness）、内部一致性（Interioricity）、亲属关系（Kinship）、阳性（Masculine Gender）、自然性别（Natural Gender/Sex）、非人类（Non-human）、方向（Orientation）、位置（Position）、份额（Quanta）、形状（Shape）、性（Sex）、大小/尺寸（Size）、社会地位（Social Statue）、结构（Structure）、价值（Value）、可视性（Visibility）。如果把汉语量词的语义参数与之相比，我们能够发现，汉语量词的语义参数与世界其他语言的分类词的语义参数之间的关系复杂，其中既有共性，也有差异性，还有一些亦此亦彼的情况。有以下具体表现。

有些参数表现出跨语言的共性，可以称为共性参数，如维度、结构、处所与位置、身份与社会地位、形状、可视性、延展性、尺寸。共性参数中的有些参数基本一致，如维度和结构。有些参数之间还存在某些差异，如处所与位置、身份与社会地位、形状与可视性、延展性、尺寸等。就处所与位置而言，二者表面看似不同，但本质并无差异；它们的差异实际上是用词的不同，或者说是翻译导致的不同，而并非语义上的不同。在一定程度上说，这里的共性参数都具有一定的可视性，也即形象性。而形状与可视性、延展性、尺寸之间的差异主要是表现结果和表现类型的差异，以及整体和部分的差异；因为形状一般都具有可视性，形状是视觉上的表现结果，可视性是形状的表现类型，延展性是形状的表现特征，而大小/尺寸则是形状的具体表现。

同时，这些共性参数还都具有明显可感的形象。因此可以认为，形象性是一种具有跨语言的共性认知因素。

有些语义参数看似没有关系，但实际存在某种比较隐蔽的关系，如实体与生命度、非人类，关系与份额、亲属关系、完全包含。根据上文的分析，我们把汉语中实体这样的语义参数分成了有生命实体和无生命实体两类，这与分类词的生命度这一参数有一定的相同之处。因此，生命度这一语义参数是汉语量词与其他语言的分类词共性特征较高的一类语义参数。汉语中关系这一语义参数就包括了配合使用的关系、随机配对的关系、社会关系（如父子、夫妻、朋友、仇敌等），与世界语言中分类词中的份额、亲属关系、完全包含等语义参数有一定程度的关系。

有些参数是汉语有而其他分类词语言所没有的，如形态、数量、动作、工具、时间、频次、标记。而有些参数则是汉语无而其他分类词语言有的，如性、阳性、方向、有界性、一致性、内部一致性。

这里的对比分析能够表明，汉语量词的语义参数与世界其他语言的分类词的语义参数之间的关系比较复杂，其中既有共性特征，也有各自的语言个性。虽然量词和分类词所修饰的对象是一致的，都是名词和动词；但是由于汉语的名词和动词之间具有一些更为错综复杂的关系，这一点沈家煊（2012、2016）、姚振武（2015：32—33）都已有论证。因此汉语的量词也具有比其他语言更为复杂的语义表征，表现出鲜明的语义个性，这在上文已经讨论过的汉语量词的概念结构、概念网络、认知结构、语法化表现，以及第八章将要讨论的量词构词方面都能够鲜明地反映出来。

第八章　汉语量词构词的认知类型学研究

第一节　量词重叠

汉语的量词都是从名词、动词演变而来的。在获得量词的身份以后，这些量词还会作为构词成分而与其他词类构成一个新的词汇单位。在量词参与构词的情况下，该量词的句法表现和词类身份都可能会继续发生变化。量词重叠就是这种构词现象的一种表现。

一般认为，量词的重叠形式有"一AA"式（如"一个个""一次次"），"一A一A"式（如"一个一个""一次一次"），以及"AA"式（如"个个""次次"）这样三种重叠形式。其中的"一AA"和"一A一A"这两种重叠式中既有数词，又有量词。因此本书将其称为有量构式，已在第六章第二节进行了专门讨论。本书这里所讨论的量词重叠现象，仅指"AA"式这类量词重叠。

一　量词重叠的形式

（一）名量词的 AA 式重叠

在现代汉语中，我们能够见到名量词的重叠情况。如：

第八章 汉语量词构词的认知类型学研究

个个、件件、条条、朵朵、粒粒、句句、篇篇、对对、双双、串串、颗颗、把把、片片、块块、团团、本本、项项、滴滴、样样

这些名量词的重叠式在现代汉语中的具体表现如下：

①造反者虽然个个像凶神恶煞，其实多数人都是肉做的心。（莫应丰《将军吟》）

②件件都能，其实也就是一无所长。（杨绛《赵佩荣与强英雄》）

③衣服撕成了条条，荆棘刺破了皮肉。（张炜《你在高原》）

④有一天早上，在学校里看牵牛花，朵朵都有饭碗大。（叶圣陶《一个少年的笔记》）

⑤燕西兄这诗，句句不是春雨，却句句是春，句句是雨。（张恨水《金粉世家》）

⑥对于含有积极性的作品，篇篇都可以背得下来。（许地山《序〈野鸽的话〉》）

⑦鸳鸯双双，双双水面上，蝴蝶对对，对对摇花蜜。（迟子建《北国一片苍茫》）

⑧她几乎停止了呼吸，灯火竟变成了几个、几十个团团地旋转飞舞。（雪克《战斗的青春》）

名量词的这种重叠式在汉魏时期就能够见到。如：

⑨军书十二卷，卷卷有爷名。（《乐府诗集·梁鼓角横吹曲·木兰诗》）

⑩张华见其文章，篇篇称善。（《世说新语·文学》刘孝标注引《文章传》）

⑪谁知盘中餐，粒粒皆辛苦。[（唐）李绅《悯农》其二]

⑫我见百十狗，个个毛狰狞。(《寒山诗》之五八)

⑬寒风又变为春柳，条条看即烟濛濛。[(唐) 李贺《野歌》]

⑭所以圣人教小儿洒扫应对，件件要谨。(《朱子语类》卷七)

(二) 动量词的 AA 式重叠

现代汉语中，动量词也能够重叠。其中既有专用动量词的重叠式，也有借用动量词的重叠式。如：

次次、趟趟、遍遍、阵阵、回回、场场、刀刀、箭箭、口口

这些动量词的重叠式在现代汉语中的表现如下：

⑮在以后的几次试验中，次次成功。(《报刊精选》1994 年)

⑯听说那个女的，回回过堂，回回大骂，真少见！(冯志《敌后武工队》)

⑰车穿越川、黔、桂三省区，乘车旅客趟趟超员。(《报刊精选》1994 年)

⑱儿时的我们仍然遍遍都看得那么投入，那么忘情。(《市场报》1994 年)

⑲从那以后，山顶上仙歌阵阵，琴声悠扬。(李文澄《努尔哈赤》)

⑳只要有那戏班子的戏，他场场必去，一场不去也不行。(张胜利《八舅》)

㉑当第三刀，第四刀，第五刀……刀刀往他身体里刺去时，他早就咽了气。(琼瑶《烟锁重楼》)

㉒冬天跟着猎友出山打猎，学得一手好箭法，百发百中，箭箭不空。(曲波《林海雪原》)

㉓父亲见跑了老大，就用棍子、火钳乱打母亲。母亲个矮，

第八章 汉语量词构词的认知类型学研究

棍棍都打在头上。(张世君《红房子》)

㉔口口相传的故事、古歌，有时真是让人怦然心动。(张炜《柏慧》)

专用动量词的重叠式在隋唐时期就能见到。如：

㉕将军纵博场场胜，赌得单于貂鼠袍。[(唐) 岑参《赵将军歌》]

㉖如此一遍，便得一日一夜，单诵三十九章，不烦遍遍依旧行其仪轨也。(《云笈七签》卷四十二)

㉗师因赵王问："师尊年有几个齿在?"师曰："只有一个。"王曰："争吃得物?"师曰："虽然一个，下下咬著。"(《五灯会元·赵州从谂禅师》)

㉘回回都坐在厚翁的屋子里。(《官场现形记》第24回)

㉙且次次忙迫，无一次从容者，又何也？(《曾国藩家书·道光二十四年》)

借用动量词的重叠在东汉、魏晋时期就能够见到，在时间上要早于专用动量词的重叠式。如：

㉚吾知天地病之剧，故口口语子也。(《太平经》卷四十五)

㉛孺人笑容可掬，迎进舱里，口口称谢。(《二刻拍案惊奇》卷七)

㉜我要枪枪杀到你身上，只是不伤你就是。(《三宝太监西洋记》第73回)

㉝一连九箭，箭箭中，却箭箭不穿。(《三宝太监西洋记》第72回)

这些借用动量词的重叠似乎和名词的重叠非常相近，但实际上是动量词用法。如"口口语子"就是一口一口地告诉你,即一句一句地告诉你;"口口称谢"就是一口一口地称谢;"箭箭中"就是每射一箭都射中了。

二 量词重叠的语义

我们这里所讨论的量词重叠的语义主要是指量词重叠后在语句中的语义。赵元任(1979:107—108)认为,量词重叠在功能上是一种遍称重叠,表达"每个"的意义,没有轻声,一般带"儿"尾;差不多所有单音节量词都适用。如"个个儿""天天儿""处处儿""回回儿""张张儿"等。另外,有些像是名词重叠的例子,但实际上是跟名词同形的量词的重叠。如:

㉞大考的时候儿门门考了个甲。
㉟洗了三水衣裳,水水洗得干净。

我们上文所举的"一连九箭,箭箭中,却箭箭不穿"中的"箭箭"类与赵元任(1979)所举的"水水洗得干净"中的"水水"情况完全相同。

朱德熙(1982:26)认为,重叠式量词就是单音节量词的重叠式,如"个个""张张""本本""句句""棵棵"等。这类重叠式包含"每"的意思,"个个"就是"每一个","张张"就是"每一张"。

华玉明(1994)认为,一般而论,可以重叠使用的量词是非贬义的、口语化的。但就我们上文所列例句来看,这一点并不鲜明。因为即使有褒贬色彩的出现,也往往是语境整体上的影响,而并非量词重叠本身所有的。如:

㊱口口相传的故事、古歌,有时真是让人怦然心动。(张炜《柏慧》)

㊲穗子总给她测验,她回回不及格。(严歌苓《穗子物语》)
㊳只要有那戏班子的戏,他场场必去,一场不去也不行。(张胜利《八舅》)

张恒悦(2012)认为,"个个""条条""片片"这类量词重叠式与"一个个""一条条""一片片""一个一个""一条一条"这类数量词重叠式的语义认知模式不同。"一个个"这类数量重叠式对应统合型认知模式,特征是说话人对由多数个体组成的集合做宏观视角的扫描;由于采用的是全景式的宏观视角,说话人注意的是集合的整体状态,而对集合里的个体不予关心。"一个一个"这类数量重叠式对应离散型认知模式,特征是对集合中的多数个体以微观视角进行观察;由于说话人采用的是微观的逐一聚焦式的视角,随着视线的移动,相关个体被独立前景化,集合以离散的方式被认知。而"个个"这类量词重叠式带有离散型认知的特点,但在认知速度上快于"一个一个"这类重叠式,是一种快速离散型认知。

本书这里着重讨论的是"个个""次次"这类 AA 式量词重叠。由于"个个""次次"这类 AA 式量词重叠式与"一个个""一次次""一个一个""一次一次"这类数量词重叠式中的语义成分不同,因此其句法功能必然产生差异。从语义上看,"个个""次次"这类 AA 式量词重叠的意义主要有两类,一类是表达遍称、周边量。但名量词和动量词的重叠式在语义上还稍有不同。名量词重叠式在语义上相当于"每+量词"或"每+量词+名词"。如:

㊴件件都能,其实也就是一无所长。(杨绛《赵佩荣与强英雄》)
㊵对于含有积极性的作品,篇篇都可以背得下来。(许地山《序〈野鸽的话〉》)
㊶有一天早上,在学校里看牵牛花,朵朵都有饭碗大。(叶圣

陶《一个少年的笔记》）

"件件都能"中的"件件"其语义相当于"每件"或"每件事情"，"篇篇都可以背得下来"中的"篇篇"相当于"每篇"或"每篇作品"，"朵朵都有饭碗大"中的"朵朵"相当于"每朵牵牛花"。同时，我们还发现，名量词重叠式所出现的语句中往往都有一个范围副词"都"；这个"都"的语义本是隐含在名量词的重叠式中，后来逐渐在句法中以显性的句法形式展现出来。如：

㊷军书十二卷，卷卷有爷名。（《乐府诗集·梁鼓角横吹曲·木兰诗》）

㊸谁知盘中餐，粒粒皆辛苦。[（唐）李绅《悯农》其二]

㊹理明学至，件件是自家物事，然亦须各有伦序。（《朱子语类》卷八）

㊺数年来见得日用间大事小事分明，件件都是天理流行。（《朱子语类》卷一一七）

㊻这每天的大字报，张张都新鲜。（阿城《棋王》）

㊼开始选人前，我和你的老板讨论过选拔标准，我看他讲的几条，条条都是冲着完成销售指标的能力去的。（李可《杜拉拉升职记》）

动量词重叠式在语义上相当于"每+量词+都"或"每+动词+一+动量词+都"，或"每+量词+动词+都"等，重叠式的遍称意义就蕴含在重叠式之中。如：

㊽但许锅妮一个女孩子家，看李小武上进，次次名列前茅，却暗暗佩服他。（刘震云《故乡天下黄花》）

㊾冬天跟着猎友出山打猎，学得一手好箭法，百发百中，箭

箭不空。(曲波《林海雪原》)

(50)只要有那戏班子的戏，他场场必去，一场不去也不行。(张胜利《八舅》)

如“次次名列前茅”中，“次次”相当于“每次都”或“每次考试都”。同时，我们还发现，虽然动量词重叠式也蕴含遍称义“都”，而且“都”较少以显性的句法形式展现出来，但“都”也有以显性的句法形式展现的情况。如：

(51)画展在国内外举办了十五次，次次都取得很大成功。(肖燕立《裘沙和伟君的鲁迅世界》)

(52)你不能回回都对他表示惊奇。(王朔《动物凶猛》)

(53)儿时的我们仍然遍遍都看得那么投入，那么忘情。(《市场报》1994年)

“个个”“次次”这类AA式重叠的另一类意义是用来陈述或描绘一种场景。有的量词重叠式能够陈述或描绘一种动态场景。如：

(54)天上密布的紫云裂开一道缝隙，一束蛋青色的月光泻向地面……北城的所所房屋渐渐显出了它们的轮廓。(刘心武《钟鼓楼》)①

(55)山顶上仙歌阵阵，琴声悠扬，引来各种飞鸟走兽，它们随着那宛啭的歌声跳舞，欢乐无比。(李文澄《努尔哈赤》)

这里的重叠量词“所所”与后面的副词“渐渐”互相配合，形象地描绘出了月光下景物逐渐呈现的动态场景。而“阵阵”则形象地描绘出歌声在传递过程中忽高忽低的动态场景，也与下文“引来各种飞鸟走兽，

① 刘心武：《钟鼓楼》，长江文艺出版社2017年版，第3页。

它们随着那宛啭的歌声跳舞"的动态场景水乳交融。类似的还有：

㊶此时角号声声，鼓声阵阵，城上城下，一片喊杀之声。（李文澄《努尔哈赤》）

㊷轻轻地推开门，静寂与整洁双双地欢迎我进去，是欢迎我。（老舍《微神》）

有的量词重叠式能够陈述或描绘一种静态场景。如：

㊸他把瓶子朝地上一摔，瓶子碎成了片片。（老舍《鼓书艺人》）
㊹衣服撕成了条条，荆棘刺破了皮肉。（张炜《你在高原》）

"瓶子碎成了片片"意为瓶子碎成了一片一片的玻璃，"衣服撕成了条条"意为衣服被撕扯成一条条的布条。量词重叠式用以陈述或描绘静态场景的情况在方言中也能够见到。如关中方言：

㊺你把家具拆成件件好搬。（你把家具拆成一件一件的零部件方便搬运。）
㊻把这些大石头砸成块块。（把这块大石头砸成一块一块的小石头。）
㊼他把信都扯成片片了。（他把信都扯成一片一片的碎纸片了。）
㊽两口子骂仗就骂仗，把衣服扯成缕缕是弄啥哩？（两口吵架就吵架，为啥把衣服都扯成一条一条的？）

三 量词重叠的功能

我们这里所讨论的 AA 式量词重叠的功能主要是指量词重叠式充当句法成分的功能。

第八章 汉语量词构词的认知类型学研究

朱德熙（1982：26）认为，重叠式量词可以修饰名词，可以单独充任句子的主语，但不能作宾语。也就是说，量词重叠式能够充当定语、主语，但不充当宾语。朱德熙（1982）没有谈到动量词重叠式的句法功能。李宗江（2004）认为，量词重叠后可以作句子成分，但只有少数量词才能单独重叠；而且所作成分主要是主语，少数可以作定语，作定语时似乎受到韵律的影响。

就我们上文所列例句而言，名量词的重叠式能够充当定语、主语、谓语、状语、补语。

充当定语的情况，如：

㉞柔情和夜雾在荷塘的水面上流动，使得朵朵莲花像睡在天鹅绒毯上似的。（陆文夫《人之窝》）

㉟瘦骨嶙峋的躯体在坚硬的炕席上印出块块血斑。（李芳苓《喜丧》）

充当主语的情况，如：

㊱对于含有积极性的作品，篇篇都可以背得下来。（许地山《序〈野鸽的话〉》）

㊲个个弓马纯熟，十八般兵器样样精通。（李文澄《努尔哈赤》）

充当谓语的情况，如：

㊳撰写批"猫论"的黑文篇篇，为害人的老鼠张目。（隋喜文《"猫职不修"议》）

㊴看球的人缕缕行行，警察也缕缕行行，花插着凑在一起热闹。（徐坤《狗日的足球》）

充当状语的情况,如:

⑦轻轻地推开门,静寂与整洁双双地欢迎我进去,是欢迎我。(老舍《微神》)

⑦那时天气刚刚转凉,落叶片片坠落。(《中国北漂艺人生存实录》)

充当补语的情况,如:

⑦他脸上的伤痕比别人更多,身上的衣服已被皮鞭抽得碎成片片。(刘知侠《铁道游击队》)

⑦云层在逐渐地裂成块块。(冯德英《迎春花》)

动量词的重叠式能够充任定语、状语、主语、谓语,极少见到动量词重叠式充当补语的情况,这也是动量词重叠式与名量词重叠式在句法功能上的主要不同。

充当定语的情况,如:

⑦至今刑场上的阵阵枪声还回荡在我心头。(王朔《你不是一个俗人》)

⑦在开封一高,他学习也好,次次考试名列前茅。(刘震云《故乡天下黄花》)

充当状语的情况,如:

⑦民信屯的人都挎着大枪和扎枪,口口声声说是来扫堂子的。(周立波《暴风骤雨》)

第八章 汉语量词构词的认知类型学研究

充当主语的情况，如：

⑦那人刀招愈来愈紧，刀刀不离段誉的要害。(金庸《天龙八部》)

⑧在以后的几次试验中，次次成功。(《报刊精选》1994年)

⑨我跳"红绸舞"，场场满堂彩。(冯骥才《一百个人的十年》)

充当谓语的情况，如：

⑧从那以后，山顶上仙歌阵阵，琴声悠扬。(李文澄《努尔哈赤》)

⑧九十载，七十载，四十载，春光弹指，何以"洗澡"频频，"断尾"次次，而"木石前盟"徒托空言，"金玉良缘"翻成话柄？(金克木《百无一用是书生》)

四 量词重叠的性质

上文的分析表明，汉语量词的AA式重叠的语义非常复杂，它能够表达遍称、周边量，相当于"每+量词"这样的结构所表达的意义。这也是一般研究中普遍提到的一种语义。同时，量词重叠能够用来陈述或描绘一种动态场景，也能够用来陈述或描绘一种静态场景。在句法功能上，量词重叠能够充当主语、谓语、定语、状语、补语，目前还没有发现充当宾语的情况。同时，名量词重叠式和动量词重叠式的句法功能还稍有不同，名量词重叠式能够充当补语，而动量词重叠式不能充当补语。

重叠是人类语言普遍存在的现象，也是人类语言广泛使用的语法手段。这种普遍性和广泛性表现在两方面，一方面是语言中都存在重叠现象；另一方面，是重叠现象可以发生在语言系统的任何一个层面，即语音、词汇、句子、语段或语篇、语义等各种语言单位都可以重叠。正如萨丕尔（1985：67）所说的那样，重叠的流行是最自然不过的；这种不说自明的象征性的语法程序一般用来指分散、重复、复数、惯常的行为、体积的延展、增加了强度、持续性这些概念。

汉语重叠式的意义可以分为语法意义和指称意义两类。李宇明（1996）曾经指出，判断重叠式意义时应注意四个方面的因素：第一，词语重叠的基式必须是一个词或短语；第二，注意多义基式和同形重叠式；第三，没有基式就没有重叠式；第四，共时性观念。然而事实上，判断重叠式的意义时分歧却很大。就语法意义而言，汉语重叠式能够表达程度增加、程度减弱、多量、少量、动作反复、尝试、短时等语法意义。张敏（1997）认为，汉语的重叠式无论是形式还是意义，整体上都未超出从其他语言观察所得的类型学框架，而且其他语言里还含有大量汉语所无的重叠方式和语义类型。张敏（2001）进一步认为，重叠式在不同的语言中所表达的意义都是惊人的相似，并将重叠式的表意共性归因于象似性，即用形式的复现来表达事物的行为性质的复现。

从类型学和认知语言学视角的研究似乎能够表明，汉语重叠并非那么独具特色，但其最致命的逻辑缺陷正在于将一种语言的言语现实与人类所有语言的可能性等量齐观，忽视了语言的个性特征。事实上，国外语言学界对汉语重叠现象的关注还远远不够，如萨丕尔（1985：67—69）中有关汉语的重叠仅有一个"ping - pang"，且汉语重叠的独特功能（如表少量、转指、极性指称等）根本没有谈及；Hurch（2005）研究了近130种语言的重叠现象，却没有涉及汉语的重叠。显然，在缺乏具体语言事实的支持下，任何对人类语言的认知和类型学的概括性研究都会失之片面。

结合上文对汉语量词的 AA 式重叠的形式、语义和功能的分析，我们能够发现汉语量词的 AA 式重叠具有重叠这种语言现象的很多共性特征,如能够出现在词汇层面,具有语法意义和指称意义,表达重复,等等。同时,汉语的量词重叠还具有以下特质:其一,量词重叠具有数量短语的性质。Lakoff & Johnson(1980:128)认为,名词重叠式最原型的意义是一个名词代表某类事物中的一个,更多的这个名词代表其中更多的事物。量词重叠式的遍称功能正是表达了某种特殊的数量意义。同时,量词重叠能够充当定语,而这类定语总是和事物或名物化的动作的某种数量特征相关;量词重叠的这种功能正是建立在量词重叠式所具有的数量短语的性质上的。其二,量词重叠具有谓词性。汉语量词重叠能够充当谓语、状语、补语,能够陈述或描绘一种动态场景或静态的场景。其三,量词重叠具有转指性。汉语的量词重叠式能够充当主语,在某种程度上指称了名词所代表的事物或动词所代表的动作,因此量词的重叠式具有转指性。

大量运用叠字叠词以表示各种意义乃是中国语的一个特色(王力,1944[1984]:367),也是汉藏语系、南岛语系、南亚语系等亚太地区语言中常见的现象(李宇明,1996);重叠作为一种经常使用的语法手段,是东方语言区别于印欧语言的特点(马庆株,2000)。本书这里所分析的汉语量词的 AA 式重叠所具有的三种特质也应该是汉语重叠特质的一些具体表现;而且这种特质还具有特殊的意义。据李宗江(2004),量词重新获得实义的情况,是否属于严格意义上的语法化的反例可能会有不同看法;但既然语法化的发生与语法位置、语境等因素的影响有关,那么这些因素能够影响一个实词向虚词的演变,当然也就可能影响到相反的情况,因而语法化的逆过程或叫反语法化是可能存在的。本书这里所分析的量词重叠具有数量短语的性质、具有谓词性、具有转指性这三种特质,从语义上看,也恰恰是量词语义重新实义化的过程,因此也是一种逆语法化的现象。其中的原因在于,量词重叠式能够充当主语、谓语,而主语和谓语这样的句法位置使量词重叠式重新获得了某种实义,实现了量词的逆语法化。

但是必须考虑的是，这里获得实义的是量词的 AA 式重叠，而不是单个的量词；因此，这种逆语法化应该是一种特殊的逆语法化。朱德熙（1982：25—26）曾经指出，研究重叠式应该注意重叠式的结构类型和语音特征、基式和重叠式的语法功能的异同、重叠式的语法意义。就量词的 AA 式重叠而言，量词的语音形式一般不发生变化，但重叠式的语法功能显然与基式的语法功能有所不同，其语法意义也不是限于称量，而是增加了指称和陈述的功能。因此，量词的 AA 式重叠在词性上已经发生变化，名量词的 AA 式重叠词实际上已经是一个名词，而动量词的 AA 式重叠词实际上已经是一个动词。

第二节　量词复合

汉语的有些量词能够彼此组合，形成诸如"头口""场次""人次"等量词复合词，这就是一般所说的量词复合现象。因此可以认为，量词复合就是指量词作为一种构词语素参与构词，从而形成一个新的词汇单位的现象。这一问题已有不少研究涉及，如黄伯荣、廖序东（1991［2007］：16），王希杰、关英伟（1993），宋玉柱（1994），关英伟（1994），刘晓然（2006），刁晏斌（2008），张秋霞（2019）等。黄伯荣、廖序东（1991［2007］：16）所讨论的复合量词指的是"人次""艘次"这类"名量词＋动量词"的复合形式，以及"吨海里"这类度量衡单位词的复合现象。王希杰、关英伟（1993）所讨论的是"牲畜已发展到 183 头（只）"中的"头（只）"，以及"育花 60 万盆（株）"中的"盆（株）"这类现象。宋玉柱（1994）认为，黄伯荣、廖序东（1991［2007］）中的复合量词，与王希杰、关英伟（1993）中的复合量词并非同类，"头（只）、盆（株）"这类现象应该是量词选择，并不是量词复合，建议采用"选择量词"这一术语。关英伟（1994）分析认为，复合量词可以按照量词之间的语义关系分为相乘、相除、相加三个更小的类别。刁晏斌（2008）在关英伟（1994）的基础上增加了宋玉柱（1994）中所提出的选择关系，认为汉语量词的复合形式有四种：一是表示相乘关系的积式复合量词，如"人次"；二是表示相除关系的商式复合量词，如"立方米/秒"；三是表示相加关系的和式复合形式，如"台（套）"；四是表示选择关系的复合形式，如"台（套、件）"。其中的相加关系和选择关系的组合形式高度相似。我们这里把以上四种方式简称为积式、商式、和式、选式。

刘晓然（2006）梳理了"篇章""头口"之类的量词复合形式的词汇化问题，认为量词的复合形式在复合之初具有量词的功能，后来逐渐词汇化为一个名词。张秋霞（2019）探讨了量词"条""件"词汇化为"条件"的现象。很显然，刘晓然（2006）、张秋霞（2019）所讨论的量词的词汇化现象与积式复合量词在词汇形式上基本相同，也与和式、选式量词复合在语义关系上有相似之处。

就一般所讨论的量词复合而言，商式（如"立方米/秒"）、和式[如"台（套）"]、选式[如"台（套、件）"]所形成的语言单位很难认为是汉语的词汇单位；但积式复合量词所形成的语言单位（如"人次"）与量词词汇化所形成的语言单位（如"头口"）则符合汉语的词汇形式，是典型的汉语词汇单位，而"头口"的形成与和式、选式量词复合又具有语义关系上的相似性。因此本书从词汇单位的视角出发，进一步讨论"人次""场次""头匹""头口"这类量词复合词。虽然"人次""场次"是一般所说的积式复合词，"头匹""头口"是一般所说的词汇化而来的复合词，但二者其实都是因缩略而来的复合词。下面我们详加论述。

一 量词复合的表现

现代汉语中量词复合的情况可以分为三种类型。第一种是两个名量词复合为一个词，第二种是两个动量词复合为一个词，第三种是名量词和动量词复合成一个词。

(一) 名量词的复合

名量词的复合词是指两个名量词复合成为一个双音节合成词。如：

　　头匹、头口

这些由名量词复合所构成的双音节名量词组合，既能够作为名量词使用，也能够作为名词使用。其用作名量词的情况，如：

　　①盗走牛、马110余头匹。(新华社2001年4月新闻报道)

这种名量词用法是从中古时期就一直延续下来的。如：

　　②锦罽万端，牛、马、驴、骡、驼十万头匹。(《世说新语·雅量》"谢公……意色举止不异于常"刘孝标注)
　　③令人将盐往林西原博牛马，每一头匹只许盐一斗。[(唐)樊绰《蛮书·名类》]
　　④收夺得驼、马、牛、羊二千头匹。(《敦煌变文集新书·张义潮变文》)
　　⑤今安北府见有官羊及牛六千头口。(《全唐文》卷二百十一《上西蕃边州安危事》)
　　⑥以本军兵士及职员户人挚畜七千头口归化。(《旧五代史·周书四》)
　　⑦贡牲畜七十二头口。(《清实录·顺治朝实录》)

而且"头匹""头口"在中古、近代汉语时期也能够用作名词。如：

· 414 ·

第八章 汉语量词构词的认知类型学研究

⑧将三五个头匹，将诸行货，直向东都，来卖远公。(《敦煌变文集新书·庐山远公话》)

⑨所盗钱物、头匹、倍赃等，没官。(《元史·刑法志三》)

⑩掩袭契丹，获头口万计。(《旧五代史·唐书十七》)

⑪玉娘听说，慌速雇了头口，到于城南庙中。[(元)孟汉卿《张孔目智勘魔合罗》]

⑫这两条腿儿的头口，可比不得四条腿儿的头口。那四条腿儿的头口饿了，不会言语；俺这两条腿儿的头口饿了，肚子先就不答应咧。(《儿女英雄传》第 14 回)

但是，现代汉语中"头匹"的名词用法少见，而"头口"的名词用法还能见到。如：

⑬哎，复兴叔，你说那头口呢?!（贺敬之《秦洛正》第二场)①

又据许宝华、宫田一郎（1999：1469），"头口"作为"牲口"的用法，在今冀鲁官话、中原官话、兰银官话、西南官话、晋语等方言区还在使用。但是在 CCL 语料库和 BCC 语料库中，目前还检索不到现代汉语中"头匹"和"头口"的名词用法。

(二) 动量词的复合

两个动量词也能够复合成词。如：

场次、遍次、趟次

这些动量词的复合词在现代汉语中依然可以当作动量词来用。如：

⑭木偶剧团年平均国内演出 700 场次，国外演出 200 场次。

---

① 中央戏剧学院创作室：《戏剧创作丛书》第一辑，京华印书局 1950 年版，第 23 页。

(《报刊精选》1994 年)

⑮最新再走红但不知道歌名，听了好多遍次。①

⑯上海三条轨道交通共开出近百趟次列车。(新华社 2001 年 3 月新闻报道)

需要注意的是，例句⑯中的"趟次"在语义上也能够修饰"列车"；因此，"趟次"可以说同时兼有名量词的性质。

同时，这些动量词的复合词也可以当作名词来使用。如：

⑰方便商店没有自己的仓库，完全靠少批量、多趟次的运送方式来维持商店的运转。(《人民日报》1993 年)

⑱演出的规格降低，场次削减。(《报刊精选》1994 年)

⑲阅读之前是否听得遍次越多越好？②

这类量词复合词的量词用法和名词用法在传世文献中都还没有见到用例，应当是现代汉语时期的新生用法，是现代汉语中的语言创新。

(三) 名量词和动量词的复合

现代汉语中，我们还能够见到名量词和动量词复合成词的情况。这些量词复合词的结构式均为"名量词+动量词"，其中的名量词数量较多，但动量词仅有"次"。如：

人次、架次、辆次、台次、班次、件次、卷次、例次、艘次、批次、户次

---

① 语料来源：https://v.qq.com/x/page/w0616ueok8t.html?，检索日期：2020 年 6 月 27 日。

② 语料来源：https://m.sohu.com/a/197289233_691952，检索日期：2020 年 6 月 27 日。

第八章 汉语量词构词的认知类型学研究

这些复合词主要是充当名量词,具体用例如:

⑳今年上半年,香港接待世界各地访港游客 439 万多人次。(《报刊精选》1994 年)

㉑萧乾亲历了希特勒两次轰炸伦敦,侵袭的敌机常常一天多达数千架次。(《报刊精选》1994 年)

㉒这里平均日客流量超过 2 万人次,日车流量超过 600 辆次。(《报刊精选》1994 年)

㉓出动运输车 2500 多台次。(《中华人民共和国军事史要》)

㉔每天发往各地的"市场车"达 1700 多班次。(《报刊精选》1994 年)

㉕编辑部已收到读者来信来电数百件次。(《人民日报》1998 年)

㉖三年来,共提供利用档案 52 万卷次。(新华社 2001 年 4 月新闻报道)

㉗亚洲最大肾移植中心肾移植突破 3000 例次。(新华社 2004 年 11 月新闻报道)

㉘监管出入境船舶 2.6 万艘次,汽车 18 万辆次。(《报刊精选》1994 年)

㉙已有近 200 批次客商来区考察、洽谈。(《报刊精选》1994 年)

㉚五年来该局共检查纳税单位六点五万户次。(《人民日报》2000 年)

这类量词复合词在历代典籍中尚未见到用例,也应当是现代汉语中的新生现象,是现代汉语中的语言创新。

二 量词复合词的语境考察

就所出现的语境而言,在历代典籍中,量词复合词基本上出现在史书或公文类典籍之中。如前举例句②—⑦实际都是出自史书或公文类典籍。例句②的"锦罽万端，牛、马、驴、骡、驼十万头匹"出自刘孝标注《世说新语》时所引的《谢车骑传》；《谢车骑传》一般认为是《晋诸公别传》中的《谢玄传》，因此应当归于史书一类。又如前举例句⑥"以本军兵士及职员户人孳畜七千头口归化"，出自《旧五代史》，而《旧五代史》则是典型的史书。

我们又统计了 CCL 语料库中的"头匹"在历代典籍中用作量词时的文体分布情况，因 CCL 语料库中并未见到"头口"用作量词的情况，故我们又检索了 BCC 语料库中"头口"在历代典籍中用作量词的情况。具体统计情况见表 8-1。

表 8-1　"头匹""头口"用作量词时的文体分布情况

量词复合词	史书公文类	小说话本笔记类	合计
头匹	11	2	13
头口	4	0	4

"头匹"在 CCL 语料库中的量词用法共有 13 条用例，其中有 11 条用例出自史书和公文类典籍，具体分布是《册府元龟》4 例，《旧唐书》4 例，《大金吊伐录》2 例，《异域周咨录》1 例。《大金吊伐录》的内容均为金代官府所存案牍，记载的是金太祖、金太宗对宋用兵之事，故归为公文类。《异域周咨录》乃明代严从简所编，书中比较全面地记载了我国东南西北边疆及外国的历史情况，其资料大多根据档案资料和同代人的文献，信而有据（余思黎，1993：1—2）；因此，《异域周咨录》也当归于史书公文类。还有 2 条用例均出自《敦煌变文集新书·张义潮变文》，当属小说话本笔记类典籍；但是，《旧唐书》《新唐书》《资治通鉴》《宋史》等史书中均有记载张义潮率蕃归唐的事迹，因此《张义潮变文》虽为小说话本笔记类作品，但其中的史料成分应该不少。

"头口"在 BCC 语料库中的量词用法共有 4 条用例，具体的分布

第八章 汉语量词构词的认知类型学研究

情况是《旧五代史》1例，《历代名臣奏议》1例，《华野疏稿》1例，《清实录》1例。很明显，"头口"的这四条用例均出现在史书和公文类典籍中。

在分析现当代的一些量词复合词时，我们也能够发现一个非常鲜明的特点，就是量词复合词都出现在新闻报道类文本中。如王希杰、关英伟（1993）中共有26条出处明确的例句，其中25条都是来自《人民日报》《光明日报》《中国文化报》《中国教育报》等报纸的新闻报道类文本。仅有"亿万条、块、个、片、丝、根，不同几何形状的固体扑面而来"这一例选自《小说月报》，出自柯云路的小说《梦非梦》。根据《梦非梦》的语境，这里的"条""块""个""片""丝""根"实际上是"条状""块状""个状""片状""丝状""根状"的省略形式；由此可见，"条""块""个""片""丝""根"其实是名词的并列现象，并非量词的复合现象。因此，王希杰、关英伟（1993）中的所有量词复合词都来自新闻报道。

我们进一步对"人次""场次"出现的语境进行了统计分析。检索CCL语料库，我们发现"人次"共有15570条例句。但无论是作为量词复合词，还是作为名词，"人次"出现的语境基本上是新闻报道类的，如出自《人民日报》的例句有4898条，出自《报刊精选》的例句有1504条，出自新华社的通讯报道的例句有8123条，出自《中华人民共和国军事史要》《中国北漂艺人生存实录》《中国当代电影史》等史传类文体的例句有17条，出自中国政府白皮书的例句有77条，出自《中国儿童百科全书》的例句有5条，翻译的应用文体的例句有57条，互联网应用文体的例句有486条。如：

㉛每年到大理旅游观光的人数达100多万人次。（《人民日报》1993年）

㉜仅1993年一年全省接待国内外游客就有8万多人次。（《报

刊精选》1994年）

㉝ "十一"期间北京市公共电汽车客流量将超过9000万人次。（新华社2001年10月新闻报道）

㉞ 整个黄金周期间，广州城市接待游客535.70万人次。（网络语料）

只有403条用例来自文学作品或网络语言。如：

㉟ 跑人情十四人次，请客七次。（王蒙《坚硬的稀粥》）

㊱ 发现大拿往后台领观众11人次。（《郭德纲相声》）

㊲ 我们最主要的救灾力量是军队，已经动用了11万人次。（杨恒均博客）

"场次"共有1656条用例。无论是作为量词复合词，还是作为名词，"场次"出现的语境也基本上是新闻报道类的，其中出自《人民日报》的例句有481条，《报刊精选》的例句有66条，新华社报道的例句有991条，网络语料的例句有85条，其他应用文体的例句有7条。如：

㊳ 每年定期安排青年队集训，保证比赛场次。（《人民日报》1993年）

㊴ 全市共举办各项大型活动44处176场次。（新华社2001年5月新闻报道）

来自文学作品或网络语言的用例仅26条。如：

㊵ 看我戏的人比过去多多了，可我们赔了本。义演的场次多了嘛。（老舍《鼓书艺人》）

㊶ 随着联赛的深入进行，一些场次中出现了不和谐因素。（网络语料）

三 量词复合词的功能和性质

量词复合词的历时表现及其在现代汉语中的使用情况能够说明，其主要功能是为了表达的简洁性，可以看作一种基于语用需求的缩略结构。如"牛""马""驴""骡""驼"等牲畜，有的选用"头"来计量，有的选用"匹"来计量，这种情况在魏晋南北朝时期常见。如：

㊷获马五万匹，牛二十万头。（《魏书·太宗纪》）
㊸虏获男女二百人，驼千头，马千匹。（《魏书·车伊洛传》）
㊹玉璧一枚，马六头。（《宋书·礼志》）
㊺恒以驴数头运粮上山。（《洛阳伽蓝记》卷五）

但前举例句②《世说新语·雅量》刘孝标注的"牛、马、驴、骡、驼十万头匹"中，并没有对这些牲畜加以选择和区分，而是把所有的牲畜都加合在一起，以缩略的方式简洁言之，于是就形成了"牛、马、驴、骡、驼十万头匹"这样的表达。又如"羊""牛"可以选用"头"来计量，也可以选用"口"来计量，这种情况在上古至中古时期常见。如：

㊻使其妻赐武牛羊数十头。（《汉书·李广苏建传》）
㊼驱牛马七万余口交市。（《三国志·魏书·轲比能传》）
㊽骆驼牦牛三千余头，牛羊九万余口。（《魏书·太祖纪》）
㊾马五十匹，羊五百口。（《梁书·豫章王综传》）

但例句⑤《上西蕃边州安危事》"今安北府见有官羊及牛六千头口"中，也没有对羊和牛的量词加以选择和区分，而是把所有的羊和牛加合在一起，以缩略的方式简洁言之，于是就形成了"今安北府见有官羊及牛六千头口"这样的表达。与之相同的是，典籍中的很多量词复合词所表达的各类事物的具体数量都并未分别明说，而只是统计一个总数，这就是把很多比较烦琐的统计缩略言之；前举例句③④⑥⑦也是如此。

另外，典籍中还能够见到同一范畴中的不同事物共用同一个量词的情况。虽然这些事物也可以使用另一个不同的量词，但是作为同一范畴中的事物，它们也完全可以共享同一个量词；① 这同样形成一种避免了烦琐的简洁表达。如：

㊿得驴骡骆驼马牛羊二万余头。(《后汉书·西羌传》)

(51)捕虏百余人，获驼马牛羊二万头。(《周书·李贤传》)

现代汉语中诸多的量词复合词，其实也是一种基于简洁表达的语用需求而形成的缩略结构；但其中的语义关系略有不同。如前举例句㉘的“监管出入境船舶2.6万艘次”，意思是说，在监管的出入境船舶中，每艘出境船舶乘以其出境次数，每艘入境船舶乘以其入境次数，二者相加，则共有2.6万艘船，出境和入境2.6万次；缩略言之，就是“监管出入境船舶2.6万艘次”。例句㉜的“接待国内外游客就有8万多人次”，意思是说，接待的国内外游客中，累计有8万多人，每接待1位游客就是接待1次，共有8万多次；缩略言之，就是“接待国内外游客就有8万多人次”。又如前举例句㉗的“亚洲最大肾移植中心肾移植突破3000例次”，意思是说，对于肾移植手术来说，每完成1例也就是完成1次，这样累计已经超过了3000例或3000次；缩略言之，就是“亚洲最大肾移植中心肾移植突破3000例次”。例句㊴的“全市共举办各项大型活动44处176场次”，意思是说，全市在44处共举办各项大型活动176场，每举办1场也就是举办1次，这样累计有176场或176次；缩略言之，就是“全市共举办各项大型活动44处176场次”。

① 这实际上也是范畴共享机制在发挥作用。详见第四章的相关论证。

第八章 汉语量词构词的认知类型学研究

可见,这里的"艘次"和"人次"实际涉及数量相乘这种语义关系;而"例次""场次"这两个量词复合词中,则涉及量词的选用这种语义关系。因此,对于现代汉语的"X次"这类量词复合词来说,其中或者是一种相乘的关系,如"艘次""人次""架次""辆次""台次""班次""件次""卷次""批次""户次"等;或者是一种选用关系,如"例次""场次""遍次""趟次"等。而无论是相乘关系,还是选用关系,这些量词复合词实际都反映了这种组合的开放性和临时性。正如王希杰、关英伟(1993)所指出的那样,当前现代汉语复合量词的大发展,明显地有两个特点,一是开放性,不断地有新的复合量词涌现;二是不稳定性,许多复合量词的出现是临时的。这样的观点恰好能够从侧面印证,量词的复合现象在本质上正是基于语用表达的简洁性要求而不断涌现的一种缩略结构。

需要说明的是,这里的缩略结构和一般所说的缩略词的缩略还稍有不同。据俞理明(2005:31),缩略词以某个多音节词为基础,发生缩略的是高频使用的词语,缩略后依然是词或词汇单位。但我们这里所讨论的量词复合所涉及的缩略的原形式并非高频使用的词语,而是一些具体的语句;在对这些语句所涉事物的数量进行简洁表达的过程中,人们使用了缩略这样的再符号化手段,从而形成了量词复合词这样的缩略结构。这种基于语用的语句缩略在汉语的历史上也是一种常见现象。俞理明(2005:6—10)指出,汉语中的缩略现象,可以追溯到很古以前,先秦文献中就有不少材料,在古人的注解中被称为"语急";而且一些成语的形成也是缩略而来的。如"三人成虎":

㊾夫市之无虎明矣,然而三人言而成虎。(《战国策·魏策二》)

㊿夫三人成虎,十夫楺椎。众口所移,毋翼而飞。(《战国策·秦策三》)

·423·

又如“长风破浪”：

(54)悫年少时，炳问其志，悫曰：“愿乘长风破万里浪。”（《宋书·宗悫传》）

(55)长风破浪会有时，直挂云帆济沧海。[（唐）李白《行路难·其一》]

俞理明（2005：9—10）指出，一些成语的形成正是利用了缩略的原理，从一段经典话语中抽取部分成分，构成一个新的形式来代表这段话的意思，并不充分考虑语义结构关系。两相比较就能发现，我们这里所说的量词复合词也是如此。也就是说，在具体的表达过程中，人们利用了缩略的原理，从一段比较复杂而烦琐的数量表达中，抽取其中的量词成分，把它们组合起来，形成一个新的复合形式，即量词复合词。虽然这些语句是开放的、临时的，但是它们所涉及的对象往往又是相同的，如所计量的都是人口、牲畜，或是某些经常同时出现的物品，或是人的某些同类活动；因而通过对这些复杂而烦琐的数量表达的缩略，就形成了历史上的“头口”“头匹”，以及现代汉语中的“艘次”“人次”“例次”“场次”等量词复合词。

就本书所讨论的量词复合词而言，现代汉语中新产生的量词复合词，在数量上要远多于历史上所产生的量词复合词；这表明，在现代汉语时期，人们更多地发现了事物在数量关系上的复杂表现。对于这些复杂的数量关系，汉语使用者依然能够采用缩略的方式来获得一种简洁明晰的表达，这在一定程度上表现了汉语在数量表达上的特色。

第八章 汉语量词构词的认知类型学研究

第三节 量词词缀化

一 量词虚化为名词后缀

（一）量词虚化为名词后缀的表现

现代汉语中，我们能看到"一匹马""一匹布""一辆车""一本书""一只船""一张纸""一页书"等说法，也能够见到"马匹""布匹""车辆""书本""船只""纸张""书页"这类"名词+量词"现象。这种现象前贤已经关注到了。王力（1957［2004］：283）指出，单位词还有一个用途，就是用在名词后面，不加数词，当作名词的词尾。这种名词往往是无定的，至少不是单数。如：车辆、船只、马匹、布匹、盐斤、煤块、纸张、书本、物件、房间、枪枝。这种结构是后起的，直到宋元时代，单位词才用作词尾。

刘世儒（1965：16—17）指出，在魏晋南北朝以前，量词的词缀化构词法还没有形成。偶然出现的几个零星的例子，也只能说还是一种萌芽，因为数量太少，又多有问题，还不能形成一种范畴。到了魏晋南北朝时期，情况就大不相同了；因为这是量词空前发展的时代，而这种方式（即"名词+量词词缀"）构成的合成词又是如此之多，还说它仍然是"名+名"的构词法，那显然是说不通的。我们这里择取了刘世儒（1965）中的部分例子，如：

①车乘万两，军资器械略尽。(《吴志·陆逊传》)
②北土通呼物一由改为一颗，蒜颗是俗间常语耳。(《颜氏家训·书证篇》)
③而江南书本，穴皆误作六。(《颜氏家训·书证篇》)
④梁朝有名士呼书卷为黄妳。(《金楼子·杂记篇》)

刘世儒（1965：16）认为，"车乘"就如同说"车辆"。我们认为，从语义上看，"车乘"就是"车辆"，因为魏晋南北朝时期车辆的量词是"乘"和"两"（辆），现代汉语中车辆的量词是"辆""台""部"等。同时，魏晋南北朝时期的"书本""书卷"，与现代汉语中的语义也基本相同。"蒜颗"也就是蒜头、蒜。近代汉语时期也有类似"蒜颗"的词语，如"玉颗"（丸状的玉）、"梨颗"（梨子）、"橘颗"（橘子）等，这些词语均被《汉语大词典》收录。

魏晋南北朝以后，名量词用作名词后缀的这种用法一直延续到现代汉语，而且所构成的词语很多。如：

皮张、缎匹、房间、人口、牲口、刀片、纸片、布片、土块、瓦块、饭块、花朵、雪朵、书页、纸页、物件、信件、事件、事项、义项、诗篇、账篇、沙颗、梨颗、麦颗、麦粒、米粒、枪枝、枪支。

这些词语在历代典籍中的具体用例，如：

⑤羌豪良愿等种，人口可万二千人。（《汉书·王莽传上》）
⑥擘破饭块，以麹拌之。（《齐民要术》卷八）
⑦每其立，众所得人户、马牛、金帛及其下所献牲口，或犯罪没入者，别为行官领之。（《辽志·建官制度》）
⑧将泰山圣姆名下听差的仙狐不应用箭射死，又剥了他的皮张，弃掉了他的骸骨。（《醒世姻缘传》第100回）
⑨房间中止点一盏琉璃灯，也不大明大暗。（《英烈传》第18回）
⑩取其酒滓，团如梨颗大，置空屋中。［（明）朱橚《普济方》卷二五六］
⑪又给老爷打点出些给邓九公作寿的礼，无非如意、缎匹、皮张、玩器、活计等件。（《儿女英雄传》第38回）

第八章 汉语量词构词的认知类型学研究

⑫其余物产亦小,羊高八九寸,麦颗大如芝麻耳。[(清)赵慎畛《榆巢杂识》下卷]

⑬其旧存枪枝,一律修整,为操练之需。(《清史稿·兵志十一》)

⑭制造枪支、铜冒、火箭、铅丸、火药。(《清史稿·职官志四》)

这些词语在现代汉语中的具体用例,如:

⑮住的是青堂瓦舍,穿的是绫罗缎匹。(梁斌《红旗谱》)

⑯二层小俩口的房间,里面全是新潮家具。(《报刊精选》1994 年)

⑰他们仓库里净是皮张。(郭小川《他们下山开会去了》)

⑱小亮说:"你说的那个不行,你知道有多少件衣裳?"大印说:"这都在账篇上哩。"(孙犁《白洋淀纪事·村歌》下篇八)

⑲他给顾客的承诺是:保证每片刀片至少可以刮 10 到 40 次。(张剑《世界 100 位首富人物发迹史》)

从现代汉语的实际情况来看,虽然这类"名词+量词"的数量并不是很大;但如果我们根据这类词语从魏晋南北朝以来的表现来看,其成员之间关系非常复杂,词汇来源呈现开放状态。具体言之,现代汉语中有的"名词+量词"是一种历史继承现象,如"马匹""皮张"。有的"名词+量词"是一种历时替换现象,如"车乘"到"车辆","段匹"到"缎匹"。有的"名词+量词"是一种相互竞争的关系,如"枪枝""枪支"。在 CCL 语料库中,古代汉语时期的"枪枝"有 14 例,"枪支"10 例,二者存在竞争关系;但现代汉语时期的"枪枝"仅有 100 多例,而"枪支"则有 1000 多例。虽然《汉语大词典》中"枪枝""枪支"并收,但《现代汉语词典》(第 7 版)仅收"枪支",不收"枪枝"。由此可见,在现代汉语中"枪支"已经基本替代了"枪枝"。有的"名词+量词"则是现代汉语时期的新生词语,如"账篇""义项""刀片"等。

(二) 量词虚化为名词后缀的性质

在现代汉语层面看,量词词缀化所形成的词语的结构式虽然都是"名词+量词"式合成词;但其语义比较复杂。具体表现为三种情况。

第一,"名词+量词"式合成词实际上就是数量结构的词汇表达形式。如"砖块"一词,《汉语大词典》的解释是"犹言一块砖"。所引书证为清张岱《陶庵梦忆·韵山》:"(《韵山》) 小字襞积,烟煤残楮,厚如砖块者三百余本。"由于数量结构是一种自由组合,因此这种数量组合在词汇形式上也是一种自由词汇,其成员是开放式的,数量难以确定。如"纸片""布片""刀片""土块""瓦块""饭块""砖块""雪朵""书页""纸页""账篇""沙颗""梨颗""麦颗""麦粒""米粒""果粒""义项""缎匹"等,其中"纸片"就是"一片纸"或"几片碎纸"之类的意思;"布片"就是"一片布"或"几片碎布"之类的意思;"土块"表示"一块泥土"或"几块泥土"之类的意思;"砖块"则表示"一块砖头"或"几块砖头"之类的意思;以此类推。具体用例如:

⑳地上有几片碎纸,一个人也没有。(赵树理《李家庄的变迁》)

㉑满墙都是画稿,满地都是纸片。(陆文夫《人之窝》)

㉒"嘴唇两片刀",这句话,当年童稚常听我母亲说起。(《读者(合订本)》)

㉓保证每片刀片至少可以刮10到40次。(张剑《世界100位首富人物发迹史》)

㉔定睛一看,原来是一箱子发霉的面包。上面长满了绿茵茵,

毛茸茸的霉菌，像是<u>一块块</u>长满了青苔的陈砖。(周而复《上海的早晨》)

㉕于是赵四去到城外，捡了一堆<u>砖块</u>。(老舍《老张的哲学》)

㉖她弯腰捡起<u>一块石头</u>，照准翻译官的面门打去。(马烽、西戎《吕梁英雄传》)

㉗他找了块干净的<u>石块</u>坐下来。(古龙《陆小凤传奇》)

㉘阿巧替她父亲来送早点，一碗豆腐浆，<u>一团糅米饭</u>。(高阳《红顶商人胡雪岩》)

㉙我们都感到肚子饿了，正打算走回岸上去买糯米<u>饭团</u>吃。(白先勇《孽子》)

同时，这类词语中，有的也没有被辞书或词典收录。如"土块""砖块""缎匹""刀片""书页""事项""饭团""饭块""瓦块""纸页""纸片"等词语中，"土块""砖块""缎匹""刀片""饭团"等词被《汉语大词典》收录，"刀片""书页""事项"被《汉语大词典》和《现代汉语词典》(第7版)同时收录，其余"饭块""瓦块""纸页""纸片"《汉语大词典》和《现代汉语词典》(第7版)均未收录。

第二，"名词+量词"式合成词吸收了量词的个体化功能，其表达数量结构的功能淡化，主要用以指称被个体化的事物，进而成为一个泛称名词。如"物件""信件""事件""房间""牲口""诗篇""账篇""书页""纸页"等。我们能够通过一些具体的用例观察到这种变化。如"件"的量词用法在魏晋南北朝时期就能见到，历代典籍中能够见到的称量对象有"书籍""衣物""古玩""功绩""政务""情感""利益""因果""道理"等：

㉚茂虔又求晋、赵《起居注》诸杂书数十件。(《宋书·氏胡传》)

㉛猥然裼表、美玉盈尺等数十件。(《北史·魏收传》)

㉜举论卢自乾符五年主镇兼知县事课绩一十三件,事皆摭实。[(唐)崔致远《桂苑笔耕集》卷十二]

㉝一件袈裟挂在身,威议(仪)去就与常人。(《敦煌变文集新书·佛说阿弥陀经讲经文一》)

㉞有十件利益,有十件不利益。(《敦煌变文集新书·维摩诘经讲经文四》)

㉟除去弊政数十件,百姓便之。(《旧五代史·晋书·王傅拯传》)

㊱思量一件道理不透,便扬去声。(《朱子语类》卷一二一)

㊲今人才要贪这一件物事,便被这物事压得头低了。(《朱子语类》卷二八)

"物件"一词的早期用例在赵宋时期,并一直延续至今。

㊳四更已后,各带着随身金银物件出门。(《碾玉观音》)①

㊴见一人托定金凤盘内,放着六般物件,是平天冠、衮龙服、无忧履、白玉圭、玉束带、誓剑。(《三国志平话》卷上)

㊵长老开了锁,将厨内物件都收拾了。(《喻世明言》卷三十)

㊶母亲的喊叫罗列了所有被孙广才拿走的物件。(余华《在细雨中呼喊》)

㊷长草中飞起黑黝黝的一件物件,将天铃鸟罩住了。(金庸《白马啸西风》)

"物件"一词在现代汉语中大体相当于物品、东西,《现代汉语词典》(第7版)的释义是"泛指成件的东西;物品"。可见,"物件"

---

① 刘坚:《古代白话文献选读》,商务印书馆1999年版,第162页。

一词已经在整体上吸收了量词"件"的个体化功能,其表达"一件事物"这样的数量结构的功能已经淡化,主要是用来指称那些已经被个体化的事物,成为一个泛称各种物品和东西的名词了。因此,"物件"又能够受"两个""一件"等数量短语的修饰。

第三,"名词+量词"式合成词中,量词的句法功能已经有所虚化,并产生了一种新的句法功能,即用以标示这些名词的指称范围,明确该词语是类名或是用来总称的词语。也可以说这样的量词已经词缀化,但其作为词缀的能产性并不强,一般仅限于个别名词。如"匹""辆""本""只""张""朵""口"等本是修饰"马""布""车""书""船""纸""皮""花""人"等的量词,当它们附着在所修饰的名词后面形成"马匹""布匹""车辆""书本""船只""纸张""皮张""花朵""人口"时,这些合成词都是事物的总称。据《现代汉语词典》(第7版),马匹是马的总称,布匹是布的总称,车辆是各种车的总称,书本是书的总称,船只是船的总称,纸张是纸的总称,皮张是做制革原料用的兽皮的总称,花朵是花的总称,人口是人的总称或人的总数,枪支是枪的总称。

但是这三种情况的界限并非泾渭分明,而是表现出某种连续统性质。如"事项""义项""房间""诗篇""书页""牲口""瓦块""纸片"等中,"瓦块""纸片"主要属于第一类,"牲口"兼属第二类和第三类,而"事项""义项""房间""诗篇""书页"可以说是兼属这三类。如果按照词汇发展演变的特点来看,这三个方面实际反映了量词构词词汇化的三个阶段:第一,创造新词阶段;第二,词义泛化阶段;第三,词义固化阶段。

二 量词"把"的词缀化

(一) 量词"把"的词缀用法

需要注意的是,一方面,"车辆""船只""纸张""马匹"这类

"名+量"式合成词中的名量词"辆""只""张""匹"等往往只能附着在个别名词的后面，并不具备能产性。另一方面，有个别量词不能附着在名词后，但能够附着在名量词、动量词、时量词、数词后，从而形成"量/数+量"式复合词；虽然这样的量词目前所见仅有"把"，但"把"的后缀用法具有能产性，可以构成不少"量/数+把"式复合词。量词"把"的这种现象目前还少有关注，本书希望能够对此现象进行系统梳理和分析。

1. 量词"把"充当量词后缀

（1）充当名量词后缀

量词"把"能够附着在名量词后，构成"个把""件把""篇把""根把""瓶把""条把"等双音节量词。这些"量+把"式双音节量词并不需要借助数词就能够直接修饰限制名词的数量，且能够表达数量很少这样的意义。如：

①他在认真之中存有歹意，想让那穿高跟皮鞋的密斯们摔个把跟头。（陆文夫《人之窝》）

②每回都想买件把衣服，新的款式对她更有吸引力。（《人民日报》1995年）

③每期能发表篇把能引起思想震动的文章。（《读书》）

④他笑着说："张科长别见外了，烟茶不分家，抽根把香烟算啥。"（周而复《上海的早晨》）

⑤实话说，一兜水果，瓶把酒、条把烟，不值一提。（《人民日报》1994年）

这种"量+把"式双音节量词还可以再加词缀"子"，从而构成"量+把+子"式多音节量词；这些多音节量词也不需要和数词结合就能够修饰限制名词，也能够表达数量很少这样的意义。如：

⑥大多数人是因为快进入战斗了情绪高，也有那么个把子人是有其他想法的。(杜鹏程《保卫延安》)

⑦遇着有他合意的东西，别人又不太在意的时候，顺手带走件把子，也是有的。(欧阳山《三家巷》)

词缀"把"附着在名量词后的用法在近代汉语时期就能见到，最晚在明代的文献中就能见到用例。目前能够见到的用例能够反映出，出现在"量+把"结构中的名量词数量较多，具有一定的开放性，有"个把""件把""条把""块把""张把""篇把""根把""段把""颗把""副把""碗把""间把""台把"等：

⑧有个把当直的，搬东搬西，手忙脚乱。(《二刻拍案惊奇》卷二五)

⑨彼此推想他的为人，都有件把好处。(《醒世姻缘传》第29回)

⑩原来蔺氏在厨下整酒时，闻得酒香扑鼻，因吃夜饭，也自吃了碗把。(《初刻拍案惊奇》卷一九)

⑪若是就是这个故事，我们也去摸他块把砖儿送人。(《西游记》第93回)

⑫况今年老爷衙门里，头班、二班、西班、快班，家家都兴龙灯，我料想看个不了，那得功夫来看乡里这条把灯！(《儒林外史》第2回)

⑬仁贵见了大笑，说："你们这班没用之辈！根把木头值得许多人去扯？各人家拿一根走就是了。"(《薛仁贵征东》第3回)

⑭打大前儿，河里就淌凌，凌块子有间把屋子大，摆渡船不敢走，恐怕碰上凌，船就要坏了。(《老残游记》第12回)

⑮黄三溜子道："做副把袍套算得甚么！只要我有差使，你一年四季都穿我的也有限。"(《官场现形记》第19回)

⑯多在路上走一天，多摆台把酒，他们就多寻两个钱。(《官场现形记》第 13 回)

⑰只要有些微罅隙定见要指出痛驳，就是禀贴里错个把字，文书里漏块把印，都要严行申斥的。(《宦海钟》第 15 回)

⑱要想走条把门路，递张把条子，人家都拒之于千里之外。(《文明小史》第 58 回)

⑲到了今日找他们做篇把碑文，他们还有不出力的吗？(《文明小史》第 11 回)

（2）充当动量词后缀

量词"把"也能够出现在动量词的后面。这些"量+把"式双音节量词也不需要借助数词就能够直接修饰限制动作的数量，且能够表达数量很少这样的意义。但目前能够见到的用例较少，仅有"回把""顿把""趟把""阵把""次把"等，尚未见到"拳""脚""枪""棒"之类的借用量词后面带"把"的情况。虽然这样的用例较少，而且要到清末民初才能够见到，但是这样的用法也延续到了现代汉语中。如：

⑳等到晚上，听回把书，看回把戏，吃顿把宵夜馆，等到礼拜，坐趟把马车，游游张园。(《文明小史》第 16 回)

㉑我跑到隔壁去，一推门，还早眠在门板上的苍蝇嗡的一声冲到我脸上，像落了阵把雨点。(刘白羽《同志》)

㉒遇到来客，吃顿把饭，还能承受；吃多了，也得向客人索取粮票。(《报刊精选》1994 年)

㉓那时经常演出的须生有马连良、言菊朋、奚啸伯、谭富英等，常听；高庆奎在珠市口演，太远，只去过次把。(《读书》)

第八章 汉语量词构词的认知类型学研究

(3) 充当时量词后缀

量词"把"也能够附着在一些时量词之后，构成"年把""月把""天把"这类"量+把"式合成词；但目前所能见到的时量词仅有"年""月""天"三个。这些"量+把"式双音节量词不需要借助数词就能够直接修饰限制动作的延续时间。如：

㉔做得大了一点，小孩的脚见天大，可多穿<u>年把</u>。（杨朝楼《敝帚自珍记》）

㉕我们在分区，<u>月把</u>不见肉，你梁大牙狗日的土财主，你有好吃的，见面有份。（《历史的天空》）

㉖不瞒你说，再过<u>天把</u>如果现款未到可就麻烦了。（《人民日报》1993年）

偶尔也能见到修饰名词的情况，用来限制名词所延续的时间量。如：

㉗天天读报太腻味了，<u>天把</u>天不读报也没啥。（周而复《上海的早晨》）

㉘这等事情，这<u>月把</u>工夫已出了有六七件了。（《八仙得道》第35回）

个别时量词的"量+把"式合成词还能够再附加后缀"子"。如：

㉙究竟会有什么问题，等搞<u>年把子</u>再来总结经验。（《邓小平文选》）

时量词的"量+把"式合成词在明代就能够见到。如：

㉚便早死了<u>年把</u>，也不见得女儿如此！（《初刻拍案惊奇》卷二十）

· 435 ·

㉛你老人家因打这年把官司，常言道得好……(《儒林外史》第 11 回)

㉜但只看看，不过天把就看完了；但是还要加批加圈，只怕要三天。(《二十年目睹之怪现状》第 41 回)

㉝彭太尊道："卑府在金华的时候，同朋友在'江山船'上打过三天三夜麻雀没有歇一歇，这天把算得甚么！"(《官场现形记》第 21 回)

2. 量词"把"充当数词后缀

量词"把"也能够充当数词后缀，构成"万把""千把""百把"这类"量+把"式合成词；但这样的数词仅限于"万""千""百"这三个。如：

㉞神机营的士兵，不过万把人。(高阳《红顶商人胡雪岩》)

㉟千把人的村子，竟有二三十个光棍汉。(《人民日报》1996 年)

㊱买花人围了一大群，十多分钟两个小伙子的衣袋里就流进了千把元钞票。(《报刊精选》1994 年)

㊲一床电热毯，价格四五十元，高档型的也就卖百把元。(《人民日报》1993 年)

㊳派百把人进来，也能容得下哩吧？(柳青《创业史》)

"万把""千把""百把"这类结构最晚在明代的文献中就能够见到，并一直延续至现代汉语中。如：

㊴晁大尹方知雍山庄上被人放火烧得精光，也去了万把粮食等物。(《醒世姻缘传》第 6 回)

㊵叫他里面嚷打做鬼哭狼号，外面拥集万把人汹汹的大势。

(《醒世姻缘传》第20回)

㊶扭开第一个抽斗，里面止有千把散钱。(《醒世姻缘传》第65回)

㊷乘他此时窘迫之际，胡乱找他百把银子。(《初刻拍案惊奇》卷十五)

(二) 量词"把"充当后缀的语义特点

上文已经提到，量词"把"充当后缀时，其与名量词、动量词、时量词所构成的"量+把"式结构中不允许数词出现，因而是数词排斥型结构。如"个把""块把""次把""趟把""年把""月把""天把"之前不能出现任何数词。在"万把""千把""百把"这类"数+把"结构中，虽然"万""千""百"是位数词，但它们之前也不允许出现"一""二""三"等基数词，因此也可以看成数词排斥型结构。

虽然"量/数+把"式结构排斥数词，但是该结构既能够表达数量多的意义，也能够表达数量少的意义。表达数量多的意义，如：

㊸这样子差不多有年把工夫，客军走了，地方上又稍稍平静了一点。(赵树理《李家庄的变迁》)

㊹人家是管万把人的大学校长，深更半夜还想到我，是对我的信任和期望。(《人民日报》1993年)

也能够表达数量少的意义，如：

㊺实话说，一兜水果，瓶把酒、条把烟，不值一提。(《人民日报》1994年)

㊻说到底，丢次把脸事小，跷着腿的也只是个别，但有损礼仪之邦一向令人称道的品位和教养事大。(《人民日报》2000年)

㊼十二年中，只断续写了万把字，始终没法完成。(《李敖对话录》)

㊽男的带天把孩子就不可以？一定要妇女带？(周而复《上海的早晨》)

如果进一步具体分析，我们能够发现，"把"与名量词、动量词所构成的"量+把"只能够表达数量少的意义，不能表达数量多的意义。但是，"把"与时量词和数词所构成的"量/数+把"则既能够表达数量少的意义，也能够表达数量多的意义；这主要是时量词、数词和语境交互作用的结果。如：

㊾这是我三十多年前写的一本通讯集，先在《周报》上连载，一时颇受到了欢迎；后来由上海出版公司出版，虽然先后只不过年把，可是"时移事换"，已经引不起读者的兴趣了。(《读书》)

㊿为什么有年把时间不见小菲上台？(严歌苓《一个女人的史诗》)

"先后只不过年把"中的副词"只"在于强调"年把"时间之短，这样才能够突显下文的"时移事换，引不起读者的兴趣"；在世事变幻这样的背景下，"年把"时间虽然不长，但也足以发生令人唏嘘的事件。但"年把时间不见小菲上台"中的"年把"则表示的是时间长。根据小说《一个女人的史诗》中的情节，都汉这个人既恋小菲，又恨小菲；这里的"年把时间不见小菲上台"正说明，都汉虽然一直希望能够看到小菲上台表演，但有一段时间又看不到；因此在一个内心充满炽热情感的人的心中，"年把"时间的煎熬不能说不长。"年把"既能够表示时间短，也能够表示时间长，其中的原因在于时间参照对象的不同；而不同的语境正好利用了时量词"年"的这一语义特征。又如：

第八章 汉语量词构词的认知类型学研究

�千把人的村子,竟有二三十个光棍汉。(《人民日报》1996 年)

�笔者曾在街头目睹过一次贩卖假花的场景……十多分钟两个小伙子的衣袋里就流进了千把元钞票。(《报刊精选》1994 年)

"千把人的村子"中,"千把"表示数量之少;而正因为"千把人"表示的是数量少,这才能够显出"二三十个光棍汉"的数量之多。在"千把元钞票"中,"千把"则表示数量之多;因为虽然"千把元"并非一笔巨款,但是相比于"十多分钟"的假花销售而言,"千把元"真是一笔不小的销售收入。可见"千把"既表示数量少,又表示数量多,正是由于在不同的数量参照系中,"千"既能够表示数量少,又能够表示数量多,不同的语境正好利用了数词"千"的这一语义特征。因此,我们说"量/数+把"既能够表达数量少的意义,也能够表达数量多的意义,这主要是时量词、数词和语境交互作用的结果。

(三)量词"把"词缀用法的产生过程

1. 量词"把"的产生

在现代汉语中,虽然量词"把"的用法比较复杂,如"把"具有个体名量词用法、集合名量词用法以及动量词用法(参见萧国政,2004);但是量词"把"的这些用法其实都和动词"把"密切相关。

"把"的本义是"把握、把持"。《说文解字·手部》:"把,握也。""握,搤持也。"对于"把"的量词用法与其动词用法的关系,现有研究已经关注到了,如刘世儒(1965),叶桂郴(2008),伍翠婷、罗智丰(2012),王彤伟(2015)等。刘世儒(1965:241—242)认为,"把"的"握持"这样的动作能够表示有一把之多这样的量,由此产生了量词用法。叶桂郴(2008:57)认为,"把"的虚化经历了"'把'(动词)——能用手把握的事物(基准单位)——名词'把'和名量词'把'的混杂——量词'把'"这一虚化过程。伍翠婷、罗智丰

（2012）认为，"把"在称量手握住的事物的同时似乎还带有度量衡的意义。王彤伟（2015）认为，大约到了西汉时期，"握持"义的动词"把"逐渐发展出名量词的用法，而到宋代时才发展出动量词用法。

虽然这些研究都发现了动词"把"和量词"把"之间的关联，但尚未准确阐释这种关联的深层原因。我们发现，古人对"把"的用法中就已涉及这种关联的深层原因。如：

㊳拱把之桐梓，人苟欲生之，皆知所以养之者。（《孟子·告子上》）

对于《孟子》中的"拱把"，赵岐注曰："拱，合两手也；把，以一手把之也。"杨伯峻（1960：263）认为，"此言树之尚小"。这说明古人已经在用"把"来表达一定的数量。《庄子》中的用法更为典型。

㊴宋有荆氏者，宜楸、柏、桑。其拱把而上者，求狙猴之杙者斩之；三围四围，求高名之丽者斩之；七围八围，贵人富商之家求樿傍者斩之。故未终其天年，而中道之夭于斧斤，此材之患也。（《庄子·人间世》）

《庄子》中用"拱把""三围四围""七围八围"的差别来说明树木的粗壮程度，这更清楚地说明了"把"表达事物数量的特征。《孟子》和《庄子》中的这种用法正反映了上古时期"近取诸身，远取诸物"这种普遍的认知策略。《周易·系辞下》说："古者包牺氏之王天下也，仰则观象于天，俯则观法于地，观鸟兽之文与地之宜，近取诸身，远取诸物，于是始作八卦，以通神明之德，以类万物之情。"这是对"近取诸身，远取诸物"的认知策略的明确表达。这样的认知策略在古籍中并不限于上文所谈的《孟子》和《庄子》中的"把"，而是极其常见的。如《论语·子张》"赐之墙也及肩，窥见室家之好"的说法，反映了古人以身体作为计算高度的参照标准。《左传·僖公三十二年》“中寿，尔墓之木拱矣”的说法，反映了古人以两手或两臂合围的径围“拱”作为树木粗壮的参照标准。《荀子·劝学》“不积跬步，无以至千里”的说法，反映了古人以步幅长度作为计算距离的参照标准。《吕氏春秋·悔过》“穴深寻，则人之臂必不能极矣”的说法，反映了古人以臂长作为计算长度或深度的参照标准。[①] 而《大戴礼记·主言》的“然后布指知寸，布手知尺，舒肘知寻，十寻而索；百步而堵，三百步而里，千步而井”的说法，更是详细描绘出了古人利用身体部位来度量事物的计量系统。这都是“近取诸身，远取诸物”这一认知策略的具体表现。正是在这种“近取诸身，远取诸物”的认知策略的影响之下，动作“把”成为一种计量的参照，从而具备了从动词向量词发展的认知基础。

“把”的量词用法在汉代的时候就已经能够见到，用作量词时表示一手能够握持的数量，并一直延续至现代汉语。如：

(55)使在地之火，附一把炬，人从旁射之，虽中，安能灭之？（《论衡·感虚》）

(56)米里著蒿叶一把，白盐一把。（《齐民要术》卷九）

(57)昔有一猕猴持一把豆，误落一豆在地。（《百喻经·猕猴把豆喻》）

(58)赐罗扇一把，题《元寂颂》于其上。（《五灯会元·育王怀琏禅师》）

(59)灯影下见明晃晃地一把刀在手里。（《水浒传》第31回）

(60)两旁的人，都点了一把蜡烛来照着，也有点一把香的。（《二十年目睹之怪现状》第34回）

(61)拿起一把青菜在水里搅着。（蔡测海《远处的伐木声》）

① 《说文解字·寸部》：“寻……度人之两臂为寻，八尺也。”

㉖左手掏出一把手纸，右手掏出一把钱票子。(张勤《旅途匆匆》)

历代用例反映出，名量词"把"能够修饰的名词很多，只要能够用手握持的东西，基本可以用"把"称量。

"把"也有动量词的用法，早期的用例当在宋元时期，并一直延续至现代汉语。如：

㉓我去那羊肉上将两只手捏了两把。[（元）郑廷玉《崔府君断冤家债主》]

㉔就不如此，也要抓你几把是！(《西游记》第55回)

㉕珍哥搂在怀里，也替他脖子底下挠了几把。(《醒世姻缘传》第6回)

㉖说着便走过来，弯腰洗了两把。(《红楼梦》第21回)

㉗便向他身上拍了几把，芳官便哭起来。(《红楼梦》第58回)

㉘昏天必入托条窑，陛下去把一把。(《三侠剑》第4回)

㉙姑娘伸手抓着锁头，拧了两把，纹丝儿不动。(《三侠剑》第5回)

㉚爬到墙头上，点上了火，一连向上撒了四五把，方才下来。到了半夜时，又去撒了几把。(《二十年目睹之怪现状》第81回)

㉛王虎提了两把，却然提不开来。(《续济公传》第217回)

㉜侍者送上手巾，接连擦了几把，然后开言。(《文明小史》第35回)

㉝有的还拿过去扯两把，都说好重好重，扯不开。(艾米《山楂树之恋》)

目前我们能够见到的动量词"把"所修饰的动词都和手部动作相关，如上文所举的"捏""抓""挠""洗""拍""把""拧""撒"

442

第八章　汉语量词构词的认知类型学研究

"提""擦""推""扯"等。这则反映出,"把"是手部的动作,它作为量词来修饰限制这些手部动作也可以看成一种特殊的同形动量词,而且上文所列举的《三侠剑》"陛下去把一把"中的"把一把"也就是一种同形动量词;虽然这一用例的时代较晚,但能够反映出动量词"把"的用法特征。另外,据刘世儒(1965:270),魏晋时期,"拳""口""杵""槌"等就已经借用为动量词,产生了动量词用法。"拳""口""杵""槌"等是动作的工具论元,而"把"也可以看作手部动作的"工具论元"。我们说"把"在修饰限制"捏""抓""挠"等手部动作时是一种特殊的同形动量词,一是因为动作"把"和动作"捏""抓""挠"等都是手部动作;二是因为"一把"就是"一手",所以动作"把"也能够转指"手"这个工具论元。如:

㉔今用人乃慎言事,孔昭一手握定,非其所私,即谓之奸。(《明季遗闻》卷二)

㉕抢步上前,把那考生的手腕轻轻的一把握住。(《九尾龟》第 182 回)

㉖很久以来,他就想露一手给大家看看。(孙犁《风云初记》)

㉗黄家四兄妹各个不同凡响,为什么这四个文化人都会到《大栅栏》中露一把,原因何在呢?(晓田《黄家四兄妹相聚〈大栅栏〉》)

因此,我们认为"把"的动量词用法的产生其实是受到魏晋以来的借用动量词用法的类推。

2. 量词"把"词缀化的动因

量词"把"词缀化的动因比较复杂,我们认为其中一个非常重要的动因是汉语构词法的类推。无论是量词充当名词后缀构成"马匹""车辆""书本"之类的附加词,还是量词充当量词或数词后缀构成"个把""件把""条把""次把""阵把""年把""万把"之类的附加词，它们与汉语上古时期就已经出现的附加式构词法在本质上是一样的。后缀作为汉语的一种词法手段在先秦时期就已经使用，如后缀“子”在先秦时期的运用：

⑱芄兰之支，童子佩觿。(《诗经·卫风·芄兰》)

⑲存乎人者，莫良于眸子，眸子不能掩其恶。(《孟子·离娄上》)

⑳使吾二婢子夹我。(《礼记·檀弓下》)

王力（1957［2004］：263）认为，这里“童子”“眸子”“婢子”中的“子”就是后缀用法。向熹（2010：41—42）也明确指出，先秦时期，“子”开始虚化成名词词尾，可以放在表示人的名词后面，但是还带有某种实义。如：

㉑存乎人者莫良于眸子。(《孟子·离娄上》)

㉒舜目盖重瞳子，又闻项羽亦重瞳子。(《史记·项羽本纪》)

据《释名·释形体》：“瞳子：瞳，重也，肤幕相裹重也。子，小称也。”王力（1957［2004］：263）据此认为，小称就是“子”词尾化的基础。我们认为，《释名》中的说法至少能够反映出，最晚在汉代，人们就已经认识到汉语中的后缀式构词现象，并认识到这种构词法的基本语义特点。同时，我们目前能够见到的量词用作名词词缀的较早用例也是出现在汉代，如《汉书·王莽传上》“人口可万二千人”中的“人口”。结合《释名》对词尾“子”的功能的解释，以及《汉书》中量词“口”用作名词词缀的具体表现，我们可以认为，最晚在汉代的时候，人们已经能够把词缀构词法类推到更多的词类范畴，如量词用作名词的后缀。名量词“把”的后缀用法正是受到了这种类推的持续影响而产生的。

第八章 汉语量词构词的认知类型学研究

另一个动因是语言创新。我们把量词的词缀化用法看成一种语言创新。这种创新表现在三个方面。其一是对既有语法规则的创新运用。语言创新往往表现为对语法规则的创新运用，也就是将已有的语法规则运用到以前尚未被这一规则影响的一些语言材料，如语素、词语、句子等；因此，名词后附加名词可以构成"眸子""瞳子"等，名词后附加量词则可以构成"车辆""船只""纸张""马匹""布匹""房间"等，量词后附加量词"把"则构成"个把""件把""次把"等。量词"把"的词缀化也是这样的一种创新。

其二是用以表达一种主观小量。当量词语法化并充当量词的词缀时，它能够表达该量词所反映的事物的数量之少这样的语义，而且这种数量之少只是一种主观小量，事实并非确实如此。这种创新也并非无源之水，而是有一定的言语基础。上文已经说明，"把"在上古时期就能够表达数量少的意义。惠红军（2010b）研究发现，动量词的数量结构"一把"在赵宋时期就产生了表示动作速度快、用时少的副词用法；而且，这种用法一直延续使用至现代汉语中。如：

㊃则见后面个人，把小娘子衣裳一把揪住。(《简帖和尚》)

㊄宝玉赶上来，一把将他手里的扇子也夺了递与晴雯。(《红楼梦》第31回)

㊅她一把打掉毛巾，扭过身冲墙站着。(王朔《过把瘾就死》)

而名量词"把"的数量结构"一把"也早在唐五代的语料中就能够表示数量少的意思了。如：

㊆今陛下除拜郎吏，无有休已，以一郎比一把菜耳。(《通典·三署郎官叙》)

㊇当风只消一把火，当时柴埵（堆）便成灰。(《敦煌变文集新书·佛说阿弥陀经讲经文二》)

上文我们所讨论的“个把”“件把”“条把”“块把”“张把”“篇把”“根把”“段把”“颗把”“副把”“碗把”“间把”“台把”等，它们所反映出来的数量都是在说话人看来极小的数量，因而显得随便、轻描淡写、不值一提。如：

(88)黄三溜子道：“做副把袍套算得甚么！只要我有差使，你一年四季都穿我的也有限。”（《官场现形记》第19回）

(89)多在路上走一天，多摆台把酒，他们就多寻两个钱。（《官场现形记》第13回）

《官场现形记》反映的是晚清政治黑暗、吏治腐败的社会现实。“做一副袍套”“摆一台酒”对于晚清时期的平民百姓来说并非易事，但对于黄三溜子这样的贪官污吏之流而言，则显得轻描淡写，不值一提。又如：

(90)如果不服从你，你尽可摆出那天父尊严的架子，砍颗把人头，捆打一阵子屁股！（《西太后艳史演义》第3回）

这段话的语境是冯云山装神弄鬼，说耶和华生了五个儿子、一个女儿，大儿子是耶稣，二儿子是洪秀全，三儿子是杨秀清，四儿子是冯云山自己，五儿子是韦昌辉，女儿是洪宣娇；并且说服杨秀清要“摆出天父尊严的架子”。在这种语境下，砍一两个人的脑袋对冯云山来说就是一桩小事，因此也是轻描淡写、不值一提。

其三是口语体的特殊标记。当名量词“把”虚化出表示数量少的词缀用法后，其早期用例多出现在口语中，这既是当时的语言创新，也是一种语体特色。这种语体特色对后世用法也有影响，因而后世的用法都具有口语化的特点，或显出比较随便的语气。惠红军（2011b）指出，汉语的后缀具有标示口语特征的功能。上文我们讨论的“个把”

"件把""条把""块把""张把""年把""千把"等"量/数+把"结构，无论是表达数量少还是数量多，其所出现的语境都能够反映出它们所具有的口语特征。很显然，这些"量/数+把"结构的语用特点与汉语后缀的功能特征表现出高度的一致性。

第四节　量词名词化

一　量词名词化的表现

现代汉语中有一类量词加上后缀"子""儿""头"后就变成了名词，如"个子/个儿/个头""本子/本儿""册子""页子/页儿""串子/串儿""把子""摊子/摊儿""块子/块儿/块头""件头"等。

①个子几乎与祥子一边儿高。（老舍《骆驼祥子》）
②姑娘是个小个儿，脸上几乎没化装。（老舍《鼓书艺人》）
③虽个头不高，但力大过人。（《读者（合订本）》）
④他从衣兜里掏出小本子，撕下一页。（周立波《暴风骤雨》）
⑤凡是账面上没有的，都记在那个小本儿上。（老舍《春华秋实》）
⑥我想帮她把原稿印成册子，留作纪念。（亦舒《红尘》）
⑦印刷出来的页子即使有一点儿脏，他们都用橡皮一张一张地擦干净。（《人民日报》1994年）
⑧詹大胖子推油印机滚子，先生翻页儿。（汪曾祺《故人往事》）
⑨我们全家都是钱串子，有一个想两个，有十个想百个。（严歌苓《一个女人的史诗》）
⑩阿奥跑来的口外羊都是在德胜门外屠宰后，就近在他家里剁碎串成串儿。（刘心武《小墩子》）

⑪一串串糖葫芦，或是错落有致地插在麦秸扎成的把子上，或是一根挨一根地排在一块半圆的底盘上。(《市场报》1994年)

⑫放假回北京，听说地安门有不少旧书摊子。(《人民日报》1993年)

⑬只有那个卖烟卷的老头儿，还在十字路口摆着摊儿。(孙犁《风云初记》)

⑭血凝成块子了，灰色的袄子上大大小小沁着好多血点。(白先勇《玉卿嫂》)

⑮比我块儿大的也有的是。(《报刊精选》1994年)

⑯我那时候就比他块头大。(姚明《我的世界我的梦》)

⑰记件儿干一双给多儿少钱呀？(《1982年北京话调查资料》)

⑱象黄达的打火机什么的小件头用品，可以不缴公。(吴强《红日》)

王力（1957［2004］：283—284）指出，单位词后面加上词尾"子""儿""头"等，单位词本身就重新转化为普通名词，如"个子很大""只儿不大""件头小"等；这种情形只限于北方话，而且只有一二百年的历史。

但实际上，量词加后缀"子""儿""头"变成名词的情况在唐五代时期就能够见到，并一直延续至现代汉语。如"册子/册儿"：

⑲于他人见闻及经卷册子上，记得来者，吾不问汝。(《祖堂集》卷十九)

⑳掌记册儿、诸般簿子、诸色经文、刀册儿。(《武林旧事》卷六)

㉑翻翻他给我的册子，里面的内容很庸俗。(《人民日报》1993年)

又如"本子/本儿"：

㉒高氏小史亦一好书，但难得本子。(《朱子语类》卷一三四)
㉓故意将无字的白纸本儿教我们拿去。(《西游记》98回)
㉔他做的好事你怎么不往本子上记？(《人民日报》1993年)

二 量词名词化的性质

对于"个子/个儿""本子/本儿""册子""页子/页儿""串子/串儿""把子""摊子/摊儿""块子/块儿/块头"这类词语，按照王力（1957［2004］：283—284）所列举的"个子""只儿""件头"，那就是量词加上了词尾后重新变成了名词。马庆株（1998：187—195）按照标示词性的功能，把后缀"子"既看成一个名词的准词缀，又看成一个跨名词和量词的跨类词缀；把后缀"头"看成一个跨名词和方位词的跨类词缀；把后缀"儿"则看成一个跨名词、动词、副词、代词、量词的跨类词缀。如果按照马庆株（1998）的观点，那么"个子""串儿""块头"这类名词中的"个""串""块"等的词性则既可能是名词，也可能是量词。李宗江（2004）分析了量词"件""只""个"的实义化现象，认为汉语的个体量词多由实词演变而来，其词义虚化，语法作用突出；但是这些意义虚化的量词可以再次实义化，这可以看成一个逆语法化的过程；而量词再次获得实词义主要是由其特殊的语法地位造成的，即受前后成分的影响而来的。

汉语的量词都是来自名词或动词，而名词或动词都可以加后缀"儿""子""头"来改变词形或词性；如由名词"名"而来的"名儿""名头"，由动词"刷"而来的"刷子"，由动词"想"而来的"想头"。那么这里所说量词名词化的现象中所涉及的量词，到底是名词或动词加词缀"儿""子""头"而形成的该词的一个新词形，还是量词加了后缀"儿""子""头"而非范畴化为一个新名词呢？我们的基本看法是，这是量词加后缀的非范畴化现象，即是一种由量词加后缀"儿""子""头"而非范畴化为名词的表现。我们在第四章已经详细讨论了汉语量词的认知结构，认为汉语量词是由名词或动词语法化而来的一种量范畴标记，可以看成一种语法词。具体到"数量名"结构而言，其中的量词与名词形成了密切的概念关联，因而这些量词能够作为名词的一种范畴特征而转喻名词。但是这种转喻用法的使用显然是一种语言创新，是对汉语转喻认知机制的创新使用。转喻作为汉语一种非常重要的原生认知机制，上古汉语时期就已经在汉语中广泛地发生作用。这一点我们在第一章就已经详细论证过了。同时，后缀"子""儿""头"都能够标示名词，如"刀子""瞳子""花儿""鸟儿""石头""木头"；因此，当"子""儿""头"这些后缀附着在"个""串""块"等这些与名词关系密切的量词之后，进一步强化了"个子/个儿""串子""块子/块儿/块头"等结构的名词性质。

同时，从名词、动词演变到量词，语言单位的概念意义弱化，语法意义强化，这是一般所说的语法化过程；而且这样的语法化过程一般总是沿着由实而虚的方向进行演变，反映出语法化的单向性。但是汉语量词在演变的过程中，又逐渐发展出名词的用法，这则是一种逆语法化现象。这种逆语法化现象在量词的 AA 式重叠词中也非常普遍，因此应当是汉语量词的一种语法特质。

第五节　量词"个"和个头词

现代汉语中，量词"个"的功能颇为复杂，现有研究对此多有关注。吕叔湘（1944［1984：145］）指出，个（個）字是单位词，但是和别的单位词比较起来，它有些地方更近似于某些语言里的无定冠词。赵日新（1999）讨论了"个"的历史演变及其在现代汉语方言中作结构助词"的$_3$"（即定中结构标记和转指标记）和作指示代词的情况，并认为"个"在东南方言中的用法与东南方言量词的用法有着密切的关系。张谊生（2003）描写和分析了"V个VP"中"个"的性质，并从历时角度考察和讨论了量词"个"虚化为助词的动因和轨迹。李雪（2013：8）发现，青岛方言中有"个老王这么晚才来""个鱼这么难收拾""个破碗都要扔了"之类的"个+名词"的现象。王双成（2015）指出，西宁方言主语位置独立使用的"个+名"都表有定，如"个人可来了"（这个人又来了）"个饭不好吃"（这个饭不好吃）；但"个+名"在青海各地有差异，有的地方能讲，有的地方不能讲。林素娥（2018）指出，吴语"个+NP"在句中不限于充当主语或话题，"个+NP"结构中的"个"是量词"个"演变为定冠词和中性指示词"个"的中间环节。

现有研究所关注的"个"的这些功能更多的是在句法层面才能表现出来的功能，如果离开具体的语句，"个"的这些功能就难以实现。但在现代汉语中，"个"是能够和不同的词语组成"个+X"式的双音节词语，如"个案""个股""个例""个人""个唱""个展"等，本书称其为个头词；作为词汇成分，个头词对具体语句的依赖性相对较弱。目前的研究对个头词的关注很少，本书尝试对此现象进行描写和分析，期望能够揭示其中所蕴含的研究价值。

一 现代汉语中的个头词

（一）个头词的构成特点

现代汉语中的个头词很多，如"个中""个时""个里""个边""个人""个股""个案""个性""个体""个唱""个例""个展""个位""个别"等。这些个头词中，有些是由"个"和名词构成的，有"个案""个股""个例""个人""个体""个位""个性""个中"等：

①她既是独特的个案，又是人类全部特征的代表。(陈染《私人生活》)

②中美有关协议的达成，会使以纺织板块为代表的个股作出持续有力的反应。(《WTO 与中国》)

③这些都是成功的个例。(《人民日报》1998 年)

④老孔这样搞其实是想在文化馆施行他的个人专政。(刘醒龙《菩提醉了》)

⑤让街上那些自以为有个性的小子们去碰壁吧。(王朔《我是你爸爸》)

有些是由"个"和动词构成的，有"个唱、个展"等：

⑥惠特尼个唱的舞美、音响设计均为"中国制造"。(新华社 2004 年 7 月新闻报道)

⑦颜圣哲有一个心愿：不久的将来，能在北京举办他的个展。(《人民日报》1993 年)

有些是由"个"和形容词词构成的，如"个别"：

⑧但历史的发展有时是很不讲道理的，有时是很个别的，有时是很偶然的。(《文汇报》2005 年)

这类个头词很多已经被词典收录。如《现代汉语词典》(第 7 版)收录的个头词有"个案""个别""个唱""个股""个例""个人""个体""个位""个性""个展""个中"共 11 个。《汉语大词典》收录的个头词有"个人""个中""个别""个位""个性""个里""个侬""个钱""个体""个事""个底""个是""个时""个般""个能""个处""个样""个辈""个侬""个边"共 20 个。《汉语方言大词典》收录的个头词则有"个人""个处""个边""个时""个里"

第八章 汉语量词构词的认知类型学研究

"个肚""个面""个家""个案""个厢""个搭"等 151 个之多。

（二）个头词的句法功能特点

从句法功能的角度看，这些个头词能够在句子的不同层次中充当主语、宾语和定语，但很少能够充当其他句法成分。充当主语的情况，如：

⑨个人不能妨碍别人的自由。(《人民日报》1993 年)

⑩现在社会上有所谓"国有不如集体，集体不如个体，个体不如洋人"的说法，这在理论和实践上都是站不住脚的。(《人民日报》1995 年)

充当宾语的情况，如：

⑪我不觉得那只是陈进兴的个案。(蒋勋《孤独六讲》)

⑫他帮我找了一份很适合个性的工作。(刘醒龙《凤凰琴》)

充当定语的情况，如：

⑬若纯以个案的方式来处理倒是简单，但是一旦牵扯到群体，其难度就高了好几倍。(杨银波《中国的主人》)

⑭协助他的一位副手去做个唱的舞美工作。(《中国北漂艺人生存实录》)

二 现代汉语个头词中"个"的语义分析

（一）个头词中"个"的语义内涵

现代汉语中，个头词的"个"语义复杂。根据《现代汉语词典》(第 7 版)、《汉语大词典》以及《汉语方言大词典》中对所收个头词的相关释义，我们发现个头词中"个"的语义内涵有以下六种情况。

· 453 ·

第一种,"个"相当于数量结构"一个"省略了数词"一"而形成的"个"。如"个人"有"一个人"(跟"集体"相对)的意思,这就是因为其中的"一个"省略了数词"一";但是"个人"还有其他的意思,这一点下文还会具体讨论。"个位"的意思是十进制计数的基础的一位,也就是先一个一个地计数,计够十个数以后就升级为"十位";因此这里的"个"也是"一个"之义。又据《汉语大词典》:"【个钱】方言。比喻极小;极少。犹言一点。艾芜《乡愁》六:'只消走来跟我讲讲,个钱事都没有!'艾芜《乡愁》六:'她当真默倒个钱出息都没有了!'"可见"个钱"就是"一个钱",因此才能够转喻极小、极少;其中的"个"也是数量结构"一个"的省略形式。

第二种,"个"相当于"一个人"省略"一"而形成的"个人"。如"个唱"是"个人演唱会",即一个人的演唱会;"个展"是"个人作品(书法、绘画、雕塑等)展览",即一个人的作品展览;"个性"指一个人的比较固定的特性,即个人的性格或特性之义。因此,这些个头词中的"个"就是"一个人"省略"一"而形成的"个人"。

第三种,"个"相当于"某一个、某一只"这样的"指示词+数词+量词"结构。如"个股"是指某一只股票,"个体"是指单个儿的人或生物,也即某一个人或物体。"个别"的"个"实际上也属于这一类,因为"个别"的较早用例中显示出"某一个特殊的其他之人或其他之物"这样的意思。如:

①万一个别的客人不答应起来,那时自己的气出不成,倒反受别人的一场羞辱。(《九尾龟》第132回)

②曹太一瞧马成龙穿的衣服个别另样,又见他那面貌好像有人常说的山东马成龙。(《康熙侠义传》第58回)

第四种,"个"相当于"个别"。"个案"是"个别的、特殊的案件或事例","个例"是"个别的、特殊的事例",其中的"个"是"个

第八章 汉语量词构词的认知类型学研究

别"之义。

第五种,"个"相当于"其""此""这""那"等指代词。如"个中"就是"其中"之义,"个"就相当于指代词"其"。又如"个里""个样""个时""个边"等,以及部分"个人"中的"个",也是相当于"此""其""这""那"等指代词。据《汉语大词典》:"【个人(箇人)】彼人,那人。唐封演《封氏闻见记·淳信》:'元方(陆元方)告其人曰:"此宅子甚好,但无出水处。"买者闻之,遽辞不置,子侄以为言。元方曰:"汝太奇,岂可为钱而诳个人!"'"又:"【个里(箇裏)】此中;其中。唐王维《同比部杨员外十五夜游有怀静者季》诗:'香车宝马共喧阗,个里多情侠少年。'宋黄庭坚《卜算子》词:'天上人间有底愁,向个里,都谙尽。'宋辛弃疾《朝中措》词:'长怪春归何处,谁知个里迷藏。'"又:"【个时(箇時)】这时。唐骆宾王《代女道士王灵妃赠道士李荣》诗:'个时无数并妖妍,个里无穷总可怜。'宋陆游《感皇恩》词:'个时方旋了,功名债。'"又:"【个边(箇邊)】那边。唐杜甫《哭李尚书之芳》诗:'秋色涧春草,王孙若个边。'明夏完淳《武塘元日和篆鸿》:'汉国河山在,春风若个边。'"又:"【个样(箇樣)】这样。宋苏轼《记梦》诗:'不信天形真个样,故应眼力自先穷。'宋刘克庄《送真舍人帅江西》诗之二:'海神亦叹公清德,少见孤舟个样轻。'"又据《汉语方言大词典》(第378页),"个样"在吴语、湘语中是"这样、这样儿"之义,在赣语是"那样"之义,而在粤语中则有"这样、那样"之义。

第六种,"个"的语义难以离析。如现代汉语中的"个人"在有些情况下还有"自称、我"的意义。但是,如果从历时的角度看,表"自称、我"的"个人",其语义当是来自"个"有指代词用法的"个人",这一点下文还会详述。

(二) 个头词的语义链条

根据个头词中"个"的语义,我们发现,第一、第二种的"个"

· 455 ·

都和"一个"这样的数量结构相关，可归为一类；第三、第四种的"个"都和"某一个、某一只"这样的"指示词 + 数词 + 量词"结构相关，可归为一类；第五、第六种的"个"都有指代词用法，可归为一类。我们可以把个头词中"个"的这三类语义连成"数量结构 > 指代词 + 数量结构 > 指示词"这样一个语义链条，而这个语义链条很可能就是个头词中"个"的语法化过程。

三 个头词的源头和产生机制

（一）个头词的源头

从词汇形式上看，个头词最晚在魏晋南北朝时期就能见到。如：

①梁州刺史阴子春左迁，（荀）济作大诗赠之。文传时俗，或称于帝者。帝曰："<u>个</u>人虽有才，乱俗好，反不可用。"济以不得志，常怀悒怏。（《先秦汉魏晋南北朝诗·梁诗》卷二六）

②（高）德正经造坐席，连索熊白。（徐）之才谓坐者曰："<u>个</u>人讳底？"众莫知。之才曰："生不为人所知，死不为人所讳，此何足问？"（《北齐书·徐之才传》）

为了语义理解的准确性，我们这里的引文较长。根据引文中的语境，"个人虽有才"中的"个人"相当于"此人"，而"个人讳底"中的"个人"则相当于"此人/彼人"；因此，这里的"个"都是指示代词用法。这类语义的"个人"一直沿用到晚清时期。如：

③因念旧日山城，<u>个</u>人如画，已作中州想。[（宋）陈亮《念奴娇·至金陵》]

④汝若是<u>个</u>人，闻说道什么处有老宿出世，便好蓦面唾污我耳目。(《景德传灯录》卷十九)

⑤<u>个</u>人今夜，愁肠千结。[（清）曹垂璨《忆秦娥·蟋蟀》]

第八章 汉语量词构词的认知类型学研究

魏晋南北朝时期的"个人"中,"个"虽然有指示代词用法,但"个"作为指示代词单独使用的情况,目前能够见到的最早用例是在唐代;同时,这样的用法也一直沿用至今。如:

⑥饱食腹膨脬,个是痴顽物。(《寒山诗》之一九○)

⑦个是一场春梦,长江不住东流。[(宋)朱敦儒《朝中措·登临何处自销忧》]

⑧喜的个唐太宗,忘了江山;爱的那文武官,失却朝礼。(《西游记》第12回)

⑨个,俗呼如格,与个个同为指示代词。如云:"困末困个无脚床。"[《嘉定县续志》卷五,中华民国十九年(1930年)铅印本]

⑩上海松江:个一位是啥地方人?(《汉语方言大词典》第373页)

其中例句⑧"个唐太宗""那文武官"的用法最为典型,具有指代词用法的"个"和远指代词"那"相对为文,更明确地展现了"个"的近指代词用法。这种具有指示代词用法的"个"在唐以后也形成了诸多的个头词,一直延续至今。如:

⑪若得个中意,纵横处处通。(《寒山诗》之二五四)

⑫个时无数并妖妍,个里无穷总可怜。[(唐)骆宾王《代女道士王灵妃赠道士李荣》]

⑬秋色凋春草,王孙若个边。[(唐)杜甫《哭李尚书之芳》]

⑭个侬居处近诛茅,枳棘篱兼用荻梢。[(唐)韩偓《赠渔者》]

⑮谢安无个事,忽起为苍生。[(唐)陈孙《移耶溪旧居呈陈元初校书》]

⑯伤嗟个辈亦是人,一生将此关身己。[(唐)贯休《村行遇猎》]

⑰若是个人，则法虽不善，亦占分数多了；若非其人，则有善法，亦何益于事！(《朱子语类》卷一百八)

⑱所谓学者，不必前言往行，凡事上皆是学，如个人好，学其为人；个事好，学其为事。(《朱子语类》卷一百一十八)

⑲彼处曰个郎。(清光绪五年刻本《靖江县志》卷五)

⑳谓彼处曰个边。(清光绪八年元和刻本《周庄镇志》卷四)

㉑个歇不问可知俚也到孟家去比箭的。(《说新书》三；江苏苏州吴语；转引自《汉语方言大词典》第 379 页)

㉒碧月接声言过姐，个晚逢生混一场。(木鱼书《花笺记》；广东广州粤语；转引自《汉语方言大词典》第 379 页)

㉓个人多少坏啊！①

而"个人"一词在两宋时期已有可以重新分析的情况出现，既可以理解为"这/那人"，也可以理解为"自己"。为了能更完整地展现相关语境，此处引文较长。如：

㉔问："赵书记欲以先生《中庸》解锓木，如何？"先生曰："公归时，烦说与，切不可！某为人迟钝，旋见得旋改，一年之内改了数遍不可知。"又自笑云："那得个人如此著述！"(《朱子语类》卷六十二)

根据语境提供的信息，这里的"个人"既可以理解为"这/那人"，也可以理解为"自己"；因此我们认为"个人"一词已经发展到了可以重新分析的语法化状态。而这种状态的出现，与"个"的近指代词"这"的语义更为密切；因为只有近指代词"这"的用法，才可能使"个人"指向说话人，并进而产生"自己"这样的语义。根据目

---

① 章昱帆《浙江温岭方言基本指示词探析——兼论量名结构中定指义的实现》，《现代语文》2023 年第 1 期。

第八章 汉语量词构词的认知类型学研究

前能够见到的语料，"个人"相当于"自己"的确切用法出现在明清时期。

㉕〔旦〕<u>个人</u>何事闭深闺？〔生〕娘子说何事闭深闺，与你春游半日。[（明）汤显祖《紫钗记上》第十六出]
㉖亚白鼓掌狂笑道："我<u>个人</u>倒拨耐管仔去哉！"文君道："耐自家无拨道理碗。"（《海上花列传》第36回）
㉗武国南说："不象话，你<u>个人</u>单起你的誓。"（《小五义》第39回）
㉘元妃听了，叹道："这是怎么说呢，罢了，这也是他<u>个人</u>的志气，由着他去罢了。"（《续红楼梦》第26回）

同时，在一定的语境下，"个人"也可以作为一个普通名词，只具有普通的泛指指称功能，并不具备定指功能。这样的用法目前还没有在较早文献中找到相关用例，当是现代汉语中的新生用法。如：

㉙同志<u>个人</u>之间有些矛盾，不是什么大不了的。（刘震云《单位》）
㉚定产粮跟超产粮，集体的跟<u>个人</u>的，都在这麦垛里。（张一弓《赵镢头的遗嘱》）

（二）个头词的产生机制

根据上文对个头词的探源分析，我们推测个头词中的"个"当是来自量词"个"。而量词"个"之所以能够发展为个头词中的"个"，一个非常重要的句法诱因就是省略；因为这种省略引发了"个"的语法性质的一系列变化。省略是人类语言中普遍存在的一种语用现象，反映了语言的经济机制。在上古汉语时期，省略也同样是一种普遍存在的语用现象，并且在有关量词的结构中也极其常见。如在上古时期就已经出现的"数+量+名"结构中，当数词是"一"的时候，这个

459

"一"在该"数+量+名"结构被引述时就可以省略,从而产生一种"量+名"结构。如:

㉛子曰:"贤哉,回也!一箪食,一瓢饮,在陋巷,人不堪其忧,回也不改其乐。贤哉,回也!"(《论语·雍也》)

作为"数+量+名"结构,这里的"一箪食,一瓢饮"在被引述时可以省略成"箪食瓢饮"。如《论语·先进》:"子曰:'回也其庶乎?屡空。赐不受命,而货殖焉,亿则屡中。'"宋邢昺疏曰:"云虽数空匮而乐在其中者,即箪食瓢饮不改其乐是也。"其中的"箪食瓢饮"就是对所引述的《论语·雍也》中"一箪食,一瓢饮"的一种省略表达。这种省略结构中,虽然被省略的词语一般可以从上下文里找到并确定地补出来(杨伯峻、何乐士,2001:814;李佐丰,2019);但是因省略而形成的新结构却由此而产生了一种新的功能。如:

㉜子路为蒲宰,为水备,与其民修沟渎,以民之劳烦苦也,人与之一箪食一壶浆。孔子闻之,使子贡止之。(《孔子家语·致思》)

㉝以万乘之国伐万乘之国,箪食壶浆,以迎王师。(《孟子·梁惠王下》)

对于《孟子》中的"箪食壶浆",赵岐注曰:"燕人所以持箪食壶浆来迎王师者,欲避水火难耳。"注疏文本的表述反映出,"箪食壶浆"这类因省略而形成的"量+名"结构在语义上是指向某个特定的"数+量+名"结构,在结构上和形式上替代了那个特定的"数+量+名"结构,这便使"量+名"结构产生了一种指称和替代功能。需要特别说明的是,虽然"量+名"结构和"数+量+名"结构的指称对象相同,但"量+名"的指称和替代功能并非"数+量+名"结构所具备的,而是一种因语用省略所产生的新功能。又如:

第八章 汉语量词构词的认知类型学研究

㉞然而晋人与姜戎,要之殽而击之,匹马只轮无反者。(《公羊传·僖公三十三年》)

何休注曰:"匹马,一马也;只,踦也;皆喻尽。"《太平御览》卷六九七引汉应劭《风俗通·论数》:"踦者,奇也。履舄之一也。"这说明何休用"踦"来解释"只",目的在于强调两只车轮中仅剩下的那一只车轮。虽然目前还找不到与"匹马只轮"相呼应的完整的"一匹马一只轮"这样的"数+量+名"结构,但是《公羊传》作为解释《春秋》的重要文献,其作者可能在相关文献中已经见到了"一匹马一只轮"这样完整的"数+量+名"结构;因而才会在引述时采用"匹马只轮"这样的省略形式,用以指称和替代所引文献中的"一匹马一只轮"这样的完整形式。

如果这种因语用省略而形成的"量+名"结构能够再次省略,那么在省略中得以保留的成分也可能同样发展出一种指称和替代的功能。事实上,随着汉语的发展,"量+名"结构确实进一步省略为一个量词,而这个量词也同样因为在语义上指向了那个既有的"量+名"结构,在结构和形式上替代了那个既有的"量+名"结构,因而也产生了一种指称和替代功能。这种指称和替代功能可以看作对"量+名"结构的指称和替代功能的进一步语法化。如"个""只""双"等量词都能够找到单用并表达指代功能的用例。这样的用法在隋唐时期已经能够见到。如:

㉟寄言曹子建,个是洛川神。[(唐)骆宾王《咏美人在天津桥》]

㊱日月更出没,双光岂云只。[(唐)李白《草创大还,赠柳官迪》]

㊲永愿如履綦,双行复双止。[(唐)白居易《感情》]

"数+量+名"结构指称的是现实世界的某种事物。但是,由"数+量+名"结构省略而形成的"量+名"结构所指称的是"数+量+名"结构,而由"量+名"结构省略所形成的单个量词结构所指称的则是"量+名"结构;这类指称与"数+量+名"结构和现实世界中的某种事物之间的指称关系并不相同,它们是能指符号和能指符号之间的指称关系,是语言符号和语言符号之间的指称关系。正是由于这种语言符号和语言符号之间的指称关系,使得"量+名"结构以及量词产生了指称和替代功能。

因此,基于语境明晰的省略,使原来的"数+量+名"结构变成了"量+名"结构,并使"量+名"结构产生了指称和替代功能;随着"量+名"结构进一步省略为单个量词,这样的单个量词也产生了指称和替代功能,从而使量词发展出指代功能,使量词演变成了指代词。这是一种语用功能的句法化或语法化。我们称这一过程为语用迁移。在这种语用迁移的过程中,量词"个"获得了指代功能。而随着"个"的指代功能的扩散,诸多的个头词便大量产生了。就目前掌握的材料而言,"个"的指称功能的确切用例是在唐代产生;"个中""个时""个边""个里""个侬""个事""个辈"等诸多个头词也是在唐代产生的,而这些个头词中的"个"正是一种指代用法。语料的表现能够说明,我们这里的语用迁移之说有一定的合理性;而现代汉语的个头词中,"个"所形成的"数量结构>指代词+数量结构>指示词"这种语义链条,又与"个"的语法化过程完全重叠。因此,这一语法化链条也正是"个"的这种语用迁移所留下的痕迹;个头词中"个"的各种语义,实际上是"个"的不同历史时期的用法在现代汉语中的层积性的共时表现。

四 个头词的类型学特征

量词是东方语言所特有的,特别是汉藏语系语言所特有的(王力,

第八章 汉语量词构词的认知类型学研究

1957［2004］：272）。量词也是汉藏语系语言的一种共同创新，有许多值得揭示的特点，如反响型的发展和消失、语法作用的增值，等等（孙宏开，2014）。量词已经被认为是汉语的多功能超级显赫范畴（刘丹青，2012）。在国外语言学界，量词被认为是分类词（Classifier）的一种。研究者认为，分类词是经验、想象等在人类心智中的反映（Lakoff，1983）；但其功能并非仅限于分类，因为所有的数词分类词语言在表达数量时，分类词都出现在照应词或指示词的位置（Allan，1977）；分类词还可作为属格标记而出现在属格结构中（Croft，2000：31）。亚洲大陆语言中，类别词应该是与语言类型特征关系最为密切的词汇（桥本万太郎，1985：85）。因此，与量词"个"密切相关的个头词应该具有重要的类型学特征。

上文已经指出，个头词中的"个"是由量词语法化而来的；而个头词与汉语中"量 + 名"式名词、"名 + 量"式名词以及光杆名词，它们之间在语义和功能上又有着微妙的关系。具体来说，汉语的"量 + 名"式名词（如"条鱼""只马""张纸""粒米""朵花"等），"名 + 量"式名词（如"书本""马匹""布匹""肉片""刀片""纸张""纸片""花朵""米粒""人口""物件""信件""事件""事项"等），光杆名词（如"书""马""布""肉""刀""纸""花""米""人""物""信""事"等），它们虽然都是汉语名词的不同形式，但在语义和功能上均有所不同。在语义上，"名 + 量"式名词和光杆名词都能够指称不确定的事物，一般不具有定指功能；在句法结构上，它们也能够受数量短语的修饰。如：

①国人长着铜胃，莫说干炸丸子，埋了一百二十多年的老松花蛋，就是<u>肉片</u>炒石头子也到胃里就化。（老舍《赵子曰》）

②说着，老张又夹起<u>一块肥肉片</u>放在嘴里。（老舍《老张的哲学》）

③每种布匹每次只许卖一丈，多卖一寸也得受罚。(老舍《四世同堂》)

④冬天到了，正是大家添冬衣的时节，他却买不到棉花，买不到布匹。(老舍《四世同堂》)

⑤喉咙里像塞了一团棉花。(马烽、西戎《吕梁英雄传》)

除非有指示代词的出现，或者是在特别的语境下，"名+量"式名词和光杆名词才具有定指作用，用来指称确定的事物。如：

⑥菜也是三种，那么土豆白菜加点肥肉片加点粉条，三毛钱，这是最好的，甲菜。没有这个肉片就是一毛五，光是熬白菜就是五分。(郭小聪《路遥的诗意》)

⑦值得一提的是，这些布匹占据越南市场90%以上的份额。(新华社2003年4月新闻报道)

⑧你看这棉花是一级品不是？(张贤亮《习惯死亡》)

⑨"花呢？"嫚子叫道。"哦，在这里。"星梅拿出一小枝桃花，送给嫚子。(冯德英《苦菜花》)①

而"量+名"式名词在语义上就等同于"指代词+量+名"，因此其本身就具有定指功能；同时，"量+名"式名词也不能受数量短语的修饰。

如汕头话（黄伯荣，1996：136）：

只猪死去。(这头猪死了。)

个人肥肥。(那个人胖胖的。)

---

① 《苦菜花》中这里的背景情节是星梅要出门时答应嫚子说，"等大姐回来捎枝花给你"，所以当星梅回家时，嫚子所问的"花"就是有确定的指称的。

第八章 汉语量词构词的认知类型学研究

如鄂东方言（陈淑梅，2006：18—19）：

箇人好胖。（这个人很胖。）

如徽语绩溪话（赵日新，1999）：

本书放是台盘上。（那本书放在桌子上。）
我画仈张画呢？（我画的那张画呢？）

赵日新（1999）指出，徽语绩溪话的量词往往兼有指代功能。可见，方言中的"量+名"式名词实际是一种定指结构，其中的量词在功能上和指代词的功能相当，也和英文中的定冠词的用法大体相当。虽然上面所列举的汕头、鄂东、绩溪话等方言中的"量+名"式名词实际上也具有一定的语句依附性，因此严格地说，它们并非本书所说的个头词；但是，"量+名"式名词和个头词在结构上有着重要的共性表现，个头词实际上就是"量+名"式名词中的一类，而且已经固化成词。因此可以说，个头词已经摆脱了语句的限制性，是一种已经进入词库的"量+名"式名词。

从地域分布上看，个头词广泛存在于吴方言、赣方言、粤方言、闽方言、湘方言等南方方言中，并往往具有一定的定指功能。如吴方言的"个样""个么""个边""个伧""个些""个里""个来""个面""个侬"，赣方言的"个支""个样""个唧"，粤方言的"个只""个处""个边""个便""个样""个度""个时""个里""个阵"，闽方言的"个肚""个腹""个帮""个身""个嘴""个嚄"，湘方言的"个样""个里"。其中，吴方言的"个样"相当于这样，"个边"相当于这边；粤方言的"个只"相当于这个、这只，"个处"相当于那儿、那里（参见《汉语方言大词典》第373—380页）。同时，"量+名"式名词常见于南方方言区，官话方言区相对较少见到。对比而言，在地域分布上，"名+量"式名词则可广泛地出现在南北方言区，在普通话中更是常见。因此，"名+量"式名词可以看作汉语南北方言的共同特征，而"量+名"式名词则可以看作南方方言的特色语序；二者的地理分布特征实际反映了汉语名词的一种地理类型特征。

如果考虑到个头词的产生过程，以及《现代汉语词典》（第7版）等所收的"个人""个中""个案""个展"等个头词的情况，那么我们依然可以把个头词看作汉语南北方言语法共性的一个重要表征。但是，南方方言更多地保留了隋唐以来的个头词，并新产生了很多个头词；这反映了汉语南北方言在语法化历程中的地理类型差异，以及汉语方言语法中的历史层次。同时，我们还能够发现，个头词中的"个"和"量+名"式名词中的量词的位置均与指示词的位置相同。这又反映出汉语量词作为一种特殊的分类词所具有的类型学特征。

第六节 量词构词的认知类型特征

一 基于语言共性的个性表现

（一）基于谱系共性的个性表现

汉语量词的构词现象涉及量词重叠、量词复合、量词词缀化、量词名词化、个头词等不同表现。根据我们目前能够见到的材料，我们对比分析了汉语量词的构词现象与汉藏语系其他语言量词的构词现象的相关表现，尝试寻找汉语量词的构词现象的谱系共性特征。

上文的描写和分析已经能够发现，汉语量词重叠的情况非常普遍，绝大部分量词都可以重叠，量词重叠的意义主要有两类，一类是表达遍称、周边量；另一类是用来陈述或描绘一种场景。量词的重叠式能够充当定语、主语、谓语、状语、补语等句法成分，但不能充当宾语。量词重叠具有数量短语的性质，具有谓词性，也具有转指性。量词重叠的这些特有性质应该能够成为汉语重叠的特质。

第八章 汉语量词构词的认知类型学研究

如果从语言谱系的角度看,虽然汉藏语系中有的语言的量词不能重叠,如黎语的量词不能重叠,要表示汉语的"个个""只只"这类意思,就在量词之前加 ran^2 "每"来表达(欧阳觉亚、郑贻青,1980);西双版纳傣语的量词也不能重叠(岩温罕,2018:187)。但整体上讲,量词重叠现象在汉藏语系中还是比较常见的,如侗语(龙耀宏,2003:88—89)、苗语(罗安源,2005:72)、拉珈语(刘保元,2009:257)、水语(韦学纯,2011:277)、彝语(翟会锋,2011:62—63)、白语(赵燕珍,2009:84—85)、傈僳语(李教昌,2018:146)、拉祜语(李春风,2012:136)、壮语(韦茂繁,2012:111)、仫佬语(王钧、郑国乔,1980:48)、仡佬语(李霞,2009:103—104)、勉语(刘玉兰,2012:110)等的量词都能够重叠。需要说明的是,不同语言的量词在重叠时的表现,以及重叠后的意义和功能并不完全相同。据刘保元(2009:257),拉珈语的量词能够重叠,重叠后表示"每X"的意思。如:

lak^8 lak^8　　　　tu^2 tu^2
个　个　　　　　　只　只
每个　　　　　　　每只

据韦茂繁(2012:111),壮语的量词能够单独重叠来表示逐指,表示"每一"的意思,而且不需要数词。如:

tiːu^{231} tiːu^{231}　　　pu^{13} pu^{13}
条　条　　　　　　个　个
条条　　　　　　　人人

nəːn^{42} nəːn^{42}　　　tu^{13} tu^{13}
个　个　　　　　　头　头
个个　　　　　　　头头

· 467 ·

据龙耀宏（2003：88—89），侗语的量词一般都能重叠；但北部方言有的地方可以在重叠的量词前加数词 ji³⁵（一），表示数量缩小、减少的意思。如天柱石洞话：

ji³⁵ wu²⁵ wu²⁵ ʔau³¹ nai⁴⁴ kwe²² ten³⁵ ɬe³⁵.
一　口　口　这　不　　够　　吃
这一小口饭不够吃。

ji³⁵ ji³¹ ji³¹ nəm³¹ nai⁴⁴ nan¹¹ saŋ³¹ ja⁵⁵.
一　滴　滴　水　　这　难　养　田
这一小点点水养不了田。

据王钧、郑国乔（1980：48），仫佬语的量词都能够重叠，重叠后表示"每一"的意思。如：

mu⁶ mu⁶ 每一位　　tɔŋ⁶ tɔŋ⁶ 每一棵
at⁷ at⁷ 每一个　　ma̱ːt⁷ ma̱ːt⁷ 每一次

据罗安源（2005：73），苗语的单音节量词都能够重叠。重叠以后如果独立运用，则含"每一"的语法意义；如果与数词 a⁴⁴（一）联合运用，则含"仅一"的语法意义。如：

ŋuŋ²² 只
ŋuŋ²² ŋuŋ²² 只只
ŋuŋ²² ŋuŋ²² sa⁵⁴ ʈɑŋ⁴⁴
只　只　都　肥
只只都肥
pen⁵⁴ 本
pen⁵⁴ pen⁵⁴ 本本
a⁴⁴ pen⁵⁴ pen⁵⁴ 一本半本

第八章 汉语量词构词的认知类型学研究

tu³¹ quɑ⁵⁴ a⁴⁴ pen⁵⁴ pen⁵⁴
读过　　一　本　本
读过一本半本

据李霞（2009：103—104），比工仡佬语的量词能够重叠，表示"每一"的意思。如：

khuai¹¹ khuai³³　　ma⁵⁵ ma⁵⁵
个　　个　　　　　条　条
人人　　　　　　　每条

水语量词的重叠不是普遍现象。据韦学纯（2011：277—278），水语的有些量词可以重复，表示"每一"的意思，相当于在量词前面加 tsap³¹、jən³¹"每"；但重复的用法并不常用，更常用的是在量词前面加 tsap³¹、jən³¹"每"。如：

lam¹¹ lam¹¹ 个个　　　　　to³¹ to³¹ 头头
tsap³¹ lam¹¹ 每个　　　　　jən³¹ to³¹ 每头

彝语量词的重叠也不是普遍现象。据翟会锋（2011：62—63），三官寨彝语中，除个别量词可以重叠外，大部分量词不能重叠；但可以通过"me²¹ me⁵⁵+量词""lʁ²¹ lʁ³³+量词""一+量词""n̠i⁵⁵ ma²¹ n̠i³³""tha²¹+量词+dʊ³³+tha²¹+量词"等方式表示"每一"这样的遍指义。如：

dʐɿ³³ the³³ tʂʰɿ²¹ n̠i⁵⁵ tʰu³³，me²¹ me⁵⁵ tʰu³³ ʔao⁵⁵ ʂɿ⁵⁵ sei³³ nʁ²¹ bi⁵⁵ tʂʰʊ²¹ xɯ³³.
桌子　这　二　张　　每个　张　都　是　木　红　工具
做　　陈述

dʐɿ³³ the³³ tʂʰɿ²¹ n̠i⁵⁵ tʰu³³，lʁ²¹ lʁ³³ tʰu³³ ʔao⁵⁵ ʂɿ⁵⁵ sei³³ nʁ²¹ bi⁵⁵ tʂʰʊ²¹ xɯ³³.
桌子　这　二　张　　个个　张　都　是　木　红　工具　做　陈述
这几张桌子，张张都是红木做的。

白语量词的重叠并不表示量的变化。据赵燕珍（2009：84—85），白语量词的 AA 重叠式本身没有表示量的变化的语义，而只是一种逐一表量的方式。如：

ku³³ ʐɔ⁴⁴ pɯ³³ tiɛ⁴⁴ a⁴⁴ ȵi²¹ mɯ⁵⁵ ne⁴⁴ ku³³ ku³³.
老太太 那 些 一 人 那里 拿 瓶 瓶
那些老太太每人拿着一瓶。

ŋa⁵⁵ a⁴⁴ ȵi²¹ pa²¹ tɕhɛ³³ tɕhɛ³³ sɯ⁴⁴ tɛ³³ lɔ⁴².
咱们 一 个 搬 件 件 就 可以 了
咱们每人搬一些就可以了。

但"量词重叠+tsɿ⁴⁴"式表示周遍义或全量义，整体性强。如：

nɯ²¹ x³³ nɔ⁴⁴ tɛ⁴² ŋa³³（nɯ²¹ ʐa³³）tɯ²¹ tɯ²¹ tsɿ⁴⁴ ko²¹ lɯ³³.
这 家 的 猪 这 种 头 头 小称 肥 语气词
这家的这些猪头头都肥。

傈僳语量词重叠的语义也比较特殊。据李教昌（2018：146），傈僳语的光杆量词不能重叠，但是与数词 tʰi³¹（一）结合的量词可以重叠，其中"一 AA"重叠表示部分量，"一 A 一 A"表示全量。如：

tʰi³¹ ma³³ ma³³   tʰi³¹ ma³³ tʰi³¹ ma³³
一 个 个   一 个 一 个
一部分   每一个

tʰi³¹ ʃ³¹ ʃ³¹   tʰi³¹ ʃ³¹ tʰi³¹ ʃ³¹
一 种 种   一 种 一 种
一些   每一样

第八章 汉语量词构词的认知类型学研究

拉祜语的量词重叠也比较特殊。据李春风（2012：136），拉祜语只有少数量词能重叠，重叠表示部分量和减量。重叠时，必须带数词。表部分量的情况，如：

te^{53} ɣa^{53} ɣa^{53} la^{31}.
一　个　个　来
（间或地）来一些个

表减量的情况，如：

ŋa^{31} a^{31} tɕi^{35} tɕi^{35} ɕi^{11} ɕe^{11} o^{31}.
我　一　点　点　懂　了
我懂一点点了。

量词词缀化现象在汉藏语系其他语言中也有一定的表现。这一点我们在第六章第四节已经进行了讨论，如布依语的有些量词会虚化为名词的前加形式，也就是成为名词的前缀；壮语的名量词"词头化"后，失去表示事物单位的意义，只表示事物的类属。另外，彝语、拉珈语、仫佬语、仡佬语等语言也有类似情况。据蒋颖（2006：32），拉珈语可以在名词前面加量词表示类别，单音节名词单独出现时多带量词。如：

mi^{24}khje^{51}　　　　mi^{24}fan^{51}
条　梳子　　　　条　竹子
梳子　　　　　　竹子

tu^{231} liŋ^{231}　　　　tu^{231} kai^{55}
只　猴子　　　　只　鸡
猴子　　　　　　鸡

据翟会锋（2011：30），三官寨彝语中有"名语素+量语素"附注

式合成词,但其中的量语素有实在意义,是对名语素的注释。如:

lo³³ mʊ²¹　　　　　　bu³³ dei¹³
石 粒　　　　　　　　虫 段
石头　　　　　　　　虫

mʊ³³ tsei¹³　　　　　du²¹ dei³³
竹子节　　　　　　　棍 段
竹筒　　　　　　　　棍子

据银莎格(2012:83),银村仫佬语中的一些名量词可以放置在名词的后面来表示泛称,但这时更多地强调了以某种称量单位形式存在的物品,也就是说强调了量词部分。如:

mu⁶ tɔ²　　　　mai¹ tɔŋ⁶　　　　hwi¹ at⁷
猪 只　　　　　树 棵　　　　　果子 个
猪　　　　　　　树　　　　　　果子

银莎格(2012:86、83)认为,仫佬语的名量词放在名词前面有两种情况,一种是省略了数词 naːu³ "一"。如:

tɔ² tən²　　　　　　　tsik⁷ cit⁷
只 牛　　　　　　　　只 箩筐
一只牛,牛　　　　　　一只箩筐,箩筐

另一种是量词作为类指作用归类物品,指称某类物品。如:

tɔ⁶ mu⁶　　　　tɔŋ⁶ mai⁴　　　　at⁷ hwi¹
只 猪　　　　　棵 树　　　　　个 果子
猪　　　　　　　树　　　　　　果子

第八章 汉语量词构词的认知类型学研究

这种情况实际就是银莎格（2012：83）所说的量词与名词构成泛称名词，这时更多地强调了以某种称量单位归类的类指物品，即强调名词的部分。

据李霞（2009：101），比工仡佬语的量词能与名词（或名词性短语）结合后构成复合名词，即"量词语素+名词语素"（或称"量名"结构），这种构词方式几乎在所有侗台语族语言里都有。比工仡佬语的用例，如：

təɯ^{33} na^{33}　　　ma^{55} ŋɔ^{31}　　　ma^{55} sai^{33}
头　牛　　　　扇　门　　　　根　头发
牛　　　　　　门　　　　　　头发

量词名词化现象在汉藏语系其他语言中也能见到。如苗语量词的名词化现象。据余金枝（2010：140—141），矮寨苗语中大多数名量词可以加上前缀 qo^{53} 实现名物化，量词名词化后具有名词的功能，可以充当主语、宾语、定语。如：

qo^{53}　ta^{22}　　　　qo^{53}　le^{53}
（缀）级　　　　（缀）个
台阶　　　　　　颗状物

qo^{53}　phjɛ^{21}　　　qo^{53}　du^{31}
（缀）片　　　　（缀）坨
片状物　　　　　坨状物

充当主语，如：

qo$^{53/21}$　ta^{22} qa^{53}　ʐu^{35} χwei^{35}．
（缀）级　更　好　走
台阶更好走。

· 473 ·

充当宾语，如：

kə⁴⁴ a⁴⁴/⁵³ pɛ⁵³ ŋa³¹ nəŋ⁴⁴ la²² tɕɛ³¹ qo⁵³ le⁵³.
把　一些　肉　这　切成　坨状
把这些肉切成颗粒状。

充当定语，如：

qo⁵³　du³¹　ŋa³¹　nɛ⁴⁴　ɕɛ⁴.
（缀）坨　肉　难　熟
坨状的肉难熟。

量词复合现象在汉藏语系其他语言中很少见到。如韦茂繁（2012：111—112）指出，壮语没有类似汉语的复合量词，如汉语的"人次""架次"等，壮族不晓何意，壮语也没有此类复合量词。

根据我们目前看到的相关研究以及上面的对比分析，我们发现，汉藏语系的量词重叠和量词词缀化现象相对比较普遍，能够在较多的语言中发现相关用例；量词名词化现象相对较少，目前仅在汉语和苗语中发现有相关用例；而量词复合现象更少，目前则仅在汉语中发现这样的用法。因此，汉语量词的构词现象在整个汉藏语系中是比较复杂而特殊的现象。

同时，在汉语量词的构词现象中，名量词的表现相对于动量词来说更为明显，而词缀化主要体现在名量词上，动量词的词缀化现象还没有见到；这反映出名量词、动量词语法化程度的差异性。在汉藏语系语言的相关研究中，我们也很少能够见到动量词参与构词的现象。这则说明了量词构词现象在名量词和动量词之间差异的普遍性，即名量词的虚化现象或语法化的现象比动量词复杂。

因此，我们可以看出，在汉藏语系中，汉语量词的构词现象相比谱系内的其他语言都要丰富和复杂，这反映出汉语量词构词现象在汉藏语系内的认知个性。我们把这种认知个性称作量词突显型认知。

（二）基于跨谱系共性的个性表现

人类语言具有很多共性表现。这一点已早有研究涉及，如 Greenberg（1963）、Chomsky（1976）、克罗夫特（2009）、科姆里（2010）、陆丙甫（2009）等。克罗夫特（2009：4）认为，语言共性反映了这样一个观点，即存在每种语言都具备的决定性属性之外的语言属性。科姆里（2010：2）认为，为了确定某种性质是语言的共性，肯定需要考察种类广泛的语言，即使不是全部语言；为了分解出制约语言结构的抽象原则（它们因此也是语言共性，或者说是天赋观念），应该探究抽象的和比较具体的表达层次之间的关系。陆丙甫（2009）则指出，Greenberg 提出的语言共性理论开创了当代语言类型学，他的贡献是突出了语序的重要性，这跟强调形态的传统语言类型学很不一样；其实，这也是强调语言共性的必然选择，因为比起形态来，语序表现出更多的共性。

应该说，汉语量词具备既能够反映抽象的语言共性，又能够反映出比较具体的表达层次的个性特点。对于汉语量词来说，一般会将其与其他语言中存在的分类词（Classifier）视作同类；这可以看作一种抽象的语言共性。如 Allan（1977）认为，分类词具有两个特征，一个是它们能够作为某种句法结构的成分；另一个是它们具有意义，而且在某种意义上说，这个分类词能够指示它们所联系的名词的某些突显特征。因为分类词必须出现在表达数量的结构中，所以数词分类词语言是范式类型（Paradigm Type）；而且在所有的数词分类词语言中，分类词也会如同出现在数量结构中一样，出现在用来回指或指示的表达中。泰语（Thai）就是这样的数词分类词语言（Numeral Classifier Language）。

虽然汉语和泰语同属汉藏语系，但是在具体的语言表达层次上，或者说在具体的语言结构层次上,汉语的量词与汉藏语系其他语言的量词具有更多的差异性。这种差异性也不妨称作汉语量词的独特性。比如我们在第八章第二节提到的汉语中"头匹""台件""场次""遍次""人次""架次"这样的量词复合现象在汉藏语系中就具有一定的独特性,而且在跨语系的比较中也颇具独特性。而量词的复合现象正是汉语基于语用表达的简洁性而不断涌现的一种缩略结构。这正是汉语量词在表达数量上的一种特殊的构词现象。

　　汉语量词的名词化在汉藏语系中也是一种极其少见的语言现象,如果进行跨语系的比较,我们也会发现这种名词化现象的独特性。作为一种逆语法化现象,这恰恰是汉语特异的结构类型的表现。吴福祥(2003)指出,单向性是历时语法化研究中一个最重要的假设,指的是语法化的演变过程是以"词汇成分＞语法成分"或"较少语法化＞较多语法化"这种特定方向进行的。李宗江(2004)认为,量词再次获得实词义的逆语法化,主要是由其特殊的语法地位造成的,即受前后成分的影响而来的。吴福祥(2017)讨论了汉语方言里"并列连词＞伴随介词""处所介词＞处所动词""与格介词＞给予动词"和"比较介词＞比拟动词"这四种逆语法化演变,认为这些逆语法化的发生与汉语特异的结构类型密不可分。李宗江(2004)和吴福祥(2017)的研究中,均认为汉语句法结构的特殊性是汉语语法现象重要的深层制约因素。

　　如果进行跨语系的比较,汉语量词的重叠、量词的词缀化这类现象在其他语系的语言中并不鲜见。以重叠为例,萨丕尔(1985:67)曾经指出,重叠的流行是最自然不过的;这种不说自明的象征性的语法程序一般用来指分散、重复、复数、惯常的行为、体积的延展、增加了强度、持续性这些概念。但是我们还应该关注汉语重叠的特殊表现。惠红军(2017)指出,汉语的重叠形式在词类间不断扩展,现代汉语中能够重叠的有拟声词、名词、动词、形容词、数词、量词、副词、代词、语气词、助词等。这种不断扩展的重叠现象中蕴含着汉语独特的语义衍生机制以及概念结构的具体化机制。就我们所能看到的资料而言，汉语是单一语言中可重叠词类最多的一种语言，也是重叠功能表现最为复杂的一种语言。而汉语的量词重叠具有数量短语的性质，具有谓词性，具有转指性，是量词语义重新实义化的过程，因此也是一种逆语法化的现象。这则反映了汉语重叠的独特性。

因此，跨语系的比较能够让我们看到，汉语量词的构词现象相比其他语言要丰富和复杂。如同谱系内的比较一样，这同样反映出汉语的量词突显型的认知个性特征。

二 基于语用的语言创新

汉语量词的构词现象中，量词重叠、量词复合、量词词缀化、量词名词化、个头词等现象，反映出汉语量词演变过程中复杂的语法现象。这些复杂的语法现象实际蕴含着同样的语言机制，这就是语言的创新机制，反映出汉语的创新活力。

语言创新是语言演变的重要机制。关于语言创新，目前已有研究进行了关注，克里斯特尔（2007：93）认为，创造性（Creativity）指语言使用者说出和理解无穷多句子的能力，大部分句子他们都从来没有听到过或使用过；作为语言的一个特性，创造性是指型式的"开放性"和能产性，即一组数目有限的语音、结构等能用来产生数量无限多的句子。与动物信递的研究结果相对照，语言的创造性被视为人类专有的一个特性。创造性这一概念在有关语言的讨论中有很长的历史；但自从乔姆斯基特别加以强调以来，创造性已成为当代语言学的一个重要特征。

语言的创造性就是语言的创新特性，也是语言保持活力而不断发展的重要机制。国内学者也关注到创造性或语言创新的问题，如夏文彬（1996），马玉夫（2000），费良华（2003），赵俐（2005），吴福祥（2007），石毓智（2007），徐杰、覃业位（2015）等。夏文彬（1996）

认为，语言的发展、创新，主要是指随着社会的发展进步，人们在生活和交际中所创造的新鲜用语，作家在文学创作中，词汇的活用和句式的超常配搭，等等。马玉夫（2000）认为，语言不是被动遵循语言学法规条令的机械搭配，而是创作主体在语言活动中容纳的丰富的心理活动，他可以根据自己的经历、阅历及情景语境灵活地创造出新鲜语言。费良华（2003）认为，一些新的语言现象似乎不合乎原有的规范，但又有着一定的合理性、积极性和可接受性；因此，语言的创新与规范便形成了一对矛盾。赵俐（2005）认为，语言创新是思想、概念和表达的创新，历史上以及现实中不断变化出新的语言现象说明语言创新本身就存在于语言之中。吴福祥（2007）认为，假若我们把语言演变界定为从最初的语言使用者的个体创新，到这个创新在语言社会的逐渐播散的整个过程，那么在某种意义上，历史语言学家所研究的语言演变绝大部分都是由语言接触导致的。石毓智（2007）认为，语言创新的机制是掌握有限的句法结构，通过对其中成分的替换而产生不同的新表达。刘辰诞（2012）认为，符合人类认知规律的合理的结构——边界移动可以产生词的多义性和新颖的句法表达式，或使实义词向功能词转化；而结构——边界移动导致新颖表达式的产生是语言创新的重要方式。徐杰、覃业位（2015）把诗歌文体、标题口号和新近出现的网络平台看成三种类型的语言特区，而这些语言特区中的语言创新活动极为活跃，并产生了大量新的语言现象和区域性特殊规则；这些规则一旦离开语言特区，进入主流的语言运用领域，就极有可能影响现有的核心语言规则，甚至最终导致语言演变。因此，语言特区中的语言运用同语言接触和语言习得一样，也是推动语言创新、驱使语言演变的一个重要源泉。胡平（2018）则认为，语义演变始于语义创新；而语义创新又历经筛选和固化，规约化为语义变化。

  汉语量词的构词表现是汉语演变的一个具体表现。在这个过程中，语言创新也同样在发生着作用。而之所以发生语言创新，原因在于语

第八章 汉语量词构词的认知类型学研究

用的特殊需求或具体需求。上文提到的汉语量词的词缀化现象中的"颗把""台把""副把"等所反映的主观小量,就反映了具体语境中所产生的特殊语用需求。同时,这样的语用创新也是在既有语法规则基础上的创新,是对既有语法规则的创新应用。正如我们在第八章第三节已经谈到的那样,无论是量词充当名词后缀构成"马匹""布匹""书本"之类的附加词,还是量词充当量词后缀构成"个把""件把""条把"之类的附加词,它们与汉语上古时期就已经出现的附加式构词法在本质上是一样的。只不过是在语用的需求下,人们把词缀构词法类推到量词上,使它作了名词的后缀。

伴随着这种语法规则的创新应用的还有语义创新。汉语的词缀能够表达小称,这种用法在上古时期就能见到。当量词语法化并充当量词的词缀时,它也能够标示该量词所反映的数量之少,而且这种数量之少是一种主观小量。量词作为量词的词缀并表达主观小量的用法正是对汉语词缀小称用法的一种语义创新。第八章第一节的论述也能够表明,汉语量词的重叠也和量词的词缀化一样,既涉及重叠这一语法规则的创新应用,也涉及重叠形式的语义创新。

还需要指出的是,汉语量词构词的过程中还存在一种语法规则的创新。上文我们已经指出,汉语量词的名词化过程和汉语量词的重叠都是一种逆语法化的过程和表现。尽管语法化的单向性被学界普遍接受,但是汉语量词发展中的逆语法化现象也是不争的语言事实。这样的语言事实能够反映出汉语句法规则的特殊性,也反映出汉语语法演变的特殊性。这与汉语量词的实体性特征密切相关。

可以这样理解,在语言习得和使用的过程中,既有的语言知识给人们建立了一种基础;在这个基础上,人们由于个体经验的影响而创造性地运用某种句法规则,甚至是创造一种新的句法规则。现有的相关研究能够充分证明这一点。Lakoff(1983)指出,分类词是经验、想象、生态等在人类心智中的反映。Lakoff & Johnson(1999:503)认为，语法构造有其真实的认知基础，它们不是来自生成规则的运作，而是基于体验形成的构造（转引自王寅，2006：61）。Dulay & Burt (1972、1974) 曾提到一种创造性建构假说（the Creative Construction Hypothesis，CCH），该假说认为，第一语言在第二语言习得中的作用即使没有被完全抛弃，也会大打折扣；而 James (1980) 所提出的对比分析假说（the Contastive Analysis Hypothesis，CAH）也认为，在第二语言习得中，第一语言的作用非常有限；而且第一语言和第二语言的习得之间没有真正的区别，第二语言的习得也被同样的语言获得机制所引导（转引自 Song，2008：332）。

  事实上，汉语量词的逆语法化过程就是在既有的语言知识上的一种语言创造活动。也就是说，虽然量词已经成为一种量范畴的语法标记，但是人们依然能够依托转喻的认知机制，在后缀的帮助下，用这种量范畴标记来指称它们所标记的名词。汉语中很多事物的命名方式都与事物的特征相关。有的采用同音的方式，如《礼记·祭义》："众生必死，死必归土，此之谓鬼。"又如《玉篇·鬼部》："天曰神，地曰祇，人曰鬼，鬼之言归也。"据郭锡良（2010：223），"鬼""归"上古均属见母微部，虽声调有别，但声韵结构完全相同。"鬼之言归也"就是典型的声训释义。有的则是用其特征来命名。如《说文解字·人部》："人，天地之性最贵者也……象臂胫之形。"段玉裁《说文解字注》："《礼运》曰：'人者，其天地之德，阴阳之交，鬼神之会，五行之秀气也。'又曰：'人者，天地之心也，五行之端也，食味别声被色而生者也。'按：禽兽草木皆天地所生，而不得为天地之心。惟人为天地之心，故天地之生，此为极贵。天地之心谓之人，能与天地合德；果实之心亦谓之人，能复生草木而成果实；皆至微而具全体也。"与事物的其他名称或命名方式相比，汉语量词的名词化反映了汉语在事物命名方面的独特性，是汉语在认知类型学上一个突出特点。如"个子""本子""摊子"等能够指称事物，就是因为"个""本"

"摊"等和某些事物的密切联系，使其成为这些事物的量范畴标记，因而它们能够以转喻的方式指称名词事物；而后缀"子"则进一步明确了其口语的语用性质。

正是由于这样的原因，我们认为，汉语量词的构词现象能够反映出汉语基于语用的语言创新特征。这也是在汉语量词发生、发展过程中一直存在的一种认知类型特征。刘丹青（2011）认为，在量词语言和非量词语言之间，是有无量词的词类库藏区别；在量词语言之间，是量词库藏是否显赫的问题，其中汉语普通话大致处于量词语言的中间态；但在粤语、吴语及部分湘语、徽语方言中量词功能比较多样，词类地位显赫。所以刘丹青（2002b）将粤语等方言称为量词强势的方言。结合汉语量词的构词现象中的重叠、复合、词缀化、名词化、个头词等现象，在汉语普通话和汉语方言中的历时和共时的表现及其特征，我们能够发现，汉语量词与诸多语言的量词之间都有着鲜明的不同，因此可以认为，汉语是一种典型的量词创新型语言。

# 参考文献

一 专著类

[美] 爱德华·萨丕尔：《语言论》，陆卓元译，陆志韦校订，商务印书馆1985年版。

[英] 伯纳德·科姆里：《语言共性和语言类型》，沈家煊、罗天华译，陆丙甫校，北京大学出版社2010年版。

薄文泽：《伴偓语研究》，上海远东出版社1997年版。

曹志希、何玲梅：《英语教育与认知发展》，气象出版社2002年版。

曹志耘：《汉语方言地图集·词汇卷》，商务印书馆2008年版。

常竑恩：《拉祜语简志》，民族出版社1986年版。

陈世辉、汤余惠：《古文字学概要》，吉林大学出版社1988年版。

陈士林、边仕明、李秀清：《彝语简志》，民族出版社1985年版。

陈小明：《粤方言量词研究》，辽宁大学出版社2010年版。

陈颖：《苏轼作品量词研究》，巴蜀书社2003年版。

[日] 大河内康宪：《量词的个体化功能》，靳卫卫译，载大河内康宪《日本近、现代汉语研究论文选》，北京语言学院出版社1993年版。

戴浩一：《以认知为基础的汉语功能语法刍议》，载戴浩一、薛凤生《功能主义与汉语语法》，北京语言学院出版社1994年版。

戴庆厦、崔志超：《阿昌语简志》，民族出版社1985年版。

戴庆厦、蒋颖：《萌芽期量词的类型学特征——景颇语量词的个案研究》，载李锦芳《汉藏语系量词研究》，中央民族大学出版社2005年版。

戴庆厦、徐悉艰：《景颇语语法》，中央民族学院出版社1992年版。

［英］戴维·克里斯特尔：《现代语言学词典》，沈家煊译，商务印书馆2000年版。

丁椿寿：《彝语通论》，贵州民族研究所1985年版。

丁声树、吕叔湘、李荣等：《现代汉语语法讲话》，商务印书馆1961年版。

董秀芳：《词汇化：汉语双音词的衍生和发展》，四川民族出版社2002年版。

多尔吉：《道孚语格什扎话研究》，中国藏学出版社1998年版。

多杰东智：《藏语安多方言中的量词》，载李锦芳《汉藏语系量词研究》，中央族大学出版社2005年版。

冯碧瑛：《从体验哲学看当代汉语量词非常规搭配——基于中国当代1000篇散文名篇的认知研究》，载《第三届中西语言哲学国际研讨会论文摘要集》，重庆，2009年。

范毓周：《甲骨文》，人民出版社1986年版。

［德］费尔迪南·德·索绪尔：《普通语言学教程》，高名凯译，岑麒祥、叶蜚声校注，商务印书馆1980年版。

高华年：《彝语语法研究》，科学出版社1958年版。

高名凯：《汉语语法论》，商务印书馆1986年版。

顾廷龙、王世伟：《尔雅导读》，巴蜀书社1990年版。

管燮初：《西周金文语法研究》，商务印书馆1981年版。

郭锐：《现代汉语词类研究》，商务印书馆2004年版。

郭锡良：《汉字古音手册（增订本）》，商务印书馆2010年版。

郭先珍：《现代汉语量词手册》，中国和平出版社1987年版。

何杰：《现代汉语量词研究（修订版）》，民族出版社2001年版。

洪诚：《洪诚文集 雒诵庐论文集》，江苏古籍出版社2000年版。

胡平：《交际双方启动的语义创新、传播及其变化》，载《历史语言学研究》第十二辑，商务印书馆2018年版。

胡裕树：《现代汉语》，上海教育出版社1981年版。

黄伯荣：《汉语方言语法类编》，青岛出版社1996年版。

黄伯荣、廖序东：《现代汉语（下册）》，高等教育出版社2007年版。

姜竹仪：《纳西语》，载孙宏开、胡增益、黄行《中国的语言》，商务印书馆2007年版。

黎锦熙：《新著国语文法》，商务印书馆1924年版。

李范文：《西夏语比较研究》，宁夏人民出版社1999年版。

李福印：《认知语言学概论》，北京大学出版社2008年版。

李锦芳：《汉藏语系量词研究》，中央民族大学出版社2005年版。

李讷、安珊迪：《从SVO到SOV语序变化的解释》，完权译，吴福祥校，载吴福祥《境外汉语历史语法研究文选》，上海教育出版社2013年版。

李英哲：《汉语语序和数量在空间同事物中的分配》，载徐杰《汉语研究的类型学视角》，北京语言大学出版社2005年版。

李宇明：《汉语量范畴研究》，华中师范大学出版社2000年版。

李云兵：《中国南方民族语言语序类型研究》，北京大学出版社2008年版。

梁丽：《基本层次范畴理论与应用》，中国社会科学出版社2007年版。

梁敏：《毛难语简志》，民族出版社1980年版。

梁敏、张均如：《临高语研究》，上海远东出版社1997年版。

林向荣：《嘉戎语研究》，四川民族出版社1993年版。

林杏光：《词汇语义和计算语言学》，语文出版社1999年版。

刘保元：《拉珈语》，载孙宏开、胡增益、黄行《中国的语言》，商务印书馆2007年版。

刘保元：《瑶族拉珈语简志》，载《中国少数民族语言简志》编委会、《中国少数民族语言简志丛书》修订本编委会《中国少数民族语言简志丛书》卷三，民族出版社2009年版。

刘晨红：《临时名量词与名词匹配的认知机制》，载《世界汉语修辞学会第一届年会暨修辞学国际学术研讨会论文集》，山东曲阜，2008年。

刘丹青：《语序类型学与介词理论》，商务印书馆2003年版。

刘坚、蒋绍愚：《近代汉语语法资料汇编（唐五代卷）》，商务印书馆1990年版。

刘世儒：《魏晋南北朝量词研究》，中华书局1965年版。

刘子平：《汉语量词大词典》，上海辞书出版社2013年版。

刘正光：《语言非范畴化——语言范畴化理论的重要组成部分》，上海外语教育出版社2006年版。

柳远超：《盘县次方言彝语》，民族出版社2009年版。

龙耀宏：《侗语研究》，贵州民族出版社2003年版。

卢小群：《湘语语法研究》，中央民族大学出版社2007年版。

陆丙甫：《对Greenberg 45条共性的分析》，载《东方语言学》第五辑，上海教育出版社2009年版。

陆绍尊：《却域语》，载孙宏开、胡增益、黄行《中国的语言》，商务印书馆2007年版。

陆绍尊：《错那门巴语简志》，民族出版社1986年版。

罗安源：《松桃苗话描写语法学》，中央民族大学出版社2005年版。

吕春燕：《汉日语同形个体量词"个"与"個"的认知语义学对照考察》，《华西语文学刊》第九辑，四川文艺出版社2013年版。

吕叔湘：《個字的应用范围，附论单位词前一字的脱落》，载吕叔湘《汉语语法论文集（增订本）》，商务印书馆1984年版。

吕叔湘：《中国文法要略》，商务印书馆1982年版。

吕叔湘：《现代汉语八百词（增订本）》，商务印书馆1999年版。

吕叔湘、江蓝生：《近代汉语指代词》，学林出版社1985年版。

吕叔湘、王海棻：《马氏文通读本》，上海教育出版社2001年版。

马建忠：《马氏文通》，商务印书馆1983年版。

马庆株：《汉语语义语法范畴问题》，北京语言文化大学出版社1998年版。

［意］马西尼：《现代汉语词汇的形成——十九世纪汉语外来词研究》，黄河清译，汉语大词典出版社1997年版。

马学良：《汉藏语概论》，民族出版社2003年版。

马真：《是词的意义还是格式的意义》，载崔健、曹秀玲《对韩（朝）汉语教学研究》，延边大学出版社2005年版。

毛宗武、蒙朝吉、郑宗泽：《瑶族语言简志》，民族出版社1982年版。

倪大白：《莫语》，载孙宏开、胡增益、黄行《中国的语言》，商务印书馆2007年版。

欧阳觉亚：《珞巴族语言简志》，民族出版社1985年版。

欧阳觉亚、郑贻青：《黎语简志》，民族出版社1980年版。

潘悟云、陶寰：《吴语的代词》，载李如龙、张双庆《代词》，暨南大学出版社1999年版。

［加］蒲立本：《古汉语语法纲要》，孙景涛译，语文出版社2006年版。

［日］桥本万太郎：《语言地理类型学》，余志鸿译，北京大学出版社1985年版。

乔全生：《晋方言语法研究》，商务印书馆2000年版。

裘锡圭：《文字学概要》，商务印书馆1988年版。

沈家煊：《名词和动词》，商务印书馆2016年版。

苏培成：《现代汉字学纲要》，北京大学出版社1994年版。

孙宏开：《羌语简志》，民族出版社1981年版。

孙宏开：《独龙语简志》，民族出版社1982年版。

孙宏开、胡增益、黄行：《中国的语言》，商务印书馆2007年版。

孙立新：《关中方言的"个"》，载《汉语方言语法研究——第二届国际汉语方言语法学术研讨会论文集》，湖北武汉，2004年。

[日]太田辰夫：《中国语历史文法》，蒋绍愚、徐昌华译，北京大学出版社2003年版。

唐兰：《中国文字学》，上海古籍出版社2001年版。

田德生、何天贞、陈康等：《土家语简志》，民族出版社1986年版。

田鑫：《汉语动量词及动量短语研究》，中国和平出版社2014年版。

王逢鑫：《英汉比较语义学》，外文出版社2001年版。

王辅世：《苗语简志》，民族出版社1985年版。

王均等：《壮侗语族语言简志》，民族出版社1984年版。

王钧、郑国乔：《仫佬语简志》，民族出版社1980年版。

王力：《中国语法理论》，山东教育出版社1984年版。

王力：《汉语史稿（重排本）》，中华书局2004年版。

王力：《中国语言学史》，中华书局2013年版。

王力：《王力古汉语字典》，中华书局2000年版。

王连清：《海南方言的通用量词"枚"》，载《汉语方言语法研究的新视角——第五届汉语方言语法国际学术研讨会论文集》，上海，2010年。

王彤伟：《量词"把"的历时考察》，载《汉语史研究集刊》第二十辑，巴蜀书社2015年版。

王文斌：《隐喻的认知构建与解读》，上海外语教育出版社2007年版。

王晓林：《瑞典语语法》，外语教学与研究出版社1991年版。

王寅：《认知语法概论》，上海外语教育出版社2006年版。

[德]威廉·冯·洪堡特：《论人类语言结构的差异及其对人类精神发展的影响》，姚小平译，商务印书馆1999年版。

［美］威廉·克罗夫特：《语言类型学与语言共性》，龚群虎等译，复旦大学出版社2009年版。

韦庆稳、覃国生：《壮语简志》，民族出版社1980年版。

吴启禄：《贵阳布依语》，贵州民族出版社1992年版。

伍铁平：《模糊语言学》，上海外语教育出版社1999年版。

惠红军：《〈金瓶梅〉量词句法功能的语法等级》，载《汉语史研究集刊》第十一辑，巴蜀书社2008年版。

惠红军：《蒲城方言的"咻"》，载《长安学术》第九辑，高等教育出版社2016年版。

惠红军：《汉语重叠研究综述》，载《长安学术》第十一辑，高等教育出版社2017年版。

惠红军：《汉语量名搭配演变中的范畴共享机制及其影响》，载《北斗语言学刊》第八辑，社会科学文献出版社2021年版。

惠红军：《汉语量词研究》，西南交通大学出版社2011年版。

惠红军：《量范畴的类型学研究：以贵州境内的语言为对象》，科学出版社2015年版。

向熹：《诗经词典》，四川人民出版社1986年版。

向熹：《简明汉语史（上）》，商务印书馆2010年版。

向熹：《简明汉语史（下）》，商务印书馆2010年版。

徐琳、木玉璋、盖兴之：《傈僳语简志》，民族出版社1986年版。

徐琳、赵衍荪：《白语简志》，民族出版社1984年版。

徐中舒：《甲骨文字典》，四川辞书出版社1989年版。

许宝华、［日］宫田一郎：《汉语方言大词典》，中华书局1999年版。

许宝华、汤珍珠：《上海市区方言志》，上海教育出版社1988年版。

杨伯峻：《孟子译注》，中华书局1960年版。

杨伯峻、何乐士：《古汉语语法及其发展（修订本）》，语文出版社2001年版。

杨通银：《莫语研究》，中央民族大学出版社2000年版。

姚振武：《上古汉语语法史》，上海古籍出版社2015年版。

叶桂郴：《明代汉语量词研究》，岳麓书社2008年版。

于省吾：《甲骨文字诂林》，中华书局1996年版。

余思黎：《殊域周咨录·前言》，载（明）严从简《殊域周咨录》，余思黎点校，中华书局1993年版。

俞理明：《汉语缩略研究——缩略：语言符号的再符号化》，巴蜀书社2005年版。

喻翠容：《布依语简志》，民族出版社1980年版。

袁毓林：《汉语语法研究的认知视野》，商务印书馆2004年版。

张必隐：《程序模式与认知方式之间的关系》，载《中国心理学会第三次会员代表大会及建会60周年学术会议（全国第四届心理学学术会议）文摘选集（上）》，北京，1981年。

张赪：《汉语语序的历史发展》，北京语言大学出版社2010年版。

张惠英：《汉语方言代词研究》，语文出版社2001年版。

张济民：《仡佬语研究》，贵州民族出版社1993年版。

张景霓：《毛南语的量词短语》，载李锦芳《汉藏语系量词研究》，中央民族大学出版社2005年版。

张军：《量词与汉藏语名词的数量范畴》，载李锦芳《汉藏语系量词研究》，中央民族大学出版社2005年版。

张均如：《水语简志》，民族出版社1980年版。

张黎：《汉语补语的分类及其认知类型学价值》，《对外汉语研究》第四期，商务印书馆2008年版。

张黎：《汉语"动作—结果"的句法呈现及其认知类型学的解释》，《对外汉语研究》第六期，商务印书馆2010年版。

张美兰：《近代汉语言研究》，天津教育出版社2001年版。

张维佳：《演化与竞争：关中方言音韵结构的变迁》，陕西人民出版社

2002年版。

张元生、马加林、文明英等：《海南临高话》，广西民族出版社1985年版。

赵元任：《汉语口语语法》，吕叔湘译，商务印书馆1979年版。

［日］志村良治：《中国中世语法史研究》，江蓝生、白维国译，中华书局1995年版。

周春林：《词语语义语法偏离搭配研究》，云南人民出版社2008年版。

周有光：《世界文字发展史》，上海教育出版社1997年版。

朱德熙：《语法讲义》，商务印书馆1982年版。

宗守云：《汉语量词的认知研究》，世界图书北京出版公司2012年版。

［美］C.J.菲尔墨：《"格"辨》，胡明扬译，商务印书馆2002年版。

［美］Goldberg, Adele E.：《构式：论元结构的构式语法研究》，吴海波译，冯奇审订，北京大学出版社2007年版。

Aikhenvald, Alexandra Y., *Classifiers: A Typology of Noun Categorization Devices*, New York: Oxford University Press, 2000.

Chomsky, Noam, *Reflections on Language*, London: Fontana, 1976.

Comrie, B., *Language Universals and Linguistic Typology*, Chicago: University of Chicago Press, 1981.

Croft, William, *Syntactic Categories and Grammatical Relations*, Chicago: University of Chicago Press, 1991.

Croft, William, *Typology and Universals*, 外语教学与研究出版社2000年版。

Croft, William, *Radical Construction Grammar: Syntactic Theory in Typological Perspective*, Oxford: Oxford University Press, 2001.

Emeneau, M. B., *Studies in Vietnamese (Annamese) Grammar*, Berkeley & Los Angeles, 1951.

Greenberg, J. H., *Universals of Language*, Cambridge, MA: the MIT

Press, 1963.

Greenberg, J. H., *Universals of Human Language*, Standford, CA: Standford University Press, 1978.

Hurch, Bernhard, *Studies on Reduplication*, Berlin, Germany: Mouton de Gruyter, 2005.

Jackendoff, Ray, *Semantics and Cognition*, Cambridge MA: the MIT Press, 1983.

Jackendoff, Ray, *Semantic Structures*, Cambridge, MA: the MIT Press, 1990.

Lakoff, Greorge, *Ten Lectures on Cognitive Linguistics*, 外语教学与研究出版社2007年版。

Lakoff, G. & Johnson, M., *Metaphors We Live by*, Chicago: The University of Chicago Press, 2003.

Lakoff, G. & Johnson, M., *Philosophy in the Flesh—the Embodied Mind and Its Challenge to Western Thought*, New York: Basic Books, 1999.

Lakoff, G. & Turner, M., *More than Cool Reason: A Field Guide to Poetic Metaphor*, Chicago & London: The University of Chicago Press, 1989.

Langacker, R. W., *Foundations of Cognitive Grammar: Vol. 1. Theoretical Prerequisites*, Stanford, CA: Standford University Press, 1987.

Shi, Bo, *Between Heaven and Earth: A History of Chinese Writing*, Boston, MA: Shambhala Publications Inc, 2003.

Song, Jae Jung, *Linguistic Typology: Morphology and Syntax*, 北京大学出版社2008年版。

Sun, Chaofen, *Chinese: A Linguistic Introduction*, Cambridge, New York: Cambridge University Press, 2006.

Talmy, Leonard, *Toward a Cognitive Semantics: Vol. 1.; Concept Structuring Systems, Vol. 2.; Typology and Process in Concept Structuring*,

Cambridge，MA：the MIT press，2000.

二 期刊论文类

安丰存：《从量词的语法化过程看语言结构的内部调整》，《汉语学习》2009年第4期。

毕永峨：《不定量词词义与构式的互动》，《中国语文》2007年第6期。

步连增：《南方汉语中量词定指现象来源初探——以桂南平话为例》，《语言研究》2011年第3期。

曹广顺：《说助词"个"》，《古汉语研究》1994年第4期。

曹跃香、李文洁：《高安话"到"动量词用法探析》，《南昌工程学院学报》2019年第5期。

曹志希、陈友良：《语言认知结构的基本特征》，《湖南社会科学》2005年第1期。

常乐：《山西方言量范畴研究》，山西大学，博士学位论文，2019年。

陈才佳：《贺州市桂岭本地话动物类通用量词"头"》，《百色学院学报》2013年第1期。

陈才佳：《贺州桂岭本地话通用型量词"□naŋ^{52}"》，《百色学院学报》2015年第6期。

陈凡凡、林伦伦：《广东澄海闽方言量词的语法特点》，《汕头大学学报》2003年第S1期。

陈丽湘：《双峰方言量词初探》，《广西教育学院学报》2010年第2期。

陈庆延：《稷山方言的量词》，《语文研究》1981年第2期。

陈淑梅、张志华：《汉语方言的动量词》，《黄冈师范学院学报》2003年第5期。

陈淑梅：《鄂东方言的量范畴研究》，华中科技大学，博士学位论文，2006年。

陈曦：《贵港话语法研究》，广西大学，硕士学位论文，2017年。

参考文献

陈晓宇、王美馨、高雅婷等：《视觉与听觉情绪信息关系判断中的交互作用》，《心理科学》2016年第4期。

陈玉洁：《量名结构与量词的定语标记功能》，《中国语文》2007年第6期。

陈泽平、［日］秋谷裕幸：《福州话的通用量词"隻"与"個"》，《方言》2008年第4期。

程博：《壮侗语数量名结构语序探析》，《中央民族大学学报》2012年第4期。

程琪龙：《试论语言的基本概念结构》，《外语与外语教学》1995年第3期。

程琪龙：《"概念结构"探索》，《语文研究》1996年第1期。

程琪龙：《双宾结构及其相关概念网络》，《外国语》2004年第3期。

次林央珍：《东旺藏语数词研究》，云南师范大学，硕士学位论文，2018年。

戴浩一：《时间顺序和汉语的语序》，黄河译，《国外语言学》1988年第1期。

戴浩一：《概念结构与非自主性语法：汉语语法概念系统初探》，《当代语言学》2002年第1期。

戴庆厦：《景颇语的实词虚化》，《中央民族大学学报》1996年第4期。

戴庆厦：《论景颇语在藏缅语中的地位》，《云南民族学院学报》2000年第1期。

戴庆厦：《论亲属语言演变链》，《贵州民族学院学报》2011年第2期。

戴庆厦、刘菊黄、傅爱兰：《克伦语初探》，《中央民族学院学报》1987年第6期。

戴庆厦、刘菊黄、傅爱兰：《关于我国藏缅语族系属分类问题》，《云南民族学院学报》1989年第3期。

戴庆厦、彭茹：《藏缅语的基数词——兼与汉语比较》，《青海民族研究》2016年第2期。

戴婉莹：《量词"个化"新议》，《汉语学习》1984年第1期。

戴宗杰：《藏缅语动量词的句法特征和语义多功能性》，《民族语文》2021年第3期。

邓帮云：《"盘"量词用法探究》，《乐山师范学院学报》2004年第7期。

邓开初：《长沙话中缺乏语义分类功能的量词"只"》，《船山学刊》2008年第3期。

刁晏斌：《复合量词及量词词组简论》，《术语标准化与信息技术》2008年第3期。

东巴：《藏语量词研究》，青海师范大学，硕士学位论文，2010年。

董秀芳：《从现代汉语个体量词的名性特征看其内部差异》，《世界汉语教学》2013年第1期。

樊中元：《现代汉语一名多量现象研究》，湖南师范大学，博士学位论文，2003年。

方环海、沈玲：《西方汉学视域下汉语量词的性质与特征》，《语言教学与研究》2016年第3期。

方经民：《汉语空间方位参照的认知结构》，《世界汉语教学》1999年第4期。

方寅、张成福：《动词与动量词搭配规律的认知分析》，《徐州师范大学学报》2007年第2期。

费良华：《语言的创新与规范》，《白城师范学院学报》2003年第3期。

关英伟：《也谈"复合量词"这个术语》，《汉语学习》1994年第6期。

贺文、危辉：《概念结构研究综述》，《计算机应用与软件》2010年第1期。

洪波：《汉藏系语言类别词的比较研究》，《民族语文》2012年第3期。

洪诚：《略论量词"个"的语源及其在唐以前的发展情况》，《南京大学学报》1963年第2期。

胡竹安、余志鸿：《〈语言地理类型学〉简介》，《国外语言学》1981 年第 4 期。

华玉明：《试论量词重叠》，《邵阳师专学报》1994 年第 3 期。

黄布凡：《木雅语概况》，《民族语文》1985 年第 3 期。

黄布凡：《扎坝语概况》，《中央民族学院学报》1990 年第 4 期。

黄成龙：《羌语的名量词》，《民族语文》2005 年第 5 期。

黄鹏：《潮州话与普通话量词语法比较》，《韩山师专学报》1987 年第 1 期。

黄平：《汉藏语数量名结构语序研究》，中央民族大学，博士学位论文，2012 年。

黄平文：《壮语 ki^{33} 的用法功能分析》，中国民族语言学会第十二次全国学术讨论会论文，湖北武汉，2016 年。

黄盛璋：《两汉时代的量词》，《中国语文》1961 年 8 月号。

黄涛：《闽东罗源方言描写语法》，福建师范大学，博士学位论文，2016 年。

贾琳瑛：《金平傣语量词研究》，云南民族大学，硕士学位论文，2012 年。

姜国平：《湘语通用量词"隻"研究》，湖南师范大学，硕士学位论文，2005 年。

江海珍：《汉语名量构式研究》，湘潭大学，硕士学位论文，2011 年。

蒋冀骋、刘智锋：《论词义引申的民族性》，《古汉语研究》2017 年第 2 期。

蒋颖：《汉藏语系名量词研究》，中央民族大学，博士学位论文，2006 年。

蒋颖：《普米语个体量词及其类型学分析》，《民族语文》2008 年第 5 期。

金福芬、陈国华：《汉语量词的语法化》，《清华大学学报》（哲学社会科学版）2002 年增 1 期。

金桂桃：《数量表达方式的类型学考察》，《语言研究》2015 年第 4 期。

金易生：《用于人的量词》，《咬文嚼字》1995 年第 2 期。

金颖：《试论动量词"过"的产生、发展及其相关问题》，《古汉语研究》2006 年第 1 期。

金志成、李广平：《在汉字视觉识别中字形和字音作用的实验研究》，《心理科学》1995 年第 3 期。

康忠德：《居都仡佬语参考语法》，中央民族大学，博士学位论文，2009 年。

克原秀：《德宏傣语修饰语的语序探析》，《云南民族大学学报》（哲学社会科学版）2011 年第 3 期。

冷新吾：《量词"位"的变异用法考察》，《淄博师专学报》2006 年第 4 期。

黎俊坚：《陆川客家话的量词》，《广西教育学院学报》2002 年第 2 期。

李彬：《例谈多层定语的排列顺序》，《语文知识》1996 年第 6 期。

李春风：《邦朵拉祜语参考语法》，中央民族大学，博士学位论文，2012 年。

李凤：《〈殊域周咨录·云南百夷篇〉笺注》，云南大学，硕士学位论文，2012 年。

李福印：《Leonard Talmy 的语言哲学思想》，《中国外语》2015 年第 6 期。

李卉、王福兴、范颖平等：《媒体与婴儿的认知发展》，《心理科学》2012 年第 5 期。

李建平：《先秦两汉量词研究》，西南大学，博士学位论文，2010 年。

李教昌：《怒江傈僳语参考语法》，上海师范大学，博士学位论文，2018 年。

李京京：《量词"过"源流浅探》，《黑龙江工业学院学报》2017 年第 5 期。

李丽美：《"认知功能教学法"在泰国汉语名量词教学中的应用研究》，武汉大学，博士学位论文，2017年。

李明：《西双版纳傣语量词研究——兼与汉语对比》，中央民族大学，博士学位论文，2007年。

李讷、石毓智：《句子中心动词及其宾语之后谓词性成分的变迁与量词语法化的动因》，《语言研究》1998年第1期。

李批然：《哈尼语量词研究》，《民族语文》1992年第5期。

李霞：《比工仡佬语参考语法》，中央民族大学，博士学位论文，2009年。

李雪：《青岛方言量词"个"的研究》，延边大学，硕士学位论文，2013年。

李艳：《现代汉语名量词的认知研究》，华东师范大学，硕士学位论文，2006年。

李翼：《绑扎义量词自约性的认知研究——以法语"botte"与汉语"束"为例》，《信阳农林学院学报》2018年第4期。

李勇：《由汉语量词管窥汉民族形象思维方式》，《重庆三峡学院学报》2013年第5期。

李宇明：《论词语重叠的意义》，《世界汉语教学》1996年第1期。

李宇明：《拷贝型量词及其在汉藏语系量词发展中的地位》，《中国语文》2000年第1期。

李云兵：《论语言接触对苗瑶语语序类型的影响》，《民族语文》2005年第3期。

李占启：《"量词"对应汉语异同的认知分析》，《社会科学论坛》2015年第8期。

李宗澈：《〈史记〉量词研究》，复旦大学，博士学位论文，2004年。

李宗江：《语法化的逆过程：汉语量词的实义化》，《古汉语研究》2004年第4期。

李佐丰：《〈左传〉量词的分类》，《内蒙古大学学报》（哲学社会科学版）1984年第3期。

李佐丰：《先秦汉语的零代词》，《中国语文》2019年第3期。

林素娥：《早期吴语指示词"个"——兼议吴语中性指示词的来源》，《方言》2018年第2期。

刘辰诞：《边界移动：语言创新的一个动因》，《外语学刊》2012年第1期。

刘丹青：《吴语的句法类型特点》，《方言》2001年第4期。

刘丹青：《所谓"量词"的类型学分析》，北京语言大学对外汉语教学研究中心讲座，2002年12月18日，http：//www.pkucn.com/viewthread.php？tid=139982，2012年10月（引用日期）。

刘丹青：《汉语类指成分的语义属性与句法属性》，《中国语文》2002年第5期。

刘丹青：《汉藏语言的若干语序类型学课题》，《民族语文》2002年第5期。

刘丹青：《先秦汉语语序特点的类型学观照》，《语言研究》2004年第1期。

刘丹青：《汉语关系从句标记类型初探》，《中国语文》2005年第1期。

刘丹青：《语言库藏类型学构想》，《当代语言学》2011年第4期。

刘丹青：《汉语的若干显赫范畴：语言库藏类型学视角》，《世界汉语教学》2012年第3期。

刘丹青、徐烈炯：《焦点与背景、话题及汉语"连"字句》，《中国语文》1998年第4期。

刘街生：《现代汉语动量词的语义特征分析》，《语言研究》2003年第2期。

刘晓然：《汉语量词短语的词汇化》，《语言研究》2006年第1期。

刘玉兰：《泰国勉语参考语法》，中央民族大学，博士学位论文，

2012 年。

刘朝华：《布依语汉语名量词对比研究》，中央民族大学，博士学位论文，2012 年。

刘植惠：《发展中的超文本技术——情报技术的新领域》，《情报科学》1989 年第 2 期。

刘佐艳：《表规模、数量词语的模糊性及民族文化特点》，《中国俄语教学》2004 年第 4 期。

陆丙甫、完权：《附缀的分布与黏着性》，《解放军外国语学院学报》2020 年第 4 期。

陆俭明：《构式与意象图式》，《北京大学学报》（哲学社会科学版）2009 年第 3 期。

陆俭明：《构式语法理论再议——序中译本〈运作中的构式：语言概括的本质〉》，《外国语》2013 年第 1 期。

陆绍尊：《普米语概况》，《民族语文》1980 年第 4 期。

陆绍尊：《门巴语数词的构成方法和使用方法》，《语言研究》1984 年第 1 期。

罗日新：《从名（或动）、量的搭配关系看量词的特点》，《辽宁师范大学学报》1986 年第 2 期。

罗昕如：《湘语的通用量词"隻"》，第二届国际汉语方言语法学术研讨会论文，湖北武汉，2004 年。

吕晶晶、唐树华：《基于普遍认知能力的网络模型及其解释力——兼比较图式网络和概念网络模型》，《当代外语研究》2012 年第 6 期。

麻爱民：《说"花朵"兼谈量词"朵"的词尾化》，《嘉应学院学报》（哲学社会科学版）2013 年第 12 期。

马庆株：《关于重叠的若干问题：重叠（含叠用）、层次与隐喻》，《汉语学报》2000 年第 1 期。

马玉夫：《从结构主义、消解策略谈语言创新》，《沈阳大学学报》2000

年第 1 期。

马云霞：《Talmy 的认知语义学——〈面向认知语言学〉评介》，《临沂大学学报》2013 年第 5 期。

马真：《说"也"》，《中国语文》1982 年第 4 期。

毛智慧、许鸿敏：《汉英身体名词作量词的认知对比分析》，《成都师范学院学报》2014 年第 9 期。

毛宗武、蒙朝吉：《博罗畲语概述》，《民族语文》1982 年第 1 期。

蒙元耀：《壮语物量词的指代用法》，《百越论丛》2008 年第 1 辑。

彭慧：《量词"轮"的历时发展及其认知机制》，《广西社会科学》2012 年第 9 期。

齐振海：《关于思维结构及其在认识中的作用》，《现代哲学》1986 年第 4 期。

覃凤余：《壮语分类词的类型学性质》，《中国语文》2015 年第 6 期。

覃晓航：《关于壮语量词的词头化》，《民族语文》2005 年第 3 期。

瞿霭堂：《论汉藏语言的虚词》，《民族语文》1995 年第 6 期。

饶宏泉：《量词的性质和数量表达的核心——语序类型学的研究》，《安徽师范大学学报》2012 年第 1 期。

如鲜古丽·阿依普：《汉维语个体量词的认知语义特征比较研究》，西北民族大学，硕士学位论文，2014 年。

阮咏梅：《浙江温岭方言研究》，苏州大学，博士学位论文，2012 年。

邵敬敏：《量词的语义分析及其与名词的双向选择》，《中国语文》1993 年第 3 期。

邵敬敏：《动量词的语义分析及其与动词的选择关系》，《中国语文》1996 年第 2 期。

邵勤：《汉语动量词认知研究》，华东师范大学，硕士学位论文，2005 年。

邵瑞珍：《布鲁纳的课程论》，《外国教育资料》1978 年第 5 期。

申小龙：《论语言分析中"从抽象上升到具体"的方法》，《学术月刊》1983年第4期。

沈怀兴：《量词"位"的泛用》，《河南师范大学学报》2001年第1期。

沈家煊：《R. W. Langacker 的"认知语法"》，《国外语言学》1994年第1期。

沈家煊：《"有界"与"无界"》，《中国语文》1995年第5期。

沈家煊：《转指和转喻》，《当代语言学》1999年第1期。

沈家煊：《我看汉语的词类》，《语言科学》2009年第1期。

沈家煊：《"名动词"的反思：问题和对策》，《世界汉语教学》2012年第1期。

沈志忠：《二十四节气形成年代考》，《东南文化》2001年第1期。

盛银花：《安陆方言物量词比较研究》，《中南民族大学学报》2005年第1期。

施其生：《广州方言的"量+名"组合》，《方言》1996年第2期。

石汝杰、刘丹青：《苏州方言量词的定指用法及其变调》，《语言研究》1985年第1期。

石毓智：《表物体形状的量词的认知基础》，《语言教学与研究》2001年第1期。

石毓智：《量词、指示代词和结构助词的关系》，《方言》2002年第2期。

石毓智：《论语言表达的创新机制》，《外语研究》2007年第3期。

司罗红、李肖肖：《焦作方言中的特殊量词用法》，《洛阳理工学院学报》2016年第1期。

宋成吉、张桂梅：《量词"人"新探》，《学术交流》2010年第8期。

宋玉柱：《关于"复合量词"这个术语》，《汉语学习》1994年第1期。

孙宏开：《六江流域的民族语言及其系属分类——兼述嘉陵江上游、雅鲁藏布江流域的民族语言》，《民族学报》1983年第3期。

孙宏开：《汉藏语系历史类型学研究中的一些问题》，《语言研究》2011年第1期。

孙宏开：《汉藏语系语言的共同创新》，《民族语文》2014年第2期。

孙立新：《关中方言代词概要》，《方言》2002年第3期。

孙良明：《忆劭西师谈"依句辨品"的来历》，《古汉语研究》2005年第2期。

孙汝建：《关于量词"个"化论的思考》，《云南师范大学学报》1996年第1期。

唐卫平、赵耿林：《省略现象研究：反思与发展——省略认知观VS省略生成观》，《外语教学》2016年第3期。

唐钰明：《古汉语动量表示法探源》，《古汉语研究》1990年第1期。

唐正大：《关系化对象与关系从句的位置——基于真实语料和类型分析》，《当代语言学》2007年第2期。

万献初：《湖北通城方言的量词"隻"》，《方言》2003年第2期。

汪国胜：《大冶方言的物量词》，《语言研究》1993年第2期。

王彬思：《温州方言名量词研究》，山东师范大学，硕士学位论文，2014年。

王德春：《对外汉语教学漫议之十（三篇）》，《汉语学习》1992年第1期。

王芳：《英汉量词隐喻结构的认知研究》，《牡丹江师范学院学报》（哲学社会科学版）2014年第1期。

王健、顾劲松：《涟水（南禄）话量词的特殊用法》，《中国语文》2006年第3期。

王静：《"个别性"与动词后量成分和名词的语序》，《语言教学与研究》2001年第1期。

王丽华：《梅县客方言量词"只"与普通话量词"个"的比较》，《客家文博》2013年第2期。

王绍新：《试论"人"的量词属性》，《中国语文》2005 年第 1 期。

王绍新：《汉语史上名量词语法化问题》，《陕西师范大学学报》2010 年第 3 期。

王双成：《西宁方言量词"个"的特殊用法》，《中国语文》2015 年第 5 期。

王素梅：《从汉语量词的形象性谈量词的用法及教学》，《语言与翻译》1996 年第 1 期。

王希杰、关英伟：《复合量词的规范和偏离》，《汉语学习》1993 年第 5 期。

韦茂繁：《下坳壮语参考语法》，上海师范大学，博士学位论文，2012 年。

韦学纯：《水语描写研究》，上海师范大学，博士学位论文，2011 年。

温美姬：《客赣方言量词比较研究——以梅县话和南昌话为例》，《嘉应学院学报》（哲学社会科学）2013 年第 4 期。

温美姬：《客赣方言的通用量词"只"》，《嘉应学院学报》（哲学社会科学）2014 年第 4 期。

翁璇庆：《莫滥用量词"位"》，《咬文嚼字》1997 年第 1 期。

吴宸灏：《宜兴方言量词的定指用法》，《语文学刊》2014 年第 11 期。

吴春相：《现代汉语"数+量+形"结构的机制和动因——从语法构式到修辞构式》，《当代修辞学》2015 年第 1 期。

吴福祥：《关于语法化的单向性问题》，《当代语言学》2003 年第 4 期。

吴福祥：《汉语语法化演变的几个类型学特征》，《中国语文》2005 年第 6 期。

吴福祥：《关于语言接触引发的演变》，《民族语文》2007 年第 2 期。

吴福祥：《语序选择与语序创新——汉语语序演变的观察和断想》，《中国语文》2012 年第 4 期。

吴福祥：《汉语方言中的若干逆语法化现象》，《中国语文》2017 年第 3 期。

吴芙芸、盛亚南：《指量词的前置优势及宾语关系从句的产出优势：汉语二语学习者视角》，《外语教学与研究》2014年第3期。

吴启禄：《布依语量词概略》，《贵州民族研究》1983年第3期。

吴伟军：《贵州晴隆县长流喇叭苗人话研究》，陕西师范大学，博士学位论文，2017年。

吴文婷：《从认知角度看量词"枚"的语法化与复活》，《现代语文》2012年第6期。

吴艳：《语言接触下黎语语序类型的变化》，《百色学院学报》2015年第1期。

伍翠婷、罗智丰：《量词"把"的产生及其历时演变》，《桂林航天工业学院学报》2012年第4期。

惠红军：《〈水浒传〉量词研究》，贵州大学，硕士学位论文，2006年。

惠红军：《古代汉语两种非基本语序的语用分析》，《贵州大学学报》2008年第5期。

惠红军：《数量结构非范畴化为副词》，《贵州民族学院学报》2010年第3期。

惠红军：《数量结构"一把"的非范畴化现象探析》，《现代语文》2010年第8期。

惠红军：《汉语量词超常搭配的动因分析》，《贵州民族学院学报》2011年第1期。

惠红军：《论汉语词缀功能形成和分化的动因——以〈金瓶梅〉的词缀为缘起》，《古汉语研究》2011年第4期。

惠红军：《时间性量词短语的语义双指》，《语言教学与研究》2012年第2期。

惠红军：《汉藏语系的数量名结构》，《汉语学报》2018年第1期。

夏日光：《省略的认知语言学研究与翻译教学》，西南大学，博士学位论文，2010年。

夏文彬：《浅论语言的规范和创新》，《临沂师专学报》1996年第2期。

［日］相原茂：《数量补语"一下"》，沙野译，《汉语学习》1984年第4期。

肖崇好、黄希庭：《汉字独体字识别中的框架结构效应》，《心理科学》1998年第3期。

萧国政：《汉语量词"把"的意义、分类及用法——面向第二语言教学的认知解释与功能研究》，《江汉大学学报》（人文科学版）2004年第1期。

谢润姿：《广东揭阳方言量词初探》，《广西教育学院学报》2008年第5期。

徐丹：《下游史兴语的某些特点》，《民族语文》2009年第1期。

徐丹、傅京起：《量词及其类型学考察》，《语言科学》2011年第6期。

徐杰、李英哲：《焦点和两个非线性语法范畴："否定""疑问"》，《中国语文》1993年第2期。

徐杰、覃业位：《"语言特区"的性质与类型》，《当代修辞学》2015年第4期。

徐悉艰：《景颇语的量词》，《民族语文》1987年第5期。

薛健：《量词"个化"问题管见》，《汉语学习》2006年第5期。

严宝刚：《吴语通用量词"只"探源》，《才智》2009年第17期。

岩温罕：《西双版纳傣泐语参考语法》，上海师范大学，博士学位论文，2018年。

杨爱姣、玲子：《数量型定中结构的搭配变异》，《修辞学习》1999年第5期。

杨将领：《独龙语个体量词的产生和发展》，《民族语文》2011年第6期。

杨永龙：《从"形+数量"到"数量+形"——汉语空间量构式的历时变化》，《中国语文》2011年第6期。

叶丹：《黄石方言量词研究》，福建师范大学，硕士学位论文，2010年。

叶桂郴：《〈六十种曲〉和明代文献的量词》，湖南师范大学，博士学位论文，2005 年。

银莎格：《银村仫佬语参考语法》，中央民族大学，博士学位论文，2012 年。

游汝杰：《论台语量词在汉语南方方言中的底层遗存》，《民族语文》1982 年第 2 期。

[法] 游顺钊：《从认知角度探讨上古汉语名量词的起源》，《中国语文》1988 年第 5 期。

余霭芹：《广东开平方言的"的"字结构——从"者""之"分工谈到语法类型分布》，《中国语文》1995 年第 4 期。

余金枝：《矮寨苗语参考语法》，中央民族大学，博士学位论文，2010 年。

袁宾：《〈五灯会元〉词语释义》，《中国语文》1986 年第 5 期。

袁静：《浅析量词"枚"的形成及其认知语义特点》，《绥化学院学报》2019 年第 3 期。

袁仁智：《〈元曲选〉量词系统的历时比较》，《湘南学院学报》2005 年第 6 期。

袁毓林：《词类范畴的家族相似性》，《中国社会科学》1995 年第 1 期。

[加] 约翰·麦克纳马拉：《幼儿语言学习的认知基础》，王汝仁摘译，林明校，《心理科学通讯》1981 年第 6 期。

曾传禄：《汉语量词语义的认知阐释》，《语文学刊》2006 年第 12 期。

曾文斌：《从异文比较看动量词"过"与"遍"的历时演变》，《绥化学院学报》2019 年第 11 期。

翟会锋：《三官寨彝语参考语法》，中央民族大学，博士学位论文，2011 年。

张爱兰：《析现代汉语量词的表现特征》，《甘肃高师学报》1998 年第 4 期。

张公瑾：《论汉语及壮侗语族诸语言中的单位词》，《中央民族学院学报》1978年第4期。

张恒悦：《量词重叠式的语义认知模式》，《语言教学与研究》2012年第4期。

张辉、祝良：《认知语言学概述》，《外语研究》1999年第2期。

张黎：《什么是意合语法？——关于意合语法的讨论之一》，《汉语学习》1997年第1期。

张黎：《关于语义范畴——意合语法讨论之二》，《汉语学习》1997年第4期。

张黎：《汉语"把"字句的认知类型学解释》，《世界汉语教学》2007年第3期。

张黎：《现代汉语"了"的语法意义的认知类型学解释》，《汉语学习》2010年第6期。

张黎：《汉语句式系统的认知类型学分类——兼论汉语语态问题》，《汉语学习》2012年第3期。

张美兰：《汉语朝鲜语形状量词"张"的认知范畴对比研究》，《韩国语教学与研究》2018年第3期。

张美苑：《汉瑞语序对比分析及其在对瑞汉语教学中的应用——以单句为重点的对比分析研究》，北京外国语大学，硕士毕业论文，2014年。

张敏：《从类型学和认知语法的角度看汉语重叠现象》，《国外语言学》1997年第2期。

张敏：《汉语方言重叠式语义模式的研究》，《中国语文研究》2001年第1期。

张秋霞：《量词"条""件"的动词化与"条件"的词汇化》，《内江师范学院学报》2019年第1期。

张权：《英语动词名词化的认知结构分析》，《外国语》2001年第6期。

张瑞:《理据性量词的非理据性用法》,《长江大学学报》(社会科学版) 2014 年第 4 期。

张桃:《宁化客家方言语法研究》,厦门大学,博士学位论文,2004 年。

张兴良:《湖南宁乡方言个体量词研究》,湖南师范大学,硕士学位论文,2008 年。

张燕:《湘西方言中泛用量词"条""筒"初探》,《语文学刊》2011 年第 2 期。

张谊生:《从量词到助词——量词"个"语法化过程的个案分析》,《当代语言学》2003 年第 3 期。

张元生:《武鸣壮语名量词新探》,《中央民族学院学报》1993 年第 4 期。

赵桂玲:《准量词"人"的探讨——从唐人小说的用例谈起》,《语言教学与研究》1984 年第 1 期。

赵静贞:《数量词"一丝"的虚用》,《汉语学习》1983 年第 2 期。

赵俐:《语言创新及语言创新能力研究》,《语言文字应用》2005 年第 3 期。

赵日新:《说"个"》,《语言教学与研究》1999 年第 2 期。

赵日新:《绩溪方言的结构助词》,《语言研究》2001 年第 2 期。

赵燕珍:《赵庄白语参考语法》,中央民族大学,博士学位论文,2009 年。

赵中方:《唐五代个体量词的发展》,《扬州师院学报》1991 年第 4 期。

郑桦:《动量词的来源》,《宁夏大学学报》2005 年第 2 期。

郑兴敏:《汉语方言量词探究》,《现代语文》2012 年第 5 期。

郑宇:《福州方言指示代词"只"、"者"之起源》,《福建广播电视大学学报》2007 年第 2 期。

钟武嫚:《粤语玉林话语法研究》,广西大学,硕士学位论文,2011 年。

周纯梅:《湖南新化方言量词的代、助用法》,《文教资料》2006 年第 2 期。

周娟：《现代汉语动词与动量词组合研究》，暨南大学，博士学位论文，2007年。

周芍：《名词量词组合的双向选择研究及其认知解释》，暨南大学，博士学位论文，2006年。

周小兵：《广州话量词的定指功能》，《方言》1997年第1期。

周旋、李柏令：《试析量词"位"的泛化及其原因》，《现代语文》2006年第9期。

周永、吴义诚：《省略结构的等同条件与允准机制》，《外语教学》2019年第6期。

朱艳华：《载瓦语参考语法》，中央民族大学，博士学位论文，2011年。

邹小婧：《从理论角度浅谈量名超常搭配存在的合理性》，《现代语文》2015年第12期。

［美］Light, T.：《汉语词序和词序变化》，张旭译，《国外语言学》1981年第4期。

Adams, K. & Conklin, N. F., "Toward a Theory of Natural Classification", *Papers from the 9th Regional Meeting of the Chicago Linguistics Socity*, 1973, pp. 1 – 10.

Allan, Keith, "Classifiers", *Language*, Vol. 53, No. 2, 1977, pp. 285 – 311.

Burusphat, Somsonge, "Animate Classifiers in Tai Languages", *International Journal of the Sociology of Language*, Vol. 186, 2007, pp. 109 – 124.

DeFries, J. C. et al., "Near Identity of Cognitive Structure in Two Ethnic Groups", *Science*. Jan, 25, Vol. 183, No. 4122, 1974, pp. 338 – 339.

Denny, J. Peter, "Semantic Analysis of Selected Japanese Numeral Classifiers for Units", *Linguistics*, Vol. 17, 1979, pp. 317 – 335.

Dixon, R. M. W., "Noun Classes and Noun Classification in Typological

Perspective", In *C. G. Craig* (ed.), *Noun Classes and Categorization*, Amsterdam & Philadelphia: J. Benjamins, 1986, pp. 105 – 112.

Dulay, H. and Burt, M., "Goofing, an Indicator of Children's Second Language Strategies", *Language Learning*, Vol. 22, 1972, pp. 234 – 252.

Dulay, H. and Burt, M., "Natural Sequences in Child Second Language Acquisition", *Language Learning*, Vol. 24, 1974, pp. 37 – 53.

Fauconnier, Gilles, "Compression and Emergent Structure", *Language and Linguistics*, Vol. 6., No. 4, 2005, pp. 523 – 538.

Fenker, Richard M., "The Organization of Conceptual Materials: A Methodology for Measuring Ideal and Actual Cognitive Dtructures", *Instructional Science*, Vol. 4, No. 1, 1975, pp. 33 – 57.

Friedrich, P., "Shape in Grammar", *Language*, Vol. 46, No. 3, 1970, pp. 379 – 407.

Gladun, V. P., "Concept Formation by Learning in Growing Networks", *Cybernetics*, Vol. 6, No. 2, 1973, pp. 124 – 130.

Green, George M., "Some Wherefores of English Inversions", *Language*, Vol. 56, No. 3, 1980, pp. 582 – 601.

Greenberg, J. H., "Numeral Classifiers and Substantival Number: Problems in the Genesis of a Linguistic Type", *Working Papers on Language Universals*, Stanford: Department of Linguistics, Stanford University, Vol. 9, 1972, pp. 1 – 39; Also in K. Denning and S. Kemmer (ed.), *On Language: Selected Writings of Joseph H. Greenberg*, Stanford, California: Stanford University Press, 1990, pp. 166 – 193.

Greenberg, J. H., "Dynamic Aspects of Word Order in the Numeral Classifier", Li, Charles, *Word Order and Word Order Change*, Austin: University of Texas Press, 1975, pp. 27 – 43; Also in Denning, K. and Kemmer, S (ed.), *On Language: Selected Writings of Joseph*

H. *Greenberg*, Stanford, California: Stanford University Press, 1990, pp. 227 – 240.

Kemmer, Suzanne, "Human Cognition and the Elaboration of Events", In M. Tomasello (ed.) *The New Psychology of Language*, Vol. 2, 2003, pp. 89 – 118.

Lakoff, George, "Classifiers as a Reflection of Mind: The Experiential, Imaginative, and Ecological Aspects", *Symposium on Categorization and Noun Classification*, University of Oregon. Eugene, Oregon, U. S. A., 1983, pp. 13 – 14.

Lakoff, George, "Classifiers as a Reflection of Mind", In C. Craig (ed.), *Noun Classes and Categorization*, Amsterdam/Philadelphia: John Benjamins Publishing Company, 1986.

Lakoff, George, "The Contemporary Theory of Metaphor", In A. Ortony (ed.), *Metaphor and Thought*, Cambridge: Cambridge University Press, 1993, pp: 202 – 251.

Markle, Susan M., "Teaching Conceptual Networks", *Journal of Instructional Development*, Vol. 1, No. 1, 1977, pp. 13 – 17.

Matthews, Stephen & Virginia Yip, "Aspects of Contemporary Cantonese Grammar: The Structure and Stratification of Relative Clauses", In H. Chappell (ed.), *Sinitic Grammar: Synchronic and Diachronic Perspectives*, Oxford University Press, 2001.

Matthewson, Lisa, "On the Methodology of Semantic Fieldwork", *International Journal of American Linguistics*, Vol. 70, No. 4, 2004, pp. 369 – 415.

Pearson, R. E., Salter F. J., Bohl J. C., Thudium V. F., Phillips G. L., Michigan Regional Drug Information Network. I. Concepts", *American Journal of Hospital Pharmacy*, Vol. 27, No. 11, 1970, pp. 911 – 913.

Srinivasan, M., "Do Classifiers Predict Differences in Cognitive Processing? A Study of Nominal Classification in Mandarin Chinese", *Language and Cognition*, No. 2, 2010, pp. 177 – 190.

Tai, J. H – Y., "Chinese as a SOV Language", *Papers from the Ninth Regional Meeting of Chicago Linguistic Society*, 1973, pp. 659 – 671.

Tai, J. H – Y. & Wang, Lianqing, "A Semantic Study of the Classifier TIAO", *Journal of the Chinese Language Teachers Association*, Volume: XXV, No. 1, 1990, pp. 35 – 56.

Tai, J. H – Y. and Fang – yi Chao, "A Semantic Study of the Classifier ZHANG", *Journal of the Chinese Language Teachers Association*, Volume: XXIX, No. 3, 1994, pp. 67 – 78.

Walker, Galal, "Performed Culture: Learning to Participate in Another Culture", In Walker, Galal (ed.), *The Pedagogy of Performing Another Culture*, 湖北教育出版社2010年版。

Walker, Galal & Noda, Mari, "Remembering the Future: Compiling Knowledge of Another Culture", In Walker, Galal (ed.), *The Pedagogy of Performing Another Culture*, 湖北教育出版社2010年版。